Frederic Prokosch

Die metaphysische Piazza

Frederic Prokosch

Die metaphysische Piazza

Ein Buch
der Begegnungen

Piper
München Zürich

Aus dem Amerikanischen von Elisabeth Piper

Die Originalausgabe erschien unter dem Titel ›Voices. A Memoir‹ bei Farrar, Straus and Girouse, New York 1983

ISBN 3-492-02868-3

Gesetzt aus der Sabon-Antiqua
Gesamtherstellung: H. Mühlberger, Augsburg
Printed in Germany

Inhalt

Vorwort

An meinem siebten Geburtstag schenkte mir mein Vater eine Ausgabe von Grimms Märchen. Auf dem Einband waren eine goldene Hexe, ein goldener Wolf und eine goldene Rose abgebildet. Illustriert war der Band mit schönen Stahlstichen im Stil von Doré, und weil mir das Lesen sehr schwer fiel (was auch heute noch manchmal vorkommt), verwandelten sich die Bilder in Geschichten, und die Geschichten wurden zu Bildern.
So lernte ich menschliches Leid und menschliche Freuden in bildhafter Gestalt zu sehen: in Form von grausamen Königinnen, Menschenfressern und unheilbringenden Kleinodien. Meine Vorstellungswelt war von nun an durch das Visuelle bestimmt. Ich sah Kriege, Heimsuchungen und Meuchelmorde mit einer optischen Intensität wie die Bilder einer Laterna magica, die die Wahrheit eindringlicher zeigen, sie aber auch gleichzeitig verfälschen. Und die magischen Zahlen der Märchen verfolgten mich ein Leben lang – die köstliche Drei, die spukhafte Sieben und gelegentlich, wenn auch seltener, die Neun, die Zwölf und die Neunundneunzig.
Dachte ich an Beethoven, sah ich seine weiße, erschütternde Totenmaske und im Hintergrund die wolkenverhangene Szenerie der *Pastorale*. Dachte ich an die *Ilias* oder an die *Äneis*, sah ich keineswegs einen gewaltigen Aufmarsch daktylischer Hexameter vor mir, sondern Patroklos in den Armen von Achilles in einem erleuchteten Zelt und Dido in den Armen von Äneas in einer hallenden Höhle.
Aber hinzu kam noch, daß meine Vorstellungen zwangsläufig germanisch wurden. Nicht nur waren die Landschaften, die vor mir auftauchten, Szenen aus der deutschen Romantik – Wälder, Stürme, Berge und Wasserfälle –, sondern menschliche Äng-

ste und Freuden überhaupt waren von einer deutschen Licht- und Schattenwelt umgeben – von Hölderlin und Novalis, Mörike und Kleist.

Von den Brüdern Grimm gelangte ich zu Hans Christian Andersen, so wie erwachsene Menschen von Balzac zu Proust. Wenn ich gefragt werde: »Welche Einflüsse haben auf Sie gewirkt?«, gerate ich in leichte Verlegenheit. Grimm und Andersen, diese beiden sicher. Und dann? Dann fällt die Antwort gar nicht mehr so leicht. Weder Balzac noch Proust, obgleich sie meine Götter waren. Nicht einmal der größte von allen, Tolstoi, dessen *Kosaken* ich seit jeher für die schönste, die *natürlichste* Geschichte halte, die jemals geschrieben worden ist. Dickens sicher nicht. Und auch gewiß nicht Joyce, Faulkner oder Hemingway.

Chaucer, ja. Cervantes, bestimmt. Dostojewski vielleicht und Melville möglicherweise. Joseph Conrad ohne Zweifel. Er war einer der ganz Großen, das Produkt von mitteleuropäischer Mystik und Heldenverehrung. Das durchdringende Geheimnis bei Conrad ist wie ein Echo auf die tiefere Dunkelheit hinter den Schatten, und sein Exotismus hat die alptraumhafte Färbung von verzauberten Wäldern.

Ich könnte sagen, daß mein erster Roman, *Die Asiaten*, so etwas wie eine liebevolle Verbindung (vielleicht im Sinne eines »magischen Realismus«) von Grimm, Cervantes und Conrad war, versetzt mit poetischen Elementen von García Lorca und Rilke – zu leuchtend, um realistisch, und zu direkt, um surrealistisch zu sein.

Kurz gesagt, das Geheimnisvolle schien mir immer das eigentliche Wesen großer Kunst auszumachen, sei es der von Rembrandt und Beethoven oder von Shakespeare oder Leonardo. Und wenn ich an meine eigenen Werke denke, auf einem so viel bescheideneren Niveau, scheinen sie mir in der Rückbetrachtung in eine irisierende Zweideutigkeit gehüllt zu sein.

In der *Metaphysischen Piazza*, meinem Buch der Erinnerungen, bemühte ich mich, dem wahren Kern meiner »Opfer« auf die Spur zu kommen, so wie ich versuchte, des flüchtigen Schillerns meiner Schmetterlinge habhaft zu werden. Aber in der Bemühung, mich dieser Wahrheit zu versichern, war mir, als tastete ich in einem Panorama verlockender Wahngebilde umher, diesem nachtwandlerischen Fries vorbeiziehender Figuren und sich wandelnder Landschaften, die unsere Vergangenheit ausmachen. Man muß immer ein bißchen lügen, wenn man die Wahrheit sagen will, so wie man ein wenig aufrichtig sein muß, um zu lügen. Und die Vergangenheit kehrt wieder zurück in einem traumhaften Chiaroscuro, in dem Trauer und Freude sich in die vielfältigen Masken verwandeln, hinter denen sich die Gesichter und Stimmen aus längst vergangenen Jahren verbergen, nur, um in anderer Verkleidung wieder zu erscheinen.

In den Vignetten, die sich in der *Metaphysischen Piazza* aneinanderreihen, versuchte ich Jahr um Jahr sowohl die schwer faßbaren Wahrheiten einer Persönlichkeit als auch die parallelen Wahrheiten der großen Kunstwerke festzuhalten. Ich kämpfte bei Eliot, Gide, Auden, de Chirico, Thomas Mann und Nabokov jeweils darum, das geheime Fluidum zu erfassen, das möglicherweise mit dem Kunstwerk in engem Zusammenhang steht.

Alles in meinem Buch entspricht der Wahrheit. Alles hat sich wirklich ereignet. Gesichter, Plätze, Stimmen haben wirklich existiert. Aber sie wurden alle erst wieder lebendig, als die Masken der Erinnerung auf die verschwundenen Gesichter fielen und die Schatten der Zeit langsam über die vorüberziehenden Schauplätze wanderten.

Grasse, Oktober 1983

Die Welt der Jugend

Das Glühwürmchen

Wir lebten in einem Tal in der Nähe von Prairie du Sac in einem kleinen, von Birken umgebenen Haus. Grün, gleißend und Fischgeruch verbreitend strömte der breite Wisconsin an uns vorüber. Jeden Morgen wanderte ich an das Ufer, um nach Muscheln zu suchen, und war gespannt, was für wundersame, aufregende neue Dinge der Tag für mich bereithalten mochte.
Etwa drei Kilometer von unserem Häuschen entfernt erhob sich ein Hügel, der Black Hawk's Lookout. Auf diesem kleinen Berg hatte vor vielen Jahren der große Indianerhäuptling Black Hawk mit seinen letzten überlebenden Kriegern gegen die Weißen gekämpft. Black Hawk's Lookout ragte grau und kahl in der Ferne auf wie ein riesiger Kegel, umgeben von einem Meer von Sumachbäumen und einer Distelwildnis.
An einem Tag im Hochsommer machte ich mich auf einem schmalen Kuhpfad auf den Weg. Ich ließ einen Hügel nach dem anderen hinter mir und folgte dabei stets dem gewundenen Pfad. Gestreifte Eichhörnchen hüpften von Ast zu Ast, ein Ziegenmelker stieß einen Lockruf aus, und die Birken wiegten ihre Zweige in bebender Erwartung. Schließlich erreichte ich den Fuß des Black Hawk's Lookout, auf dem das Sonnenlicht kupferfarben gleißte. Ich kletterte über aufeinandergelagerte, große flechtenüberzogene Felsen bis zum obersten Gipfel, und in der Wildnis stieß ein Habicht einen Schrei aus.
Ich stand hoch oben und blickte über die Windungen des Flusses, der sich so erhaben wie der Nil oder der Amazonas präsentierte. Eine Schar Schmetterlinge wogte durch die Luft, schwarze, gelbe und purpurrote. Stundenlang durchforschte ich die Spalten des Black Hawk's Lookout auf der Suche nach Tomahawks, Pfeilspitzen und Überresten von Totempfählen.

Die Luft war erfüllt vom würzigen Duft des Salbeis, von Minze und Rosmarin. In der hochsommerlichen Hitze wimmelte es von zahllosen Heuschrecken. Ich fand eine Habichtfeder, den Schädel eines Hirschs und die Haut einer Klapperschlange – Spuren, die vom tragischen Geschick der indianischen Krieger zeugen mochten.

Ich kletterte in eine Schlucht, in der sich ein Strom Goldruten breitmachte. Ein sanfter Lufthauch ließ die Birkenblätter erzittern. Die Sonne war bereits am Untergehen, und der Fluß funkelte im Licht. Ich setzte mich auf einem Felsen nieder und betrachtete das beglänzte Wasser, das aus einer bodenlosen Vorgeschichte aufzusteigen schien.

Ein Kranich flog über mich hinweg, schlug wild mit schneeweißen Schwingen. Die Grillen begannen zu zirpen. Die Hügel versanken im Dunkel. Die Nacht zog langsam in das Tal ein wie eine schweigende Herde. Ich begab mich in Richtung Ufer und hielt dabei nach dem staubigen Kuhpfad Ausschau, die Sterne jedoch beschienen einen undurchdringlichen Dschungel.

Hinter mir knackte ein Zweig. Mir stieg der Geruch der nackten Krieger in die Nase. Ich hörte ihre leisen Schritte, das Klicken ihrer Tomahawks. Ich sprang hinter einen Felsen und rannte dann auf den Fluß zu. Aber der Fluß war in der Unendlichkeit der Nacht verschwunden, und die umstehenden Bäume umzingelten mich düster und bedrohlich.

Doch dann schwirrte die Luft plötzlich von Nachtfaltern. Ihre zarten, mondbeschienenen Flügel glitten durch das überhängende Blattwerk. Einige Falter waren weiß, schwebten langsam und geräuschlos dahin wie Mondscheinflocken. Andere waren flink und schwarz und wie Geschosse, als seien sie Teilchen einer noch tieferen Dunkelheit. Ich kroch durch das Unterholz, vom Tanz der monderhellten Nachtfalter geleitet, und hörte schließlich das kühle, schwärzliche Gurgeln des Flusses.

Ich sah die Lampe im Haus hinter den Birken hervorschimmern. Die Stechmücken summten, und in regelmäßigem Rhythmus blitzten Leuchtkäfer auf.

Meine Mutter kam von der Veranda her gelaufen und rief: »O

mein Liebling! Wo bist du gewesen? Ich dachte, du hättest dich verirrt! Komm, iß deinen Sauerbraten ...«
Und mein Vater sagte nachdenklich, während er mit seinem Kneifer spielte: »Einen seltsamen Tag hast du dir ausgesucht, um einen Streifzug in die Wildnis zu unternehmen. Der Erzherzog von Österreich ist in Sarajevo ermordet worden!«
Die geheimnisvollen Worte »Sarajevo«, »ermordet« und »Erzherzog« verschmolzen zu einem merkwürdigen, feierlichen Singsang – begleitet vom Aufblitzen der Leuchtkäfer.

Von Wisconsin zogen wir nach Texas und ließen uns in Austin nieder, das am Ufer des Colorado lag. Ich war erst acht Jahre alt, und Austin erschreckte mich zutiefst. Ich fürchtete mich vor den Skorpionen, den Kakteen und den Libellen, die in wütendem Zickzack herumschwirrten, als trügen sie einen giftigen Stachel im Leib.
Wir wohnten auf der Westseite, in der Dreiundzwanzigsten Straße, gleich hinter der Rio Grande Street. Hinter dem Haus standen inmitten einer verschwenderischen Fülle von Sonnenblumen zwei Feigenbäume. Jenseits erhob sich die Villa Cochrane, von der man sich erzählte, daß es darin spuke. Sie war mit langen Efeuranken und hängenden Texasmoosflechten bewachsen. Und noch weiter dahinter erstreckten sich die Felder mit Glockenblumen, die zum Bach hin abfielen.
Im moschusduftenden Schatten, der über dem Bach hing, suchte ich vor der Hitze und den Kakteen Zuflucht. Hier streifte ich an den Nachmittagen umher und jagte die farbenprächtigen texanischen Schmetterlinge, den *Papilio cresphontes*, einen schwarzen und cremefarbenen Riesenfalter, und den *Dione vanillae*, eine karmesinrote, silbergefleckte Schönheit.
Mein Vater lehrte an der Universität Linguistik und Philologie. Er war ein Mann mit einem gut geschnittenen Profil, durchdringenden schwarzen Augen und einer betörenden Stimme. Er war viele Jahre zuvor wegen eines Skandals, der in einem Duell gegipfelt hatte, aus Österreich geflohen und hatte sich, aufsässig und bettelarm, nach Amerika eingeschifft. Eines Abends in Milwaukee (so erzählte er es mir wenigstens) wurde ihm eine Vision von der unermeßlichen Vielfalt der alten Spra-

chen und ihren zahllosen Querverbindungen untereinander zuteil. Danach widmete er sich mit Leib und Seele einem einzigen Ziel: in diesem Durcheinander die Geschichte der indogermanischen Sprachen zu entwirren. Seine Vision wurde in einem philologischen Meisterwerk von heldenhaften Ausmaßen und anbetungswürdiger Klarheit erfüllt. Es trug den Titel *The History of Indo-German Languages* und wurde nach seinem Tode von der Yale University Press veröffentlicht.
Ich erinnere mich noch daran, wie ich in einem Feigenbaum saß und heimlich lauschte, während er im Garten herumspazierte und seine Konsonanten und Diphthonge hervorstieß. Diese Bruchstücke verschollener Mundarten zeichneten, Vogelrufen gleich, in der Luft die geheimnisvollen Wege der menschlichen Sprache von ihren Uranfängen bis hin zu ihrer heutigen Vielfalt nach. Er spürte Klänge und Strukturen fremdartiger versunkener Sprachen auf, wie ein Perlenfischer, der in der Tiefe des Ozeans nach Perlen taucht. Und als ich dann nach seinem Ableben sein Lebenswerk las, entdeckte ich in jenen labyrinthischen Wanderungen altertümlicher Diphthonge Züge einer epischen Dichtung, die verschlungener war als die *Odyssee*, ja sogar noch endloser als das *Mahabharata*.

Eines Tages kam Anna Pawlowa nach Austin.
»Es ist merkwürdig«, sagte mein Vater, »daß die Pawlowa nach Austin kommt.«
»Und warum sollte sie nicht nach Austin kommen?« sagte meine Mutter in ziemlich kläglichem Ton. »Das ist doch ganz normal, daß man Austin besucht. Schließlich ist es die Hauptstadt von Texas, und Texas ist der größte Staat von Amerika.«
Meine Mutter saß am Klavier und spielte Mazurken von Chopin. Ich kauerte dabei unter dem Instrument, um der Musik Frédéric Chopins zuzuhören, mit dem ich mich wegen unserer gleichen Vornamen auf geheimnisvolle Weise verbunden fühlte. Nie wieder habe ich jemanden so geliebt wie meine leidende Mutter, und auch heute noch sehe ich sie in meinen Träumen vor mir, wie sie, den Blick auf die Noten geheftet, mit ihren Fingern den Tasten Melodien von Chopin entlockte.

»Nun gut«, sagte mein Vater. »Geht und seht euch die Pawlowa an.«

Also gingen wir eines Nachmittags in ein kleines, mit Stuck verziertes Theater in der Nähe des Campus, wo Filme mit Fatty Arbuckle, Mary Pickford und Douglas Fairbanks gezeigt wurden. Dieses kleine Theater mit seinen vergoldeten Engeln hatte man jetzt der Pawlowa überlassen. Der Vorhang ging auf und gab den Blick auf einen pastellfarbenen Wald frei. Die Geigen und Celli ertönten verhalten und trügerisch. Ich beugte mich auf meinem Sitz vor, als die Tänzerinnen auftraten und wie Nachtfalter auf Zehenspitzen durch den dämmerigen Wald glitten.

Die Bäume wurden strahlend hell, die Musik wurde bewegter. Meine Mutter packte mich am Ellbogen und flüsterte: »Es ist das *Glühwürmchen*!« Ich erstarrte vor Wonne. Das Corps de ballet fing an, sich ekstatisch hin und her zu wiegen. Die Pawlowa strebte himmelwärts, geistergleich, kaum mehr ein weibliches Wesen, und der Vorhang fiel unter brausendem Applaus.

Auf das *Glühwürmchen* folgten das Fantaisie-Impromptu von Chopin, ein kurzes Bacchanal von Glasunow und ein Adagio aus *Dornröschen*. Der allerletzte Tanz war *Der Schwan* von Saint-Saëns. Die Pawlowa schwebte einem Vogel gleich über einem imaginären See. Atemlose Stille herrschte, als der Vorhang fiel, und meine Mutter sagte leise: »Was für eine Offenbarung für Austin!«

Am nächsten Nachmittag kam die Pawlowa zu uns nach Hause zum Kaffee. Irgendein machiavellistischer Schachzug meiner Mutter hatte Erfolg gehabt. Die große Ballerina entstieg einem Omnibus und schwebte in den Salon, umgeben von Veilchenduft und Fuchspelzen.

»Wie unendlich primitiv«, sagte meine Mutter, während sie den Kaffee einschenkte, »muß Ihnen unser kleines Austin nach dem Glanz von Sankt Petersburg erscheinen!«

Die Pawlowa hob ihre Tasse und betrachtete sie diskret. Auf einer Seite war ein Porträt des Kaisers Franz Joseph. Es war das Beste, was das Haus neben der Goethe-Ausgabe meines Vaters zu bieten hatte.

Sie beugte sich vor. Ich erinnere mich noch gut an ihre quecksilbrige Stimme.
»Je suis von Ihrem wundervollen Texas absolument enthusiastic!«
Sie sprach eine Mischung aus fahrigem Französisch, gezischeltem Deutsch und glucksendem Englisch. Ich begann bereits damals eine Vorliebe für merkwürdige Wörter und gewandte Sätze zu entwickeln, und die Äußerungen der Pawlowa sind mit sonderbarer Deutlichkeit in meinem Gedächtnis haften geblieben. Ihre Worte tanzten wie vielfarbige Schmetterlinge durch die Luft; ihre Finger trommelten dabei lebhaft auf die Kaffeetasse. Sie sprach über Chicago, Oklahoma und Boston. Die Namen dieser Städte nahmen durch ihre fröhliche, lebhafte Stimme den Glanz von Paris, Wien und Monte Carlo an.
Meine Mutter sagte: »Meine kleine Gertrude hat ein ausgesprochenes Talent für das Tanzen. Komm, Liebling, tanz deine reizende Mazurka für die Pawlowa.«
Sie legte auf das verschrammte alte Grammophon eine Platte auf, und wir hörten zu, wie Wladimir von Pachmann Chopin spielte. Meine Schwester breitete die Arme aus, hob geschickt ihr Bein, und die Mazurka wurde durch ihre leichtfüßigen, kindlichen Bewegungen lebendig.
Die Pawlowa beobachtete sie verstohlen mit einer gewissen sanften Bosheit. Sie sagte: »Very charmant! Sie ist absolument reizend!«
Dann sprach sie von den Cowboys in Oklahoma und den Gangstern in Chicago. Sie heftete mit beängstigender Vertraulichkeit ihre leuchtenden Augen auf mich.
»Und was möchtest du werden, mein Junge? Ein Cowboy oder ein Gangster?«
Sie rollte unheimlich mit den Augen und blickte im Zimmer umher, als würde sie in der Vase mit den Rosen oder der Mozart-Büste eine verborgene Gefahr entdecken. Ihre schimmernden Fingernägel tanzten kapriziös wie Leuchtkäfer unter ihrem Kinn.
Aus den Augenwinkeln betrachtete ich unablässig ihr Gesicht. Sie wirkte nach den fließenden Bewegungen des *Schwans* erstaunlich eckig und nach der zarten Durchsichtigkeit des *Glüh-*

würmchens geradezu desillusionierend kompakt. Aber in ihren strahlenden Augen, die milde und zugleich seltsam erregt blickten, entdeckte ich Spuren von Sphären und Leidenschaften, die von Austin himmelweit entfernt waren.

Der Abgrund

Eines Morgens, als wir im Schatten des Geißblatts unsere Pfannkuchen aßen, sagte mein Vater betrübt: »Wir ziehen weg aus Texas und werden von nun an in Pennsylvania leben.«
Er sagte das auf seine liebenswürdige, jedoch keinen Widerspruch duldende Art, die dem Wort »Texas« eine gewisse Trostlosigkeit verlieh; zugleich hörte ich, wie sich der eintönige Gesang der Neger über die Mooskaskaden erhob, und ich sah die Glockenblumenfelder in ursprünglicher Unschuld schimmern.
Meine Angst vor Texas und den Texanern war in eine wilde, ungestüme Leidenschaft umgeschlagen. Täglich war ich nach der Schule zum Bach hinuntergelaufen, um die zappeligen Kaulquappen im bewegten rötlichbraunen Wasser zu beobachten. Die prunkvollen Schmetterlinge mit ihren roten und silbernen Flügeln verwiesen auf eine glorreiche, blutrünstige Herrlichkeit, die hier in der Luft lag. Die Luft in Texas war geschwängert vom Geruch nach Felsen, Pferden und Salamandern. Mich durchfuhr ein eisiger, trauriger Schrecken bei dem Gedanken, Texas verlassen zu müssen.
Doch dann wurde das Wort »Pennsylvania« zu einem dunklen, laubreichen Geheimnis, in dem sich breite Ströme geräuschvoll durch undurchdringliche Wälder ihren Weg bahnten.
Wir packten eilends unsere Koffer, bestiegen den Zug nach St. Louis und trafen schließlich in einem verschindelten Häuschen in Bryn Mawr ein.
Die Heckenzäune in Bryn Mawr wirkten ernster als die Kakteen in Austin. Die Fakultät von Bryn Mawr setzte sich aus hageren, heiklen alten Jungfern zusammen, die die *Goldene Schale* gelesen hatten und Mallarmé zitierten. In der Bibliothek

von Bryn Mawr begegnete mir die Literatur der zwanziger Jahre. Die Mädchen betrachteten mich mißtrauisch, während ich in meinen Knickerbockern dasaß und *The Princess Zoubaroff* und *This Side of Paradise* las. Ich verschlang *The Tatooed Countess* und *Meine Frau, die Füchsin* und las verstört eine Novelle, die den Titel trug *Tod in Venedig*. Diese Erzählung machte mir bewußt, daß die Wonnen des Intellekts nicht bar düsterer Schatten und unheilvoller Zwischentöne waren.

Eines Tages verkündete mein Vater: »Thomas Mann kommt zum Essen.«

Ein paar Rosen wurden in eine Vase gestellt, der Tisch durch Zusatzbretter verlängert, und der große Mann erschien, begrüßte uns und bewunderte den Truthahn. Mit ihm waren Katja Mann, die Geschwister Klaus und Erika und drei gelehrte Damen von der Universität gekommen: Miß Donnelly, Miß Bascom und Miß Maddison. Es herrschte eine sehr beklommene Atmosphäre, und plötzlich sagte Miß Maddison: »Du kannst sagen, was du willst, meine liebe Florence, ich bleibe jedenfalls dabei, er hat sich verausgabt!«

»Wer, meine Liebe?« sagte Miß Bascom.

»Marcel Proust«, sagte Miß Maddison.

»Ich habe ihn nicht gelesen«, sagte Miß Bascom. »Es ist eine Schande, aber ich habe ihn nicht gelesen.«

»Laß es sein«, beeilte sich Miß Maddison zu versichern. »Er schreibt so weitschweifig wie Maurice Maeterlinck. Aber wenn ich Maeterlinck lese, entdecke ich wenigstens einen Silberstreifen am Horizont, doch bei Proust komme ich mir vor wie im Urwald.«

Aufmerksam lauschte ich den Worten dieser belesenen Damen und hoffte wie durch eine Art Osmose einen umfassenderen Einblick in die Literatur zu gewinnen. Allein schon ihre Ausdrucksweise ließ auf eine Vertrautheit mit der dichterischen Sprache schließen, die sonnenbeschienenen Blumenbeeten weit mehr ähnelte als einer zwielichtigen Wildnis.

Die Veröffentlichung des *Zauberbergs* stand in Amerika kurz bevor. Gewisse Gerüchte über dieses Meisterwerk machten bereits die Runde, und die Damen von Bryn Mawr waren in zwei Lager gespalten: Die einen vertraten den »philosophischen

Symbolismus«, die anderen huldigten dem »impressionistischen Visualismus«. Das erklärte ihre Erregung in der Gegenwart Thomas Manns, der meinen Vater einmal vor langer Zeit in Leipzig kennengelernt hatte.
Meine Schwester Gertrude, eine kastanienbraune Diana, hatte sich bereits auf die Seite der philosophischen Symbolisten geschlagen. Sie studierte schon seit einigen Semestern in Bryn Mawr und schrieb gerade eine Arbeit über Emile Verhaeren. Ich jedoch gab den Romanen von F. Scott Fitzgerald noch den Vorzug, dessen Ton sowohl den Symbolisten wie auch den Visualisten fremd war.
»Sie haben etwas kreiert«, sagte Miß Bascom, »was sie den Bewußtseinsstrom nennen. Sag mir, Lucy, was um alles in der Welt ist dieser sogenannte Bewußtseinsstrom?«
»Es bedeutet, daß man alles aufzeichnet«, sagte Miß Donnelly voller Eifer. »Dabei meine ich buchstäblich *alles*, bis auf das, was zu anstößig ist. Dorothy Richardson praktiziert das, ebenso Virginia Woolf. Ich meine dabei tatsächlich *alles*, die Tapete, die Bienen und die Bestürzung. Alles, was dir vor dem Einschlafen durch den Kopf geht.«
»Sogar die Stechmücken?« sagte Miß Bascom boshaft.
»In bezug auf die Stechmücken bin ich nicht so sicher«, parierte Miß Donnelly schlagfertig, »aber mir kommen dabei die Pinselstriche der Pointillisten in den Sinn.« Sie blickte bedeutungsvoll auf Thomas Mann. »Denk zum Beispiel an Seurat. Ein einziger Sonnentupfer bedeutet eine ganze Welt!«
»In was für einer wunderbaren Zeit leben wir doch!« rief Miß Maddison begeistert. »So viele bedeutende Köpfe und unglaubliche Entdeckungen, nicht wahr, Lucy?«

Nach dem Essen wanderten die drei gelehrten Damen über den Hockeyplatz, und die Familie Mann schlenderte gedankenverloren durch den Garten. Meine Mutter begleitete Katja und meine Schwester Klaus und Erika, ich folgte meinem Vater auf Zehenspitzen, als er mit Thomas Mann die Rosenbeete entlang ging.
Selbst der Rücken von Thomas Mann hatte eine verhaltene Würde. Der Nacken, die Ohren und Schultern strahlten unbe-

zwinglichen Ernst aus. Ich hatte das Gefühl, daß seinem Rükken eine gewaltige Bedeutung zukam, und ich beschloß, mir gewissenhaft die bedächtigen, geheimnisvollen Sätze Thomas Manns zu merken.

»Das Fatale ist«, sagte er, »daß Tolstoi keine Ironie besaß. Es ist ein Wunder, daß er so gut schreiben konnte. Ironie ist in einem Roman so wichtig wie das Salz in einer Erbsensuppe. Es sorgt für Würze und die feinen Unterschiede. Ohne das Salz schmeckt sie fade.«

»Aber Ironie ist das eine«, fuhr er fort, »und Humor ist das andere. Dickens hat Humor, aber nicht genügend Ironie. Hie und da bekommen wir etwas davon zu spüren, aber sehr rasch verfällt er wieder in seinen Humor. Humor ist kein Fehler, wohlgemerkt. Selbst bei Dante blitzt er manchmal auf. Ihn jedoch zu einer Kunst zu erheben – das müssen wir wohl Aristophanes überlassen. Oder auch dem guten alten Wilhelm Busch. Will ich Humor definieren, halte ich mich stets an Wilhelm Busch mit seiner realistischen Tücke und der hin und wieder aufscheinenden Absurdität!«

»Nehmen wir Aschenbach«, sagte mein Vater. »Er ist ein rätselhaftes Geschöpf, oder? Mir kommt er ausgesprochen zweideutig vor. Wird von uns erwartet, daß wir uns mit Aschenbach identifizieren?«

»Müßte ich *Tod in Venedig* noch einmal schreiben, würde die Novelle ganz anders ausfallen. Schließlich war ich, relativ gesehen, noch ein Anfänger. Zwar ein begabter Anfänger, aber dennoch ein Anfänger. Aschenbach wurde zu genialisch als Symbol dargestellt. Er ist die Seele des Künstlers und unwiderruflich mit einem inneren Gebrechen behaftet. Das führt zur Mystifikation und bringt kein Licht in das Dunkel. Eines Tages werde ich ein Buch schreiben über die Krankheit des Künstlers und das unheilvolle Absinken in die Mystifikation. Selbst bei Hölderlin und Novalis, ja sogar bei Goethe ist dieser jähe Sturz in das Miasma der Mystifikation nicht zu übersehen.«

Mein Vater bemerkte: »Nietzsche sagte, daß wir den Abgrund nicht zu gründlich erforschen dürften, sonst würde er sich unser bemächtigen.«

Thomas Mann hörte meine Schritte und wandte sich unvermittelt um. Sein Gesicht zeigte plötzlich eine merkwürdige Besorgnis. In seinem aufmerksamen, zugleich nach innen gerichteten Blick zeigte sich ein Anflug von unerklärlicher Sorge und Hoffnungslosigkeit. Es lag etwas Erschreckendes in diesem kraftvoll gemeißelten Gesicht, das von Vorahnungen überschattet, vor Erregung zerfurcht und durch einen inneren Kampf gespalten schien.

Einen Augenblick lang betrachtete er mich stirnrunzelnd, doch dann fragte er mich nachsichtig: »Und was ist mit *dir*? Hast du ein bestimmtes Ziel?«

»Ich bin mir noch nicht sicher«, sagte ich schuldbewußt. »Tennis. Bücher. Schmetterlinge fangen.«

Seine Lider zuckten, als enthüllten sich ihm eine Unmenge verborgener Gedanken.

»Ein Schmetterlingsfänger. Ich verstehe. Eine gute Sache.« Seine Augen glänzten leidenschaftlich, als sei er einem flüchtigen Schatten hinter einem Vorhang auf der Spur. Dann verzogen sich seine Lippen langsam zu einem traurigen kleinen Lächeln, als habe sich ein lang gehegtes Wunschbild in Dunst aufgelöst.

Er wandte sich wieder um und sagte zu meinem Vater: »Kommen wir zu der Sache mit der Zweideutigkeit zurück. Sie ist wie ein Spiegel, der das Bild eines zweiten Spiegels zurückwirft, in dem sich ein dritter spiegelt. Nach einer Weile wird einem schwindelig. Aber das Wesentliche ist unverkennbar. Das Kunstwerk muß die Zweideutigkeit in der Seele des Künstlers widerspiegeln, doch unterscheidet sich die Zweideutigkeit in seinem Werk grundlegend von seiner eigenen, auch wenn die eine die andere widerspiegelt...«

Immer noch starrte ich fasziniert den Rücken Thomas Manns an. Die Sterne begannen aufzuleuchten, und Dunst hing über dem Hockeyplatz. Wie ein moosbewachsener Felsen wuchs sein Kopf aus seinen Schultern, und die Worte, die er sprach, wucherten aus seiner Hirnschale wie Geweihsprossen.

Nachdem er fort war, ging ich in mein Zimmer und schrieb alles nieder, und dies war der erste der Dialoge, die ich gewissenhaft meiner Kladde anvertraute. Der flüchtige Blick auf den Abgrund, der sich im Innersten menschlicher Größe auftat, wurde zu einem Wendepunkt in meiner jugendlichen Entwicklung.

Nach diesem verborgenen Hinweis auf das geheimnisvolle Dunkel im Wesen Thomas Manns hatte ich meinen Weg gefunden, der zu einer langen gefahrvollen Reise wurde, einer Reise, die durch die alten Weltstädte, durch Seehäfen, Paläste und Slums führte. Ich war dabei auf der Suche nach dem Künstler als Helden, als Rätsel, als Märtyrer, als Offenbarung und letztendlich als Teil des menschlichen Daseins.

Stil

Ein Park zog sich durch ein Dickicht von Weiden und Hartriegel hin, dann wurde das Gelände weiträumiger, und man blickte auf eine ausgedehnte, schräg abfallende Rasenfläche. Zwei Schwäne schwammen träge auf einem runden, verschilften Teich, eine granitene Turmspitze erhob sich über der Anhöhe.

Das war das Haverford College, eine respektierliche Quäker-Stiftung an der Lancaster Avenue genau im Süden von Bryn Mawr. Ich war fünfzehn Jahre alt, als ich zum erstenmal nach Haverford kam. Ich fühlte mich in dieser steifen, spießbürgerlichen Atmosphäre hoffnungslos fehl am Platze. In Bryn Mawr plauderten die Damen über Valéry und Proust, in Haverford hingegen sprachen die Professoren im Flüsterton über Walt Whitman.

Vier Professoren in Haverford hinterließen bei mir einen tiefen Eindruck. Sie unterrichteten nicht nach Schemata und Analysen, sondern appellierten mit hellem Trompetenschall an die rebellische Phantasie.

Professor Lockwood lehrte Latein. Er identifizierte sich ganz und gar mit Plautus. Wenn er mit uns die *Menaechmi* durchnahm, wurde er zum Zwillingspaar, indem der linke Arm den einen und der rechte Arm den anderen Zwilling darstellte, so daß sie beide verschieden und zugleich lächerlich ähnlich wirkten. Beim *Miles Gloriosus* wurde er zum säbelrasselnden Soldaten, rollte die Augen, blies die Backen auf, drohte mit den Fäusten und hielt sich den Bauch. Er trug Knickerbocker, Golfsocken und eine Hornbrille, die seiner Vorstellung vom prahlerischen Leutnant Nachdruck verliehen. Auf diese Weise lernte ich die römische Literatur lieben.

Professor Comfort unterrichtete Französisch. Er war ein trauriger, spöttischer Mensch, mit Sorgen, Symptomen und Ängsten belastet. Sprach er von *Tartuffe*, so wurden seine Lippen schmal vor Haß, und der Schatten des Heuchlers hing wie ein Ungeheuer über dem Klassenzimmer. Wenn er von *Phädra* sprach, röteten sich seine Augen fiebrig, und seine Stimme wurde vor inzestuöser Leidenschaft eisig. Las er uns La Fontaine vor, so imitierte er nacheinander einen Fuchs, einen Storch und eine Schildkröte, um uns so einen Begriff von Verschlagenheit, Stolz und Lethargie zu vermitteln. Und auf diese Weise lernte ich die französische Literatur lieben.

Professor Gray unterrichtete englische Literatur. Er war ein bläßlicher Engländer, dessen Vater Leiter des Jesus College in Cambridge gewesen war. Er trug rehbraune Gamaschen und ein seidenes Taschentuch im Ärmel. Mit gequälter, wählerischer Miene führte er die feingesponnenen Manierismen der Komödien der Restaurationszeit in Haverford ein und schrieb die wohlklingenden Namen der Dramatiker an die Tafel: Etherege, Wycherley, Congreve, Vanbrugh und Farquhar. Seine Handschrift war so erlesen, und die Namen klangen so berauschend, daß ich augenblicklich, als würden sie ein Menuett tanzen, eine Reihe von Gecken, Wüstlingen, Bauernlümmeln, verliebten Herzögen und ehebrecherischen Herzoginnen in einem Nebel von Puder an mir vorüberwirbeln sah. Auf diese Weise lernte ich die englische Literatur lieben.

Professor Rufus Jones war in Haverford eine Legende. Er war ein illustrer Quäker, aber auch ein berühmter Philosoph. Er hatte einen dichten roten Schnurrbart, riesige vorstehende Zähne und den stotternden Tonfall eines ungehaltenen alten Senators. Wenn er über den Campus ging und dabei seinen Stock mit dem beinernen Griff schwang, schienen selbst die Bäume in seine störrische Rechtschaffenheit mit einbezogen. Hielt er Vorlesungen über Aristoteles, so schwang in seiner Stimme attische Beredsamkeit mit, und sprach er über Plato, schimmerten seine Augen von der Poesie des Meeres. Sein Liebling aber war Heraklit. Sprach er von Heraklit, so wurde er zeusgleich, ja homerisch. In seiner Stimme vernahm ich den Widerhall olympischen Donners, und seine hochgereckten Fäuste griffen nach den Pfeilen eines unsichtbaren Blitzes. Und so lernte ich die Philosophie der alten Griechen lieben.

Mein bester Freund in Haverford war ein Junge, der John Lineaweaver hieß. Eines Tages lag ich im Gras des alten Bibliotheksgartens, er kniete sich neben mich und begann über Edith Sitwell zu sprechen. Ich hatte nie etwas von Edith Sitwell gehört, doch als er den Namen erwähnte, trat mir sofort eine Reihe in Chintz gekleideter Marionetten vor Augen.
John war ein X-beiniger kleiner Bursche mit dem Gesicht einer Schildkröte. Er rauchte ohne Unterlaß, und sein Zimmer war völlig verqualmt. Auf seinem Schreibtisch lagen statt Algebrabüchern Nummern von *The Dial.* Keine amerikanische Zeitschrift hat je die Qualität von *The Dial* erreicht. John pflegte bis vier Uhr morgens in seinem Lehnsessel zu hocken und die darin veröffentlichten Gedichte der Avantgarde zu genießen.
Er hatte einen ebenso exzentrischen Zimmergenossen, der John Dickson Carr hieß. Carr war ein lemurenhaftes Geschöpf, der sich eigensinnig auf die Neuromantik versteift hatte. Er wurde später ein bekannter Kriminalschriftsteller, aber damals kopierte er noch G. K. Chesterton.
Wenn ich das von Zigarettenrauch überquellende Zimmer betrat, hörte ich das Geschrei ärgerlicher Stimmen und leidenschaftlicher Beschuldigungen. Carr warf sich mit schrillen Falsettönen für Alfred Noyes in die Bresche, während John Lineaweaver seine Ausgabe von *Zarte Knöpfe* wie eine Fahne schwang. *Zarte Knöpfe* war das Buch einer geheimnisvollen Dame namens Gertrude Stein. Es war eine sehr seltene Ausgabe, und John hatte sie in einem Antiquariat am Stadtrand von Philadelphia ausgegraben.
Mein armer, heiligmäßiger John! Nie geriet deine Treue ins Wanken, stets trafen deine Voraussagen ein, nie hast du deine Überzeugungen verraten! Sollte ich jemals eine Heiligenlegende verfassen, würde ich sie meinem Freund John Lineaweaver widmen. Er ist tot und vergessen, doch ich werde mich immer an ihn erinnern als an den einzigen Amerikaner, der sich nicht das geringste aus Geld machte. Popularität verachtete er gnadenlos, Erfolg bedeutete ihm nichts, und unbestechlich vertrau-

te er seinem Sinn für das Außergewöhnliche. Ständig peinigten ihn Schlaflosigkeit und Hämorrhoiden, aber seine Hingabe an das Werk Gertrude Steins war heroisch.

Es wurde Juni, und die Schwäne in Haverford tauchten ihre Köpfe in das klare Wasser. Wir hatten Ferien, und John und ich beschlossen, eine »literarische Pilgerfahrt« nach Paris zu machen. Wir schifften uns also eines Morgens im Juli in der dritten Klasse auf der *Berengaria* ein und erreichten nach neun Tagen den Gare Saint-Lazare.

Es war unsere erste Parisreise, und unsere Augen glänzten vor Erregung. In den zwanziger Jahren überfiel einen bei dem Wort »Paris« ein gewisser abenteuerlicher Schauder. An unserem ersten Tag war es windig und nieselig. Die Straßen wirkten trostlos. Selbst die Concierge blickte feindselig drein. Am Quai Voltaire roch es nach fauligen Artischocken, und damit vermischten sich die undefinierbareren Gerüche der Seine. In der Nähe der Statue der Jeanne d'Arc aßen wir ein fettiges Omelett und verbrachten dann den Nachmittag damit, im Louvre herumzuwandern.

»Wie dunkel das alles ist!« sagte ich. »Man kann die *Mona Lisa* kaum sehen!«

»Das ist ja gerade das Subtile«, meinte John. »In Paris ist alles eine Frage der Subtilität.«

Am nächsten Morgen kam zögernd die Sonne hervor, und wir schlenderten die Rue Jacob in Richtung Boulevard Saint-Germain hinunter. Damals war Paris noch lächerlich billig, und unser Zimmer am Quai Voltaire kostete pro Tag einen Dollar. Unser Cinzano kostete im Café Flore zehn Cents, das Trinkgeld eingeschlossen. Wir rauchten unsere Gauloises und starrten auf die Terrasse.

Ich hatte mir vorgestellt, daß Paris großartig, glitzernd, außergewöhnlich sein würde. Ich war schrecklich enttäuscht. Es sah freudlos, schmutzig und düster aus. Doch während ich pflichtschuldig meine Zigarette paffte, veränderte sich die Stadt plötzlich. Der Nebel hatte sich gelichtet, die Luft wurde klar, ließ alles deutlich erkennen. Sogar der schwarze Filterkaffee in den sechseckigen braunen Tassen gewann eine neue Dimension.

»Man spürt die Größe der Literatur in der Luft«, sagte John andächtig. »Es gibt eine Avenue Victor Hugo – auch wenn ich mir nicht viel aus ihm mache. Es gibt aber auch eine Rue Valéry, und ich verehre Paul Valéry. Eines Tages wird es einen Boulevard Marcel Proust geben, davon bin ich überzeugt.«
Ursprünglich hatten wir Gide und die Colette auf unserer Pilgerfahrt besuchen wollen, doch dann erschien uns dieses Vorhaben von zu vielen unvorhersehbaren Risiken bedroht. Unser Französisch war noch recht unzulänglich, und unser Savoir-vivre ließ zu wünschen übrig. Also beschlossen wir, zwei bedeutende Emigranten ins Auge zu fassen, deren Werke rätselhaft waren, die aber als Personen zugänglich zu sein schienen. John hatte einige Entwürfe im Stil des *Jugendbildnisses* verfaßt, und seine Verehrung für Joyce kannte damals keine Grenzen.
»Joyce, das versteht sich von selbst«, sagte John. »Ich werde Sylvias Buchhandlung so lange aufsuchen, bis Joyce eines Tages dort erscheint.«
»Dann ist da noch die Stein«, bemerkte ich eifrig.
»Ja, da ist noch die Stein«, sagte John freundlich. »Ich habe gehört, daß sie ihre Bewunderer sehr liebenswürdig empfängt.«
John hatte eine kleine Erzählung in der Art der *Drei Leben* geschrieben. Er nannte sie *Anna Achillopulos*, und sie war großartig in ihren versteckten Anspielungen und gleichzeitig vorbildlich in ihrer kühlen, unerschrockenen Klarheit.
»Und dann gibt es auch noch die Wharton«, fügte ich vorsichtig hinzu.
John blickte streng und reserviert. Edith Wharton lebte zwar in Paris, zählte aber mittlerweile zu den Mitgliedern einer faden, verstaubten Oligarchie. Dennoch war ihre Erzählung *Ethan Frome* ein kühnes kleines Meisterwerk für mich, und im stillen gab ich dem Whartonschen Alabaster den Vorzug gegenüber dem Steinschen Granit und dem Joyceschen Porphyr.

Was mich bei den Parisern beeindruckte, war, daß sie mit ihrer Sprache so wunderbar umgingen. Ihr Französisch hatte eine Art knapper und verächtlicher Eleganz. Ich war von ihren lebhaften Gesten und den eindringlichen Blicken sehr angetan und

hatte das Gefühl, daß Paris die Mentalität seiner Einwohner geprägt hatte, wie wiederum deren Charakter Stein für Stein die Stadt hatte entstehen lassen. Es entzückte mich, festzustellen, wie sehr die Straßen von Paris auf die Pariser Mentalität eingewirkt haben – nicht anders als der Blütenduft, der vom blühenden Apfelbaum nicht zu trennen ist.
Ich verliebte mich in Paris – noch war ich nicht so hingerissen wie später –, aber ich liebte es argwöhnisch und voller Unbehagen, als müßte ich darauf gefaßt sein, betrogen zu werden. Das Sonnenlicht, das über die Häuser flutete, verschwiegen und faszinierend wie ein Traum, hatte mich verführt. Ich lehnte am Geländer des Pont du Carrousel und beobachtete die wandernden Schatten am gegenüberliegenden Ufer. Die Türme von Notre-Dame glühten wie Laternen. Oder ich verweilte in einer engen Gasse nahe der Place du Tertre und betrachtete den Widerschein des Sonnenuntergangs auf den Kuppeln von Sacré-Cœur, das wie eine Moschee inmitten einer Wüste wirkte. Die Stadt wurde durch dieses Spiel von Licht und Dunkel in einen Irrgarten menschlicher Wunder, menschlichen Grams und menschlicher Verruchtheit verwandelt.
Eines Abends machten wir uns auf, um einem unserer Idole zu huldigen. Das Vorhaben schien uns gewaltig, doch wir traten durch das Eingangsportal, und ich drückte behutsam, aber entschlossen auf die elfenbeinerne Klingel.
Sie saß mit weit gespreizten Beinen in einem roten Plüschsessel. Sie war kleiner, als ich sie mir vorgestellt hatte (ich hatte eine Riesin erwartet), und ihre Stimme war nicht so tief, und sie schüchterte einen auch nicht so ein. Eigentlich wirkte sie eher zart. Ihr Gesicht war grobschlächtig und runzelig wie das eines Bergsteigers, doch gleichzeitig wirkte es gebildet und nachdenklich.
»Wir waren in Spanien und mir hat es da sehr gefallen aber Alice hat ständig behauptet daß Spanien eher zum Fürchten sei.«
Alice stand am Fenster und nickte rhythmisch mit dem Kopf. Dann glitt ein Schatten über ihr Gesicht, und sie wurde zur Zigeunerin.
Ich hatte bereits eine unglaubliche Geschicklichkeit darin ent-

wickelt, mir Dialoge zu merken und sie wortgetreu im Gedächtnis zu behalten. Ich beugte mich eifrig vor, als lauschte ich einem Orakel, und beschloß, den Steinschen Tonfall, ja vielleicht sogar die fehlende Steinsche Interpunktion im Ohr zu behalten.

»Die Goyas waren sehr schön und die El Grecos waren gar nicht übel aber zu den Murillos und den Zurbaráns hatte ich kein Verhältnis. Alice sagte daß sie den Zurbaráns zutiefst mißtraue gegen Mallorca aber hegten wir keinen Argwohn als wir dort hinkamen. Wir gingen über den Markt und rochen an den Melonen. Die Melonen auf Mallorca sind sehr verlockend aber die Fische sind langweilig und simpel. Das Essen ist nicht berühmt aber es gibt ein ordentliches kleines Restaurant von dem ich Ihnen die Adresse geben werde dorthin müssen Sie gehen und Tauben essen.«

»Aber alles in allem gefällt Ihnen Paris doch besser als Mallorca?« fragte ich ungestüm.

»Paris hat natürlich sein eigenes Bukett aber seine Wirkung ist sehr eigenartig. Alice mißbilligt die öffentlichen Pissoirs und findet sie überflüssig. Aber ich erkläre Alice immer wieder daß die Franzosen Weintrinker sind und daß die männliche Blase weniger aushält als die der Frauen. Ich mißbillige die Pissoirs ebenfalls aber ich muß gestehen daß ich mich an sie gewöhnt habe. In Frankreich muß man sich an den Duft eines Pissoirs gewöhnen. Ich nenne es Duft aber das ist ein Euphemismus. Ich war neunundzwanzig und in kulturellen Dingen ein reines Kind und schon 1903 habe ich mich hier mit Leo niedergelassen. Wir entschieden uns für die Rue de Fleurus ich beendete meinen Roman und nannte ihn *Q. E. D.* da ich fand daß seine Fertigstellung den Beweis geliefert hatte.«

Miß Toklas bewegte sich und klopfte an die Fensterscheibe. Dann verschwand sie hinter dem Vorhang und strich über die purpurroten Quasten.

»Ich verliebte mich keineswegs mit Leib und Seele in Frankreich«, sagte Gertrude ruhig. »Es gab Zeiten in denen ich Heimweh hatte aber es ließ nach. Ich hatte noch Freunde in Amerika ich schrieb ihnen Briefe und wir aßen Maisbrot mit Sirup und sonntags Apfelkuchen und zu bestimmten Gelegenheiten ein Stück Käse dazu. Man hat diese heimatlichen Gewohnheiten und es ist töricht sich darüber hinwegzusetzen. Zuinnerst bleibt man immer Amerikaner auch wenn man sich an die Pissoirs und an das Eis und an die Begehrlichkeit gewöhnt man kann machen was man will der Amerikanismus bleibt einem. Selbst Alice die eine Zigeunerin ist ist davon nicht frei.«

Alice nickte kurz mit dem Kopf, sah zum Fenster hinaus, als habe sie dort etwas Merkwürdiges aufgeschreckt, eine Katze auf dem Dachfirst oder eine ferne Vision.

Ich sah mir die Bilder an, aber es war zu dunkel, um sie wirklich erkennen zu können. Auf einem kleinen Mahagonitisch standen eine Schale mit Äpfeln, eine Karaffe mit Wein und eine schwarze Lackdose.

»Sie haben doch die Uraufführung des *Sacre du printemps* gesehen, nicht wahr?« fragte John fast atemlos.

»Es war nicht die Uraufführung es war die Zweitaufführung. Es ist ein großer Unterschied zwischen der Premiere und der zweiten Aufführung. Am Premierenabend sollte man immer mißtrauisch sein. Der zweite Abend ist der wichtige da zeigt sich erst die wahre Bedeutung. Die Atmosphäre einer Premiere ist durch ihren Pomp und den Anlaß als solchen beeinträchtigt und so war es auch in diesem Fall. Das war 1913 ein Jahr vor Kriegsbeginn und dann war Krieg in Frankreich und aller Glanz war vorbei. Die zweite Aufführung aber verlief außerordentlich ruhig. Man hätte eine Nadel fallen hören können. Kein Pomp nichts Störendes.«

Ich betrachtete Gertrude Stein eingehender. Es stimmte, ihr linkes Auge war schmaler, blickte sogar ein wenig boshaft, genau wie auf dem Bild von Picasso. Sie schien meine Gedanken zu lesen und sagte: »Sehe ich wirklich so aus wie auf dem Picasso? Ich verkaufte einen schönen Picasso *Mädchen mit Fächer* ich verkaufte ihn weil Alice eine Beschäftigung brauchte. Nun hat sie eine und nennt sie Plain Edition. Sie läßt schöne Bücher in schöne schlichte Einbände binden somit hat sie etwas zu tun und damit ihren Platz in der Literatur.«

Schüchtern fragte ich: »Hängen Sie einer bestimmten Philosophie an, Miß Stein?«

Majestätisch hob sie den Kopf und spreizte nachdenklich die Finger. »Ein Schriftsteller sollte immer versuchen eine eigene Philosophie zu haben er sollte aber auch eine eigene Psychologie und eine eigene Philologie und vieles andere entwickeln. Ohne eine Philosophie und ohne Psychologie und was sonst noch so dazu gehört kann man ihn eigentlich nicht einen Schriftsteller nennen. Ich stimme mit Kant Schopenhauer Plato und Spinoza überein das sollte eigentlich genügen um als eine Philosophie bezeichnet zu werden. Aber eine Philosophie ist natürlich nicht das gleiche wie ein eigener Stil. Ein Schriftsteller muß seinen Stil haben. Das ist heutzutage das allerwichtigste. Proust hat einen bestimmten Stil der aber in einer Krise steckt und bitte sagen Sie mir nicht daß Joyce einen eigenen Stil besitzt denn das kann ich nicht gelten lassen. Mit Substantiven und Adverben herumspielen ergibt noch nicht einen Stil so wie auch mit Begriffen spielen noch nicht eine Philosophie ergibt. Gewisse Autoren haben leider keinen Stil aber auch das ist unter Umständen noch besser als einen vulgären Stil zu schreiben. Die herkömmliche Weise die Dinge zu hören zu sehen und aufzuzeichnen ist überholt. Die Dinge haben sich gewandelt es gibt keinen Anfang und kein Ende mehr. Jetzt wissen Sie was ich damit sagen will wenn ich von der Entdeckung eines bestimmten Stils spreche und ich habe ihn gefunden – ohne Anfang ohne Ende ...«

Gertrude Stein (John erklärte mir das) erfand eine neue Erzählweise; das heißt, sie schrieb eine Erzählung ohne Handlung. Sie beschrieb die Menschen, indem sie Augenblicke bündelte, die wiederum durch ihren unverwechselbaren Sprachrhythmus ineinander verwoben waren. Sie unterließ jegliche Interpunktion (so erklärte es mir John), um diesen existenziellen Rhythmus in stetem Fluß zu halten.

Ihre Stimme tönte fort und fort – ohne Anfang, ohne Ende, und wie bei einem Puzzle fügte sich Teilchen zu Teilchen –, und die Welt war wieder im Lot. Dann warf sie mir plötzlich einen neugierigen Blick zu, als wollte sie in meinen Augen einen neuen, gemäßigteren Stil finden. Sie lächelte seltsam und nickte versonnen, und ein Schatten fiel ins Zimmer, als Alice die Vorhänge zuzog.

Bei Sylvia

Nach fünf Wochen in Paris hatten wir kein Geld mehr und entschlossen uns daher, unsere Rückreise auf der *Mauretania* zu buchen. Ich packte meine Segeltuchtasche und verstaute darin eine Reproduktion der *Mona Lisa* sowie eine Ausgabe der *Entflohenen*.

John litt an Durchfall, und ich machte mir Sorgen um ihn. Zwei Tage vor unserer Abfahrt murmelte er in seine Kaffeetasse hinein: »Ich rief Sylvia heute morgen an. Er kommt heute zum Tee.«

»Sind wir eingeladen?« fragte ich voll Eifer.

»Fremde haben keinen Zutritt. Aber wir können uns in die Buchhandlung schleichen und ein bißchen Ausschau halten.«

Also schlenderten wir um vier Uhr in die Rue de l'Odéon 12, wo Sylvia ihre Buchhandlung Shakespeare and Company hatte. Bei Sylvia umgab einen immer eine Aura von Avantgarde. An den Wänden hingen Photographien von Joyce, Ezra Pound und D. H. Lawrence, und auf dem Tisch lagen Broschüren, die in Venedig und Florenz gedruckt waren.

Sylvia stand in einem rostbraunem Tweedkostüm neben der Tür. Ihr Gesicht zeigte Entschlossenheit und Pflichtbewußtsein, sie hatte ein griechisches Kinn und stahlgraue Augen.

»Ist er schon da?« fragte John.

»Nein, noch nicht«, sagte Sylvia kühl.

»Sind Sie sicher, daß er kommt?«

»In gar keiner Weise«, antwortete Sylvia.

Ich blätterte in einer seltenen Erstausgabe von *A Lume Spento*, als die Ladentür leise aufging und es in der Buchhandlung still wurde.

Sie führte das exzentrische Genie am Arm in ihr Büro, und wir hörten Teetassen klirren und Stimmengemurmel.
Ich schlich näher zur Tür, die nur angelehnt war, und bereitete mich geistig darauf vor, mir die Äußerungen des großen Mannes zu merken.
Ich hörte Sylvia sagen: »Ja, wir haben es erstaunlich gut verkauft. Sie würden sich über die jungen Menschen aus Boston wundern, die hier auftauchen und ein Exemplar verlangen. Eine Dame, deren Hut mit Rosen dekoriert war, kam aus Cincinnati. Sie entschloß sich, drei Bücher als Geschenke für ihre Tanten zu kaufen.«
»Ein köstlicher Tee«, warf der andere zerstreut ein. »Ist das Darjeeling?«
»Lapsang Souchong«, säuselte Sylvia. »Ich habe ihn bei Hédiard gekauft.«
»Und diese Pflaumentörtchen schmecken gut.«
»Sie sind von Rumpelmeyer«, sagte Sylvia.
Sie sah, wie ich durch den Türspalt spähte, und rief vergnügt: »Na, kommt schon, ihr beiden! Er beißt nicht.«
Auf Zehenspitzen betraten wir das Büro, und ich starrte den großen Neuerer an. Ich hielt krampfhaft meine Baskenmütze und wartete darauf, daß er seine Eigenart enthüllen würde.
Er starrte immer noch abwesend und mißmutig in seine Teetasse. Er wirkte wie ein verbitterter Chirurg aus der Provinz. Er trug einen getupften Querbinder, eine enganliegende Weste, und über dem linken Auge klebte ein Verband, der wie ein Pilz aussah. Er wirkte kränklich: Er hatte ein vorspringendes spitzes Kinn, eine schmale, scharfe Nase, und seine Finger sahen wie dünne grüne Ranken aus.
Wir setzten uns auf die Rattanstühle, und Sylvia brachte noch zwei Teetassen. Es duftete nach Tee.
Langes, ungemütliches Schweigen. Keiner sprach. Joyce unterbrach sein Schweigen durch gelegentliches Brummen, durch ruckartige Bewegungen und Kopfnicken.
Dann fragte John höflich: »Mr. Joyce, gab es für Buck Mulligan irgendein lebendes Vorbild?«
»Dr. Gogarty, nicht wahr?« meinte Sylvia mit einem Seitenblick.

»In meinen Geschichten gibt es keine Modelle, allem vulgären Aberglauben zum Trotz. Die Dilettanten sollen sich an Modelle halten. Charles Dickens' Vater diente nicht als Vorbild für Mr. Micawber, und der Baron de Charlus war nicht das Abbild eines berühmten Päderasten.«
Ein stilles Lächeln huschte bei dem Wort »Päderast« über seine Lippen, dann hob er seine Tasse und nippte behutsam daran. Sein Anzug wirkte sehr geschniegelt und dabei ziemlich schlampig, an seiner linken Hand bemerkte ich zwei gewaltige goldene Ringe. Er hielt einen Malakkastock zwischen seinen knochigen Knien und spielte leicht angewidert mit dem Knauf.
»Ich sollte keinen Tee trinken. Nora sagt, er stopft. Immer erzählt sie mir, daß alle Engländer an Verstopfung leiden, und das liegt nur an diesen Millionen heimtückischer Tassen Tees.«
Ich war unglaublich ernüchtert. Der *Ulysses* hatte mich verwirrt – er war zu kompliziert und allegorisch, es fehlte ihm die legendenhafte Einfachheit. Dennoch hatte ich etwas Ungewöhnlicheres erwartet, das sich nicht so pedantisch und weniger irdisch gab. Irritiert und verblüfft starrte ich auf das verbundene Auge.
»Diese Eclairs sind ausgezeichnet«, sagte Joyce und leckte seine Fingerspitzen ab. »Aber ich sollte sie nicht essen. Nora behauptet, daß sie Blähungen verursachen.«
Mit unvermutetem Scharfblick richtete er mit einemmal sein eines Auge auf mich, und es schien ganz so, als amüsierte ihn meine Ernüchterung. »Ich muß aufhören, über Blähungen zu sprechen. Sie möchten mir unbedingt eine Frage stellen, also schießen Sie los!«
Ich bemerkte mit Schrecken, daß ich keine Frage parat hatte. Also griff ich eine aus der Luft.
»Und was«, platzte ich los, »halten Sie von Virginia Woolf?«
»Virginia Woolf?« Er lächelte verschmitzt. »Ein eindrucksvoller Name, das gebe ich zu. Sie heiratete ihren wölfischen Mann einzig, um ihren Namen zu ändern. Virginia Stephen ist kein Name für eine Autorin, die etwas erforschen will. Ich werde eines Tages ein Buch über die Angemessenheit von Namen

schreiben. Geoffrey Chaucer klingt obszön, das paßt und ist ganz richtig, Alexander Pope ist zwangsläufig Alexander Pope. Colley Cibber war ein alberner kleiner Mann ohne Eleganz, und Shelley war ganz und gar Percy und ganz und gar Bysshe.«

Er lehnte sich grinsend zurück. Dann betrachtete er mit einem Ausdruck tiefer Melancholie seinen Stock.

»Finden Sie«, fragte ich zaghaft, »daß sie den Strom des Bewußtseins gemeistert hat?«

Argwöhnisch richtete er sein sehendes Auge auf mich und schüttelte empört den Kopf. »Guter Gott, was haben Sie da gesagt? Der Strom des Bewußtseins. Was ist denn *das*?«

»Der große Schlußmonolog von Molly Bloom, oder nicht?«

»Molly Bloom war eine nüchterne Frau«, sagte er drohend. »Sie hätte sich niemals mit solchen Raffinessen wie dem Strom des Bewußtseins befaßt. Wenn ich höre, daß jemand das Wort ›Strom‹ auf so widerlich zimperliche Weise vorbringt, denke ich dabei an Urin und keineswegs an den zeitgenössischen Roman. Außerdem ist das ja nicht neu, sondern meilenweit entfernt vom Dernier cri. Shakespeare verwendete ihn ständig, für meinen Geschmack sogar viel zu häufig, dann haben wir noch *Tristram Shandy*, ganz zu schweigen von *Agamemnon*. Aber in Wahrheit existiert so etwas wie der Strom des Bewußtseins nicht, es handelt sich eher um eine Art Nebel. Dazu kommt, daß das ein scheußliches Wort ist, und ich möchte Sie bitten, nie wieder einen solchen Blödsinn über den Strom des Bewußtseins zu faseln.«

Ich fühlte mich verraten und gedemütigt. Ich sah nicht die Spur einer verborgenen Größe. Aber als ich ihn jetzt ganz zerschmettert anstarrte, fing ich aus seinem einen Auge einen Blick auf, in dem ein Schimmer von Komplizenhaftigkeit lag wie der Kerzenschein in einer verlassenen Kapelle. Und in diesem einen Augenblick fühlte ich mich – dank irgendeinem unheimlichen Effekt des schwindenden Lichts – in dem Zimmer und in der sich verdunkelnden Welt völlig allein mit James Joyce.

Nachdem er gegangen war, schmökerte ich noch eine Weile in der Buchhandlung herum. Ich nahm einen Band mit dem Titel *A Book Concluding with As a Wife Has a Cow: A Love Story* und entdeckte auf der Titelseite, daß es eine Ausgabe der Plain Edition war. Ich warf einen Blick auf André Bretons *Manifest des Surrealismus* und auf Ezra Pounds *Antheil and the Treatise on Harmony*. Das einzige, was ich mir leisten konnte, war ein schmales Buch mit dem Titel *In unserer Zeit*, Kurzgeschichten eines neuen Autors, der Ernest Hemingway hieß.

Eine Bernhardt

Als ich sechzehn war, trat eine plötzliche Wende in meinem Leben ein. An einem sonnigen Tag nahm ich einen Schläger und schlug einen Ball gegen die Wand. Der Harfenklang des Schlägers, der Flug des schneeweißen Balls, der satte, tiefe Ton beim Auftreffen auf die Holzwand: das Machtgefühl, das einem der Ball vermittelte, war wie ein Signal der Befreiung. Ich wurde mir plötzlich meiner Körperkraft bewußt. Statt verwirrt und schüchtern, blickte ich jetzt mit ungestümer Lebenslust in die Welt.

Ich verliebte mich leidenschaftlich ins Tennisspiel. Jeden Morgen ging ich auf den Platz und übte meine Aufschläge. Hinter dem Platz gab es eine Wand, die ich mit Kreideringen markierte, und dort übte ich meine Volleys, Drives und Stoppbälle.

Ich vergaß die Zeichnungen von Aubrey Beardsley und die Gedichte von Walter de La Mare. Nichts mehr war mir wichtig außer den filzbezogenen Bällen, dem festen, glänzenden Schläger und dem weichen, sonnenbeschienenen Rasen.

Als ich älter wurde, gaben mir drei Dinge Frieden und Glückseligkeit: der Glanz des Sonnenlichts auf dem Wasser, das Licht auf einer besonnten alten Fassade und die Schatten, die auf eine große sonnenbeglänzte Rasenfläche fielen. Sie schienen mir Widerhall von drei unterschiedlichen Arten menschlicher Erfahrung zu sein: dem Kitzel des Abenteuers, dem Glanz der Liebe und dem Schatten einer inneren Ruhe und Harmonie.

Ein ungeheures eisernes Tor tat sich an der Ecke der Montgomery Avenue auf, und durch seine schmiedeeisernen Stäbe konnte man eine riesige Grasfläche sehen. Das war der alte Merion Cricket Club im Herzen von Haverford. Eine spröde viktorianische Atmosphäre lag über dem braun verschindelten

Clubhaus. Die Herren trugen Flanellhosen und perforierte Schuhe, die Damen lange Faltenröcke und Schlapphüte. Mrs. Crawford Madeira hatte sogar eine Rose am Hut, doch Mrs. J. Apsley Gardiner trug wie Suzanne Lenglen ein buntes Tuch um den Kopf geschlungen, und die älteren Clubmitglieder hielten sich über den verwegenen Modernismus auf, der hier zur Schau gestellt wurde.

Auf der Veranda des Clubhauses waren hölzerne Schaukelstühle aufgestellt, von denen aus man über den stillen, endlos erscheinenden Rasen blicken konnte. Diese glatte grüne Fläche, die mit hin und her jagenden weißen Gestalten gesprenkelt war, erscheint mir noch heute in meinen Träumen als Symbol des Friedens und des Glücks.

Ich saß auf der Veranda und beobachtete Big Bill Tilden. Ich sah ihn zum erstenmal, und er wurde mein Idol. Er spielte gegen Dick Williams, den Champion des Clubs, der ein blendender, blitzschneller und virtuoser Spieler war. Dick Williams und Maurice McLoughlin, der »kalifornische Komet«, waren die ersten, die Tennis in den Bereich des Schauspiels erhoben. Aber durch Tilden erlangte es das Niveau großer Kunst.

Atemlos beobachtete ich die gewaltigen Aufschläge, die den Ball wie eine Kanonenkugel mit zweihundertvierzig Stundenkilometern durch die Luft jagten. Und wenn es wirklich einmal passierte, daß er die Linie verfehlte, gab es immer noch den zweiten Aufschlag, bei dem der Ball auf einem unkontrollierbaren Punkt kurz hinter dem Netz aufschlug.

Tildens energiegeladene Drives waren von diabolischer Brillanz. Er jagte seine Rückhand wie flammende Blitze über den Platz. Hatte er den Ball geschnitten, traf er knapp hinter dem Netz auf, und seine Passierbälle landeten voller Tücke in den hintersten Ecken.

Nach dem Match warf er mit einer dramatischen Geste die Arme um Dick Williams und rief: »Glänzend gespielt, Dick! Du warst einfach großartig!«

Ich wurde ein glühender Anhänger Tildens. Bei allen seinen Turnieren sah ich zu. Ich studierte aufmerksam seinen Stil und versuchte diese pfeilschnellen Drives, diese hinterlistigen kleinen Stoppbälle und die raffiniert geschlagenen Passierbälle zu lernen. Dabei fiel mir eine Besonderheit auf. Alle anderen großen Spieler erlebte man so, wie sie waren, prosaisch schlugen sie ihre Bälle und gaben ihr Bestes, gewannen oder verloren, wie es gerade kam. Nicht so Tilden. Es war nicht einfach Tilden, der Tennis spielte. Es war ein inspiriert in Szene gesetzter Tilden, seine Vision eines Tilden, der noch großartiger war als der, den wir sahen: ein einzigartiger Virtuose, der seine herrlichen und glänzenden Drives schlug, so wie eine berühmte Ballerina ihre Entrechats vollführt. In dieser Vision muß seine einzigartige Größe gelegen haben. Die Kraft seiner Einbildung ließ ihn über das rein Physische hinauswachsen, und seine Brillanz bekam dadurch etwas Übernatürliches.

Er war kein schöner Mann. Er hatte ein langes Pferdegesicht, und er bewegte sich schlaksig, ungleichmäßig und großspurig. Aber in dem Augenblick, in dem er den Platz betrat, vibrierte die Luft. Die Zuschauer saßen atemlos da, der Platz schien zu leuchten, und von seinem Körper ging ein magisches Strahlen aus. Nie gab es einen Fehler, niemals einen »schlechten Tag« oder einen »Ausrutscher«. Er wußte, daß er seinem Publikum sein übliches Feuerwerk schuldig war. Spielte er mit einem schlechteren Spieler, dachte er gar nicht daran, ihn zu vernichten, sondern meistens gelang es ihm sogar, ihn zu einer neuen, unerwarteten Leistung anzuspornen.

Ich kaufte alle seine Bücher, die in einem verspielten, romantischen Stil geschrieben waren. Sein Magnum opus war ein großes blaues Buch mit dem Titel *Match Play and the Spin of the Ball.* Ich vertiefte mich in die Kapitel über »Taktik« und »Strategie«. »Ändern Sie nie etwas nach einem gewonnenen Spiel, aber alles nach einem verlorenen.« Ich untersuchte die Schemata, prägte mir die Sentenzen ein und weidete mich an den Photos am Ende des Buches. Diese verblichenen alten Bilder umgab die Aura des Legendären. Da waren die unbesiegbare Mrs. Satterthwaite und die unermüdliche Mrs. Lambert-Chambers in langen Kleidern aus der Zeit Eduards VII. mit ihren Blumenbuketts auf den Hüten. Sie stellten in Wimbledon bei einem Ballwechsel einen Rekord auf, indem sie den Ball nicht weniger als neunzigmal hin- und hergehen ließen. Da gab es die großen Brüder Doherty in langen Nadelstreifenhosen mit bizarr ge-

formten Schlägern. Sie machten Wimbledon zum Tennismekka. Alle großen Exzentriker waren abgebildet: der unergründliche Brookes und der hünenhafte Gobert, der clowneske Rumäne Mişu und der ungestüme Baron de Morpurgo ebenso wie der glanzvolle Alonso aus Madrid und der buddhagesichtige Shimizu, der aus Yokohama stammte.
Mit leidenschaftlicher Hingabe übte ich weiterhin Tennis. Ich bemühte mich, ordentliche Flugbälle und Schmetterbälle zustande zu bringen. Ich lernte, meine Rückhand genau vor die Linie zu plazieren und den Ball beim zweiten Aufschlag kräftig zu schneiden. Das Spiel weckte in mir Triumphgefühle, keinen Kampfgeist, und das Schwirren des Schlägers war für mich das, was das Jagdhorn für einen vor Aufregung zitternden Beagle ist.

Eines Tages erwischte ich Bill Tilden im Germantown Cricket Club. Es war kurz vor dem entscheidenden Match gegen Lacoste im Davis Cup. Am ersten Tag hatte Lacoste den alternden »Little Bill« Johnston besiegt, aber der alternde »Big Bill« Tilden hatte den jungen Cochet glänzend geschlagen. Am zweiten Tag waren Tilden und sein Partner Frank Hunter knappe Sieger gegen Jean Borotra und Jacques Brugnon geblieben. Am dritten Tag war »Little Bill« der Schlagkraft Cochets nicht mehr gewachsen gewesen, und so hing das Schicksal des Pokals nun von »Big Bill« ab. In Tildens Glanzzeit hatte Amerika den Davis Cup ständig mit Beschlag belegt gehabt, und jetzt waren zum erstenmal die Franzosen in die Endrunde gekommen.
»Mr. Tilden, wären Sie bitte so nett und würden mir Ihr Chef d'œuvre signieren?« Ich hielt ihm das Buch und einen funkelnagelneuen Füllfederhalter hin.
Er setzte seine schwungvolle Unterschrift hinein, und ich fügte rasch hinzu: »Ich habe auch Ihre Romane *Mixed Troubles* und *The Love Game* gelesen.«
Tilden lachte. »Absoluter Kitsch. Ich wäre zu gern Romanschriftsteller geworden. Aber mir fehlte das Zeug dazu. Ich habe nur Schund geschrieben, zu mehr hat es nicht gereicht.«
Ich wurde rot und fügte mit Begeisterung hinzu: »Ich möchte Ihnen gern sagen, Mr. Tilden, daß Sie schon seit langem mein

Held sind. Ich hoffe, daß Sie Lacoste schlagen werden. Ich wünsche Ihnen einen ruhmreichen Sieg!«
Tilden betrachtete mich nachdenklich, als wollte er feststellen, ob ich irgendwelche Hintergedanken hegte. Dabei entstand zwischen uns für einen Augenblick eine seltsame, geheimnisvolle Vertrautheit. Dann lächelte er ein wenig traurig und sagte in einem durchtriebenen, spielerischen Tonfall:
»Mein lieber Junge, Tennis ist mehr als ein Sport. Es ist eine Kunst, wie das Ballett oder auch wie eine Theateraufführung. Wenn ich den Platz betrete, fühle ich mich wie die Pawlowa, wie Adelina Patti oder auch sogar wie Sarah Bernhardt. Ich sehe das Rampenlicht vor mir. Ich höre das Flüstern des Publikums. Mich überläuft ein eisiger Schauer. Sieg oder Tod! Jetzt oder nie! Ich erlebe die Krise meines Lebens. Aber ich bin alt, mein Freund. Meine Beine wollen nicht mehr so richtig. Wird der letzte Akt tragisch enden?«
Er nahm seine Schläger auf und schritt locker und zielstrebig über die Terrasse. In seinen schneeweißen langen Hosen und seinem Pullover mit dem Zöpfchenmuster und den rot-weiß-blauen Rändern sah er sehr adrett aus. Aber mir fiel auf, daß sein Kopf kahl zu werden begann und daß seine Augenlider ahnungsvoll zuckten.
Lacoste trat mit sechs nagelneuen Schlägern aus dem Clubhaus an. Er war ein geschniegelter kleiner Mann mit einer weißen Leinenmütze. Er war zehn Jahre jünger als Tilden und hatte in den Doppeln nicht mitgespielt. Er wirkte ruhig, korrekt und so, als könne ihn nichts erschüttern.
Mir wurde das Herz schwer, als sie sich einspielten. Lacoste sah wie eine flotte, erbarmungslose Maschine aus, und der lange, hagere Tilden wirkte plötzlich sehr verletzlich. Er zog seinen Pullover aus, lächelte Lacoste fröhlich an, der Schiedsrichter kletterte auf seinen Stuhl, und das verhängnisvolle Match begann.
Es fällt mir schwer, über dieses herzzerbrechende Spiel zu schreiben. Lacostes Drives waren so rhythmisch präzise wie ein Metronom. Man hatte das Gefühl, daß er sein Leben lang für dieses Match trainiert hatte, so geschickt reagierte er auf Tildens brillante Spielweise. Denn Tilden *war* brillant, herzzerrei-

ßend brillant. Seine bombastischen Drives kamen alle wie in seinen besten Zeiten. Seine erhabenen Aufschläge staubten wie eh und je. Aber ich begann zu verzweifeln. Ich spürte die Schwäche in seinen Beinen und die nachlassende Konzentration mehr, als ich sie sehen konnte.

Schweiß strömte mir über das Gesicht. Meine Augen waren blind von Tränen. Am liebsten wäre ich auf den Platz gestürmt und hätte mein eigenes junges hitziges Blut in Tildens Adern übertragen.

Das Spiel dauerte vier tragische Sätze lang, und als es vorbei war, entdeckte ich Dick Williams, der unter der blaugestreiften Markise stand.

»Den Davis Cup haben wir verloren«, sagte er mit stoischem Großmut. »Vielleicht ist das ganz gut so. Die Franzosen waren hervorragend. Dazu sind sie jung, mein Junge! Addio, giovanezza!«

»Und Tilden . . .«

»Oh, Tilden! Einen größeren Spieler als ihn wird es nie geben. Aber das ist das Ende. Das traurige und bittere Ende.«

Er lächelte mitleidig, denn er war ein wunderbarer Sportsmann. Ich aber war noch zu jung, um stoisch zu sein, und die Schatten, die über den Platz fielen, erweckten in mir die Assoziation, hier sei der letzte Vorhang gefallen.

Die Welt der Kunst

Niagara

Nachdem ich in Haverford meinen Abschluß gemacht hatte, beschloß ich, mich mit Malen zu beschäftigen. Die holländischen Landschaften im Museum in Philadelphia hatten mich sehr beeindruckt. Ich kaufte mir also etliche Tuben Ölfarbe, einen Pinsel und eine Palette und setzte mich in den Garten, wo ich imaginäre Landschaften malte. Ich malte von Pappelalleen gesäumte Landstraßen in der Art Hobbemas und verschwiegene alte Wälder in der Manier Ruysdaels.

Doch dann begannen mich die holländischen Szenerien zu langweilen, und ich hielt nach etwas Abenteuerlicherem Ausschau. Ich versuchte mich an Wasserfällen und Klippen à la Doré und zeichnete düstere einsame Inseln im Stil Böcklins.

In der Bibliothek des Bryn Mawr College betrachtete ich immer wieder die Bücher der Nonesuch Press und die illustrierten Ausgaben der Golden Cockerel Press. Ich verfertigte Holzschnitte, auf denen ich Eric Grill imitierte, und entwarf spinnenartige Skizzen im Stil von Albert Rutherston.

Bücher übten auf mich einen zunehmenden Reiz aus. Ich liebte den Geruch feinen Leinens, den Goldglanz auf Maroquinleder, die Wachsadern des Batiks und die Wirbel der marmorierten »Cockerell«, die in den zwanziger Jahren, in denen man so viel Sorgfalt auf die Bücher verwandte, sehr en vogue waren.

In Philadelphia gab es die Centaur-Buchhandlung, die auf seltene und limitierte Ausgaben aus den zwanziger Jahren spezialisiert war. Immer wieder schmökerte ich in den Regalen und streichelte die Ausgaben der Beaumont Press, in der es einige entzückende Ausgaben von Walter de La Mare gab. De La Mare war zu jener Zeit mein Lieblingsdichter, und ich spürte, daß an seinen Trollen, Geistern und Elfen etwas Ambivalentes war.

Ab und zu fuhr ich mit meinem Roadster nach New York und verbrachte dort den ganzen Tag damit, in Antiquariaten herumzuwandern. Ich hatte sehr wenig Geld, aber eine ganz gute Nase, und manchmal schnappte ich mir für einen Dollar eine Kostbarkeit. Dann setzte ich mich auf den Washington Square und liebkoste das edle Stück. In den zwanziger Jahren war dieser Platz ziemlich verwahrlost, Mädchen spielten Himmel und Hölle, Jungen spielten mit ihren Murmeln, und in der südwestlichen Ecke vertrieben sich komische alte Käuze die Zeit mit Schachpartien. Washington Square besaß eine schäbige Anmut wie ein in verblichenen alten Samt gebundenes Album.

Hier am Washington Square entdeckte ich die Gedichte von Wallace Stevens. Sie tönten leise, wie ein altes Cembalo, und paßten auf eine seltsame Weise zu der Atmosphäre des Platzes, wo die Schreie der Kinder sich mit den Rufen des Eisverkäufers mischten und alte Finger nach den Bauern und den Läufern griffen.

Das war 1929. *Schau heimwärts, Engel!* war gerade erschienen, und man hatte mir erzählt, daß Thomas Wolfe an der Universität am Washington Square Englisch unterrichtete. Ich hatte einige Vorbehalte gegen das Buch, war aber begeistert von dem breiten Erzählstrom, der seine Seiten füllte.

Daher nahm ich eines Tages allen Mut zusammen, ging die Stufen hinauf, trat vor seinen Schreibtisch und sagte: »Würden Sie wohl mit mir zusammen bei Ruby Wang Mittagessen, Mr. Wolfe?«

Thomas Wolfe hob sein feuchtes und verquollenes Gesicht und sagte: »Natürlich, in Ordnung, gehen wir zu Ruby Wang essen.«

Ruby Wang war ein chinesisches Restaurant in einem schmuddeligen Backsteingebäude, nur einen Häuserblock vom staubigen und verfallenden Washington Square entfernt. Alles in dem Restaurant wirkte zerbrechlich. Stühle und Tische waren aus spillerigem Bambus, die Speisekarte war auf spinnwebendünnes Papier gekritzelt. Die Teller, dünn wie Eierschalen, wogen fast nichts. Thomas Wolfes gewaltiger Körper und seine tiefe

Brummstimme bewirkten, daß das Besteck wie wertloses Zeug in einer fragilen Liliputanerbehausung erschien.
Wir bestellten Chow-Mein und tranken lauwarmes Bier. Tom Wolfe lehnte sich über den Tisch und murmelte vertraulich: »Heute morgen fragte mich eine meiner Studentinnen, ein reizendes Mädchen namens Deirdre Rosebottom, ob ich ein Vetter oder ein Neffe von Virginia Woolf sei. Ich erklärte ihr die Sache mit den O: sie hat zwei O wie in *booby* [Tölpel], während ich leider nur ein O habe, wie in *whore* [Hure]. Sie war schrecklich schockiert. Aber schließlich ist es nicht meine Schuld, daß ich weder der Vetter noch der Neffe von Virginia Woolf bin, oder? Es gibt Humbert Wolfe, den Dichter, der leichtgewichtige kleine Gedichte schreibt. Dann gibt es noch Leonard Woolf, den Romanschriftsteller, der über den Dschungel schreibt. Und es gibt noch viele andere Wolves, zu viele, um sie alle aufzuzählen. Was für eine Wohltat ist es, Marcel Proust zu sein! Seine Identität ist gesichert!«
Die Kellnerin brachte unser Essen und dazu Eßstäbchen.
»Möchten Sie gerne die Eßstäbchen nehmen, oder hätten Sie lieber Gabeln?«
»Ich versuche es mit den Eßstäbchen«, sagte Wolfe nach einigem Zögern, während seine Augen entsetzt auf den Reis starrten.
Die Kellnerin legte die Stäbchen vor uns hin, und Wolfe ging angriffslustig auf den Reis los, der seinen Stäbchen mit insektengleicher Geschicklichkeit entkam. Mit fieberhafter Entschlossenheit stocherte er weiter in seinem Reis herum, während ihm kleine Schweißtropfen auf die Stirn traten. Seine Augen weiteten sich vor Entsetzen bei dem Versuch, die Stäbchen unter Kontrolle zu bringen. Aber die kleinen Körner kullerten herunter und landeten auf dem Boden, im Bier und auf der Butter.
»Man sagt«, meinte er, »daß in jedem dicken Mann ein dünner Mann steckt, der ausbrechen möchte. Ich habe den Verdacht, daß in jedem kleinen Mann ein großer steckt, der heraus will. Denken Sie an Napoleon. Er war ein kleiner Mann, in dem ein großer steckte, der sich davonmachen wollte. Nehmen Sie mich. Ich bin ein großer Mann, aus dem ein kleiner fliehen

möchte. Mein ganzes Leben lang habe ich die Schreie dieses armen kleinen Kerls in mir gespürt. Max Perkins ermahnt mich immer wieder: ›Mehr Zartgefühl, Tom, mehr Zartgefühl.‹ Ich zittere vor Schreck, es ist der kleine Mann in meinem Innern, der ständig nach mehr Zartgefühl jammert, und ich bin doch nicht fähig dazu. Ich fühle mich wie der Mississippi. Laß es strömen, laß es dahinströmen! Mehr kann ich nicht tun; zum Teufel mit dem Zartgefühl. Denken Sie an *Moby Dick.* Man hat ihn *den* großen amerikanischen Roman genannt. Bis jetzt, muß man sagen. Ich bestehe auf dem ›bis jetzt‹, denn noch größere sind in Sicht. Aber ich frage Sie, wo ist bei *Moby Dick* das Zartgefühl? Bei Virginia Woolf ist es zu finden – wenn es das Zartgefühl ist, worauf Sie aus sind. Bei Elinor Wylie und bei Edith Sitwell auch. Aber Gott im Himmel, was soll ein Mann wie ich mit Zartgefühl anfangen? Ich spüre, wie mich die Erhabenheit durchdringt, ein gewaltiger reißender Strom! Lachen Sie nicht! Ich scherze nicht, trotz dieser Eßstäbchen!«
Er machte einen letzten verzweifelten Versuch und rammte seine Stäbchen in den Reis, der vom Teller stob und wie Konfetti durch die Luft schoß.
Er lehnte sich in seinem Stuhl zurück und zupfte ein Korn von seinem Augenlid. »Absolut teuflisch, diese Stäbchen. Die Chinesen müssen Sadisten sein!«
Der Stuhl krachte und sank unter seinem Hinterteil zusammen. Er schob ihn entrüstet beiseite und griff sich einen Stuhl vom Nebentisch. Die Gläser tanzten und klirrten, das Bier schwappte über das Tischtuch, und Wolfe funkelte kochend vor Wut die Kellnerin an.
»Bedienung, bitte! Une fourchette! J'abandonne les chopsticks!«
»So bin ich, sehen Sie«, brummte er, als er entmutigt nach der Gabel griff. »Ich bin zu ungeschickt, um mit solchen Dingern umzugehen. Sie sind zu zierlich und zu affig. Max Perkins sagt mir immer wieder: ›Raffinesse, Tom! Geschicklichkeit und Disziplin!‹ Doch zur Disziplin bin ich nicht fähig. Ich bin wie der Mississippi. Hat der Mississippi etwas mit Raffinesse oder mit Eßstäbchen zu tun?«
Seine hungrigen Augen blickten verzweifelt auf den Teller.

Schweiß stand auf seiner Stirn. Seine Lippen begannen zu zittern. Er sah aus wie ein Vulkan kurz vor dem Ausbruch.
»›Sieh dir Hemingway an‹, sagt Perkins. ›Unter seiner rauhen Schale verbirgt sich Disziplin.‹ Aber ich will kein zweiter gottverdammter Hemingway werden! Perkins sagt: ›Nimm Fitzgerald. Unter dem Glanz verbirgt sich Zartgefühl.‹ Aber ich will bei Gott kein zweiter F. Scott Fitzgerald sein. Ich will ein Niagara und kein schwaches kleines Rinnsal sein.«
»Denken Sie an Whitman«, fuhr er fort. »Er hatte vor den Stromschnellen keine Angst. Er tat, was er tun mußte, Ausweg gab es keinen. Mit Whitman stimmt eine ganze Menge nicht, und ich vermute, daß er homosexuell war, aber in Krisensituationen bewies er seine Männlichkeit. Nicht die Hemingwaysche, sondern die wahre Männlichkeit. Er hatte keine Angst vor dem Niagara! Er fürchtete sich nicht vor den Stromschnellen!«
Er legte seine Fäuste auf den Tisch, der bedenklich wackelte, und der Schweiß auf seinem Gesicht glänzte im Licht, das durch das Fenster hereinfiel. Er stieß einen Seufzer aus und hieb triumphierend in die Luft. Er sah wie ein Schwimmer aus, der gerade aus den Tiefen eines Strudels auftaucht. Seine wütenden Augen in ihren Fettpolstern funkelten wie die eines Keilers, und der Schaum auf seinen Lippen glänzte in wildem Frohlocken.
Am Tor der New York University verabschiedete ich mich von ihm, und er sagte: »Danke für das Mittagessen, alter Freund!«
»Es war mir eine Ehre, Mr. Wolfe.«
Er sah mich dankbar an und verschwand im Eingang.
Ich ging zum Platz zurück und setzte mich auf eine Bank. Ich blätterte in *Black Armour*, einem Gedichtband von Elinor Wylie.
Doch in der schwülen Luft erschienen die Verse unwirklich; sie trieben davon wie die Samen des Löwenzahns.
Die zwanziger Jahre waren fast vorüber, die Wirtschaftskrise kündigte sich an, und die roten Backsteingebäude machten einen vernachlässigten Eindruck. Die Mädchen banden sich die Zopfbänder fest, die Jungen hoben ihre Murmeln auf, und die alten Männer in der Ecke nickten mit dem Kopf und schliefen ein.

Feuer und Eis

Eines Tages verkündete mein Vater, daß wir nach New Haven ziehen würden. Er verließ Bryn Mawr, um eine Professur in Yale anzunehmen. Sein Haar wurde grau, er hatte sich einen kleinen Spitzbart wachsen lassen und sah äußerst gelehrt aus, wie er da durch den Garten schlenderte und eine kleine Blüte vom blühenden Birnbaum pflückte. Er hielt die Blüte zwischen zwei Fingern und betrachtete sie neugierig, als halte er ein Bündel prähistorischer Konsonanten in der Hand.
Ich verabschiedete mich von Dick Williams und Mrs. Crawford Madeira und packte traurig meine Schläger zusammen. Ich fuhr in meinem quietschenden kleinen Ford gen Norden nach Connecticut, wo er in dem Augenblick seinen Geist aufgab, als ich in der Fountain Street ankam, wo wir fünf Jahre lang inmitten von Hartriegel und Forsythien lebten.

Die dreißiger Jahre begannen. Für mich kamen sie eines Morgens, als ich in einer Hängematte unter einem blühenden Apfelbaum lag. Ein schmaler blauer Band war mit der Morgenpost gekommen, und ich studierte ihn mit wachsender Aufregung.

»O watcher in the dark, you wake
Our dreams of waking, we feel
Your finger on the flesh that has been skinned ...«

Ich war atemlos vor Wonne und Spannung. Der Wind wehte die Blütenblätter vom blühenden Apfelbaum, und ihr Weiß schimmerte wie die Schaumkronen des Meeres.
In meinem langen Wanderleben habe ich viele Idole gehabt, etliche erhoben sich strahlend und verschwanden wieder, ande-

re blieben, drei oder vier gewannen im Verlauf der glanzloser werdenden Jahre an Ausstrahlung. Sechs bis sieben Jahre lang war ich von Auden förmlich berauscht. Diese vibrierende, rebellische Musik verfolgte mich. In finsteren Wäldern, in fernen Städten, in schummerigen gotischen Querschiffen, in übelriechenden Gassen murmelte ich seine Zeilen vor mich hin. Er erfüllte meine Sinne mit seiner undurchdringlichen Präsenz, unheimlich vertraut, dabei merkwürdig widersprüchlich, animalisch nah wie auch animalisch feindselig, mich dabei auf all das verweisend, was ich hätte sein können, aber nicht war, was ich hätte tun können, aber nicht tat, was ich hätte ertragen können und nicht ertrug, was ich hätte glauben können, aber hartnäkkig ablehnte.

Und wenn ich auch schließlich Jahrzehnte später mitleidig oder sogar schreckerfüllt an ihn dachte, werde ich doch nie die wunderbare Stunde unter dem Apfelbaum vergessen, als eine neue Erkenntnis meine bisherige Auffassung von der Dichtkunst erhellte und ein ozeanischer Rhythmus in den Blättern widerhallte.

Nachdem ich *The Orators* gelesen hatte, kannte meine Begeisterung für die dreißiger Jahre keine Grenzen mehr. Staunend erblickte ich einen neuen Horizont. Ich las *Kinder der Nacht* von Jean Cocteau und *Die Gleichgültigen* von Alberto Moravia. Voller Staunen las ich *Als ich im Sterben lag* und die *Autobiographie von Alice B. Toklas*, und mit Freuden las ich *Die Wellen* und den *Blühenden Judasbaum*. Argwöhnisch las ich Hemingways *Tod am Nachmittag* und war betroffen von Célines *Reise ans Ende der Nacht*. Aber meine Lieblingsbücher waren die *Conditio humana* von André Malraux, Colettes *La Vagabonde* und die *Seven Gothic Tales* der Baronin Blixen.

Ich versuchte mich an einem Roman, den ich *Violence on the Road* nannte. Er spielte in einem düsteren Amerika, das ganz anders war als das, das man gemeinhin kannte. Merkwürdige Figuren schlichen wie Diebe durch das Gesträuch, und ein rabenschwarzer Riese führte bei halbverrückten Riten den Vorsitz. Ich wollte ein vergessenes Amerika wieder aufspüren. Mein Stil wechselte hektisch zwischen der fragilen Sprödigkeit Malraux', der reizvollen Trauer der Colette und der lapidaren

Weisheit Tania Blixens. Unter Qualen, aber triumphierend, führte ich den Roman zu Ende und warf ihn drei Tage später in die Flammen der Müllverbrennung.

Danach widmete ich mich der Poesie. Die Spukwälder de La Mares hatte ich hinter mir gelassen. Meine Gedichte wurden verworren, exotisch und unergründlich, sie handelten von Bergen, Wüsten, Eisbergen und Karawanen. Mein Bedürfnis, meine Werke gedruckt zu sehen, wurde zur Manie. So fuhr ich eines Tages nach New York und ging in die Japan Paper Company, wo ich gedankenverloren und wie in Trance zwischen den Regalen herumwanderte. Große Bögen herrlichen Papiers hingen an den Wänden und lagen auf den Fensterbrettern: durchscheinendes Chinapapier, Gold- und Silberpapier aus Japan, irisierendes Velin aus Amsterdam, marmoriertes Pergament aus Palermo, seidiges Pergament aus Paris und leuchtende Handdrucke aus Barcelona. Mir wurde vor Erregung ganz schwindelig, als ich über das wunderbare Papier strich. Ich hatte fünfundzwanzig Dollar, die ich samt und sonders für diese Herrlichkeiten ausgab. Dann bestieg ich meinen Wagen und fuhr nach Philadelphia.

In Rosemont, im Norden von Bryn Mawr, hatte ich einen Freund. Er hieß John McDevitt, und er besaß eine kleine Drukkerei. Ihm gab ich mein Papier und bat ihn, kleine Broschüren in einer Groteskschrift zu drucken, die Eric Grill entworfen hatte. Er druckte meine Gedichte auf holländischem Van-Gelder-Papier, japanischem Reispapier, englischem Kelmscott, französischem Navarre, italienischem Fabriano, Brüsseler Pergament, irisierendem Velin. Von jedem machte er nur wenige Exemplare, die ich andächtig signierte und numerierte. Dann wurden sie mit goldenen, silbernen und bronzefarbenen Seidenkordeln in marmorierte achat- und lapislazulifarbene Einbände gebunden.

Ich war so begeistert von diesen Broschüren, daß ich dreißig Jahre lang jedes Jahr zu Weihnachten ein Gedicht von mir auf diese Weise drucken ließ. Ich verschickte sie von Paris, Florenz, Bangkok, Venedig und Singapur und widmete sie meinen verschiedenen Freunden, um sie auf diese Weise daran zu erinnern, daß es mich noch gab. Etliche dieser Broschüren haben überlebt, sie sind unerhört selten geworden und weisen Gebrauchsspuren auf. Aber sie sind ein Fund für Bibliophile und werden auf Sothebys Auktionen freudig begrüßt. Die meisten aber sind zum Staub der Vergangenheit geworden und schweben als vielfarbige Flöckchen in der Umlaufbahn von Venus und Merkur.

Die Stadt um mich herum aber war nach wie vor ruhig und prosaisch. In den Hörsälen der Universität herrschte eine steife Atmosphäre, und der Efeu an den Mauern war von einem akademischen Schimmer überhaucht. Ich durchstreifte die Wälder und erlebte, wie sich der Ahorn flammendrot verfärbte. Oft setzte ich mich auf irgendeinen Felsen und schrieb Verse in der Art von Saint-John Perse.

An einem winterlichen Tag kam Robert Frost zu einer Lesung im Elizabethan Club von New Haven. Er war ein gutaussehender grauhaariger Mann, dessen Augen von den Brauen fast verdeckt waren. Er las »Birches«, »Fire and Ice« und »Stopping by Woods on a Snowy Evening«. Er las die Gedichte sehr ungezwungen, sehr behutsam und sehr bewegend. Seine stahlgrauen Augen waren halbgeschlossen, seine Lippen bewegten sich gönnerhaft wohlwollend.

In der Bibliothek von Yale gab es ein Manuskript von »Stopping by Woods on a Snowy Evening«. Ich hatte es, als es in der beleuchteten Vitrine auflag, oft gelesen. Die Schrift war stumpf, eigensinnig und steil, und die trägen, grauen, frostigen Verse haben mich verfolgt:

»The woods are lovely, dark and deep
But I have promises to keep,
And miles to go before I sleep,
And miles to go before I sleep.«

Er las das sehr schön, gelassen, unprätentiös. Ich war bewegt von seiner verhaltenen Aufrichtigkeit.

Nach der Lesung gab es Kekse, Limonade und Bier. Ich saß neben Robert Frost, als er Fragen beantwortete, und beobachtete seine schmalen Augen, als er nach dem Bierglas griff.

»Yeats? Ja, ja, ich gehöre noch immer zu seinen Bewunderern,

ich muß es zugeben. Sie können sagen, was Sie wollen, aber Yeats hat etwas Pompöses. Ich habe in Buckinghamshire gelebt, nicht weit davon hat Milton sein *Verlorenes Paradies* geschrieben. Und ganz in der Nähe ist auch Thomas Grays Grabstein. Bei Milton – da haben Sie den wahren, unbestreitbaren Pomp! Bei Yeats aber ist stets etwas suspekt daran. Es ist ein falscher Ton darin, jedenfalls für meine Ohren. Nun zu Gray – *das* ist ein Dichter. Ich stand ihm sehr nahe. In seiner *Elegie* steckt etwas sehr Bescheidenes und Aufrichtiges ...
Ezra Pound? Wie Sie wissen, hat Ezra den richtigen Instinkt. Was er macht, ist alles unglaublich gescheit. Er hätte ein großer Dichter werden können, wenn er nicht so arrogant wäre. Er hat seine ganze Zeit damit verschwendet, um mit seiner sogenannten Bildung zu protzen. Ich mochte den guten alten Ezra gern, er hatte echtes dichterisches Talent, aber immer war da diese widerliche, gottverdammte Arroganz ...
T. S. Eliot? Da befinde ich mich in einer gewissen Klemme. Tom Eliot war sehr verletzlich, er war immer hypersensibel und versuchte diese krankhafte Verletzlichkeit in seinen Gedichten zu verbergen. Er versuchte sie hinter einer intellektuellen Maske zu verstecken. Und da haben Sie diese trockene, spröde Maske des Verstandes. Sie zerstörte seine Dichtung. Sie wurde schal und künstlich. Das Problem bei Eliot ist, daß immer ein falscher Ton nachklingt ...«
Ein schlanker, blasser Professor erhob sich, um Frost zu danken. In seinem Tonfall hörte ich leise Ironie mitschwingen.
»Wir hatten heute abend einen sehr bedeutenden Dichter zu Gast. Einen wahrhaft amerikanischen Poeten, einen, der mit Leib und Seele Neuengländer ist. Er hat zu uns über die Äpfel, die Birken und den Schnee gesprochen, die Seele Neuenglands pocht in seinen Versen ...«
Frost neigte sich zu mir herüber und flüsterte: »Diese Kerle bringen mich noch um!«
Er packte sein leeres Bierglas und schloß seine stahlgrauen Augen.
Dann öffnete er sie langsam und lugte durch die Wimpern. Er war wie ein reizbarer alter Tiger, der durch die Stäbe seines Käfigs starrt.

Ich ging mit ihm durch die dunkle, bitterkalte Nacht zu seinem Hotel zurück. Die Äste knackten verzagt. Ein Schneegestöber begann. Wir gingen an der Hillhouse Avenue vorbei, wo die Rasenflächen eisig glänzten und die alten Neuenglandhäuser düster hinter ihren Eiszapfen schimmerten. Der grimmige Dezemberwind fegte über die Straße, und Frost stellte seinen Kragen hoch und stöhnte vor Ekel.

»Diese dämlichen, verdammten Kerle. Unaufhörlich reden sie über Eliot. Er hat sie alle eingewickelt. Sie sind ein Haufen lächerlicher Schaumschläger. Und wenn es etwas gibt, was ich verabscheue, dann ist es ein solcher Haufen alberner Schaumschläger!«

Plötzlich fuhr der Wind durch die Bäume und riß ihm den Hut vom Kopf. Er wirbelte auf die Straße und tanzte über das Pflaster.

Ich jagte hinter dem Hut her, der die Allee hinunterwalzte, und gab ihn Frost zurück, der verstört und ganz aufgelöst aussah. Er stülpte ihn sich auf den Kopf und starrte mich wie ein Wahnsinniger an. Einen Augenblick lang fiel der Schein der Straßenlaterne auf sein Gesicht. Er war weiß vor Wut und wirkte fast hysterisch.

Dann grinste er mich an und sagte: »Danke, mein Junge. Sehr verbunden.« Und über sein Gesicht zog ein stilles, geheimnisvolles Lachen.

Wir überquerten die verschneiten Grünflächen in der Stadtmitte, und die drei düsteren Kirchen duckten sich wie häßliche alte Weiber im Dunkel der Nacht. Vor der Tür seines alten, häßlichen Hotels blieben wir stehen, und ich sagte ziemlich betrübt: »Gute Nacht, Mr. Frost. Und danke für die Gedichte.«

Seine Augen blickten verschwommen durch die langen, gefrorenen Wimpern. Haß und Groll waren einem tiefen, namenlosen Schmerz gewichen.

Schnee

Es war ein sehr strenger Winter. Schneeklumpen klebten auf den Fensterbrettern und wirkten wie Tatzen von Eisbären, die den Versuch machten, ins Haus zu klettern. Der Wind heulte wie verrückt, wenn er um die Ecken fegte, und die Apfelbäume ächzten wie blessierte Katzen. Dieser Winter in Connecticut präsentierte sich mit grimmigem Frohlocken, und ich schaufelte die Schneewehen beiseite, damit ich zur Universität fahren konnte.

Ich war vierundzwanzig Jahre alt und bereits ein Chaucer-Spezialist, was aufgrund der Familientradition unvermeidlich war. Mein Vater hatte beschlossen, daß ich promovieren sollte, ich hingegen spürte eine mystische Abneigung gegen den bloßen Gedanken daran. Jedoch besuchte ich folgsam die Vorlesungen der Professoren Tinker, Brooke und Nettleton. Ich studierte sogar Gotisch bei meinem strengen Vater, dessen Augen erstaunlich milde wurden, wenn er sie im Hörsaal auf mich richtete.

Eines Tages erklärte er plötzlich: »Du hast Talent für Philologie!«

»Ich wollte, es wäre so«, murmelte ich. »Aber ich bin sicher, daß es nicht stimmt.«

Er klopfte mir jedoch liebevoll zerstreut auf den Rücken, und das war die einzige Geste der Zuneigung, die mir jemals von ihm zuteil wurde.

Faute de mieux entschloß ich mich, meine Dissertation über Chaucer zu schreiben. Ich liebte die *Canterbury-Geschichten* und besonders *Die Rittergeschichte* und *Die Müllergeschichte*. Ich hatte eine enge Beziehung zu der Geschichte von der mittelalterlichen Pilgerfahrt nach Canterbury, und die Pilger waren für mich wie Gestalten aus den Märchen meiner Kinderzeit. Spenser langweilte mich, Milton schüchterte mich ein, Dryden piesackte mich, Pope verärgerte mich, Blake verwirrte mich, Wordsworth deprimierte mich, Keats widerte mich an, Shelley brachte mich in Verlegenheit, Tennyson provozierte mich, Browning war mir fremd. So blieben nur noch Chaucer, Shakespeare und Byron. Schließlich entschied ich mich für Chaucer. Professor Young führte mich behutsam in die »Chaucerschen Apokryphen« ein, ein Konglomerat mediokrer Fragmente, von denen kein einziges tatsächlich von Chaucer selber stammte, die ihm aber fälschlicherweise im Lauf von vier Jahrhunderten von zahlreichen Schreiberlingen zugeschrieben worden waren. Professor Young hatte schneeweiße Locken und große schwarze Büffelaugen. Ich hatte den Eindruck, daß er diese Apokryphen mit besonderem Wohlwollen betrachtete, da es unmöglich war, in ihnen auch nur ein Körnchen literarischen Wertes aufzuspüren, so daß eine selbstlose Forschungsarbeit gewährleistet war.

Die Apokryphen widerten mich an, doch das Wohlwollen des Professors wirkte ansteckend. Nach einer Weile kamen mir die Apokryphen wie eine Horde von Heimatlosen, verlassenen Seelen und Waisen vor, die, häßlich, elternlos und jammervoll, dringend meiner Fürsorge bedurften. Daher konzentrierte ich meine Liebe, so gut ich es vermochte, auf diese Apokryphen.

Mein Vater war vom Thema meiner Dissertation begeistert. Er klopfte mir auf den Rücken und sagte: »Bravissimo, mein Junge. Es ist leicht, über *Hamlet* zu schreiben, aber um über Unsinn zu schreiben, muß man Zähigkeit beweisen. Sag, was du willst, du hast ausgesprochenes Talent für Philologie!«

Um mich von den Apokryphen zu erholen, schwang ich den Squashschläger. Ich spielte mit fieberhaftem Eifer den ganzen Winter über Squash. Jeden Morgen fuhr ich zum Whitney-Sportplatz und übte meine pfeilschnellen Drives, meine raffinierten Aufschläge und meine tückischen Stoppbälle. Ich wurde im Squash besser, als ich im Tennis je gewesen war. Ich hatte kräftige lange Beine, bewegte mich rasch und gewandt und fand Gefallen an dem kleinen schwarzen Ball und dem dünnen Schläger.

Ich wurde von leidenschaftlichem Ehrgeiz gepackt und wollte unbedingt ein Champion werden. Meine manische Anpassungsfähigkeit, die auf dem Tennisplatz katastrophal war, paßte zum Squashball und dem Schläger wie die Ente zum Wasser. Meine seitlichen Drives gewannen eine stählerne Präzision, und meine geschnittenen Stoppbälle in den Ecken fielen wie verfaulte Pflaumen zu Boden.

Eines Tages fuhr ich nach Hartford, um im dortigen Squash-Club ein Match zu spielen. Es war ein glasklarer Tag, Felsen und Wiesen waren schneebedeckt. Der Schnee glänzte derart, daß er mich blendete, und der Wind fegte durch die Ritzen meines alten Chrysler. Ich liebte diesen herrlichen Sportwagen. Es war ein zweiundsiebziger Modell, war kanariengelb und hatte kleine Flügel auf der Kühlerhaube. Ich hatte es für zweihundert Dollar gebraucht gekauft, aber trotzdem war es immer noch ein wunderschönes Auto. Noch heute träume ich von ihm. Ich träume, daß ich auf der Via Veneto parke und daß die Römer seinen kanariengelben Schick bestaunen.

Ich kam um vier Uhr in Hartford an. Das Match sollte um fünf Uhr dreißig beginnen. Ich fuhr die Straße entlang und entdeckte die Hartford Accident & Indemnity Company. Was für ein Glück! dachte ich entzückt. »Sunday Morning« hatte mir sehr gefallen, und von »Le Monocle de Mon Oncle« war ich begeistert gewesen. Zu seiner Zeit war Wallace Stevens mein amerikanischer Lieblingsdichter. Ich war betört von dem klingenden Beiwerk des *Harmonium*, das gleichzeitig von einer buddhaähnlichen Ruhe umgeben war.

Eine bebrillte Dame fragte: »Kann ich Ihnen helfen?«

»Mr. Stevens?« sagte ich.

»Den Gang entlang, links, bitte.«

Ich marschierte los und klopfte an die Tür.

»Herein«, sagte eine ferne Stimme.

Ich drehte vorsichtig den Türknopf, als sei er eine Eierschale.

Und da saß er, direkt vor mir, unglaublich nahe, wie mir schien, trotz der fernen Stimme und des in die Ferne gerichteten Blicks. Beim Betrachten seines Gesichts wurde ich an eine Wolke erinnert, deren Saum sich eben in Dunst aufzulösen schien.

»Verzeihen Sie, Mr. Stevens«, sagte ich. »Ich bin nach Hartford gekommen, um hier ein Squashmatch zu spielen. Zufällig kam ich hier vorbei und dachte, ich könnte bei Ihnen hereinschauen.«

Die lachsgrauen Augen kamen langsam näher, wie von einem Magneten angezogen: »Sie spielen«, erklärte der Dichter, »mit einem *sehr* schwarzen Ball auf einem *sehr* weißen Platz mit einem *sehr* langen Schläger. Stimmt das?«

»Es ist ein sehr merkwürdiges Spiel«, sagte ich. »Sehr sinnlos und sehr ermüdend.«

»Soviel ich weiß, ist beim Squash die Form so wichtig wie beim Tennis?«

Er sagte das ein bißchen verschmitzt, als wolle er mich aufs Glatteis führen.

»Nicht ganz«, sagte ich eifrig. »Tennis ist ein ausgesprochen strukturelles Spiel. Squash ist weitgehend eine Sache des Winkels und der Maskerade.«

Ich war begeistert, weil mir ein Wort eingefallen war, das Stevens womöglich gefiel. Ich beugte mich in meinem Stuhl vor, als sei nun eine gewisse Vertrautheit entstanden.

»Es ist sehr nett von Ihnen, daß Sie mich besuchen«, sagte er freundlich.

»Ich freue mich, daß ich hier bin!«

»Aber warum gerade *ich*?« sagte der Dichter vorsichtig. »Ich habe keine Ahnung von der Struktur und den Winkeln der Leichtathletik.«

»Mir hat ›Susanna and the Elders‹ so gefallen! Und ›Peter Quince at the Clavier‹!«

Er betrachtete mich mit orientalischer Gelassenheit. »Sie sehen mir eher wie ein Leichtathlet als wie ein Ästhet aus«, murmelte er.

»Ich bin kein Ästhet, Mr. Stevens. Ich habe nie versucht, wie ein Ästhet auszusehen.«

»Es geht hier weniger um das *Aussehen* als um das *Erscheinen*«, sagte der Dichter hintersinnig. Er kratzte sich sein weißstoppeliges Kinn, und sein Gesicht wirkte noch abstruser. Er sah aus, als verkünde er eine Algebraformel.

Er lehnte sich lässig in seinem Stuhl zurück, zwei kleine Grübchen erschienen auf seinen Wangen. Leicht amüsiert betrachtete er das Tintenfaß.

»Pater sagte, daß alle Künste nach den musikalischen Gesetzen trachten. Die Musik verkörpert die reine Form. Aber *ist* sie die reine Form? In der Musik steht beständig eine Offenbarung bevor. Das hat mit der reinen Form nicht das geringste zu tun. Sie ist das Gegenteil der reinen Form. Sie bewegt sich taumelnd am Rande des Chaos und wird nur durch ein Wunder gerettet. Aber hat das etwas mit Form zu tun? Die reine Form ist lediglich eine Tarnung. Die reine Form ist nur ein Motiv, um die Strudel einer wachsenden Anarchie zu verbergen. Tee?«

»Ich verstehe«, sagte ich. »Ja, danke.«

Er drückte auf einen Knopf und starrte aus dem Fenster. Plötzlich erhellten Lichtkaskaden das Zimmer. Ich hörte das Ticken einer Uhr und sah eine Lackdose, die von einem Sonnenstrahl beleuchtet wurde.

Im Gegensatz zu der Lackdose wirkte das Gesicht des Dichters seltsam alltäglich, ja fast gestaltlos in seiner Verbindlichkeit und seiner zurückhaltenden Anonymität. Seine Hände liebkosten das Löschblatt, als wäre es ein wichtiges Dokument.

Dann wurde es mit einemmal dunkler. Seine Augen wirkten wie Steine im Antlitz eines Götzenbildes, und seine Gesten wurden gemessen, lüstern und ausladend.

»Aber weshalb sind Sie in die Versicherungsbranche gegangen?« fragte ich beschwörend.

»Das hat sich so ergeben. Ein gütiges Geschick hat es so gefügt.«

»Dann glauben Sie also an das Schicksal?«

»Ich glaube an den Glauben an das Geschick. Das Geschick selbst ist ohne Bedeutung. Es kommt auf den Glauben an das Geschick an, oder um es genauer auszudrücken, es handelt sich um den Glauben an den Glauben an ein Geschick. Wie eine Zwiebel in einer Zwiebel, die in ihrem Innern eine weitere Zwiebel birgt.«

Ich nickte gespannt und wartete auf den Schlüssel zu dieser Metapher.

»Ein köstlicher Tee, nicht wahr? Ein Freund schickt ihn aus Peking. In einer Diplomatentasche. Ich würde gern in einer

Tasche reisen. Wenn es nicht in einer Diplomatentasche geht, dann im Beutel eines Känguruhs. Der Tee hat einen verführerischen Duft, sehr chinesisch. Ein seltsames Spiel, sagen Sie. Ein Spiel der Linien und der Maskeraden. Ich muß mir das alles durch den Kopf gehen lassen. Es klingt ausgesprochen dekadent...«

Nach meinem Squashmatch war ich ziemlich erschöpft. Ich lag schwitzend neben der Bar und sog matt an einem Strohhalm in einem großen durchsichtigen Glas. Alles um mich herum drehte sich, das Licht war wie ein Schleier, und dahinter quirlte ein heraufziehendes Chaos.

»The pungent oranges and bright, green wings
Seem things in some procession of the dead,
Winding across wide water, without sound.
The day is like wide water, without sound...«

Ich ging in den Duschraum und spürte, wie der Dampf über mir zusammenschlug und die Seifenblasen wie Pingpongbälle durch die Luft schossen. Das glatte Gesicht von Wallace Stevens erschien vor mir, schwebte langsam wie eine schillernde Blase an mir vorüber.

Dann schlenderte ich mit einem Handtuch um die Hüften in den Umkleideraum, setzte mich auf eine Bank und begann, mir auf einem Block Notizen zu machen. Ich versuchte mich genau an Wallace Stevens' Worte zu erinnern und gab mir Mühe, sie so wortgetreu wie möglich zu Papier zu bringen. Seine Stimme schien die Luft zu erfüllen, östlich und fern, nach Seife, Dampf und Hopfenhainbuche duftend.

Ich versuchte mir sein Gesicht zu vergegenwärtigen, aber es glitt ins Leere. Es zu beschreiben war so schwierig, als hätte ich mir vorgenommen, über eine Amöbe etwas auszusagen. Je mehr ich mich bemühte, es vor mir zu sehen, desto rascher verlor es jegliche Kontur. Es wurde größer und umwölkte sich, wie der Himmel vor einem heraufziehenden Sturm.

Ich fuhr durch die helle Mondnacht zurück. Es war sehr kalt geworden. Die Furchen auf der Straße barsten und krachten.

Die Scheinwerfer tauchten die Bäume in eine Woge von Chrom, und hin und wieder flammten Ställe und Zäune auf. In dem ineinander verwobenen Mond- und Scheinwerferlicht gewann die Landschaft Connecticuts ein anderes Gesicht. Ich sah eine eben erst entdeckte Erhabenheit in den Felsen und Koniferen und einen neu erweckten Glanz auf den Ställen und Zäunen.
Vor mir tauchte ein Reh auf. Es war von den Scheinwerfern geblendet. Ich trat auf die Bremse, und der Wagen kam zum Stehen. Ich machte die Scheinwerfer aus, und das Reh tänzelte davon und verschwand lautlos zwischen den mondbeschienenen Stämmen.

Der schwarze Schleier

Nach dem Winter kam das Frühjahr und nach dem Frühjahr der Sommer, und sie hielten, ganz anders als in anderen Jahren, mit strahlender, begieriger Heftigkeit ihren Einzug. Der Juni ging mit wilden Donnerschlägen gewaltiger Gewitter zu Ende, und der Juli schwang sich wie ein Schwert aus der Scheide herab. In jenem Juli war es in New Haven unerträglich heiß. Wie Feuerbälle rollten die Radkappen über die Straßen. Schwarze Lachen standen auf dem Asphalt, der weich wie Glaserkitt war, und die Luft über der Elm Street war wabbelig wie Gelee.

Eines Tages blätterte ich in einem riesigen alten Atlas. Er war in graues Buckramleinen gebunden und roch wie ein moderiges Zelt. Ich betrachtete die libanesische Küste und sah die zedernbestandenen Hügel vor mir. Ich wanderte nach Osten zur syrischen Grenze durch Steinwüsten und Schluchten. In Damaskus waren die Aprikosenbäume bereits abgeerntet, und die Pilger kamen auf ihrem Weg von Transkaukasien hier vorbei. Ich wanderte im Regen auf der Straße jenseits von Baalbek und entdeckte den Orontes, der eilig zwischen den Felsen dahinfloß. Die Wolken im Osten zeichneten sich jetzt deutlicher ab, und ich setzte mich auf einen Stein und hielt Ausschau. In der Ferne wurde das Vieh auf die Weide getrieben, und in dem Tal unterhalb sah ich Rauch aus den Bauernhäusern aufsteigen.

Ich blickte mich um und sah einen Mann auf mich zukommen. Es war ein großer, kräftiger Kerl, der energisch ausschritt. Einen Augenblick lang war ich beunruhigt. Dann hörte ich, wie er lauthals zu singen anfing. Als er näherkam, konnte ich die Worte verstehen. Es war ein altes französisches Liedchen. Dann sah er mich an der Straße sitzen und verstummte.

Ich merkte, wie er mich im Halbdunkel beobachtete. Er blieb stehen und lächelte mich an. Ich sagte auf Französisch »guten Morgen«.
»Guten Morgen!« antwortete er. Er blickte verwundert auf mich herab, die Beine weit gespreizt und mit einem heiteren Lächeln auf den Lippen. »Einen guten Morgen, einen vorzüglichen Morgen, einen herrlichen Morgen, einen wunderbaren Morgen wünsche ich! Und was um alles in der Welt haben Sie hier verloren, mein reizender Freund?«
Ich sagte ihm, daß ich auf dem Weg nach Homs eine kleine Pause eingelegt hätte.
»Dorthin will ich auch«, sagte er herzlich. »Wir wollen eine Weile gemeinsam gehen, nicht wahr?«

Täglich wurde diese Vision von einem Kontinent in meiner Vorstellung lebendiger. Sie wuchs in der Dunkelheit und schlich sich in meine Träume. Es passierte mir, daß ich nachts aufwachte und plötzlich eine tropische Stadt vor mir sah, ein schäbiges altes Hotel, ein Picknick am Brahmaputra. Dann machte ich das Licht an und schrieb alles rasch nieder.
Ein gewaltiger Stapel von Notizen sammelte sich auf meinem Schreibtisch. Täglich saß ich in der Bibliothek, vertieft in Memoiren, Tagebüchern, Geschichtsbüchern, Berichten von Forschungsreisen in den birmesischen Dschungel und zu den tibetanischen Lamaklöstern.
Ich saß in einem Sessel und blickte aus dem Fenster. Die Studenten lagen im Gras und kritzelten Notizen in ihre kleinen Hefte. Doch in Wirklichkeit sah ich die von Insekten heimgesuchten Sümpfe des Irawadi, die Tempel neben dem Ganges und die Straßen von Benares.
Der Stoß Notizen wurde höher und höher. Er wurde vom Sonnenlicht gestreift, das auf Darjeeling fiel. Er fing an zu brodeln, zu rauchen und zu poltern. Eines Nachts explodierte er. Ich hörte die Stimmen unter meinem Fenster. Ich beugte mich in meinem Stuhl vor und fing wie hypnotisiert an zu schreiben:

Weit unten auf der Straße sah ich den Nachtwächter mit seiner Laterne herankommen.

Ich zögerte einen Augenblick, starrte ins Dunkel, horchte. Dann schrieb ich:

Er sang mit leiser, gramerstickter Stimme vor sich hin. Als er mich sah, verstummte er, sein verschrumpeltes Apfelgesicht wurde ernst und aufmerksam. Er ging rasch an mir vorbei. Als er an der Ecke angelangt war, fing er von neuem an zu singen, und er sang, wie ich aus dem Ton seiner Stimme schließen konnte, von bevorstehendem Unheil, vom Gram der Alten und dem Ende der Liebe.

Die asiatische Landschaft wurde immer lebendiger. Ich sah einen dünnen Grashalm, der in Srinagar seinen Schatten warf, und in Allahabad eine Laus am Ohr eines Kindes. Ich hörte einen Mann singen, während er durch den verschneiten Kaukasus wanderte. Ich beobachtete die Wassertropfen, die in einem mondbeglänzten Fluß von einem Ruder fielen.
All diese Dinge wurden auf unerklärliche Weise lebendig, während ich bis drei Uhr morgens vor mich hinschrieb, und eines Nachts im Januar schrieb ich die letzten Zeilen:

Dann kam der Sturz ins kalte Wasser, die grüne Flut umfing meinen Körper, meine Muskeln dehnten und spannten sich; und als ich wieder herausstieg und zwischen den Farnen stand, glänzte das Sonnenlicht in jedem einzelnen Tropfen, der auf meiner Haut zitterte. Die warmen Sonnenstrahlen ließen mich vor Verlangen und Wonne erbeben. Es war nicht zu leugnen, ich war außerordentlich glücklich.

Ich ging in den Garten, in dem es schwarz, kühl und neblig war. Die Sterne waren halb verdeckt, zeigten sich verschwommen zwischen den Wolken. Ich roch den Geruch der winterlichen Koniferen. Die Welt war mir wunderbar nahe. Ich bebte vor Wonne, als ich den blattlosen Rosenstrauch berührte. Dann ging ich die Treppe hinauf, fiel auf mein Bett und schlief ein.

Die Sekretärin meines Vaters, Miß Zerner, schrieb mein Manuskript sorgfältig auf der Schreibmaschine ab. Sie machte fünf Durchschläge, und ich schickte sie auf der Stelle ab, zwei nach New York und drei nach London. Eines Morgens wachte ich auf, und meine Mutter rief mich ans Telephon. Ein Telegramm von Chatto and Windus in London wurde durchgegeben:

Von den Asiatics begeistert. Biete hundert Pfund Vorauszahlung. Harold Raymond

Ich führte einen Freudentanz auf und schickte sofort ein Telegramm, in dem ich mich einverstanden erklärte. Zwei Stunden später rief meine Mutter mich wieder ans Telephon. Es handelte sich um ein Telegramm von Faber and Faber in London:

Von den Asiatics begeistert. Biete hundertfünfzig Pfund Vorauszahlung. T. S. Eliot

Ich schrieb augenblicklich einen traurigen Entschuldigungsbrief an Eliot und berichtete, daß ich vor zwei Stunden ein Angebot von Chatto and Windus angenommen hätte. Um drei Uhr nachmittags klingelte das Telephon zum drittenmal. Wieder war es ein Telegramm aus London:

Von den Asiatics begeistert. Biete zweihundertfünfzig Pfund Vorauszahlung. Hamish Hamilton

Auf der Stelle schrieb ich einen herzlichen, aber entschuldigenden Brief an Hamilton und erklärte, daß ich ein Angebot von Chatto and Windus angenommen hätte.
Ich war über die unglaubliche Ähnlichkeit der Telegramme höchst erstaunt und schrieb einen munteren Brief an Harold Raymond von Chatto and Windus. Ich berichtete ihm von der zufälligen Übereinstimmung, sandte ihm meine Grüße und fügte einige Vorschläge zur Gestaltung des Buches bei: ein ebenholzfarbener Rücken, gelber Einband für Vorder- und Rückseite, ein goldener Schutzumschlag mit einem chinesischen Holzschnitt.

Das war der glücklichste Tag meines Lebens. Ich raste im Garten herum und fühlte mich so leicht und beschwingt, daß ich zu fliegen vermeinte. Die strahlende Wintersonne blickte wohlwollend herab, und das Läuten in der Luft rührte von den Glocken eines nahe gelegenen Lamaklosters her.

Drei Wochen später wurde das Buch von Harper in New York angenommen. Sie boten mir eine Vorauszahlung von siebenhundert Dollar. Mit Freuden nahm ich an und schrieb ihnen einen überschwenglichen Brief, in dem ich wiederum einige Vorschläge zur Gestaltung des Buches machte: der Rücken aus schwarzem Schweinsleder, kunstvoll mit Lotosblüten verziert, und ein goldener Umschlag mit unzähligen Asiaten drauf.

Jetzt hatte ich genügend Geld, um wieder nach Europa zu reisen. Ich beschloß, für ein bis zwei Jahre an das King's College in Cambridge zu gehen. Mit dem Namen Cambridge verband ich vielerlei Assoziationen: an Byron, Milton, Housman und dazu die sanft dahingleitenden Schatten auf dem Cam.

Im Winter spielte ich Squash, im Frühjahr Tennis, und im Sommer schwamm ich im glänzenden, von Algen bedeckten Wasser des Long Island Sound. Im September verkaufte ich dann meinen geliebten alten Chrysler für fünfzig Dollar und buchte eine Überfahrt in der Touristenklasse auf der *SS Aquitania*:

In New York wohnte ich drei Tage im Barbizon-Plaza. Eines Morgens rief mich Eugene Saxton aus seinem Büro an: »Miß Millay ist aus Austerlitz eingetroffen. Können Sie mit uns im Vanderbilt essen gehen?«

Gene Saxton war ein liebenswerter Lektor bei Harper, der an die Figuren aus den *Pickwickiern* erinnerte und aussah wie ein Stich von Phiz. Meine Zuneigung zu ihm hatte einen etwas altertümlichen Zug. Mich befremdete und tröstete seine graukarierte Weste, auf der die dicke goldene Uhrkette melodisch hin und her baumelte.

Ich nahm einen Autobus zum Vanderbilt und traf ihn in der Bar an. Neben ihm saß eine Dame im grauen Flanellkostüm mit einem blaugestreiften Hemd und einer grünen Seidenkrawatte. Ihre rundlichen Wangen glänzten, ihr offen herabfallendes

Haar war farblos, und ihre Augen waren verschwommen und wäßrig.
»Miß Millay hat einen Martini bestellt«, sagte Saxton ein bißchen geheimnistuerisch.
»Ich nehme auch einen Martini, wenn ich darf«, sagte ich höflich.
»Ich habe den ganzen Morgen damit verbracht, meine Bücher zu signieren«, sagte Miß Millay. »Ich bin völlig erschöpft. Sehen Sie, meine Hand zittert. Das ist das Schlimme, wenn man eine Berühmtheit ist. Man wird in den Strudel hineingezogen. Man tut Dinge, die man nicht tun sollte, man sagt Dinge, die man nicht sagen sollte, und das Leben wird entsetzlich schäbig, oberflächlich und vulgär. Ich hätte mich niemals dazu bereit erklären sollen, meine Gedichte in der Öffentlichkeit zu lesen. Sie klingen dadurch so marktschreierisch. Ich fühle mich wie eine Prostituierte.«
»Aber doch gewiß nicht wie eine Prostituierte, meine liebe Edna«, sagte Saxton beunruhigt.
»Zumindest verdammt ähnlich. Man hat das Gefühl, alle betatschen einen. Ich muß dauernd an Emily Dickinson denken. Diese Tausende von Zetteln. Keiner hat *sie* je in dieser schäbigen und makabren Weise betatscht. Noch einen Martini, mein Lieber? Es gibt so viele Dinge, die mich in Schrecken versetzen. Ich habe mit George Dillon an den Gedichten Baudelaires gearbeitet, und der Schatten Baudelaires bewirkt, daß einen alles rundherum erschreckt.«
Wir gingen in den Speisesaal, wobei Miß Millay noch immer ihr Cocktailglas umklammerte. Wir aßen Hummer und ein Aprikosenfrappé. Miß Millay hob ihr Glas, hielt es gerade vor sich hin, und ihre Augen fingen leicht an zu schielen, als sie die Olive fixierte.
Miß Millay war nie eine Schönheit gewesen, und ihr Gesicht sah eher ledern aus, aber es wies Spuren eines stolzen Charmes und einer jugendlichen Verletzlichkeit auf. Ich fühlte mich ihr seit den heiteren zwanziger Jahren verbunden. *Wine from these Grapes* war gerade erschienen, und ich war traurig und enttäuscht, aber von »Second April« und »Fatal Interview« war ich immer noch ganz angetan.

»Die Sonette, die mir am besten gefielen«, murmelte ich halb schuldbewußt, »waren ›Only until this Cigarette is ended‹ und ›Oh, sleep forever in the Latmian cave‹.«
Sie warf mir einen raschen, bestürzten Blick zu. »Sie sagen, ›gefielen‹. Ist denn nun alles vorbei? Macht nichts. Das ist ein ziemlicher Schlag, aber es kann einem Schlimmeres passieren, auch den Besten von uns.«
Ihre Miene hellte sich ein wenig auf, und ihre Stimme wurde leise und innig. »Lassen Sie mich Ihnen«, sagte sie, »von der Zeit mit Elinor Wylie erzählen. Vor vielen Jahren pflegte man uns reichlich wichtigtuerisch miteinander zu vergleichen, aber ich sagte immer: ›Elinor ist eine Amande glacée, ich aber bin eine bittere Walnuß.‹ Elinor Wylie galt als eine atemberaubende Schönheit, und ich muß Ihnen wirklich von dem Abend mit Elinor erzählen. Wir waren zusammen bei einer älteren Dame, einer Mrs. Potter oder einer Mrs. Palmer, zum Abendessen eingeladen. Auf den Tischen standen Kristalleuchter und Champagnerflaschen. Elinor trug einen schwarzen Organdyschleier, vielleicht war er auch aus Tüll, nicht so einen, wie man ihn auf Beerdigungen trägt, sondern einen mit schwarzen Tupfen, da sie einen Schlaganfall gehabt hatte und ihre Schönheit dahin war. Nach dem Essen begaben sich die Gäste in das Wohnzimmer, wo ein Mr. Hoffman am Klavier saß. Der Regen klatschte gegen die Fensterscheiben, und die Töne vermischten sich damit. Als er aufgehört hatte zu spielen, beugte sich Mrs. Potter nach vorn und sagte: ›Miß Wylie, verzeihen Sie, ich muß Ihnen ein Geständnis machen. Ich habe Ihre wundervoll ziselierten Verse immer sehr geliebt. ‚The Eagle and the Mole‘ war einfach erlesen, und auch Ihre Schönheit war erlesen, ja fast ein Diadem!‹ Ich sah zu der armen Elinor hinüber, und es war einfach entsetzlich. Sie erhob sich wie ein Geist und ging schwankend durch das Zimmer; ich sah ihr schwarz verhülltes Gesicht in den Spiegeln. Ich stand auf und sah zum Fenster hinaus, der nächtliche Regen goß in Strömen, und unten winkte die unglückliche Elinor verzweifelt ein Taxi herbei.«
»Eine sehr traurige Geschichte«, sagte Gene Saxton und schlug die Augen nieder.
»Jetzt wissen Sie, was ich meine, wenn ich sage, daß Schlimme-

res passieren kann. Es kann damit enden, daß man schwarze Schleier trägt und durch den tobenden Sturm davonläuft.«
Sie starrte immer noch wie hypnotisiert auf die Olive, als läge der Schlüssel zu einem Geheimnis darin verborgen. Dann zog sie eine Zigarette aus einem silbernen Etui und zündete sie umständlich mit ihren sommersprossigen Fingern an.

Das Niesen

Ich kam in Cambridge an einem regnerischen Samstag im Oktober an und eilte, nachdem ich meine Reisetaschen im Studentenheim gelassen hatte, zur King's Parade. Ich ging durch den Regen, der die Kapelle in einen Schleier hüllte, blieb stehen unter den Weiden, die sich über den Cam neigten. Dann spitzte ich die Ohren, um ein flüchtiges Echo des *Penseroso* und von *Harolds Pilgerfahrt* zu erhaschen.

Der erste Freund, den ich in Cambridge hatte, war ein Amerikaner, der Andrew Chiappe hieß. Später wurde er an der Columbia University ein großer Shakespeare-Experte, doch damals war er bloß ein untersetzter kleiner Mann mit lockigem Haar, der auf einem Auge schielte, was sowohl komisch als auch beunruhigend wirkte. Sein rechtes Auge war vorwurfsvoll auf mich gerichtet, während das linke glasig und hoffnungslos in die Ferne blickte.

Ich war nach Cambridge gekommen, vorgeblich, um einige alte Chaucer-Manuskripte zu studieren, aber ich verbrachte die meiste Zeit damit, mit Andrew herumzualbern und mit ihm zu schwatzen. Unsere Unterhaltung nahm langsam einen schier kabbalistischen Schwierigkeitsgrad an, war gespickt mit gelehrten Zitaten und geheimnisvollen Anspielungen. Betrat ein Fremder das Zimmer, hatte er keine Ahnung, wovon wir sprachen. Redeten wir über Proust, hörte es sich so an, als machten wir uns über Geißelungen lustig, und waren wir bei Yeats, klang es wie eine Diskussion über keltische Zauberei.

Ich lernte Andrew kennen, als ich eines Abends in Heffners Buchhandlung herumstöberte. Unsere Finger kollidierten auf einer Erstausgabe von *The Winding Stairs*.

»Verzeihung«, murmelte ich.

»Bitte verzeihen *Sie*«, sagte Andrew schlagfertig.
»Ich liebe Yeats«, sagte ich nachdenklich.
»Ich vergöttere ihn«, sagte Andrew. »Gehen wir, trinken wir zusammen Tee und lesen dabei Yeats.«
Das taten wir, und Andrew las die erhabenen Verse vor:

> »Astraddle on the dolphin's mire and blood,
> Spirit after spirit! The smithies break the flood,
> The golden smithies of the Emperor!
> Marbles of the dancing-floor
> Break bitter furies of complexity,
> Those images that yet
> Fresh images beget,
> That dolphin-torn, that gong-tormented sea.«

Jeden Abend fuhr ich durch den Nieselregen mit dem Fahrrad zum Portugal Place, wo ich mit meinen Freunden Basil, Colin und Alastair Squash spielte.
Der Portugal Place ging auf die freudlose Verlassenheit von Jesus Green. Die schmutzigen kleinen Gebäude rochen nach Ruß und Verfall; sie hatten nicht das geringste mit dem Marmor und dem Chrom von Yale zu tun. Es gab nur eine einzige Dusche, aus der es lauwarm tröpfelte, und an den Wänden stapelten sich verschimmelte Schiffskoffer und stinkende Handtücher. Aber der Ort besaß für mich einen unerreichbaren Reiz, da ich den verzweifelten Ehrgeiz hatte, Squashchampion von Cambridge zu werden.
In England spielte man Squash sehr viel gewandter als in Amerika. Der Schläger war zierlicher und der Ball elastischer. Meine mörderischen Drives, die in New Haven so erfolgreich gewesen waren, blieben ohne Wirkung in Cambridge, wo sie schwächlich und hilflos von der Wand abprallten. Daher paßte ich mein Spiel dem raffinierten englischen Stil an und ahmte die scharfen, hinterlistigen Schläge des Ägypters Amr Bey nach, der Weltchampion war und gelegentlich in Cambridge spielte.
Ich hörte auf zu rauchen und trank Eiswasser anstelle von Bier. Meine Stoppbälle wurden genauer, meine Lobs hinterhältiger,

und meine Mimik wurde die einer Sphinx, wie die des unvergleichlichen Amr Bey.
Eines Abends radelte ich vom Portugal Place nach Hause. Ein schiefergrauer Regen verdunkelte die Wände des St. John's College, und in Trinity und Caius gingen die Lichter an.
Eine dunkel vermummte Gestalt stand vor der Buchhandlung Bowes & Bowes. Ein dünner gelber Lichtstrahl fiel auf ihr Gesicht, als die Tür sich öffnete. Ich sprang von meinem Fahrrad, lehnte es gegen die Wand und rief: »Hätten Sie Lust auf eine Tasse Tee, Professor Housman?«
Er sah verblüfft, ja sogar bestürzt aus. Er fingerte an seinem Bart herum. Dann lächelte er und nickte. Ich hatte ihn einmal bei einem Abendessen im Trinity getroffen.
Er sagte höflich: »Warum nicht? Die Teezeit ist längst vorbei, fürchte ich, aber es ist kalt, und ich würde gern im Whim eine Tasse Tee trinken.« Das Whim war ein schmuddeliger kleiner Teesalon in der Nähe der Buchhandlung. Dort gab es schmierige Sofas mit durchhängenden Sprungfedern und fadenscheinigen Kissen, die die Federn verloren. Man servierte Toast und Haferflockenplätzchen, und alle Teetassen hatten einen Sprung. Aber man konnte dort gemütlich sitzen, während der Regen gegen die Fensterscheiben plätscherte. Ich war oft im Whim und las die neuesten Gedichte von Auden.
Ich sagte: »Warum um alles in der Welt haben Sie sich Manilius ausgesucht, Professor Housman? Manilius ist doch gewiß weit davon entfernt, einer der wirklich Großen zu sein.«
»Lassen Sie uns nicht von Manilius sprechen. Ich habe Manilius genommen, weil er langweilig ist. Manilius langweilt mich ganz entsetzlich. Das war schon immer so und wird sich auch nicht ändern.«
»Und deshalb haben Sie ihn gewählt?«
»Genau deshalb, mein lieber Junge. Man muß deutlich zwischen den Bereichen der Wissenschaft und den Sphären der Dichtung unterscheiden.«
»Aber sollte ein Literaturwissenschaftler nicht auch die Literatur lieben?«
Der Professor entblößte seine Zähne. »Das sollte er, zweifellos, aber es ist in keiner Weise eine Pflicht. Sehen Sie *mich* an. Ich

bin der größte lebende Manilius-Experte, aber inzwischen bin ich so weit, daß ich die faden Verse des Manilius aus tiefster Seele hasse. Und so habe ich schließlich meine Forschungen über die Metrik des Manilius beendet, als ich erkannte, daß der Haß die Sicht ebenso trüben kann wie die Liebe.«

Als er »Liebe« sagte, überzog eine seltsame Röte die Wangen des alten Professors – es war eine Glut voller Zärtlichkeit, die aber zugleich von einer tiefen Erregung herrührte. Ein Regentropfen, der an seiner Wange hing, sah aus wie die Träne um einen uralten Schmerz.

Er hob leicht den Kopf. »Dafür, daß Sie ein Meisterwerk geschrieben haben, sind Sie reichlich naiv. Ich teile die Meinung der Kritiker. *Die Asiaten* sind ein kleines Meisterwerk. Aber ist dieser Hauch von Naivität nur ein Teil Ihrer Verschlagenheit, oder ist Ihre Verschlagenheit nur ein Teil Ihrer Naivität?«

Ich lachte. »Vielleicht beides.«

»Genau, wie ich dachte.« Der alte Mann nickte. »In jedem Amerikaner steckt eine Art unverbesserlicher Unschuld, hinter der sich eine diabolische Verschlagenheit verbirgt.«

Eine Pause trat ein. Der Regen wurde heftiger. Bedrohlich klatschte er gegen die Scheiben. Zwei dunkelhäutige Studenten setzten sich auf ein langes, schmutziges Sofa und diskutierten heftig gestikulierend über die Bedeutung der »Hollow Men«.

Ich warf einen Seitenblick auf den Professor. Der steife weiße Kragen schnitt in seinen Hals, an dem seitlich ein winziges rotes Mal von einem Schnitt mit dem Rasiermesser zu sehen war. Sein Gesicht wirkte verschlossen und unheimlich ruhig mit seinen dunklen, struppigen Augenbrauen und dem dichten weißen Schnurrbart. Er sah wie ein illustrer, jedoch müde gewordener Feldmarschall aus. Während ich ihn beobachtete, schien er in eine vergangene Epoche zurückzutreten, ja allmählich hinter den Nebeln zu verschwinden.

Vor mehr als vierzig Jahren war Housmans *A Shropshire Lad* veröffentlicht worden, und seine *Last Poems* erschienen 1922, so daß man, als sein Bruder Laurence die postumen Verse in den späten dreißiger Jahren für *More Poems* sammelte, von Housman sprach, als wäre er ein Dichter des vergangenen Jahrhunderts.

Ich erwähnte Eliot.
Seine Augen verdunkelten sich, als blickte er durch einen Schleier.
»Ach, Eliot? Seine Gedichte sind auf etwas billige und zufällige Weise rätselhaft. Ist etwas rätselhaft, so steckt bekanntlich oft eine innere Leere dahinter. Das trifft auf Eliot bestimmt nicht zu, ganz im Gegenteil. Ich mochte sein reizendes kleines Gedicht auf den Tod eines phönizischen Seemanns. Aber für mich muß ein ›frisson‹, etwas Zündendes oder ein Schauder, dabei sein, und fehlt dieser plötzliche ›frisson‹, bleibt ein Gedicht belanglos.«
»Ein Schauder? Ja, ich habe ihn gespürt! Manchmal ist das wunderbar, nicht war, aber es gibt viele Möglichkeiten, diese Empfindung auszulösen, meinen Sie nicht, Professor Housman?«
Er nickte und wischte sich die Regentropfen mit einem blutbefleckten Taschentuch von den Wangen. Plötzlich zuckten seine Lider, als quäle ihn eine herzzerreißende Erinnerung.
»Es gibt den Schauder, der einen Jagdhund durchfährt, wenn er einen Hasen hetzt«, sagte er sanft, »und es gibt den des Mannes, der allein durch die Nacht geht und sich plötzlich am Rande eines Abgrunds befindet.«
Dann warf er den Kopf nach vorn, sein Gesicht verzog sich, und einen Augenblick lang wirkte er so, als sei er halb geblendet vor Wut. Seine Augen traten vor Entsetzen hervor, während er wie um Hilfe bittend oder wie um zum Abschied zu winken die Hand ausstreckte.
Dann nieste er. Es war ein gewaltiges und katastrophales Niesen. Es stieg von den Nasenflügeln auf, seine Augen wurden rot, und seine Stirn verzog sich wie in einem Krampf. Er griff sich mit wilder Geste an die Brust und beruhigte sich dann langsam wieder.
Er tastete mit den Fingern seine Nase ab, als wollte er sich vergewissern, daß sie noch da war. Dann sagte er würdevoll: »Es gibt ein altes spanisches Sprichwort. ›Einer kranken Frau ist oft ein langes Leben beschieden.‹ Daher versuche ich mich dadurch zu schützen, daß ich nicht *zu* robust, nicht *völlig* gesund, sondern immer ein *bißchen* krank bin! Damit kommt

man schließlich am weitesten. Seien Sie bloß nie *zu* gesund. Und hier ist noch ein Sprichwort, dieses Mal ein chinesisches. ›In einem Wirbelsturm wird die gesunde Eiche entwurzelt, während sich der zarte Bambus beugt und wieder aufrichtet.‹«
Er lehnte sich sorgsam, aber leicht beunruhigt und ungeheuer erwartungsvoll in die Kissen zurück. Sein Gesicht wirkte ruhig und ernst, jedoch in den tiefen Furchen zuckte es leicht nervös, wie bei einem Segel, das auf den Ausbruch des Sturms wartet.

Das Stew

Das Gras leuchtete und duftete, als der April in Cambridge Einzug hielt. In gewaltigen Girlanden hingen die Blätter über den Brücken, und hinter dem Trinity College waren die Tennisnetze über den Rasen gespannt. In King's Paddock knabberten die Schafe träge am Klee. Von einem langsam dahinziehenden Kahn tönte das leise Klimpern einer Gitarre herüber.

Andrew erzählte mir, daß E. M. Forster zu einem Besuch nach Cambridge gekommen sei, und ich hinterlegte in der Portiersloge im King's eine kurze Nachricht. Forster war schon lange eine schemenhafte Gestalt am Horizont gewesen, und meine Ansichten über seine Romane waren widersprüchlich. Er war sanft ironisch, dabei trübselig-menschenfeindlich. Er besaß psychologischen Scharfsinn wie auch eine schillernde Moral. Aber ich ahnte, daß es unter diesen wechselnden Haltungen – wie das Fleisch unter einem Schildkrötenpanzer – einen eigenartigeren und verletzlicheren Forster geben mußte.

Ich war ausgesprochen neugierig, als ich die King's Parade überquerte. Er stand vor der King's Chapel in der Sonne. Ich erkannte ihn sofort an seinem schmalen, spitzen Kinn und der Spur von Selbstverachtung in seinen scheuen schrägstehenden Augen.

»Entschuldigung! Ich habe mich um fünf Minuten verspätet«, sagte ich.

»Keineswegs, Sie sind ganz pünktlich. Hören Sie die Glocke? Es ist ein Uhr. Es ist eine herrliche Glocke, nicht wahr?« Er schob das Kinn vor und bekam eine Fistelstimme. Dann wurde er plötzlich ernst. Er runzelte heftig die Stirn.

»Stets begleitet einen diese knabenhafte Treue zum King's. Ich nehme an, das liegt an der Kapelle. Es gibt in England nichts, was man mit King's Chapel vergleichen könnte. Sie steht mit Chartres und dem Tadsch Mahal auf einer Stufe. Haben Sie übrigens je das Tadsch Mahal gesehen?«

»Nein, nie«, sagte ich.

»Oder die Hausboote in Srinagar?«

»Auch die nicht«, sagte ich schuldbewußt.

»Das habe ich angenommen. Ihr Buch ist viel zu poetisch, als daß es auf gewöhnlichen touristischen Erlebnissen beruhen könnte.« Er hielt den Kopf schief. »Hören Sie auf das Vogelgezwitscher! Ganz bestimmt boshaftes Geklatsche. Vögel sind schrecklich gehässig.«

Er sah verstört aus, als sei er über das, was er selber sagte, erstaunt. Er blinzelte ängstlich und spitzte vorsichtig die Lippen.

»Mittagessen?« säuselte er.

»Ja«, sagte ich, und wir überquerten die Straße in Richtung »Copper Kettle«.

»Ich mag den ›Copper Kettle‹ sehr gern«, murmelte er melodisch. »Mrs. Marsh ist eine echte Dame. Sie können sich auf Mrs. Marsh immer verlassen. Wenn sie sagt, das ist ein Lammkotelett, dann können Sie sicher sein, daß es wirklich ein Lammkotelett ist. An der Schrift auf der Speisekarte können Sie sehen, daß sie eine Dame ist.«

Wir gingen in das Restaurant und setzten uns ans Fenster.

»Guten Morgen, Mr. Forster!«

»Guten Morgen, Mrs. Marsh.«

»Ein schöner Tag, nicht wahr?«

»Ich habe den Vögeln zugehört. An einem Tag wie heute sind Vögel unvergleichlich, Mrs. Marsh!«

Mrs. Marsh nickte still. »Also Huhn, nehme ich an.«

»Oh, nicht diese Art Vogel, meine Liebe! Ich spielte auf das Gezwitscher an, das nie verstummende Gezwitscher! Ausgesprochen gehässig.«

Mrs. Marsh legte zwei säuberlich geschriebene Speisekarten auf den Tisch und starrte Mr. Forster in wohlwollender Verwirrung an.

»Gebratene Scholle«, murmelte Forster. »Das Schöne ist, wenn Sie sagen, daß es eine Scholle ist, ist es ausnahmslos eine Scholle, und wenn Sie sie als Seezunge bezeichnen, dann ist es fraglos eine Seezunge aus Dover.«

»Also Scholle?« sagte Mrs. Marsh.

»Mitnichten, Mrs. Marsh. Ich sehe, daß es Stew gibt. Ich möchte unbedingt ein Irish Stew haben.«

Mrs. Marsh zog mit verdutzter Miene ab, und Forster sagte fröhlich: »Also, und dann war da natürlich Alexandria. Und die Sensation in Alexandria war Kavafis, das brauche ich wohl kaum zu erwähnen. Es widerstrebt mir freilich, zu behaupten, daß er ein überwältigender Dichter war. Er überwältigte mich nie, so wie Yeats und all die anderen. Er war so eine Art Herumtreiber. Wissen Sie, was ich unter einem Herumtreiber verstehe? Er erzielte seine Wirkung dadurch, daß er gewissermaßen in Heimlichkeiten herumstocherte. Er besaß eine gewisse Schärfe, wenn Sie mir diese Banalität nachsehen wollen, aber es war eine besondere Schärfe, nämlich die seiner eigenen hinterhältigen Erfindungsgabe. Nehmen Sie das Gedicht über den Spiegel. Ein Mann blickt in einen Spiegel und sieht darin alle Knaben, die sich einst vor dem Spiegel geliebt haben, sich nun wieder vor dem Spiegel lieben. Sie präsentieren sich ihm alle im Spiegel. Sehr treffend, würde ich sagen, aber entschieden sui generis.«

Sein Gesicht nahm einen alexandrinischen Ausdruck an mit seinen schrägen, herabhängenden Lidern und der schmalen, spitzen Nase. Selbst seine Lippen wirkten alexandrinisch-trokken und schief, wie eine Pflaume. Forsters sprunghafte Stimmungsumschwünge hatten etwas Quälendes, und ich war nie sicher, wann er etwas ernst meinte und wann er scherzte.

Ich fragte ihn nach Joyce. »Sind Sie Joyce jemals begegnet?«

»Lieber Himmel, nein. Sie wissen, wie ich bin. Ich bin eher ein Stubenhocker. Da gab es Joyce irgendwo in weiter Ferne, der mit meinem Lebenskreis keinerlei Berührung hatte. Er war besessen von menschlichem Schmutz und menschlichen Auswüchsen. Sie symbolisierten das Böse, Gott hab' ihn selig, und warum auch nicht? Jeder Schriftsteller, der etwas taugt, hat sein Symbol des Bösen. Ich leugne nicht, daß er ein brillanter Schriftsteller ist, aber er hat auch etwas von einem Schwindler.«

»Und Mrs. Woolf? Wie denken Sie über sie?«
»Ich verehrte Virginia leidenschaftlich. Aber mißverstehen Sie mich nicht. Bis jetzt war das rein platonisch. Aber Virginia ist irgendwie seltsam. Sie hat diese fixen Ideen. Sie spricht ständig über Homosexuelle. Sie scheint davon überzeugt, daß *jeder* Mann homosexuell ist. Erwähne ich irgendeinen jungen Schriftsteller, ist ihre erste Frage: ›Bitte, Morgan, sagen Sie mir, ist der gute Junge homosexuell?‹ Und ich werde rot und halte meinen Mund. Ich versuche, wie eine Sphinx auszusehen, was bei meinem Gesicht schier unmöglich ist.«
»Dann haben wir natürlich noch Lawrence. Haben Sie D. H. Lawrence gemocht?«
»O je, jetzt haben Sie mich drangekriegt. Müssen Sie das wirklich alles aufschreiben? Es erscheint mir doch sehr brutal, das alles niederzuschreiben. Ich besuchte ihn in Sussex, aber es war alles comme il faut, das können Sie gern zu Papier bringen, keinerlei Ungehörigkeiten. Was war er doch für ein netter Mann, so lieb, aber so schwierig! Bei allem, was ich sagte, zuckte er zusammen, so verletzlich war er. Mich haben die *Liebenden Frauen* gelangweilt, aber ich habe es nicht zu sagen gewagt. Derart schwülstig und bombastisch, aber nicht im Traum wäre mir eingefallen, das zu sagen. Der gute alte Bertie, so sprach man von ihm, er sah die Menschen in Schwarzweiß. Er sah alles in Extremen, niemals maßvoll oder vernünftig. Und natürlich braute er sich seine eigenen Symbole des Bösen zusammen. Vögel zum Beispiel, auch Füchse. Nicht die Schlangen. Er liebte Schlangen. Er teilte meine Ansichten über Joyce. ›Zu absichtsvoll künstlerisch‹, sagte Bertie. Auch über Flaubert. ›Nicht mein Geschmack‹, sagte Bertie grob.
Oh, da kommt Mrs. Marsh. Ausgesprochen zufriedenstellend, Mrs. Marsh. Ich war sicher, daß Sie uns mit dem Stew nicht im Stich lassen würden. Nachtisch? Auf jeden Fall. Ich empfehle den Melassepudding. Wenn Sie sagen, es ist Melasse, dann ist es ganz sicher Melasse.«
Mrs. Marsh entfernte sich mit einem undurchdringlichen Lächeln, und Forster sagte leise: »Ja, schreiben Sie alles auf. Meine Rendezvous mit Mrs. Marsh sind stets aufschlußreich. So soll ein Dialog auch sein. Aufschlußreich, aber nicht ständig

ermahnend. Aber Bertie habe ich das nicht gesagt. Er wäre zusammengezuckt, wenn ich das getan hätte. Im übrigen, was hätte es gebracht? Bertie und ich waren mittlere Schriftsteller, und wir haben kleine Gouachen geliefert, nicht wie Tolstoi oder Balzac.«

»Dennoch, *Auf der Suche nach Indien.*«

»O je, da haben wir's. Immer wieder *Auf der Suche nach Indien.* Das Buch langweilt mich. Mir persönlich gefällt *The Longest Journey* am besten, aber vielleicht finden Sie das pervers. Wenn Sie einen Autor nach seinem Lieblingsbuch fragen, ist er in dieser Beziehung immer pervers.«

»Es gibt wunderbare Stellen in *Auf der Suche nach Indien.*«

Aber Forster beachtete mich nicht. »Also bitte, schreiben Sie das jetzt nicht auf, bitte, es klingt ein bißchen altjüngferlich, aber Sie können sagen, was Sie wollen, Bertie war immer ein vollendeter Gentleman. Ich verstehe selber nicht recht, warum ich ihn Bertie nenne; wenn ich mit ihm sprach, war er stets Lawrence, aber hier bei Mrs. Marsh habe ich immer eine kleine kokette Schlagseite. Ich rede nicht von seinem Akzent, der bestenfalls diskutabel war. Ich denke an seine Einstellung, die äußerst simpatico war. In Sussex gab es nicht die leiseste Spur einer Ungehörigkeit. Was immer er auf dem Papier vollführt haben mag, sein Privatleben war über jeden Verdacht erhaben.«

Plötzlich zuckte er mit den Schultern, als wollte er einen Schal abschütteln, und starrte umdüstert und grübelnd auf seinen Pudding. Er nahm seine Gabel und hielt sie wie ein Zepter in die Höhe, und die Falten auf seiner Stirn gewannen eine rätselhafte Würde.

Er war drauf und dran, etwas zu sagen, doch dann besann er sich plötzlich eines Besseren. Er wischte seine Lippen mit der Serviette ab und starrte mich schuldbewußt an.

»Was für einen Unsinn habe ich da geredet. Das liegt am Wetter. Frühlingsfieber. Ich fürchte, es ist jetzt Zeit für meinen Mittagsschlaf. Entschuldigen Sie mich!«

Einen Augenblick lang sah ich, wie das Blinken im Auge eines Krokodils, einen anderen Forster vor mir, der sich faul in einem Sumpf aalte. Ich erhaschte einen flüchtigen Blick von einem

einsamen, fleischfressenden kleinen Forster, der an der Mündung lauerte – es war der alexandrinische Forster.
Ich sagte ihm an der Ecke, vor Ryder & Amies, auf Wiedersehen und beobachtete ihn, wie er durch das Tor vom King's auf die Kapelle zuging. Er flatterte über den Rasen, ertastete sich seinen Weg in der Sonne und verschwand wie eine optische Täuschung zwischen den Schatten.

Die Lauscher

Walter de La Mare kam an einem warmen Apriltag nach Cambridge, und wir saßen auf dem Rasen, während er uns seine Gedichte vorlas. Er sah wie ein schon etwas bejahrter Mönch aus, wie er da auf der Bank saß und die Seiten umblätterte, als seien sie Blätter eines kostbaren alten Manuskripts.

Er las »The Listeners«, »The Owl«, »An Epitaph« und »Silver«. Wir aßen alle im »Blue Boar« zu Abend und gingen dann in Andrews Studentenbude, die auf einem Dachboden hoch über dem Marktplatz lag. Hier tranken wir eine Flasche Portwein und ließen unseren Betrachtungen freien Lauf.

Noch von New Haven aus hatte ich de La Mare ein paar schmeichlerische Briefchen geschrieben. In einem hatte ich ihn gefragt, ob er wirklich an Geister glaube. Er antwortete mir freundlich, in seiner winzigen Kritzelschrift, und erklärte mir, daß gewisse Geister geisterhafter als andere seien, daß er an sie glaube, aber wiederum auch nicht an sie glaube, was aber unwesentlich sei, da die Menschen sowieso an sie glauben, ob sie nun existieren oder nicht, da eine gespenstische Leichtgläubigkeit im menschlichen Gehirn ihren festen Platz habe.

Ich bat den Dichter, »The Listeners« zu erklären. Dieses Gedicht hatte mir lange Zeit Kopfzerbrechen bereitet. Eine feuchte Aprilwärme kroch durch das halbgeöffnete Fenster herein, und die Vorhänge bewegten sich träge in der zunehmenden Dunkelheit.

»Sagen Sie mir bitte, Mr. de La Mare, wer waren die Lauscher? Waren es Elfen?«

»Keine Elfen. Vielleicht Erscheinungen«, sagte der Dichter.

»Die die Toten gesandt haben?«

»Die nicht ganz Lebendigen«, sagte der Dichter freundlich. Andrew Chiappe nahm sein Buch auf und begann laut zu lesen:

»Ay, they heard his foot upon the stirrup,
  And the sound of iron on the stone,
And how the silence surged softly backward,
  When the plunging hoofs were gone.«

»Sehen Sie, Sie glauben doch an Geister!« sagte ich triumphierend.
»Ich glaube«, sagte de La Mare, »an das Geisterhafte im Menschen. Selbst wenn es keine Geister gäbe, hätten die Menschen sie erfunden. Vor langer Zeit, noch bevor es Worte gab, glaubten die Menschen an Erscheinungen. Die Menschen hörten auf diese Erscheinungen, die sich ohne Worte verständlich machen konnten.«
»Ich verstehe«, sagte ich lachend. »Jetzt ist alles vollkommen einleuchtend. Die Lauscher waren die Geister derjenigen, die vor der Erfindung des Wortes lebten. Der Reisende war ein späterer Geist, der dem menschlichen Wort zum Opfer fiel.«
»Die Lauscher«, murmelte der Dichter, »bewegten sich im Reich der Intuition, das weitaus beredter ist als das des Dialogs und der Rhetorik.«
Wir saßen in betretenem Schweigen und starrten auf unsere Gläser. Es brannte lediglich eine Lampe, und das Zimmer lag halb im Dunkeln. An der Wand hing Dürers Kupferstich der Apokalyptischen Reiter, und auf dem Tisch lag die *Ilias* in einer Ausgabe der Nonesuch Press. Im Lampenschein verwandelte sich die *Ilias* in die Farbe uralten Blutes, und die bleichen mittelalterlichen Reiter starrten aus fiebrigen Augen. Voller Unbehagen blickte ich um mich. Hinter dem Vorhang bewegte sich etwas, und ein tiefer, gewaltiger Seufzer drang vom dunklen, leeren Marktplatz herauf. Plötzlich läuteten die Kirchenglokken zwölf Uhr, und die dumpfen, harten Töne klangen wie der Schrei eines verendenden Tieres.

Am nächsten Nachmittag fuhr ich den Dichter nach Grantchester hinaus. Mein altes Ford-Kabriolett quietschte ängstlich,

als wir am Wald vorbeifuhren. Entsprechend einer alten Cambridge-Tradition tranken wir im Obstgarten Tee, und dazu brachte man uns Honig, Hefegebäck und Erdbeeren.
»Man bekommt immer noch Honig zum Tee, das freut mich«, sagte de La Mare.
»Damit wird Rupert Brooke ein Tribut gezollt. Hier in Grantchester ist er eine Legende.«
Es war ein strahlender, windstiller Tag, die Blätter waren blank wie Glas, und die Vögel legten die Köpfe schief, als lauschten sie einem Orakel.
Der Dichter sagte betrübt: »Heutzutage behandelt man Rupert äußerst unliebenswürdig. Armer Rupert, die modernen Intellektuellen lassen kein gutes Haar an ihm.«
»Sie mißbilligen seine Kriegsgedichte. Sie haben den Eindruck, daß er das ganze Blutvergießen zu sehr von der sentimentalen Seite geschildert hat.«
»Schließlich war er das Sprachrohr einer bestimmten Generation«, sagte de La Mare.
»Aber die modernen Menschen sind mit dieser unsensiblen Generation nicht einverstanden.«
»Doch diese Generation hatte einen gewissen Sinn für das Geheimnisvolle. Selbst Eliot ist keineswegs der grimmige Ultramoderne, für den er gehalten wird. Er nimmt Geistererscheinungen zur Kenntnis. Tom hat sein Ohr den Beschwörungen keineswegs verschlossen.«
Er wandte plötzlich den Kopf und blickte mir in die Augen.
»Sie haben so genau zugehört, Sie haben Ohren wie ein Luchs. Und Ihre Augen, verzeihen Sie, sind scharf wie die einer Elster. Sie haben Notizen gemacht, wenn Sie glaubten, daß ich nicht hinsah. Fahren Sie fort. Es stört mich nicht. Es ist mir gleich, was die Leute von mir denken.«
Ein Schuldgefühl überfiel mich, als ich de La Mare ansah. Schon als Kind hatte ich seine Gedichte und Erzählungen geliebt. In Texas hatte ich in einem Sommer *Traumbuntes Jahr* gelesen und bewahrte ihm seitdem eine aufrichtige kindliche Treue. Aber in der letzten Zeit hatte ich mich durch den Einfluß der dreißiger Jahre von meinen Kindheitsträumereien und der Welt der Eulen, Pilze, Hexen und Wassernixen etwas ent-

fernt. Ich fühlte mich schuldig, weil ich de La Mare verraten hatte.
Er schnitt vorsichtig ein Gebäckstück auseinander, als öffnete er eine Auster, und ließ langsam eine kleine Honigschlange in die Mitte tropfen.
Dann kratzte er sich nachdenklich am Kinn und starrte in die Bäume. Ich hatte den Eindruck, daß er das Gefühl hatte, mich enttäuscht zu haben. Vielleicht spürte er, daß der Atmosphäre etwas Prickelndes fehlte.
Er kauerte sich in seinem Stuhl zusammen, und sein Gesicht wurde koboldhaft. Seine Wangen wurden im Wechselspiel der Schatten wie Baumrinden. Scheinbar nahm er, nur um mir zu gefallen, eine geheimnisvollere Persönlichkeit an. Seine scheuen, freundlichen Augen bekamen einen göttlichen Glanz.
»Ich fürchte, ich habe zu lange in einer Welt der Erscheinungen gelebt. Mein ganzes heutiges Denken hat offenbar Züge des Unwirklichen. Es gibt Augenblicke, in denen sich die Erscheinungen verwirren und durchdringen und sich die Grenzen zwischen der Vorstellungswelt und der Wirklichkeit auflösen. Vermutlich bin ich ganz schön garstig. Ich habe keinen Zugang zu der Welt der Moderne. Aber allmählich werde ich doch etwas müde, und es ist auch viel zu spät, um noch etwas zu ändern.«
Er sah mich an und lächelte beinahe triumphierend.
Der Wind wehte uns einen Blütenregen auf den Tisch. Alles war voller Blüten, die Teetassen, der Korb mit dem Gebäck, und eine Blüte landete auf de La Mares Nase, wo sie versonnen hängen blieb.
»Also glauben Sie letztlich doch an Geistererscheinungen?« fragte ich begierig.
»Ich bin zu alt, um mich noch weiter herumzuärgern. Wenn man spürt, daß die Jahre kürzer werden und sich der Blick verdüstert, muß man mit seinen Energien haushalten. Man muß sich dann in seine eigene Welt der Wunder zurückziehen. Ich überlasse die Welt der Dogmen den Jungen, den Fanatikern und Hitzköpfen.«
Er runzelte die Stirn und leckte sich den Honig von den Fingern. Dann lächelte er und sagte ruhig: »Übrigens, ich habe

noch einmal über die Lauscher nachgedacht. Ich lag die ganze Nacht wach und grübelte darüber nach, was sie wohl bedeuten sollen; dann habe ich beschlossen, daß es weder Elfen noch Geistererscheinungen waren. Wir waren es *selbst.* Es waren düsterere und einsamere Abbilder unserer Seelen. Es war, um es ganz einfach zu sagen, das Wesen der Aufmerksamkeit an sich. Es waren die Ohren zwischen den Blättern, es waren die Ohren zwischen den Felsen. Es waren die tief in uns verborgenen Ohren, die alles erfassen, was wir sagen, und wir sollten große Vorsicht walten lassen, die größer werden sollte, je älter wir werden, denn es bleibt nur noch wenig Zeit, um unseren Frieden mit dem Unaussprechlichen zu machen!«

Plötzlich richtete er seinen Blick auf eine Wespe, die in den Honigtopf gefallen war. Ihr Stachel stach ins Leere. Er schien eine Vorbedeutung in dieser aufgeregten Wespe zu sehen. Es war nicht nur eine Wespe, die in einem sie verschlingenden süßen Meer ertrank. Ich tauchte in die Gedankenwelt des Dichters, und was ich dort sah, war keine Wespe, es war die aufsteigende Woge menschlichen Schreckens im Kampf gegen eine abscheuerregende Anarchie.

Mit einer Mischung aus Angst und Verwunderung starrte er noch immer auf die Wespe. Er war sowohl die Wespe als der Honig, er war sowohl der Schrecken als der Erschreckte.

Wir standen auf und schlenderten durch den Obstgarten zu meinem staubigen kleinen Auto. Während der Rückfahrt nach Cambridge sprach er kein Wort. In der Trinity Street, in der Nähe des Tors von St. John's, ließ ich ihn aussteigen, er nickte diskret und sagte: »Danke für den köstlichen Tee. Er war ein Tribut an Rupert, oder? Oder war er ein Tribut an die Lauscher?«

Ich ging ins Studentenheim zurück, holte meinen Block hervor und brachte den schwer faßbaren Dialog von Grantchester sorgfältig zu Papier.

Mehrere verschiedenartige Motive bewogen mich, diese kleinen Dialoge aufzuzeichnen: Erstens wollte ich eine gewisse Fertigkeit im Festhalten der Nuancen einer Konversation entwikkeln; zweitens eine Erinnerung an das bewahren, was der große Mann gesagt hatte; und drittens eine Art Ritual ausüben, mir

ein lebendiges Fragment verschaffen, eine menschliche Reliquie – wie der Fingernagel eines Heiligen.
Aber mit de La Mare war es anders. Es war spielerischer, doch zugleich unheimlicher. Ich sah mein Gesicht im Spiegel, als ich meine Notizen machte. Ich sah braun, struppig, boshaft aus, wie ein Eichhörnchen, das eine Nuß versteckt.

Der Märtyrer

Mein zweites Jahr in Cambridge hatte begonnen. Mittlerweile liebte ich Cambridge. Ich liebte die Rasen, die Brücken, die alten Mauern und die vergoldeten Wappen. Ich liebte den in Umlauf gesetzten Klatsch und die sich ständig verzweigenden bösen Gerüchte. Mit Wonne unterschied ich die sich untereinander bekämpfenden Gruppen der Akademiker, der politisch Engagierten, der literarisch Ambitionierten und der Quasierotiker.

Eines Tages saß ich mit Andrew im »Lion«. Die gutaussehenden jungen Sportler pflegten in den »Lion« zu kommen. Ich trank wie gewöhnlich ein Stoutbier, und Andrew las aus Audens *Spain* vor, das eben erst erschienen war.

»Was einen rasend macht«, sagte Andrew, »ist, daß alle so besessen von Politik sind. Spanische Politik, russische Politik, deutsche Politik, malaiische Politik. Da gibt es den Ramón de la Sota, der von nichts anderem als der baskischen Politik spricht, und Tito Arias, der nicht aufhört, über die Politik in Panama zu berichten, und unseren Freund Peter Keunemann, der sich dauernd über ceylonesische Politik ausläßt, und unseren Freund John Berryman, der sich den Kopf über etwas zerbricht, was er die ›Politik der Erotik‹ nennt.«

Ein Mann blieb an unserem Tisch stehen und warf sich in einen Stuhl. Er trug ein schmutziges blaues Hemd und perforierte Wildlederschuhe. Seine Augenlider hingen tief herab, er hatte einen anzüglichen, wollüstigen Mund und stank nach Schweiß, Gin, Bier, Käse, Urin und Kohl. Er war der einzige Mann, der mir je begegnete, den ich auf Anhieb nicht mochte.

Er nahm mein Exemplar von *Spain* und blätterte verächtlich darin herum.

»Reiner Humbug«, sagte er mit einem Schluckauf. »Alles Schwindel. Blödsinniger Quatsch. Ich kann diese ganzen Autoren nicht ausstehen, die ihre kommunistischen Maximen in ihrem Oxforder Akzent predigen. Ich werde keine Namen nennen. Narren und Scharlatane, alle miteinander. Sich als Bolschewik aufzuspielen ist verachtenswert, aber auch noch solchen Mist zu schreiben ist unverzeihlich. Da kriegt man beinahe Lust, sich den Nazis anzuschließen. Vielleicht werde ich eines Tages tatsächlich zu den Nazis gehen. Es gibt Zeiten, da würde ich mich gern in die Arme eines schönen SS-Mannes werfen.«

Er war offensichtlich betrunken. Und doch sah ich, wenn auch durch die Trunkenheit verdeckt, eine gewisse Schläue, eine Art chaotischen Idealismus aufblitzen, der sich in körperlicher Verkommenheit, sexueller Aufschneiderei und kultureller Arroganz äußerte. Das war eine Mischung, der ich später in Saint-Germain-des-Prés, auf den Plätzen Roms und in den Bars in Greenwich Village wieder begegnete. Der Mann hier im »Lion« war jedoch eine recht ungewöhnliche Variante, denn unter seiner Großtuerei und seinem Komödiantentum verbarg sich ein düsterer, subversiver Charme. Die Spuren seines einstigen guten Aussehens waren noch zu erkennen, und noch besaß er eine gewisse jugendliche, mokante Art, aber offenbar litt er an einer übelriechenden Krankheit.

Verächtlich schnaubend stand er auf und taumelte zur Tür. Durch das Fenster konnte ich sehen, daß er zur King's Parade hinüberging.

»Wer ist dieser schreckliche Mensch?« fragte ich.

»Das«, sagte Andrew, »ist Guy Burgess.«

»Wer um alles in der Welt ist Guy Burgess?«

»Ein ständig betrunkener Schwuler, der Cambridge unsicher macht und die unteren Semester verführt.«

»Er scheint die Kommunisten zu hassen.«

»Ja, es sieht so aus, als hasse er die Kommunisten, aber bei Burgess ist alles eine Frage des Anscheins. Ich bin ihm sicher Dutzende von Malen begegnet; stets erregt er Ärgernis, aber gerade in seinen Provokationen liegt etwas Einnehmendes. Er setzt alles daran, die Menschen zu verletzen, und trotzdem gelingt es ihm, kleine Studenten zu verführen.«

Ich hatte einen Band Gedichte veröffentlicht, *The Assassins*, und war erstaunt über die verschiedenen Reaktionen, die er auslöste. Die Linksgerichteten begriffen das Buch als Revolte gegen die bürgerliche Dekadenz, die Rechtsgerichteten dachten, es handelte sich um offenen Widerstand gegen den Experimentalismus, und die in der Mitte Stehenden, wie Professor Leavis und seine Frau, die neutral waren, bezeichneten es als »symptomatisch«.

Eines Tages lud mich Mrs. Leavis zum Tee in ihren Garten ein. Ihr strenger Mann, der jähzornige, unbestechliche und völlig unbekehrbare große F. R. Leavis, war allgemein gefürchtet, doch noch mehr fürchtete man sich vor seiner Frau, der düster blickenden, unnachgiebigen, ganz und gar unversöhnlichen Queenie.

Die Leavis und ihre Anhänger haßten das Establishment in Cambridge, den Kreis um F. L. Lucas und selbst den um I. A. Richards, den sie am Schluß als Verräter an ihrer Sache betrachteten, da sein Interesse am Wort größer wurde als das an Aussage und Moral.

Daher verschanzten sie sich in ihrer Festung am Rande von Downing und wurden nicht müde, sich über die Dekadenzler in Trinity und King's zu mokieren. Besonders übel spielten sie I. A. Richards mit, der sich von ihnen losgesagt hatte, um sich dem »Basic English« zu widmen.

»Er ist kein seriöser Wissenschaftler mehr«, sagte Queenie eisig. »Er interpretiert Dichtung jetzt als Akrobatik. Milch? Zucker?«

»Zwei Stück, danke«, murmelte ich.

»Ist das Stachelbeermarmelade?« fragte der Professor. »Oder sind es Pflaumen? Pflaumen oder Stachelbeeren, Queenie?«

»Damaszenerpflaumen, Lieber«, antwortete Queenie und warf dabei den Spatzen ein paar Krümel zu.

Wir saßen an einem Bambustisch: die beiden Leavis, drei seiner Anhänger, alles Mitarbeiter der Zeitschrift *Scrutiny*, und ich. Ich saß neben Queenie. Es war ein strahlender Nachmittag, die

Narzissen blühten, und die Katzenmutter tollte mit ihren Jungen in der Sonne.
»Ich habe gerade Audens *Spain* gelesen«, sagte L. C. Knights. »Es ist eine Katastrophe.«
»Vulgär und sophistisch«, sagte Wilfred Meller und rührte seinen Tee um.
»Audens Prosa ist seiner Lyrik bei weitem überlegen«, sagte der Professor hochmütig. »Einmal schrieb er einen Essay für uns, und ich gab schließlich meine Genehmigung für den Abdruck, aber seine Gedichte sind, wie soll ich sagen ...«
»Unverantwortlich«, sagte Queenie.
»Genau«, sagte der Professor. Er brach seinen Toast auseinander und starrte auf eine Hornisse. »Vergessen Sie bitte nicht, daß in England höchstens zwei Dichter einer eingehenden Prüfung standhalten können.«
»Eliot vielleicht?« sagte ich schüchtern.
Der Professor nickte zögernd. »Eliot, ja, vielleicht, unter Umständen, mit gewissen starken Einschränkungen. *The Rock* werde ich ihm nie verzeihen, um es gelinde auszudrücken. Daß er es geschrieben hat, war schändlich, aber dann hinzugehen und es zu drucken war, wie soll ich sagen ...«
»Irrelevant«, sagte Queenie rasch.
»Richtig«, sagte der Professor.
»Und wer ist der andere Dichter, der einer Prüfung standhält?«
Professor Leavis blickte zu Queenie hinüber. »Wer wohl, meine Liebe? Doch nicht diese Sitwell, oder?«
»Bottrall vielleicht«, sagte Queenie distanziert.
»Bottrall natürlich«, sagte der Professor. Nun war er beschwichtigt.
Er reichte mir ein Stück Torte, eine typische Cambridge-Torte von Matthews in der Trinity Street: eine abgestandene Geschichte mit Kaffeezuckerguß und einer Walnuß oben drauf. Ich knabberte pflichtschuldigst daran herum, als wohnte ich einem Initiationsritual bei. Dann warf ich sie heimlich hinter einen Busch, als niemand hersah.
»Queenie besteht darauf, daß es sechs lebende Romanciers gibt, die eine gewisse Aufmerksamkeit verdienen. Ich meine,

es sind bloß fünf. Queenie ist großzügig, sie sagt, es seien sechs.«
»Sechs sind eine Menge«, warf ich verwegen ein.
»Wells und Bennett zählen natürlich nicht mehr. Galsworthy braucht man wohl kaum zu erwähnen. Evelyn Waugh ist erst ein Anfänger, und Aldous Huxley hat seine beste Zeit hinter sich. Dann noch Maugham. *Derbe Kost* war ganz schön sarkastisch, aber alles andere ...«
Ich begann mich zu amüsieren. Ich teilte diese Liebe zu Hierarchien und Kategorien ebenso wie die Leidenschaft für Totems und Tabus. Ich beugte mich vor und sah den Professor vertrauensvoll an.
»Wer sind die fünf oder sechs?« murmelte ich.
»Selbstverständlich Joyce. Dann Lawrence«, antwortete der Professor. »Forsters Suche nach einer zeitgenössischen Moral ist durchaus ernst zu nehmen. Was halten wir von Virginia, meine Liebe?«
»Virginia Woolf haben wir akzeptiert.«
»Jetzt haben wir vier«, sagte ich munter.
»Vier, stimmt«, sagte der Professor.
»Ich habe T. F. Powys mitgezählt«, fügte Queenie selbstkritisch hinzu. »Er wiederholt sich zwar, aber er ist integer, und darauf kommt es an.«
»Allerdings«, bestätigte der Professor.
»Gibt es einen sechsten, Professor Leavis?«
Er sah mich geistesabwesend an. »Gibt es einen sechsten? Wer weiß? Durchaus möglich. Akzeptieren wir einen sechsten, Queenie?«
»Wir haben L. H. Myers ins Auge gefaßt, Liebling.«
»Ja, natürlich. *The Root and the Flower.* Fast hätte ich Myers vergessen. Er besitzt zweifellos moralisches Engagement. Es tauchen manchmal gewisse Oberflächlichkeiten auf, aber daß die Grundeinstellung ernsthaft ist, steht außer Frage. Er hat moralische Größe. Wir haben L. H. Myers akzeptiert.«
Ein großer Schillerfalter ließ sich auf des Professors Teetasse nieder. Er betrachtete ihn mißtrauisch. Die Sonne vergoldete sein Profil, das einen Augenblick lang einen gewissen Glanz annahm, eine Schönheit, die sowohl Pedanterie als auch Ver-

drossenheit ausdrückte und dabei doch etwas Heiligmäßiges hatte. Er verwandelte sich durch eine gewaltige, unbarmherzige Anstrengung in einen Märtyrer. Ich hatte das Gefühl, daß ich einem ketzerischen Kult beiwohnte, der, wie bei den Katharern in den Pyrenäen, seinen eigenen geheimen Kodex besaß.

»Was wir verabscheuen«, sagte der Professor, während er beobachtete, wie der Schmetterling sich davonmachte, »das ist dieser erschreckende Dilettantismus, dieser widerliche Belletrismus von Quiller-Couch, Desmond MacCarthy und Raymond Mortimer. Wenn Literatur nicht seriös ist, ist sie bedeutungslos. Eliot ist jetzt ein großes Tier, er hat uns rüde im Stich gelassen, Conrad lebt nicht mehr, und Lawrence ist auch tot, aber trotz ihrer Fehler, trotz ihrer Unzulänglichkeiten besaßen sie Integrität, den nötigen Ernst und Hingabe an die Sache. Wir dürfen nicht vergessen, daß die Suche nach der Schönheit die Suche nach der Wahrheit einschließt, und die hinwiederum ist ein Spiegelbild der sozialen Strömungen unserer Umwelt und unseres eigenen Protests . . .«

Das klang wie eine Litanei, ja fast wie eine Art Liturgie, und doch hörte ich aus Stolz und Eigensinn einen qualvollen Aufschrei heraus, sehr fern zwar, aber beharrlich, wie das Summen einer Mücke.

Plötzlich brach es ganz impulsiv aus mir heraus: »Und Dostojewski?«

Die drei Anhänger von Professor Leavis wandten sich um und starrten mich ärgerlich und zugleich entsetzt an. Queenie senkte bedeutungsvoll die Augen, wie zum stillen Gebet. Ich sah, daß ich einen unverzeihlichen Fauxpas begangen hatte. Der Professor erwiderte gequält, doch zugleich äußerst präzise, während er sich einen Krümel von der Hose wischte: »Ja, Dostojewski. Richtig. Natürlich. Wir haben gelernt, mit ihm zu leben, nicht wahr, Queenie?«

Ich ging ins Studentenheim zurück, die Sonne war am Untergehen, und die Straßen wirkten in dem späten goldenen Licht befremdend unberührt. Ich konnte den Tau riechen, der sich bereits auf Rasen und Büschen niederließ. Ein kleiner grauer Vogel schoß wie ein Freudenjauchzer durch die Luft.

Andromeda

»Wenn ich für ein Wochenende nach London kam, bummelte ich meist durch die Straßen. Ich stieg immer in einer bescheidenen Unterkunft ab, dem Connaught Club in der Seymour Street. Aufgereiht in schwarzen Klubsesseln, deren Sprungfedern gebrochen und deren Leder brüchig war, saßen ältliche Oberste, hinter ihren Zeitungen in tiefen Schlaf versunken. Nach dem Frühstück ging ich im Hyde Park spazieren. Diese große Rasenfläche hatte morgens, wenn der Tau wie ein Golddukatenteppich glänzte, etwas sehr Verlockendes, nachmittags aber breitete sich eine namenlose Trauer über dem Park aus, er wirkte verlassen und freudlos, ein Zufluchtsort für die Untröstlichen. Ich ging zur Hyde Park Corner und weiter zum Piccadilly, wo die freudlose Trostlosigkeit in eine unstillbare Verzweiflung umschlug. Immer noch lag Katastrophenstimmung in der Luft, wie der Geruch nach Ammoniak. In den dreißiger Jahren spürte man bei den Vorübergehenden stets, wie Zynismus mit grimmiger Hoffnung und einer gespenstischen Tapferkeit abwechselte.
Eine neue, gesellige Phase meines Lebens hatte begonnen. Da ich von Natur aus ein Einzelgänger war, versuchte ich die innere Einsamkeit zu nutzen und nahm, wie eine Art Schwamm, die Essenz des Lebens anderer in mich auf. Ich war so begierig darauf, in die Geheimnisse anderer Menschen einzudringen, daß ich manchmal das Gefühl hatte, ich würde mich in eine mannigfaltige Persönlichkeit verwandeln, oder zuzeiten auch, ich sei mehrere Personen auf einmal.
Die Begegnung mit anderen, besonders mit Künstlern, wurde auf diese Weise so spannend wie ein altes Stammesritual. Ich verbarg mich hinter einer Maske, die sich bei jedem Zusam-

mentreffen veränderte – hinter der Maske des Naiven, des Schelms, oder des Athleten –, und schließlich legte ich meine Schüchternheit ab und gewann eine gewisse listige Unverfrorenheit.
Ich stellte immer die gleichen Fragen nach Träumen, Geistern und Amerika. Ich sagte: »Was halten Sie von Kafka?« oder: »Haben Sie die Niagarafälle gesehen?« Ich fragte nach Zigeunern, dem Schicksal oder nach Dostojewski, und ich erkundigte mich nicht aus bloßer Neugier, sondern wollte dadurch eine unsichtbare Brücke bauen, die mich zur Seele des anderen führen sollte. Nach einer Weile fiel mir auf, daß sich diese Begegnungen unweigerlich nach einem bestimmten Muster abspielten. Meine Kopfhaut fing an zu kribbeln, meine Ohrläppchen zuckten, und meine Augen traten leicht aus den Höhlen, während ich nach verborgenen Geheimnissen forschte.
Ich machte das aber immer nur einmal. Ich war, nach Andrews Aussagen, »un homme d'une nuit«. Mir verschlug es bei dem Gedanken an die erste Begegnung vor Aufregung fast den Atem, aber danach begab ich mich auf die Flucht und verschwand im Dunkel.

Andrew hatte mir von einem Pub in Bloomsbury erzählt, das »The Lamb« hieß. Er sagte, daß die Autoren der Hogarth Press im »Lamb« ein und aus gingen. Er hatte Maynard Keynes und Lytton Strachey dort sitzen sehen. Sie tranken ihr Bier und kicherten und sahen sich pornographische Postkarten an.
Ich warf einen Blick in das Pub, sah aber keine Spur von Keynes oder Strachey, von Roger Fry, Leonard Woolf oder David Garnett, von Vanessa Bell, William Plomer oder Christopher Isherwood. Ich trank ein Bier an der Bar, wo es nach Stoutbier und Hering stank, und verließ niedergeschlagen das Lokal. Es war ein naßkalter Nebeltag, ein Tag, wie ich ihn in Cambridge gerne hatte, an dem aber in London die Straßen schäbig und melancholisch wirkten.
Ich kam zum Tavistock Square und blieb bei Nummer 37 stehen. Einen Augenblick zögerte ich. Dann nahm ich all meinen Mut zusammen. Ich ging durch die Tür der Hogarth Press und spähte in das Büro.

»Kann ich Ihnen helfen, Sir?« fragte ein gertenschlanker junger Mann mit bernsteinfarbenem Haar.
»Könnte ich Mrs. Woolf sprechen?«
»Mrs. Woolf ist, fürchte ich, beschäftigt.« Er betrachtete mich anerkennend. »Handelt es sich um etwas Bestimmtes?«
»Nichts Dringendes«, murmele ich.
»Einen Augenblick, bitte«, sagte er rasch. »Ich will sie fragen, ob sie Zeit hat. Ich werde ihr sagen, daß ein junger amerikanischer Dichter hier ist.«
Ich wartete gespannt. Ich hörte ein Rascheln hinter der Tür. Der Staub tanzte im Sonnenlicht, trügerisch golden.
Dieser tanzende Staub war wie eine Verkörperung von Virginia Woolfs Stil. In meinem tiefsten Innern hegte ich in bezug auf Mrs. Woolf gewisse Zweifel. *Die Wellen* waren ein wunderbares Buch (vielleicht sogar zu wunderbar), aber ich vermißte die animalische Wärme, den erdhaften Humor, die menschliche Gier, lauter Dinge, die ich bei meinem verehrungswürdigen Cervantes so sehr liebte. Ihre Romane erinnerten mich an die Musik Debussys. Während der Lektüre war ich gefesselt, aber sie entglitten mir gewissermaßen, wenn ich versuchte, mich daran zu erinnern. Das einzige, was ich sehen konnte, war goldener Dunst, der diesen Staubkörnchen ähnelte, die im Sonnenlicht tanzten.
Der junge Mann streckte den Kopf durch die halboffene Tür. »Handelt es sich um Gedichte?«
»Ja, es hat etwas mit Gedichten zu tun.«
Er nickte verständnisvoll. »Mrs. Woolf freut sich auf Ihren Besuch.«
Sie saß an einem Schreibtisch hinter einer Kaskade von Druckfahnen. Sie hielt einen Bleistift kerzengerade und starrte mich verzweifelt an, als stünde sie am Rand eines unüberbrückbaren Abgrunds. Sie sah wie Andromeda aus, die auf ihre Rettung wartet. (An jenem Abend verfaßte ich im Connaught Club ein Gedicht über Andromeda.)
Andrew hatte mir Virginia Woolf beschrieben; sie sähe aus »wie ein bloßgelegter Nerv«, hatte er gemeint. Solange man nur die Photographien von ihr kannte, schien das eine kluge Beschreibung zu sein. Aber nun, da ich sie sah, kam mir der

Ausdruck unzutreffend vor. Sie wirkte zutiefst verletzbar und schrecklich zart, zugleich schlampig, verblüht und listig. Sie hatte eine spitze Nase und ein ausgeprägtes Kinn. Auf ihrer Stirn zeichneten sich Querfalten ab (ich zählte sechs), ihre Augenbrauen waren blaß und standen ungewöhnlich weit auseinander. Ihr Haar fiel unordentlich über Stirn und Ohren und ringelte sich in ihrem Nacken. Nächtlich schimmerten ihre Augen unter den verschatteten Lidern. Diese Augen verliehen ihrem ovalen Gesicht mit seinen verhärmten, vornehmen Zügen ganz unvermittelt einen außerordentlichen, herzbewegenden Liebreiz.

»Ja? Sie wollten mich sprechen?«

»Das stimmt, Mrs. Woolf. Ich habe hier ein paar Gedichte, und ich dachte, Sie könnten sie vielleicht ansehen. Es sind nur dreiunddreißig, also werden Sie nicht viel Mühe damit haben. Mr. Eliot hat übrigens zwei davon im *Criterion* abgedruckt...«

Ich errötete unwillkürlich und war über meine Unbeholfenheit entsetzt. Ich ärgerte mich über meine Unterwürfigkeit und meinen leuchtend roten Schlips.

Ihre Lippen verzogen sich zu einem boshaften, fast hämischen kleinen Lächeln. »Ich will sie mir gerne ansehen, da es nur dreiunddreißig sind...«

»Oh, Mrs. Woolf«, sagte ich verzweifelt, »deshalb bin ich nicht hergekommen! Ich kam hierher, um...«

»Sie wollten mich besichtigen, nehme ich an.«

Der magische Kontakt war plötzlich hergestellt. Wie beim Entwickeln eines Films bekamen ihre Züge ausgeprägtere Konturen.

»Das stimmt!« sagte ich.

»Nun, jetzt haben Sie mich besichtigt.«

Gelassen senkte sie die Augen. Insgeheim machte sie sich über mich lustig, wohl weniger wegen meiner Unbeholfenheit und Albernheit, sondern eher, weil ihr alles unendlich gleichgültig war.

Mir wurde schwindelig vor Enttäuschung. Ich unternahm einen letzten Versuch.

»*Die Wellen* – oh, Mrs. Woolf, was für ein wunderbares

Buch! Es ist kein Roman, es ist ein sonnengefülltes Spinnennetz ...«

»Aber was *ist* eigentlich ein Roman, mein lieber Junge?« wehrte sie ab. »Haben Sie darüber schon einmal nachgedacht? Was *ist* der sogenannte Roman?«

Wie ein ungezogenes Schulkind warf sie mir einen schelmischen Blick zu. Sie legte mit teuflischer Verschlagenheit einen dunklen Punkt in meinem Charakter bloß und verriet damit auch etwas von ihrer eigenen verborgenen Schwäche. Sie spielte ein geheimes Spiel, eifrig und traurig zugleich, und einen kurzen, spannenden Augenblick lang offenbarte sich mir die wahre Virginia Woolf.

»Nun gut«, sagte ich ziemlich kleinlaut, »alle großen Romane sind irgendwie ambivalent. Nehmen Sie zum Beispiel Dostojewski. Was bedeutet Ihnen Dostojewski?«

»Heute«, sagte sie gleichgültig, »bedeutet mir Dostojewski gar nichts mehr.«

»Oder Gogol, Mrs. Woolf. Was haben Sie für eine Beziehung zu Gogol?«

»Zu Gogol habe ich heute keine Beziehung mehr«, sagte sie freundlich.

»Oder Pirandello?« sagte ich, der Verzweiflung nahe. »Finden Sie Pirandello amüsant?« Wie ein Teufelchen aus der Schachtel sprang mich das Gesicht Pirandellos an.

Mrs. Woolf erstarrte unmerklich. »Mit Pirandello verbindet mich gar nichts.«

Meine Stimme erhob sich zum Falsett. »Oder *Ulysses*, Mrs. Woolf! Was für eine Meinung haben Sie zum *Ulysses*?«

Sie betrachtete arglistig ihre Fingernägel. Ich wagte kaum zu atmen vor Aufregung. Sie sagte: »Ich habe keinerlei Meinung zum *Ulysses*. Jedenfalls keine nennenswerte. Als ich ihn las, erschien er mir völlig mißlungen.«

Sie sah plötzlich zehn Jahre älter aus. Ihr Haar hatte einen Anflug von Grau. Ihre Augen sahen merkwürdig blutunterlaufen aus, und ihre Wangen waren von Müdigkeit gezeichnet. Sie starrte auf eine Fliege, die an einer Glühbirne klebte. Dann neigte sie den Kopf, als posiere sie für eine Aufnahme beim Photographen.

»Eine Katastrophe«, murmelte sie. »Ein veritabler Zusammenbruch jeglichen kritischen Urteilsvermögens.« Sie senkte die Lider, die wie welke Blüten aussahen. Dann preßte sie die Hände wie zum Gebet zusammen. Einen Augenblick lang rührte sie sich nicht. Sie schien zu einem Bildnis erstarrt zu sein.

Ich blickte zum Fenster. Hinter den staubigen Scheiben zeichnete sich ein Schattengefüge ab, grämlich, unkenntlich – die Wahrzeichen einer freudlosen fernen Stadt. Die Körnchen goldenen Staubs hatten ihren kleinen Tanz beendet, und ich fühlte, daß das Ende des Rituals nahte.

»Auf Wiedersehen, Mrs. Woolf. Es war schön, Sie zu sehen...«

Der Schweiß strömte mir von der Stirn. Ich starrte immer noch das Fenster an. Ich nahm mein Manuskript an mich und eilte zur Tür. Ich sah mich einen Augenblick um, und sie saß immer noch unbeweglich da, immer noch nächtlich und listenreich hinter ihrer Kaskade von Druckfahnen.

Die böse Ecke

Ich blieb eine Woche in London, bevor ich zu einer Reise nach Österreich aufbrach. Ich hoffte, in Tirol einige seltene Bergschmetterlinge zu fangen. Anschließend wollte ich den August in Salzburg verbringen, Musik hören und meine Hölderlin-Übersetzung überarbeiten. Ich hatte einen neuen Roman angefangen, der in einem unbekannten Amerika spielen sollte.

Die Vorstellung eines dunklen, unergründlichen Amerika verfolgte mich. Es war ein Amerika, das es sich im schilfbewegten Sonnenlicht wohl sein ließ und das durch den Ruf des Ziegenmelkers und das Zirpen der Heuschrecke Leben erhielt. Doch unter diesem trägen Sonnenschein war ein schlummernder Dämon verborgen, der darauf wartete, daß seine Stunde kam, um Furcht und Entsetzen über das Land zu verbreiten.

Diese Vision von einem halbvergessenen Amerika beunruhigte mich tief. Immer wieder tauchte sie auf, so wie die Reste eines Traums. Ich sehnte mich nach den Spaziergängen in Tirol, da ich das Gefühl hatte, daß diese Vision von Amerika dort, in der klaren Luft, deutlichere Konturen annehmen würde.

Mein Roman *Die Asiaten* war bereits ein sensationeller Erfolg. Er war in Stockholm, Oslo, Kopenhagen, in Rom, Madrid und Wien erschienen und selbstverständlich auch in Buenos Aires, Tokio und Budapest. Plötzlich war ich berühmt, was mich erstaunte, aber auch in Schrecken versetzte.

Den Juli verbrachte ich in Tirol. Oberhalb von Innsbruck wanderte ich auf den Wiesen umher und fing etliche schöne Exemplare der blauen, bronze- und kupferfarbenen Bläulinge. Dann fuhr ich nach Salzburg weiter, wo ich den August über in der Pension Steinlechner wohnte, einem kühlen alten Haus am Ende der Aignerstraße. Jeden Morgen ging ich zum Frühstück ins

Café Bazaar, wo Toscanini und Furtwängler ihre Eier mit Schinken aßen, dann wanderte ich hinüber in den Mirabell-Garten, wo der Geruch nach Moos und Immergrün über den Barockstatuen hing.
Eines Morgens erhielt ich ein Telegramm von Thornton Wilder. Ich hatte ihn fünf Jahre zuvor in seinem Haus in New Haven besucht, und wir hatten über die Komödien von Plautus und Terenz geplaudert. Erst einen Monat zuvor hatte er mir wegen meines noch unveröffentlichten Romans *Sieben auf der Flucht* geschrieben. Er war Mitglied der Jury gewesen, die dem Buch den Harper-Preis zuerkannte. Ich hatte diesen Roman während des Winters in Cambridge geschrieben und hatte dabei die Kohlen in meinem Kamin beobachtet, die wie der von der Abendsonne beschienene Himalaja glühten. Jahre später erzählte mir Raymond Queneau, daß ihm dies der liebste meiner Romane sei, da er die europäische Mentalität »wie einen Fächer« vor dem Hintergrund der Eis- und Schneewüsten Sinkiangs ausbreite. Wilder mochte das Buch aus dem entgegengesetzten Grund: Er sagte, der Roman umfasse wie in einer Muschel die sieben Todsünden, die wie die Zeichnungen in einem alten Manuskript aus den Seiten hervorleuchteten.
In seinem Brief erwähnte Wilder, daß die von ihm am meisten bewunderten Autoren Julius Cäsar, Friedrich Nietzsche, James Joyce und Gertrude Stein seien. Seitdem war für mich Wilders Gesicht stets in vier Quadrate aufgeteilt, die auf Cäsars militärischen Genius, die rätselhaften Metaphern Nietzsches, die Wortlabyrinthe von Joyce und die delphischen Monologe von Gertrude Stein hinwiesen.
In seinem Telegramm bat er mich, nach Bilignin zu kommen, um Gertrude Stein zu besuchen. Er erwähnte, daß sie sich an meinen Pariser Besuch erinnere, *Die Asiaten* gelesen habe und neugierig sei, ob ich mich in der Zwischenzeit verändert hätte.
Also bestieg ich am nächsten Morgen den Zug und kam um drei Uhr nachmittags in Bilignin an. In der Ferne konnte man den gewaltigen weißglühenden Montblanc sehen, und die Sonnenstrahlen glänzten so lebhaft, daß es aussah, als schössen sie Purzelbäume. Die Floribundarosen waren prächtig wie Pfauen,

und das Lüftchen, das sich regte, roch so süß, als käme es aus einem Parfümflakon.

»Ja«, sagte Gertrude Stein, »hier oben haben alle Gemüse eine köstliche Frische besonders die Kürbisse die Erbsen und die roten Rüben. Wir mögen alles in seiner ursprünglichen einfachen Form und Alice hat beschlossen daß es zu der Soße nur Erbsen gibt. Die Franzosen behaupten daß man Petersilie nie am Karfreitag pflanzen darf und ich bin sicher daß sie recht haben es gibt bestimmt einen Grund dafür. Alice meint daß man bei Vollmond überhaupt nichts pflanzen soll und sie hat immer dann recht wenn sie ihrem Instinkt folgt. Alles Geschehen sowohl bei Pflanzen wie bei den Menschen hängt von den Mondphasen und den Gezeiten ab. Folgt Alice ihrem Instinkt, elle a toujours raison.

Gehen Sie«, sagte sie und klopfte mir auf die Schulter. »Sie können sich selber Walderdbeeren pflücken, wenn es noch welche gibt. Vielleicht gibt es keine Walderdbeeren mehr. Seien Sie aber auf der Hut an der Ecke im Garten. Es gibt dort leider eine böse Ecke. Passiert ist folgendes: Eines Tages fuhr ein Ochsenkarren herauf um uns einen Kanister Wasser zu bringen da Dürre herrschte und wir dringend Wasser benötigten und der Junge ging an der Ecke vorbei und trat in ein Schlangennest und dann sprang er rasch wieder fort und jetzt nennen wir diese Ecke die böse Ecke.«

Sie sah viel älter aus als damals in Paris, zehn Jahre zuvor. Ihr Haar war jetzt ganz grau, und ihre Falten hatten sich tiefer eingegraben. Aber es fiel mir auf, daß sie im Alter schön geworden war. Sie strahlte vor Glück, vielleicht wirkte sie deshalb schön, und die Falten auf ihren Wangen waren ausdrucksvoll.

Gertrude und Alice überquerten die Wiese, um nach den jungen Rettichen zu sehen. Ich werde nie vergessen, wie sich die beiden nach vorn beugten, um ihre Rettiche zu begutachten. Es waren nur noch ihre Hinterteile zu sehen – das von Gertrude breit und gesetzt, das von Alice sehr schmal und eifrig und zart. Ich war gerührt und beruhigt durch den Anblick ihrer Hinterteile.

Gertrude hatte kürzlich *Everybody's Autobiography* veröffentlicht. Dieses Buch ließ mich kalt, aber noch immer schätzte ich ein kleines Büchlein von ihr sehr, das 1930 in der Plain Edition herausgekommen war. Es war *Lucy Church Amiably: A Novel of Romantic Beauty and Nature Which Looks Like an Engraving*. Ich hatte es in Paris gekauft und es immer im Bett gelesen, und auch danach war es mein Lieblingsbuch von Gertrude Stein geblieben.

An jenem Abend aßen wir zum Nachtisch Singapur-Eis, das Ingwerstückchen enthielt und von Schlagsahne gekrönt war. Gertrude Stein wirkte sehr wollüstig, wenn sie ihren Löffel ableckte, was sie mit halbgeschlossenen Augen und in einem langsamen, steten Rhythmus tat. Ihre Zunge ließ einen dabei an den Bogen eines geschickten Geigers denken, der ein herrliches, schmachtendes Adagio spielt.

Sie sagte: »Picasso hat mir erzählt daß er immer wieder seinen Kopf ausputzen müsse. Er spülte ihn gewissermaßen gut durch und reinigte ihn von restlichen Schlacken. Ich bin sicher daß du verstehst was er mit Schlacken sagen will nicht wahr Thornton? Man muß das ganze angesammelte Strandgut einmal loswerden ich kann einfach nicht klar denken ehe ich die Schlakken nicht ausgeräumt habe. Was meinst du Thornton? Räumst du nicht auch manchmal die Schlacken aus?«

Wilder nickte gehorsam und sah sehr professoral aus. »Gertrude, bitte erklär mir folgendes. Es hat mich in der letzten Zeit beschäftigt. Du hast Pound einen Dorferklärer genannt. Was hast du dir unter einem Dorferklärer vorgestellt?«

(Mir war aufgefallen, daß Gertrudes Stil einen unweigerlich ansteckte. Man verfiel, ohne daß man dessen gewahr wurde, in ihren Sprechrhythmus. Vielleicht handelte es sich um eine Art Hypnose oder gar Hexerei, aber es war unmöglich, mit Gertrude zu sprechen, ohne ihrem Tonfall zu erliegen.)

»Ezra Pound lebt immer noch in einem Dorf und seine Welt ist eine Art Dorf und die Menschen die in einem Dorf leben hören nicht auf bestimmte Dinge zu erklären. Bilignin ist ebenfalls ein Dorf aber kein Dorf der Erklärungen denn seine Bewohner leben nach den Mondphasen. Das Dorf Ezra Pounds aber ist ein Dorf der Erklärungen. Ich bin jetzt so weit daß es mich nicht mehr stört wenn gewisse Leute in Dörfern wohnen und etliche meiner Freunde leben offenbar noch in Dörfern und ein

Dorf kann sowohl gemütlich als auch anregend sein aber muß man deshalb unaufhörlich Erklärungen und Kommentare abgeben?«

Sie warf mir einen kurzen anerkennenden Blick zu. »Ja Ihr Buch erinnerte mich immer wieder daran daß die Welt sehr bevölkert ist. Diese wimmelnden Asiaten lebten in Millionen kleiner Dörfer. Es erinnerte mich daran daß die Welt mit menschlichen Hinterlassenschaften übersät ist. Wenn die Welt erst übervölkert ist kann man nichts mehr machen. Ich denke nicht an die Städte die ein eigenes Problem darstellen mit ihren Straßen Verbrechen und Schrecken. Ich denke an die Dörfer deren Abfälle die Luft verpesten wenn sich die Menschen überall auf der Welt niederlassen.«

Sie hob ihren Kopf, als mustere sie die Welt, und dabei blickte sie aus den Augenwinkeln auf eine Schale mit Äpfeln. Mir war aufgefallen, daß Gertrudes Geist so kontinuierlich wie der eines Zauberkünstlers arbeitete. Wenn sie ein Wort aufgriff, verflocht sie es mit den vorangegangenen, und wenn sie eine Idee aufgriff, verflocht sie sie stets mit den dazugehörigen Ideen. Folglich verwandelten sich ihre Worte und Ideen stets in ein magisches Gespinst, das trotz seiner äußeren Absurdität eine tiefe, geheimnisvolle Überzeugung barg.

Sie entwickelte einen unheimlichen Sinn dafür, sich vollständig dem Augenblick hinzugeben und das sie umgebende Leben in einer Folge momentaner Visionen zu sehen. Sie erzählte mir einmal, daß sie an der Johns Hopkins Medical School Anatomie studiert habe und die menschliche Realität vor allem vom Anatomischen her betrachte. Und wenn sie ihre Finger spreizte und ihre Schultern reckte, konnte ich beobachten, daß sie die Wirklichkeit vom anatomischen Standpunkt aus sah.

Wir traten ins Mondlicht hinaus, die Luft war klar und rief Halluzinationen hervor, als wäre sie von Gertrude Steins Rhythmus angesteckt. Der Montblanc schimmerte phosphoreszierend wie ein Berg auf dem Mond, die Blumen schliefen, erschienen aber wie Schlafwandler auf der Wanderschaft. Ich warf einen Blick auf die böse Ecke, und ja, doch, ein Knäuel Schlangen schien sich dort im Mondschein emporzuringeln, als lauschten sie den leisen Zaubersprüchen Gertrude Steins.

Ein Tennisspiel

Ich fuhr, als der Nebel noch auf den Bergen lag, von Salzburg aus nach Süden. Ich warf einen Blick von der Großglocknerstraße hinunter auf Heiligenblut, das tief in seinem goldenen Tal eingebettet dalag, als kuschele es sich in ein vergangenes Jahrhundert. Dann tauchte ich am Rande der Dolomiten wieder auf und fuhr nach Padua, wo ich mir die Giottos ansah und den berühmten Caffè trank. Ich überquerte die Etsch bei Verona und saß auf der Piazza, bei Mantua fuhr ich über den Po und wanderte durchs Schilf. Dann fuhr ich nach Parma weiter und steuerte die ligurische Küste an. In La Spezia war ich am Meer und fuhr dann weiter nach Rapallo.

Ich beschloß, in einer bescheidenen kleinen Pension in Rapallo zu bleiben. Das Mittagessen wurde unter der Pergola serviert: grüne Lasagne oder Fettuccine, ein Stück Kalbfleisch in Thunfischsoße und ein steinharter Pudding, gespickt mit Zitronat und Rosinen. Ich trank von dem Wein, den ich mir aus einem Krug eingoß, und hörte dem Gesang eines Mädchens aus dem nahe gelegenen Kloster zu. Nach dem Essen ging ich zu dem kleinen Heiligtum von Montallegro oder zu der romanischen Kirche von San Tomaso im Tal.

Eines Tages beschloß ich, die *Ilias* wieder zu lesen. Dreizehn Jahre zuvor hatte ich sie zum ersten Mal gelesen, und damals bot sich mir ein barbarisches Panorama mit endlosen Aufzählungen und monotonen, unaufhörlichen Metzeleien.

So setzte ich mich also in den Garten und las Homers *Ilias*. Und wieder enttäuschte und betrübte sie mich. Sie kam mir vor wie ein langer archaischer Fries, bevölkert von verstümmelten Kriegern und durchdrungen von einer erhabenen, jedoch sinnlosen Grausamkeit. Die Bilderwelt mit ihren purpurnen Meeren und

rosenfingrigen Morgendämmerungen wiederholte sich ständig, und die Leidenschaften mit ihrem erschreckenden Stolz und ihrer brutalen Rachgier blieben mir fremd.
Über den Mord an Erymas war ich entsetzt. Idomeneus stieß Erymas sein Schwert in den Mund, so daß die Spitze in das Hirn drang. Erymas wurden die Zähne eingeschlagen, die Augen füllten sich mit Blut, Blut spie er aus klaffendem Mund, und Blut trat aus der Nase aus. »Dann umfing Erymas die schwarze Wolke des Todes.«
Aber ich entdeckte zwei Stellen in der *Ilias*, die wunderschön waren. Die eine war Hektors Abschied von Andromache. Der kleine Astyanax schreit angstvoll beim Anblick des Pferdeschweifs auf Hektors Helm, aber Hektor lacht liebevoll und versucht Astyanax zu trösten.
Und die andere Stelle war die Beschreibung von Achilles' Schild. Die ganze sichtbare Welt war in dieses schimmernde Metall getrieben. Da waren Himmel, Erde, Meer und Sonne; da waren der Mond, die Plejaden, die große Bärin, auch Wagen genannt, und zwei große Städte von sterblichen Menschen: in der einen Gelage und Hochzeitsfeiern, Bräute, aus den Gemächern in den Fackelschein gebracht, und die Männer auf dem Marktplatz um das Bußgeld feilschend; und die andere Stadt, deren Mauern von Heeren belagert, die Schäfer, auf ihren Flöten blasend und den Abtransport der Toten betrachtend, pflügende Bauern in der Ferne, die Ochsen führend, der schwarze Boden, obgleich aus Gold getrieben, die Herolde unter der Eiche, das Töten der Rinder, die Frauen Hirse rührend für das schattige Mahl, die traubenbeladenen Weingärten im goldenen Schein der Sonne, die Jungfrauen, beladen mit schönen Kränzen, und die Herolde mit goldenen Degen an silbernen Schärpen.
Die Beschreibung des Schildes war das Schönste, was ich je gelesen hatte. Die ganze Welt erstrahlte auf diesem Schild in all ihrer blutrünstigen Pracht, und tagelang lief ich durch die Straßen Rapallos und dachte an die Bräute, die Fackeln, die toten Krieger und die Weingärten.
Nachdem ich diese Beschreibung gelesen hatte, erfüllte mich nur noch ein Ehrgeiz: ein Buch zu schreiben, das so voller

Leben wie Achilles' Schild war. Noch immer wurde ich von Don Quijote auf seinem Rosinante, von der von Geistern heimgesuchten Traumbrücke im *Roman vom Prinzen Genji*, von Andreis Tod unter dem sich wölbenden Himmel, von Aljoschas Unschuld und Dimitris Zorn verfolgt; doch der Schild des Achilles stellte all dies in den Schatten, und ich war besessen von dem Wunsch, ebenfalls ein so ruhmreiches Meisterwerk zu schaffen.

Eines Tages spielte ich in Rapallo mit Ezra Pound Tennis. Ich hatte ihn am vorherigen Abend in einem am Meer gelegenen kleinen Café kennengelernt. Er fragte mich nach meinem Namen, schlug mir auf die Schulter und sagte, er habe in *The Criterion* ein Gedicht von mir gelesen. Er scherzte mit mir in einem derb-fröhlichen, umgänglichen Ton und forderte mich auf, am nächsten Nachmittag mit ihm ein Doppel zu spielen.

Vor uns erstreckte sich das Meer in fiebriger Bläue, und lange, sahnige Blüten hingen wie pralle Zitzen von den Weinranken herab. Die Kastanienblüten erfüllten die Luft mit einem satten Duft, und ein Junge fuhr auf einem Fahrrad vorbei und hielt an, um uns beim Spielen zuzuschauen. Die anderen beiden Spieler waren ein Engländer namens Robbins und eine hagere Italienerin namens Signorina Piaggio. Der Platz war übersät von Löwenzahn, so daß der Ball oft unversehens seitlich wegkugelte.

Die kraftvolle Signorina spielte einen Lob von Ezra Pound. »Scheiße!« sagte Pound. »Ich hab' den verdammten Ball nicht hoch genug getroffen!« Dann flüsterte er bösartig: »Eine Harpyie, dieses Weib!«

Er machte beim Aufschlag einen Doppelfehler und schlug dann einen Ball ins Netz. »Null-Vierzig!« gurrte die Signorina, und Ezra Pound machte einen glänzenden Aufschlag.

»Der dürren Ziege werd' ich's geben!« schnarrte er triumphierend.

Die Signorina schickte einen kräftigen Backhanddrive zu Ezra zurück. Er kreischte, als der Ball direkt vor seinem Bauch auf den Schläger auftraf.

»Spiel und aus!« rief die Signorina und wirbelte ihren Schläger durch die Luft.

Ezra warf wilde Blicke um sich. »Sie versucht mich zu kastrieren! Sie ist ein Wolf, der als Storch auftritt!« Dann flüsterte er vertraulich: »Penisneid. Einfach schockierend.«

Pound hatte vor kurzem seine *Cantos* veröffentlicht, und ich gewahrte, daß sie Ähnlichkeit mit seinem Tennisspiel hatten: verhaltene Wut, die zeitweilig einer halb irren Brillanz wich, die gewisse bombastische Widersprüche aufwies.

Wir schlenderten an den Akazien vorbei zu einem baufälligen Pavillon, wo wir uns beide niederließen und kühlen Rosé tranken. Ezra entledigte sich seines Hemds, zog seine Flanellhosen aus und setzte sich reichlich nackt und reichlich schweißgebadet in einen Liegestuhl. Sein zorniger kleiner Bart deutete herausfordernd in Richtung eines Rosenstrauchs.

»Ich bin überzeugt, daß die meisten Frauen und besonders die alten Jungfern einen Mann um seinen Schwanz und um seine Eier beneiden, ganz bestimmt.«

»Sie spielte sehr aggressiv«, stimmte ich mitfühlend zu.

»Natürlich«, sagte Ezra. »Sie führt ihren eigenen Krieg gegen die Hoden.«

Eine Wolke schob sich wie ein riesenhaftes Euter über die Sonne. Alles verwies auf eine gewaltige, unbesiegbare Fruchtbarkeit. Ein dunkler italienischer Matrose bummelte vorbei und sang voller Inbrunst, und auf Ezra Pounds Ohr ließ sich eine Hummel nieder.

Unwirsch verscheuchte er sie und blickte finster auf die Rosen. »Ich liebe diese netten Italiener, aber sie gehen ein bißchen zu weit. Ich nehme an, daß du diese netten kleinen Italiener auch liebst?«

Er blickte mißtrauisch zu mir herüber und strich über seine haarige Brust. Er rülpste ostentativ. Dann fächelte er sich mit einer Zeitung. Der Gestank seines verschwitzten Körpers vermischte sich mit dem Duft der Akazien und dem modrigen Geruch alter Tennisschuhe, der den Pavillon erfüllte.

Er trocknete sich die Achselhöhlen mit dem Handtuch und schnüffelte dann nachdenklich daran. Dann murmelte er: »Hör zu, Caro. Hör mir gut zu, denn ich werde dir etwas erzählen.

Ich bin aus dem guten alten Staat Idaho in den guten alten USA, und ich hege keinen Groll gegen die guten alten USA. Ich will die ehrwürdige Kuh, die USA, in keiner Weise schänden. Aber eines ist sicher, und ich hoffe, du vergißt das nie. Jeder Künstler, ob er nun ein Kapitalist oder ein verdammter halbherziger Marxist ist, geht in den wunderbaren USA vor die Hunde. Sie werden korrumpiert, und zwar jeder einzelne, und werden schließlich Huren, Kastraten oder Alkoholiker. Nimm Hemingway! Guter Gott! Was willst du mit so einem Mann anfangen? Geschwollene Muskeln, ein geschwollener Kopf, ein geschwollenes Ego, und er ist erledigt!«

»Und, was glaubst du, ist der Grund?«

»Oh, da gibt es mehrere Gründe! Entweder sind es fünferlei oder hunderterlei Gründe. Sex, Geld, Alkohol, Publicity, Frustration, Angst, Heuchelei und dazu noch die unentrinnbare Kleinkariertheit der USA. Doch wen interessieren schon die Gründe? Auf die verfluchten Tatsachen kommt es an! Wen interessieren die Theorien? Auf den Kern der Sache kommt es an! Die Korruption ist das Schlimme, zum Teufel mit all diesen Theorien und quant à moi; was mich betrifft, so kannst du sie dir sonstwohin stecken. Ich hab' so viele dieser gottverdammten Theorien zu hören bekommen, daß es mir für tausend Jahre reicht. Sie stinken zum Himmel und sind ärger als jede Korruption! Ich kann dem armen alten Sodomiten oder dem winselnden Alkoholiker verzeihen, dem Pedanten mit seinen affektierten Erklärungen aber unter keinen Umständen!«

In einem Wutanfall spuckte er auf den Boden, beruhigte sich dann plötzlich und sah mich sorgenvoll an. Seine scharfen Züge, sein dürrer Hals, sein zorniges Bärtchen und seine behaarten Achselhöhlen, alles sank in eine tiefe, märtyrerhafte Ruhe. Sein Truthahnprofil baumelte über seinem Körper. Er nahm ein verwehtes Rosenblatt auf und streichelte es liebevoll, als hätte er eine Entdeckung gemacht.

»Nun gut«, murmelte er, als könnte er meine geheimen Gedanken lesen, »es hängt alles davon ab, *wo* man ist und *wann* man lebt, und nicht, *wer* man ist. Nimm diese verrückten alten Ligurer. Wer waren diese alten Ligurer? Keiner weiß es. Geheimnisvolle Menschen. Eindringlinge. Geistererscheinungen. Sie lebten und hinterließen Spuren eines unerforschlichen Geheimnisses. Sieh dich um! *Dort* sind sie! In den Felsen! Dem Meer! Dem Schatten!«

In diesem Augenblick sah er wie ein närrischer Zauberer aus, der hinter dem Vorhang hervorlugt, während er die bunten Scheiben seiner Laterne auswechselt. Doch gleich darauf spürte ich eine finstere Leere hinter dem Vorhang. Wie er so in dem kupferfarbenen Licht dasaß, abgewrackt und verzweifelt, wirkte er wie ein aufgebrachtes, phosphoreszierendes Gerippe.

Eine Wolke zog langsam vorüber, verdüsterte den modrigen alten Pavillon, und die Schläger und Bälle lagen wie antike Trümmer auf dem Boden herum. Ezra Pound legte seinen Kopf schief, und sein Spitzbart zitterte erwartungsvoll, als horche er nicht etwa auf die Schritte eines längst verstorbenen Ligurers, sondern auf die provenzalischer Troubadours, chinesischer Weiser und attischer Festveranstalter.

Er flüsterte: »Warum lächelst du?«

»Ich habe an die Signorina gedacht.«

»Ah, diese reizende Signorina, mit den Augen des Vulkan und den Schenkeln des Ganymed . . .!«

In der zunehmenden Dämmerung ging ich in die Pension zurück. Ich war es inzwischen so gewohnt, Dialoge wörtlich zu behalten, daß ich keinerlei Schwierigkeiten hatte, die Worte Ezra Pounds rasch zu Papier zu bringen. Aber als ich mein Notizbuch weglegte und am Fenster saß, beschäftigten mich weit weniger die Worte des Dichters als etwas, was unendlich wahrer und schöner war:

»The swimmer's arms turned to branches,
Who will say in what year,
  fleeing what band of tritons,
The smooth brows, seen, and half seen,
  now ivory stillness . . .«

Der Preis

Eines Tages erhielt ich in Saint-Tropez ein Telegramm von meinem Bruder. Mein Vater war bei einem Autounfall ums Leben gekommen. Ich packte sofort meine Koffer und nahm in Cannes ein Schiff.

Als ich an Deck auf und ab ging, spürte ich, wie er mir folgte, zuerst links von mir und dann zu meiner Rechten. Ich hatte meinen Vater nie wirklich gekannt oder begriffen. Ja, er liebte mich, das hatte ich aus einer gewissen Innigkeit seines Blicks geschlossen, aber zwischen uns hatte die Scheu immer wieder eine Schranke errichtet. Ich erinnerte mich an seine ernsten, aufmerksamen Augen hinter dem Kneifer und an seine Stimme, wenn er seine indogermanischen Diphthonge zum Klingen brachte. Unwillkürlich war ich immer vor dem Versuch zurückgeschreckt, die Schranke zu durchbrechen.

Und jetzt hatte ich das Gefühl, daß er neben mir ging und mir etwas sagen wollte. Doch ich hörte lediglich das Hämmern der Schiffsmaschinen und den endlosen Ruf der Wellen.

Ich blieb eine Woche bei meiner Mutter in Providence. Stets saß sie ganz in meiner Nähe und legte mir einen Schal um die Schultern, um zu verhindern, daß ich einen Schnupfen bekam. Ab und zu warf sie einen halb bittenden, halb fragenden Blick auf mich. Sie wollte mir unbedingt etwas sagen, wußte aber nicht, wie sie es anstellen sollte.

Erst Jahre später rang ich mich dazu durch, das Opus magnum meines Vaters, *The History of Indo-European Languages*, zu studieren. Er hatte dieses gewaltige Werk kurz vor seinem Tode beendet. Als ich es las, drang aus den Seiten seine wohlklingende Stimme an mein Ohr und rezitierte die endlose Elegie der sich wandelnden Konsonanten und Diphthonge. Das Buch selbst nahm allmählich den majestätischen Rhythmus epischer Dichtung an. Aufgrund der Struktur der Lippen- und Kehllaute verfolgte ich, wie auf einem Bildschirm, die großen Wanderungen durch das Pandschab, den Dekkan und Anatolien. Vor mir sah ich die Stämme, wie sie still und heimlich auf ihren Eseln, Ponys und Dromedaren durch Äthiopien nach Libyen und in die Berberei ziehen. Ich erfaßte die Unermeßlichkeit der Vision, die seine Stimme verdunkelt und seinen Blick verschleiert hatte. Es war seine eigene Auffassung von Dichtung – ungeheuer, nomadenhaft, durchdrungen von Geheimnissen, und zugleich verwandelt und erhellt durch seine ungewöhnliche Gelehrsamkeit.

Ich nahm den Zug nach New York und sah mich nach einer Arbeit um. Ich hatte eines Tages entdeckt, daß ich keinen einzigen Pfennig mehr besaß. Ich hatte sowohl alle meine Ersparnisse als auch meine ganzen Honorare aufgebraucht. Ich bewarb mich als Sekretär, Begleiter, Mitarbeiter, Übersetzer, Koch und sogar als Derwisch in einem Stück von Dunsany.

Ich saß am Telephon und beobachtete die Wolken über dem Empire State Building. New York sah unsagbar feindlich und entschieden häßlich aus. Die düsteren gelben Wolken hingen wie Wäsche an der Leine herab.

Eines Tages rief Sinclair Lewis mich unerwartet an. »Ich bin im Gotham. Kommst du auf einen Drink, mein Junge?«

»Wann?«

»Jetzt!«

»Sofort?«

»Auf der Stelle!«

Sinclair Lewis war Mitglied der Jury gewesen, die *Sieben auf der Flucht* den Harper-Preis zuerkannt hatte. Er und Thornton Wilder hatten für mich, Louis Bromfield gegen mich gestimmt. Ich empfand für Thornton Wilder und Sinclair Lewis eine zärtliche Dankbarkeit.

Er saß neben dem Fenster und hielt ein Glas in der Hand. Sein Haar war von einem stumpfen Rot und sah aus wie eine staubige Perücke. Sein Blick war flehend, unsicher und leicht verzweifelt.

»Komm und sag mir etwas Nettes. Mir geht es erbärmlich«, sagte Lewis.
»Er hat gar keinen bestimmten Grund, unglücklich zu sein«, sagte sein Freund Harrison Smith, der neben dem Tisch saß und eine Azalee begoß.
»Ich habe Gründe«, raunzte Lewis. »Es gibt genügend Ursachen dafür, glaubt mir, Freunde.«
Sein Gesicht sah immer so aus, als sei er kurz davor, in Tränen auszubrechen. Aber dieses Mal schien er kurz vor dem Selbstmord zu stehen. Ich mochte Lewis sehr gern. Er war ohne Arg und kämpfte für seine unglückselige Vorstellung von Wirklichkeit und Wahrheit. Aber er war der häßlichste Mensch, den ich je gesehen habe, machte auch stets einen trostlosen Eindruck. Sein rotes Gesicht erinnerte an einen Totenkopf, und an seinem Blick war abzulesen, daß er Seelenqualen litt.
»Du bist ein Genie, Red, und du weißt es auch«, sagte Hal Smith tröstend.
»Es klingt schön, wenn du das sagst, aber es überzeugt mich nicht ganz. Was hältst du davon, Fritz? Bin ich ein Genie oder nicht?«
»Hat der Nobelpreis nicht genügt, um dich ein Leben lang zu trösten?«
Er warf mir einen koboldhaften Blick zu und war wieder ganz wachsam und rege. »Allmächtiger, was ist schon ein Preis? Was ist daran so wunderbar? Ich habe schon genügend Preise bekommen. Es gibt auch noch anderes als Preise. Hat Flaubert einen Preis bekommen? Hat Tolstoi einen Preis gewonnen? Oder Shakespeare oder vielleicht Dante?«
Neun Jahre zuvor hatte Sinclair Lewis den Nobelpreis bekommen, schon bald nach dem Erscheinen von *Sam Dodsworth*, als er auf der Höhe seines Ruhmes stand. Man sagte, daß er sich nach *Babbitt* wiederhole. Sein Ruf hatte gelitten, und die Kritiker reagierten mürrisch. *Die verlorenen Eltern* waren mit Achselzucken aufgenommen worden.
»Aischylos, Sophokles und Euripides, sie alle haben Preise gewonnen«, sagte Harrison Smith.
»Es ist ziemlich trostlos, wenn man sich auf diese windigen Preise berufen muß«, sagte Lewis.

»Du hast dich nie auf einen Preis berufen, Red. Du bist ein großes Talent, und du weißt es. Du bist nur schlecht gelaunt, weil du nicht Bill Shakespeare bist«, sagte Smith liebevoll.

Eine gewisse Weltfremdheit, die in der Luft lag, machte mich stutzig. Sowohl Hal Smith wie auch Sinclair Lewis waren Verehrer der Literatur, aber beide hatten Vorbehalte, sobald sie sich mit Belletristik befaßten. Folglich vertrauten sie einander, doch zugleich behandelten sie einander ziemlich gönnerhaft. Irgend etwas an der Belletristik erschien ihnen verderbt. Sie sprachen also von »Charlie Dickens« und »Johnny Keats« und »Bill Shakespeare«. Auf ziemlich ungehobelte Art gaben sie sich affektiert, was ziemlich schwachsinnig wirkte.

Lewis murmelte: »Ich wette, daß sogar Shakespeare gelegentlich schlecht gelaunt war. Bei der bloßen Vorstellung von all diesen beschissenen Preisen hätte er hohngelacht.«

»Komm, erzähl uns, wie es war, als du den Nobelpreis bekommen hast, Red. Du warst in Stockholm, und es schneite bereits, war es nicht so, Red?«

»Nein, Schnee lag noch keiner, aber es war sehr trüb. Ich fühlte mich durch diesen Preis geehrt, wirklich außerordentlich geehrt, aber ich hatte das Gefühl, daß irgend etwas nicht ganz stimmte, irgend etwas war an dem Ganzen merkwürdig. Im Jahr vorher war es Thomas Mann gewesen, davor die Undset, und im Jahr davor – wer war es da, Fritz?«

»Es kann Bergson gewesen sein.«

»Richtig, es war Bergson. Nun gut, sie beschlossen, ihn einem Amerikaner zu geben, und siehe da, sie wählten Red Lewis. Verdammt anständig von ihnen, aber bei Gott, als ich da so neben Mann stand, hatte ich das dumpfe Gefühl: raus hier, irgend etwas ist hier faul. Ich hatte das Gefühl, hierher gehörst du nicht, hatte den Eindruck, da sei eine Panne passiert. Ich kam mir wie ein kleiner Stümper vor, der durch Zufall in Wimbledon gewonnen hat.«

Hal Smith sah Lewis mit einem eulenartigen Ausdruck an. »Jetzt redest du einfach Quatsch, Red. Du hast den verdammten Preis verdient. Du bist in die Endrunde gekommen, und du hast ihn voll und ganz verdient.«

Züchtig senkte Lewis den Blick. »Ich glaube, ich habe ziemlich hart gearbeitet.«
»Du hast wie der Teufel gearbeitet. Du bist ein verdammt guter Schriftsteller, vergiß das nicht.«
»Komm, sag das noch mal, bitte«, sagte Lewis mit der Empfindsamkeit des Betrunkenen. »Ich fühle mich dann besser. Aber es geht mir noch ziemlich dreckig. Bin ich ein verdammt guter Autor, Fritz? Komm, sag die Wahrheit.«
»Du bist ein verdammt guter Schriftsteller und dazu ein Gentleman und ein Gelehrter.«
»Deine Stimme war irgendwie komisch, als du das gesagt hast, Fritz. Es klang ein bißchen forciert. Schenk mir was zu trinken ein, sei ein netter Kerl. Ich möchte wetten, daß man Preise zur Zeit Shakespeares, wenn es damals überhaupt welche gegeben hätte, einem mittelmäßigen Autor oder sogar einem Schwulen wie Marlowe verliehen hätte.«
Harrison Smith sah plötzlich gelehrt aus. »Marlowe war kein mittelmäßiger Autor. Schwul vielleicht, ja, aber gewiß nicht mittelmäßig!«
»Ich sage ja nicht, daß alle Schwulen mittelmäßig sind«, beteuerte Lewis. »Ich nehme an, daß es viele Schwule gab, die es nicht waren.«
»Zum Beispiel Proust«, sagte Hal Smith.
»Und Gide«, sagte Lewis geziert.
»Es gab Leonardo da Vinci.«
»Und es gibt Maugham«, sagte Lewis unbekümmert. »Übrigens, was ist der Unterschied zwischen einem Schwulen und einem Päderasten?«
»Oscar Wilde war ein waschechter Päderast«, meinte Smith scharfsinnig. »Aber Henry James andererseits, den würde ich als Schwulen bezeichnen.«
»Na, je mehr man darüber hört, desto mißtrauischer wird man. Manchmal«, sagte Lewis umdüstert, »sieht es ganz so aus, als seien sie alle eine Bande von Arschfickern.«
»Du hast noch nie ein wahreres Wort gesprochen, Red«, sagte Smith traurig.
»Ich wette, würden die Karten alle aufgedeckt, dann würde sich herausstellen, daß sogar Shakespeare schwul war. Die gan-

ze Scheiße mit Anne Hathaway war lediglich Tarnung. Ich wette, daß Anne Hathaway in Wirklichkeit ein flotter Vater war. In seinem Testament vermachte er ihr sein zweitbestes Bett. Warum zum Teufel hätte er ihr das hinterlassen sollen, wenn sie kein flotter Vater gewesen wäre?«

»Das ist ein wichtiger Punkt, Red«, sagte Smith bewundernd.

»Ich habe fast das Gefühl, daß ich einen Essay darüber schreiben sollte«, sagte Lewis gemütlich. »Hin und wieder hab' ich diese plötzlichen Erleuchtungen. Was denkst du darüber, Fritz?«

Ein rötlicher Schimmer zeigte sich in seinen Augenwinkeln, und seine Stimme bekam eine sanfte, beinahe mönchische Würde. Dann starrte er durch das Fenster auf die graue Wüstenei, und sein pockennarbiges Gesicht nahm einen süßen, kindlichen Ausdruck der Unschuld an.

Er setzte sein Glas nieder und ging schwankend zur Toilette. »Ich glaube, ich muß jetzt mal«, sagte er zufrieden.

»Du hast es verdient, Red, bei Gott. Du bist ein Genie, vergiß das nicht«, sagte Harrison Smith mit sanftem Nachdruck. Und er flüsterte mir leise zu: »Armer alter Red. Er rennt in sein Unglück.«

Sinclair Lewis blieb augenblicklich stehen und wandte den Kopf.

»Hast du etwas gesagt, Hal? Habe ich dich etwas murmeln hören?«

»Ich habe gesagt, daß du ein Genie bist. Du hast den verdammten Preis verdient.«

Lewis warf uns einen beschwörenden Blick zu, als er die Hand nach dem Messingtürgriff ausstreckte.

»Vergeßt den gottverdammten Preis. Was ist schon ein Preis? Lediglich ein Haufen Scheiße! Du kannst den gottverdammten Preis nehmen und ihn dir in den Arsch stecken, du verfluchter Narr!«

Und er verschwand mit einem herzzerreißenden Gluckser in der Toilette.

Kafkas Amerika

Jede Nacht streifte ich im Innern des Central Park herum. Ich zitterte ein bißchen vor der möglichen Gefahr, wenn ich in die Dunkelheit trat, die verwildert wirkte und so, als beherberge sie Kriechtiere wie ein afrikanischer Dschungel.

Ich hatte endlich meinen amerikanischen Roman fertig. Ich nannte ihn *Nacht der Armen* nach einem Gemälde von Diego Rivera. Ich hatte versucht, einige meiner Träume von Amerika wieder aufzugreifen, bestimmte düstere, periodisch auftretende Visionen, die die zerrissene Form von Radierungen hatten und in denen kindliche Freude von streifigen Alpträumen umfaßt war. Ich hatte mich mit großen Zweifeln an diese unheilvolle Idylle gemacht, und jetzt, da sie vollendet war, war ich damit nicht glücklich. Ich hatte festgestellt, daß in meinen Träumen das Ortsempfinden hinter einer Maske verborgen war, so daß bekannte Plätze fremd und unkenntlich wirkten, dabei aber von einer zwingenderen Identität durchdrungen waren. Ich versuchte dieses Gefühl in *Night of the Poor* zu gestalten, war aber jetzt, nach seiner Fertigstellung, verstört und beunruhigt.

Oft saß ich auf einem Felsen in der säuerlich riechenden Dunkelheit und starrte auf die Türme, die in die Nacht ragten. Diese gedankenverschlingenden Türme waren lebendig und hatten tausenderlei Bedeutungen. Ihr Glitzern manifestierte sowohl Herausforderung gegen die Grausamkeit des Unendlichen als auch Widerstand gegen das Elend des Endlichen. Jede Nacht saß ich im Central Park und starrte auf diese funkelnden Türme. Sie waren das einzige, was ich in dieser dunklen nächtlichen Stadt liebte.

Ende Januar fuhren Auden und Isherwood auf der *Chamberlain* nach Amerika. Auden und ich hatten viele Briefe gewechselt, und ich hatte einige seiner Gedichte gedruckt, aber ich hatte ihn in London verpaßt und hatte ihm nie persönlich gegenübergestanden. Der Gedanke, den Dichter endlich kennenzulernen, war außerordentlich aufregend.

Eines Morgens rief ich ihn an und fragte ihn, ob er mit mir im Yale Club essen wolle. Ich war sehr gespannt, als ich in der Halle auf ihn wartete, wo die schwarzen Ledersofas reihenweise wie gestrandete Walrosse hockten. Plötzlich stand er vor mir, schüchtern und atemlos, wie ein nervöser Schuljunge. Ich sagte: »Guten Morgen, Wystan!«, und er sagte: »Guten Morgen, Fritz!«

Wir tranken etwas in der Bar und gingen dann in den Grillroom. Wir saßen in der Ecke und begannen unsere Austern zu essen. Es waren riesige amerikanische Austern, die Cotuits heißen, und Auden fand sie, nachdem er eine gegessen hatte, abscheulich. Also rief ich den Kellner, und er trug die Austern fort und kam mit einem Teller voll Venusmuscheln für Auden zurück. Auden mochte diese kleinen Muscheln; er sah auf einmal weniger empört aus und begann mit seiner üblichen Kaltblütigkeit zu reden.

»Die Amerikaner? Meine Güte, ich finde sie schrecklich gerissen. Ich hatte gehört, sie seien naiv. Ich finde sie ausgesprochen kultiviert. Diese jungen cleveren Amerikaner sind irgendwie unheimlich. Sie sehen so sauber und frisch aus, aber ich spüre da eine tiefsitzende Verderbtheit. Mag sein, daß sie mich deshalb so fesseln. Wegen dieses Gefühls eines inneren Verfalls.«

Er neigte leicht den Kopf, als lausche er einer fernen Stimme. Sein Mund stand halb offen, die Augen waren niedergeschlagen. So habe ich ihn, den wißbegierigen, wagemutigen Burschen, heute noch in Erinnerung, mit geöffnetem Mund, gesenktem Blick und einer fernen Stimme lauschend.

Doch das war lange, ehe der schreckliche Verfall einsetzte. Er wirkte jugendlich, munter, ungeschlacht und doch spritzig. Auden besaß immer eine gewisse Scheu und Zurückhaltung, als lechze er nach Freundschaft, schrecke aber vor einer engeren Bindung zurück, und das Rätsel seines Charakters lag in dieser Unnahbarkeit, die schließlich unentrinnbar zur Selbstquälerei führte.

Er trug einen Nadelstreifenanzug, ein zerknittertes Hemd und einen karierten Schlips. Ich hatte den Eindruck, daß er sich bemüht hatte, für den Yale Club ordentlich auszusehen. Sein dichtes, widerspenstiges Haar war rechts gescheitelt. Auf seiner rechten Wange war eine Warze, und er neigte den Kopf so weit nach rechts, daß sowohl sein Körper als auch sein Geist einen asymmetrischen Drall zu haben schienen.

Auden sagte: »Wollen Sie mir einen Gefallen tun, Fritz?«

»Gerne«, sagte ich.

»Würden Sie mich für die amerikanische Staatsbürgerschaft vorschlagen?«

»Natürlich. Mit Freuden.«

Eine Woge der Begeisterung erfaßte mich bei dem Gedanken an Audens Staatsbürgerschaft, und ich erhob mein Glas und sagte: »Zum Wohl! Prost! Skol!«

Er verschlang eine Muschel, nahm einen Schluck Riesling und sagte: »Das ist recht eindrucksvoll, all diese Emigranten in Amerika. Da ist Casals, da ist Gropius, da ist Mies van der Rohe. Hier sind Aldous Huxley, Gerald Heard, André Breton, Einstein und Strawinsky. Thomas Mann schreibt in der Wildnis Kaliforniens einen Roman. Das ist alles sehr aufregend, aber auch recht deprimierend. Amerika fasziniert mich, aber eine Kultur, in der alles so schnell, so erbarmungslos und so unwiederbringlich verrottet, hat auch etwas Erschreckendes. Männer, Frauen, Bücher, Hoffnungen, Bauwerke, Name und Ruf, Liebesaffären. Junge Menschen vom Verfall bedroht zu sehen ist kein angenehmer Anblick, besonders dann, wenn der geistige Faktor fehlt, der das Ganze wiedergutmachen könnte ...«

Er sah sich mit selbstgefälliger Strenge im Grillroom um. Dann hob er sein Weinglas und trank mit gesenktem Blick.

Ich erwähnte Delmore Schwartz, der mit einem ausgezeichneten Buch, *In Dreams Begin Responsibilities*, großen Erfolg hatte. Auden hörte neugierig zu und nickte höflich mit dem Kopf. Er schien mit geheimen Antennen instinktiv die Stärken und Schwächen von Delmore Schwartz zu bewerten.

Dann erwähnte ich Dylan Thomas, um eine Reaktion zu erzielen, aber Auden sah irritiert aus und strich sich nervös übers

Ohr. Bei der Erwähnung der Gedichte von Delmore Schwartz wirkte er wohlwollend und objektiv, doch als ich über Dylan Thomas sprach, sah er verärgert und mißgelaunt aus.
Ich hatte vor kurzem einen Band mit Gedichten publiziert, der *The Carnival* hieß; in diesen Gedichten versuchte ich die Düsternis der Vorkriegsjahre zu vermitteln. Ich fühlte mich dem Auden der *Witnesses*, dem intuitiven Auden, zutiefst verpflichtet, doch der Auden von *Spain*, der brandmarkende, mahnende Auden, machte mich mißtrauisch.
Ich spürte, daß meine ambivalente Bewunderung Auden beunruhigte, und seine Höflichkeit war vermischt mit einer Spur von Feindseligkeit. Plötzlich wurde ich gewahr, daß wir zu viert am Tisch saßen: zwei Sprecher und zwei Zuhörer, die sich hinter den Sprechern versteckten, jeder mit seinen eigenen verborgenen Standpunkten, Zweifeln und Verdachtsmomenten. Und als wir uns unvermittelt über den Tisch hinweg beklommen ansahen, versanken wir in ein beiderseitiges Schweigen der Scheu und des Mißtrauens.
Ich sagte: »Erzählen Sie mir, Wystan, warum Sie sich entschlossen haben, nach Amerika zu fliehen?«
»*Fliehen!* Was um alles in der Welt bringt Sie auf den Gedanken, daß es eine Flucht war? Es war keine Flucht. Und was noch wichtiger ist, es war auch kein Entschluß. Es war ein Instinkt, ein Wunsch. Bitte sehen Sie das jetzt nicht verstandesmäßig. Man hat Impulse und Instinkte. Ich hatte nicht den Wunsch zu fliehen. Und es gab nichts, was auch nur im entferntesten einem Entschluß gleichgekommen wäre!«
Ich winkte ihm an der Ecke der Vanderbilt Avenue zum Abschied; er eilte die Straße hinunter, und seine Jacke flatterte im Wind.

Eines Abends ging ich in ein türkisches Bad an der Zweiundvierzigsten Straße. Andrew Chiappe und Maurice Bowra hatten mir davon erzählt, und ich erwartete, einen Hauch intellektueller Avantgarde vorzufinden. Ich war von den Küchenschaben und dem Geruch der Ausdünstungen angewidert, doch die ruhige, mysteriöse Atmosphäre reizte mich.
Als ich in der Dampfkammer saß, entdeckte ich Wystan

Auden. Er sah wie ein nacktes Meerungeheuer aus, wie er sich da so im Dampf tummelte, und seine Haut schien unter der feuchten Glühbirne zu phosphoreszieren. Er bemerkte mich, der ich auf einer Marmorfliese kauerte. Er schien mich nicht zu erkennen. Er rückte näher und berührte mich verstohlen.

Ich sagte: »Wystan!«

Er zuckte zurück. »Ach so. Sie sind's, oder?«

»Ja, ich bin's. Haben Sie mich nicht erkannt?«

»Dieser ganze Dampf, der hier herumwirbelt. Es ist fast wie eine Tarnung. Man kann die Gesichter nicht erkennen. Das trifft auch auf New York zu. Eine Stadt der Tarnung. Die Straßen New Yorks sind eine einzige Tarnung. Es gibt Zeiten in New York, da habe ich das Gefühl, daß ich in einem Alptraum befangen bin. Alles ist verkleidet, alle Menschen tragen Masken, und alles läuft letztendlich auf den guten alten Kafka hinaus. Kafka ist der Schlüssel zur Kunst unserer Zeit. Kafka hat die epische Größe, den prophetischen Klang erreicht ...«

Er sprach merkwürdig aufgeregt und hastig, als würde nicht nur sein Körper, sondern auch sein Geist im Dampf umhertappen. Er sah erbärmlich nackt aus. Ich habe niemals jemanden gesehen, der so nackt aussah. Der große, unbehaarte Körper, die weichen, plumpen Hände, die verschämt wirkenden Genitalien, diese tropfenden rosaroten Hinterbacken – ja, wahrhaftig, er war befangen in einem ungeheuren, dampfenden Alptraum, belauert von diesen gesichtslosen Gespenstern. Ich mußte an das Inferno denken: Diese trübe kleine Glühbirne beschien die Verrenkungen von Fellatio und Sodomie.

Er redete wild drauflos, als treibe ihn etwas innerlich um. »Bei Dostojewski läuft wiederum alles auf Zwangsvorstellungen hinaus. In dieser ganzen Lasterhaftigkeit, die uns umgibt, steckt eine Spur von Irrsinn, oder nicht? Es ist auf eine Dostojewskische Weise so verrückt und lächerlich. ›Außergewöhnliche Krankheiten‹, sagt Pascal, ›verlangen nach außergewöhnlichen Heilmethoden.‹ Natürlich sehr gescheit, aber was hat er mit *außergewöhnlichen Heilmethoden* gemeint?«

Er stützte sich auf die Marmorkachel, als wäre ihm plötzlich schwindelig geworden, dann verschwand er wie ein durch den Nebel behindertes Schiff im Dampf.

Ich sah durch das Fenster auf das Kaleidoskop von Neonlichtern. Es war eine Orgie von Saphiren, Smaragden und Rubinen. Sie schlängelten sich unablässig durch die Nacht wie ein Meer von Larven. Ich überlegte mir, wie zauberhaft sie mir vorkommen müßten, wäre ich ein Eskimo oder ein Polynesier! Wie geheimnisvoll und prächtig wären sie, könnte ich sie bloß nicht entziffern!

Der Baron

Schließlich kam Mitte August der Tag, an dem meine Einsamkeit sich zu einer Unruhe verdichtete, die dem Entsetzen sehr nahe war. Die wispernden Nächte im Park, die schmutzigen Tassen in den Cafeterias, die Bedrohung in der Untergrundbahn, die wortlosen Verabredungen in den Bibliotheken; ich blickte in den Spiegel und sah alles reflektiert, wie Weinranken, die über einem bodenlosen Sumpf hingen.

Ich überredete meine Verleger, mir einen Vorschuß von tausend Dollar zu geben, und fuhr am 18. August mit dem Schiff zurück nach Frankreich. Mein rostiges Kabriolett wartete noch immer in der Garage auf mich. Das Verdeck war gerichtet, die Kotflügel repariert, die Stoßstangen ausgebeult und der Motor überholt worden. Ich fuhr nach Tours und war drei Tage später in Cannes.

Die Luft in Cannes glitzerte vor Erregung. Die Segelboote glänzten, die Sonnenschirme flatterten. Vor dem Carlton sah ich die Luxuslimousinen stehen – Hispano-Suizas, Minervas, Rolls-Royce und Delahayes. Vor der Insel Saint-Honorat lagen zwei Kreuzer vor Anker. Selbst die Palmen auf der Croisette glänzten in ungewohnter Erwartung.

Als mir eines Morgens der Kellner das Frühstück brachte, sagte er verbittert: »Ces cochons, ils vont partager la Pologne, monsieur!«

Ach, die dreißiger Jahre! Die lieben, verrufenen dreißiger Jahre! Sie gingen plötzlich an jenem Nachmittag zu Ende, als die Fenster an der Croisette lila angestrichen wurden und die senegalesischen Soldaten die Straße hinuntermarschierten. Die Touristen flohen in ihren feinen Autos nach Norden, und bei meinem letzten Blick auf Cannes sah ich Elsa Maxwell

in einen alten Isotta-Fraschini krabbeln, der nach La Napoule fuhr.
Ich sprang in meinen Ford und machte mich auf den Weg nach Bordeaux. Ein Schiff lief am Dienstag aus, und ich buchte eilig eine Kabine. Aber ich konnte es nicht ertragen, den alten chaotischen Kontinent zu verlassen. All meine Träume von einem künftigen Glück waren mit diesem heruntergekommenen Kontinent verknüpft. Also machte ich meine Buchung rückgängig und fuhr Richtung Süden, nach Biarritz. Auch in Biarritz strich man die Fenster und Straßenlampen, und gespanntes Schweigen herrschte im Kasino.
Ich erinnere mich noch gut an meine Spaziergänge an der stürmischen Küste nördlich von Biarritz, wo ich im Radio die Stimme des Führers hörte. Fortwährend sah ich nach den Sternen und hielt nach der Luftwaffe Ausschau. Aber der Himmel blieb heiter. Es gab keine Bomben, keine Feuersbrunst, lediglich die schweigende Spannung verdichtete sich.
Ich fuhr über Saint-Jean-de-Luz nach Süden und betrat bei Hendaye spanischen Boden. Ich raste durch Pamplona und zu den Bergen Kastiliens. In Madrid war alles erstaunlich ordentlich und wachsam. Niemand lächelte, und eine atemlose Stille erfüllte die Stadt. Die schwarzen, glänzenden Dreispitze der Wachen schimmerten unheilvoll.
In Madrid fühlte ich mich nicht wohl, und so fuhr ich weiter nach Sevilla. Dort lauschte ich den Liedern und Gitarren. Aber auf dem Guadalquivir lag ein häßlicher grauer Glanz, und ich beschloß nach einer Woche, nach Lissabon weiterzufahren. Mein schäbiger alter Ford fuhr mit verzweifelter Zuverlässigkeit, und ich überquerte den Guadiana und war endlich in Portugal.

Nach fünf Tagen nahm ich mir ein Zimmer im Palacio-Hotel in Estoril. Ich hatte mir vorgenommen, zwei Wochen zu bleiben, und blieb zwei Jahre. Es war ein nach Westen gelegenes Dienstbotenzimmer und kostete einen Dollar pro Tag. Es war ein Zimmer »mit Aussicht«. Ich fühlte mich geborgen und unerreichbar. Der Krieg war aufregend nah und zugleich merkwürdig fern. Aus Brüssel, Oslo und Amsterdam trafen Flüchtlinge

ein, und am Strand hörte man Holländisch, Norwegisch und Flämisch.
Ich saß gewöhnlich im Café oberhalb des Strandes und las. Ich las Manns *Lotte in Weimar*, Sartres *Mauer*, Saint-Exupérys *Wind, Sand und Sterne*. Ich las André Gides *Tagebuch* und Ernst Jüngers *Auf den Marmorklippen*. Nach dem Abendessen im Palacio saß ich in der Halle und blätterte in den Notizen, die ich für einen Roman sammelte.
Der Winter verlief ruhig. Die Forsythien entfalteten ihre Blüten. Die schwermütigen Klänge des Fado ertönten in den Weinhandlungen. Am 10. Mai 1940 wurde Winston Churchill Premierminister, und am 13. Mai wurden die britischen Truppen aus Dünkirchen abgezogen. Paris wurde am 14. Juni eingenommen, und neue Unruhe verbreitete sich in Portugal. Die Flüchtlinge strömten aus Galicien und Estremadura herbei, das Kasino wurde belebter, und am Strand hörte man noch mehr verschiedene Sprachen.
Das Palacio war nicht nur von den vermögenden Flüchtlingen bevölkert, sondern auch von gewissen undurchsichtigen, fragwürdigen Individuen. Da waren die üppige Mrs. Grigorescu aus Bukarest mit ihren Perlen und die dunkelhäutige Mrs. Suleiman aus Ankara mit ihren Sonnenschirmen. Dann gab es den einäugigen Signor Katz aus Triest mit seinen Utrillos und Mr. Abercrombie aus Edinburgh in seinen Tweedanzügen und mit seinen Golfschlägern. Und wer war das gertenschlanke dänische Mädchen mit dem Spitz, und wer war das spitzmäusige Fräulein Torok mit der Sonnenbrille?
Ich freundete mich mit einem Italiener namens Pietro Gerbore an. Er war ein Liebhaber Baudelaires, und er war auch ein Liebhaber Amerikas. Er hatte in Amerika gelebt, sich in die Amerikaner verliebt und hatte Waffeln und Kürbiskuchen in Amerika schätzen gelernt.
Ich pflegte nachts mit Gerbore die Promenade entlang zu gehen, und wir plauderten über den Symbolismus in d'Annunzios Dichtung. Gerbore war ein glühender Bewunderer d'Annunzios, aber er haßte Pirandello, den er als »kleinmütigen Dekadenzler« bezeichnete.
Er warf mir einen Blick zu und sagte: »Diese ganzen Notizen,

die Sie da aufschreiben! Sollten Sie nicht ein wenig vorsichtiger sein? Die Leute werden allmählich mißtrauisch!«
Der Blitzkrieg begann am 24. August, und wir alle erwarteten, daß die Deutschen in England einfallen würden.
»Wir haben heute nacht Vollmond«, sagte ich. »Die richtige Nacht für eine gewaltige Invasion!«
»Es wird keine Invasion stattfinden«, sagte Gerbore rätselhaft. Er war ein großer, schwabbeliger Mann mit dicken Brillengläsern, in denen ich den zwiefachen Reflex des Mondes sehen konnte.
»Ich *hoffe* nicht«, sagte ich.
»*Bestimmt* nicht«, sagte Gerbore.
»Weshalb nicht?« drang ich in ihn. »Wieso sind Sie dessen so sicher?«
»Aus vielerlei Gründen«, sagte Gerbore gewandt. »Es würde keinerlei Vorteile bringen. Sowohl der Führer als auch der Duce sind friedliebende Menschen. Sobald wieder Frieden herrscht, werden sie gute Beziehungen zu Amerika anstreben.«

Eines Tages lud mich Gerbore ein, mit ihm und dem Baron von Rheinbaben etwas zu trinken. Der Baron war ein großer glatzköpfiger Aristokrat der alten Schule. Er trug einen Stock, hatte einen Schmiß quer über die Backe, und seine Manieren waren preußisch korrekt.
»Ich weiß nicht recht«, bemerkte ich, »ich befürchte immer noch, daß eine Invasion bevorsteht. Heute nacht ist Halbmond. Ausgesprochen günstig, fürchte ich, für eine Invasion.«
»Es wird keine Invasion stattfinden«, sagte der Baron begütigend. »Weder der Führer noch der Duce planen eine Invasion. Sowohl dem Führer als auch dem Duce wäre ein taktischer Kompromiß lieber als ein mörderisches, triumphales Gemetzel.«
Gerbores rosiges Gesicht nahm beim Zuhören gelegentlich einen undurchschaubaren Ausdruck an, dann wieder spiegelte sich in seiner Miene eine leicht anrüchige Unterwürfigkeit. Der Baron beobachtete ihn ständig hinter seinem Monokel, wie ein Dirigent, der einen launenhaften Klarinettisten im Auge behalten muß.

»Ein taktischer Kompromiß?« fragte ich besorgt.
»Amerika«, sagte der Baron, »wird seine Unabhängigkeit wahren. Weder der Führer noch der Duce haben gegen Amerika böse Absichten. Auf Frankreich und England wird eine wohltätige Kontrolle ausgeübt werden, und für Skandinavien wird man eine freundschaftliche Hegemonie aushandeln. Es besteht kein Wunsch, in die Angelegenheiten Amerikas einzugreifen. Beide, der Führer wie der Duce, stehen Amerika wohlwollend gegenüber.«
Das runde, wachsame Monokel schimmerte gönnerhaft, und der Schmiß auf der Backe glänzte in preußischer Disziplin.
In dieser Nacht machte ich meinen üblichen Strandbummel und dachte über die von Baron von Rheinbaben vorgebrachten Maximen nach. Kleine Wellen überspülten sanft den sichelförmigen Strand, und in der Ferne hörte ich eine melancholische Stimme, die aus einer Weinhandlung ertönte.
Ein rundlicher kleiner Mann mit einem Mondgesicht stand plötzlich vor mir. Er trug eine karierte Weste, und sein Gesichtsausdruck war unheimlich heiter.
Erschrocken prallte ich zurück, aber er winkte beruhigend ab. »Ich bin sicher, daß Sie mich nicht wiedererkennen«, sagte er ein wenig kokett. »Ich lernte Sie eines Abends bei Madame Maria in Adrianopel kennen. Damals habe ich nicht gewußt, daß Sie ein vielversprechender Kollege sind!«
»Ich fürchte, es handelt sich um ein Mißverständnis«, stammelte ich.
»Autres temps, autres mœurs!« kicherte er nachsichtig. »Das waren Zeiten! So vergnügt und frivol. Aber das Leben hat sich ein für allemal geändert. Ich habe gesehen, daß Sie mit diesem spindeldürren alten Baron etwas getrunken haben. Ein reizender Mensch, nicht wahr? So zuvorkommend, so distingué. Eines der großen Tiere in der Gestapo, aber sagen Sie ihm bitte nicht, daß ich es Ihnen erzählt habe! Nehmen Sie sich in acht vor dem Baron. Er schickt seine Telegramme direkt an Hitler, und nichts würde ihn mehr freuen, als eine Verbindung zu Amerika herzustellen – einen liebenswürdigen kleinen Dialog mit einem bekannten Lyriker oder Romancier. Übrigens werden Sie beobachtet, mein Junge. Nicht nur von mir, der harm-

los ist, sondern auch von einer Odaliske, die mit Perlen behängt ist, und von einer Dame, die eine Sonnenbrille trägt. Passen Sie also von jetzt an auf! Was ist Portugal doch für ein bezauberndes Land!«

Er warf einen gespielt vorwurfsvollen Blick auf den Halbmond, als wäre der Halbmond ebenfalls ein williger Lauscher. Dann runzelte er empört die Brauen.

»Aber die Weine hier in Portugal sind wahrhaftig katastrophal. Der Colares, den ich zum Abendessen trank, war völlig ungenießbar. Ich habe türkischen, albanischen, bulgarischen Wein und Wein aus der Herzegowina getrunken, aber der portugiesische ist der schandbarste von allen!«

Zum Abschied winkte er kokett und trippelte dann geziert über die Steinplatten davon. Der Halbmond schien ruhig und mit eisiger Gleichgültigkeit. Endlich war ich davon überzeugt, daß es keine Invasion geben würde. Ich setzte mich auf den Sand und sah den silbrigen Wellen zu.

Dreirad

Die ganze Zeit über arbeitete ich an einem anspruchsvollen neuen Roman. Ich beschloß, ihn *The Skies of Europe* zu nennen, nach einer Verszeile von Auden. Es war eine Tapisserie des Europa der Vorkriegsjahre, in kurzen nächtlichen Kameen dargestellt. Ich versuchte den halb hysterischen Prunk der dreißiger Jahre mit der wachsenden Düsternis der Jahre vor dem Krieg in Beziehung zu setzen. Ich schrieb fünf verschiedene Versionen dieses labyrinthischen Romans und strebte danach, die merkwürdigen Rhythmen, die Vielfalt der Formen und die Entfremdung der Charaktere zu vervollkommnen.

Ich versuchte alle Episoden durch eine mäandrierende Nachtbeleuchtung zu erhellen: durch die Kerzen in einer Kirche von Palma, eine Lampe in einer Hütte in den Pyrenäen, eine Bogenlampe in Málaga und ein Lagerfeuer im Poitou. Die vierte Version gefror zu einer denkmalartigen Symmetrie, und als ich sie schließlich wieder las, wurde mir vor Verzweiflung ganz übel. Die ersehnte Perfektion war nichts anderes als Totenstarre. Die Lebendigkeit des Romans war der Lust an Symbolen zum Opfer gefallen. Daher zerriß ich das Manuskript und machte mich an die endgültige Fassung, in der ich die Szenen absichtlich durcheinanderwarf, die Prosa durch Mißklänge aufrauhte und den Gesichtern Doppeldeutigkeit verlieh.

Ich arbeitete von acht Uhr morgens bis zum Mittagsläuten. Dann ging ich zum Strand hinunter, um meine polyglotten Freunde zu treffen: meine polnische Dolly mit den kohlschwarzen Locken, meine französische Renée mit ihren ausladenden Hüften, meine belgische Jeanne mit den goldenen Haarflechten, meine österreichische Elsa mit ihren Seitenblicken, meinen spanischen Pedro mit den Hinterbacken eines Toreros, meinen norwegischen Trygve mit seinem eisblauen Blick, meinen bayrischen Toni mit seinem tränenreichen Bariton, meinen holländischen Hans mit seiner Hoffnungslosigkeit. Wir saßen im Kreis auf dem heißen rosigen Sand und machten Witze über Goebbels, Göring und Ribbentrop. Als die Deutschen immer weiter nach Rußland einmarschierten, schlossen wir Wetten über fünfzig Escudos über den Zeitpunkt der Kapitulation Moskaus ab. Wir aßen mittags alle zusammen unter einem großen Sonnenschirm Käse aus der Algarve und Wurst aus Minho. Es herrschte ein rührender und unbeschwerter Esprit de corps. Jedesmal, wenn einer von uns in Schwierigkeiten war, eilten die anderen zu Hilfe und boten unter dem blaugestreiften Sonnenschirm Pillen, Zwetschen und ihre Teilnahme an. Wenn Elsa untröstlich war, wenn Trygve Gonorrhöe hatte, wenn Pedro keinen Pfennig mehr besaß und Renée schwanger war, versammelten wir uns, um die Probleme gemeinsam zu lösen. Ich liebte meine polyglotten Freunde, und wir hielten einander auf eine wunderbare Weise die Treue, aber ich wußte, daß der Tag kommen würde, an dem ich wieder über den Ozean zurück mußte.

Eines Abends fuhren wir alle neun zu einem Picknick nach Guincho. Der lange Strand in Guincho war von einer bedrohlichen Großartigkeit. Er war vollkommen verlassen; es gab kein Lebenszeichen außer dem einsamen Leuchtturm auf Cabo da Roca zu sehen. Gewaltige Klippen ragten zu beiden Seiten wie schwarz vermummte Wächter in die Höhe, und die Brecher krachten grimmig mit ihren weißen Klauen dagegen. Wir saßen in der hochsommerlichen Nacht um ein Feuer herum und grillten die riesigen Seezungen, bis sie an ihren Spießen prasselten. Dolly wendete den Salat mit einer großen Gabel aus Walnußholz um, und Elsa goß Wein in hohe grüne Kelche.

Wir redeten über Geister. Toni erzählte von einer riesigen Nachtigall in einem Schloß in Tirol, die sich auf dem Fensterbrett niederließ und den unruhigen Schläfern etwas vorsang. Sie sang Lieder, die sie nur in ihren tiefsten Träumen vernehmen konnten, die sie aber danach immer verfolgten, wie die Schrecken der Kindheit.

Der Norweger Trygve berichtete von einem weiblichen Gespenst in den Fjorden, das wie ein großer weißer Adler auf den Klippen hockte. Es lockte die Fischer in die kleine Felsenbucht, wo sie aus ihren Nachen geschleudert wurden und im gurgelnden Mahlstrom verschwanden.

Die Nacht war so warm, daß wir unsere Kleider abstreiften und nackt am Feuer lagen und den furchterregenden Geschichten zuhörten. Paarweise verschwanden alle in den Schatten der Felsen, Elsa mit Trygve, Renée mit Pedro, Dolly mit Hans, Jeanne mit Toni. Schließlich lag ich allein da und lauschte dem Wellenschlag.

Dann wanderten alle verstohlen wieder zurück, tauchten ihre Zehen in den Schaum und ließen den Sand durch ihre Finger gleiten. Ein Schrei war in der Ferne zu hören, und es folgte ein wildes kreischendes Gurgeln. Die schöne Jeanne erhob sich auf einer brüllenden Woge und verschwand wie eine Seejungfer unter dem mondbeschienenen Wellenkamm.

Wir sprangen vom Sand auf und rannten wie wild den Strand entlang. Toni tänzelte ins Wasser, während ich unter der Welle durchtauchte. Handvollweise wurde mir der Sand ins Gesicht geschleudert. Das Brüllen, das gegen meine Trommelfelle schlug, machte mich taub. Erfüllt von Panik streckte ich die Hand aus, ergriff eine Haarflechte und schleifte die nackte Meerjungfer durch die Wellen an den Strand.

»Wie waghalsig«, sagte Elsa. »Ich wußte nicht, daß du so mutig bist!«

»Ich hatte viel zuviel Angst, um mutig zu sein«, sagte ich. »Ich sah einen Gespensterfisch im Meer. Er öffnete seinen Rachen und wollte mich gerade verschlingen. Es war der Geisterfisch von Guincho. Er kommt in einem Gedicht von Camões vor. Es ist die Angst und nicht der Mut, der uns in Guincho leitet.«

Ich ging gewöhnlich unter den Sternschnuppen Portugals am Strand entlang. Ich sah in Portugal mehr Sternschnuppen als in meinem ganzen bisherigen Leben. Wann immer ich eine Sternschnuppe sah, wünschte ich mir etwas. Immer hatte ich für den Augenblick, in dem ich eine Sternschnuppe sehen würde, einen Wunsch bereit.

Ich wünschte mir weder Reichtum noch Ruhm, noch Liebe, ich

wünschte mir das Glück, das mir dazu verhelfen sollte, ein Meisterwerk zu schreiben. Ich wußte, daß Reichtum, Ruhm und Liebe auch solchen Menschen beschieden sein könnten, die sie nicht verdienten, daß aber ein Meisterwerk nur denen zufallen würde, die sich seiner würdig erwiesen, gleichgültig wie verrucht, erbarmungslos oder starrköpfig sie auch sein mochten. Also suchte ich nach Mitteln und Wegen, die dazu führen sollten, daß mir diese Gunst zuteil würde. Es sollte kein schmales kleines Meisterwerk wie *Billy Budd* oder *Tod in Venedig* werden, sondern ein großes, dickes wie *Don Quijote* oder *Anna Karenina*. Ich versuchte nachts inbrünstig zu beten. Ich starrte ständig den Mond an. Ich wartete dauernd auf eine Sternschnuppe. Ich starrte immerfort auf die Wellen.
Ich machte eine Reise in den Norden Portugals in meinem alten Ford, der nach den Monaten am Meer ziemlich verrostet war. Ich fuhr durch Mafra und sah dort die herrliche weiße Bibliothek, wo die großen Pergamentbände wie goldene Rokokorosen glänzten. Ich fuhr durch Torres Vedras zu dem vom Meer umspülten Ort Peniche, von wo aus man auf die Berlengainseln sah, die über den Wellen wie zerstörte Kastelle thronten. Ich fuhr nach Norden durch Nazaré, ein Fischerdorf, wo die Boote mit ihren rotäugigen Schiffsschnäbeln wie Geier im Sand festgekrallt waren. Ich fuhr weiter nach Coimbra mit seiner phantastischen schwarzen Bibliothek, in der die großen Pergamentbände wie Reihen goldener Muscheln glänzten. Und weiter ging es durch Castanheira, Aveiro und Estarreja. Ich übernachtete in Porto, wo ich mich am Portwein betrank. Dann ging's vorbei an den niedrigen schwarzen Arkaden von Guimarães und in die Minhoberge, die schönsten Berge, die ich je gesehen hatte, auf denen die Festungen über den dunklen Säulen der Pinienwälder thronten und die Habichte sich über den winddurchbrausten Wäldern hoch in die Luft schwangen.

Immer wieder traf ein mondgesichtiger Mann im Palacio ein, und jedesmal saß er beim Essen an dem kleinen Tisch neben mir. Er war ein vergnügter, alerter junger Mann, häßlich, mit einem großen, runden Gesicht, einer formlosen Nase und breiten pockennarbigen Backen. Seine Augen waren von perlmut-

terartigem Grau, wie das Innere einer Austernschale, und seine Stimme ähnelte dem Schnurren einer riesigen Katze. Ich war stets entzückt, wenn Duško Popov den Speisesaal betrat.
»Was glauben Sie? Werden die Deutschen den Kanal überqueren, Popov?«
Oder: »Was meinen Sie? Werden die Deutschen bis Moskau kommen, Popov?«
Oder: »Erzählen Sie, Popov. Nehmen Sie an, daß die Chinesen in den Krieg eintreten werden?«
Popovs Augen bekamen einen grüblerischen Ausdruck, und auf seinem Gesicht machte sich ein Schmunzeln breit. Seine tiefe slawische Stimme begann liebevoll zu poltern.
»Wir werden sehen. Es ist ein Puzzlespiel. Es ist ein Rätsel. Alles ist möglich.«
Ich sagte: »Verstehen Sie die russische Mentalität, Popov?«
»Sie sind ein Mysterium. Sie sind undurchschaubar. Bei den Russen ist alles möglich.«
Mit der Zeit mochte ich Duško Popov richtig gern. Seine animalische Nähe hatte stets etwas Erfrischendes. Ständig ließ er seine Perlmuttaugen, in denen eine Spur slawischen Frohsinns und kindlicher Treuherzigkeit lag, durch den Speisesaal gleiten.
»Ist es vorstellbar, daß die Nazis den Krieg gewinnen, Popov?«
»Das ist noch die Frage. Alles ist offen«, schnurrte Popov.
»Was halten Sie von den Nazis, Popov? Sind sie so schrecklich, wie es den Anschein hat?«
Er grinste und wiegte den Kopf. »Wer weiß? Sie sind ein Rätsel.«
Nach dem Essen schlenderten wir zum Kasino, wo er unter den Kronleuchtern Roulette spielte.
Es war unglaublich. Was immer er tat, es hatte etwas Magisches an sich. Er hatte phänomenales, lächerliches, phantastisches Glück. Er setzte seine Chips auf die Nummer 12, und siehe da, es war »Douze!«. Dann setzte er auf 7, und mit Sicherheit war es »Sept!«. »Faites vos jeux!« rief der Croupier, und Popov zuckte die Achseln, sammelte mit lässiger Geste seine Chips ein und ging in die Bar hinüber.

»Ich bin unglücklich«, gurrte er, »kommen Sie, trinken Sie einen Brandy mit mir, Fritz. Sehen Sie das schöne belgische Mädchen mit den goldenen Flechten? Sie weigert sich, mit mir zu sprechen. Ich möchte mich rasend gern in sie verlieben. Aber sie ignoriert mich völlig. Ich bin ratlos. Ich bin perplex.«
»Sie ist ein Rätsel«, sagte ich. »Sie ist ein Puzzle, nicht wahr, Popov?«
Er vereinte die sonnige Erdgebundenheit eines dalmatinischen Bauern mit der umdüsterten Trägheit eines frankophilen Stutzers. Aber unter diesen verschiedenen Facetten entdeckte ich noch etwas anderes, etwas Beweglicheres, Beunruhigenderes, sogar leicht Diabolisches.
Durch meinen Brandy wurde ich weich und philosophisch gestimmt. Ich sagte: »Bitte erklären Sie mir, Popov, gibt es so etwas wie Gut und Böse in der Geschichte?«
Er zuckte zusammen, als hätte ihn eine Mücke gestochen.
»Gut und Böse? Mein lieber Fritz, was um alles in der Welt sind Gut und Böse? Je mehr ich in der Welt herumkomme, desto mehr zweifle ich daran, daß sie wirklich existieren. Ist ein Erdbeben böse, oder die Cholera?«
»Dante«, sagte ich, »empfand Verrat als das größte Verbrechen.«
Popov setzte sein Mondlächeln auf. »Und wenn ein Mensch den Teufel überlistet? Ist das dann auch ein großes Verbrechen? Wenn ein Mensch Hitler betrügt – ist das dann auch ein Verbrechen?«

Ich ging vom Kasino hinunter zum mondbeschienenen Strand. Unten sah ich Anibal auf einem Felsen stehen. Er sah sehr gut aus in seiner Offiziersuniform, an der die Messingknöpfe im Mondschein glänzten.
Ich erzählte ihm von Popov und seiner mondgesichtigen Skepsis, seiner Liebe zu den Frauen und seinem Glück beim Spiel, und Anibal murmelte: »Da steckt mehr dahinter, mein Freund. Du kennst doch Estoril. Da steckt immer mehr dahinter, hier in Estoril.«
»Du meinst ...«, sagte ich vorsichtig.
»Selbstverständlich«, sagte Anibal schonungslos.

»Aber er ist so lustig, so kindlich!«
»Genau«, sagte Anibal.
»Bist du ihm je begegnet?« fragte ich.
»Ich kenne ihn in- und auswendig«, sagte Anibal.
Genau wie Popov war mein Freund Anibal ein glühender Frauenverehrer, aber im Gegensatz zu Popov war er ein gutaussehender Mann, etwa in der Art Valentinos. Und im Gegensatz zu Popov war er gezwungen, seine amourösen Neigungen wegen mangelnder Escudos und militärischer Disziplin zu zügeln. Ich pflegte mit Anibal am Strand zu sitzen, die Sterne zu betrachten und ihm zuzuhören, wenn er von seiner Kindheit erzählte. Er war der Sohn einer schönen Engländerin, die einen portugiesischen Arzt geheiratet hatte. Der Vater war an Leukämie gestorben, als Anibal noch ganz klein gewesen war, und die Mutter starb zwei Jahre später an Tuberkulose. Er war in Coimbra von zwei frommen unverheirateten Tanten aufgezogen worden, die ihm beibrachten, Homer und Vergil zu lesen und Cembalo zu spielen. Er lernte die rauschenden Sonaten von Soler und die raffinierteren Stücke Scarlattis spielen. Er kam jeden Freitag aus den Kasernen von Cascais herüber, lungerte am Strand herum und sang mit seiner herzzerreißenden Stimme, in der die Melancholie der Wellen und ein strahlendes Frohlocken schwangen.
Ich sagte zu Anibal: »Wie merkwürdig. Wo hast du meinen Freund Popov kennengelernt?«
»In der Weinhandlung in Cascais. Er ist ein großzügiger Mann, dein Popov.«
»Hat er dir ein Glas Wein spendiert?«
»Er hat mir *zwei* Gläser Wein spendiert.«
»Und worüber habt ihr gesprochen?«
»Über Frauen und sonstiges.«
»Über den Krieg vielleicht auch?«
»Über unsere Feinde«, sagte Anibal.
»Über die Deutschen und die Italiener?«
»Und auch über die Russen«, sagte Anibal. »Dein Freund Popov ist ein freundlicher und großzügiger Mann und dazu noch klug. Er riet mir, niemandem zu trauen, und am wenigsten den Russen.«

Ich war sicher, daß Popov ein Spion war, hatte aber keine Ahnung, ob er für die Alliierten oder für die Achse arbeitete. Erst sechs Jahre später erfuhr ich an einem sonnigen Tag auf der Via Veneto die sensationelle Wahrheit über Duško Popov, der in höheren Kreisen auch als Dreirad bekannt war: Der joviale, verliebte und vom Glück unglaublich begünstigte Popov mit dem von Kratern durchzogenen Mondgesicht war der Freund Churchills und Ribbentrops und der größte Doppelagent in der Geschichte.

Bei Pete

Schließlich wußte ich, daß die Zeit gekommen war. Die fröhliche Stimmung in Estoril war vorbei, und meine Freunde fuhren nach Chile, Costa Rica und Argentinien. Der heiße, drückende Wind strich freudlos durch die Pinien.

Daher buchte ich eine Überfahrt auf der *Serpa Pinto*. An einem grauen Oktobermorgen winkte ich meinem herrlichen Portugal zum letztenmal zu, und das Schiff glitt aus dem Tajo hinaus auf das graue, düstere Meer. Jede Nacht war das Schiff mit strahlenden Lämpchen, die das Wort »Portugal« bildeten, erhellt, und in der Dämmerung strich ein Schwarm Möwen mit warnenden Schreien über das Schiff.

Nach meiner Ankunft in New York sah ich mich nach einem kleinen Apartment um. Ich hatte fast kein Geld und mußte mir welches von meinen Verlegern leihen. Nach einer Woche fieberhaften Suchens fand ich ein Zimmer in der Vierundfünfzigsten Straße. Im Badezimmer gab es Küchenschaben, und die Toilette funktionierte nur von Zeit zu Zeit, aber für achtzehn Dollar pro Woche war es gut genug.

Ich war von New York fasziniert, aber gleichzeitig erschreckte es mich auch. Die Stadt hatte sich verändert. Sie war erbarmungslos und zynisch. Ich spürte, daß im Kern all dieser ameisenhaften Aktivität etwas faul war. Gerade die Anonymität erzeugte eigene Verbrechen und Laster. Meine Sehnsucht nach Freunden und vertrauten Gesichtern wurde beeinträchtigt durch den Kitzel, den mir die animalische Namenlosigkeit verschaffte. Täglich wuchsen mein Verlangen, meine fieberhafte Unruhe. Der Gestank der Untergrundbahn und das heimliche Geschehen in den Parks, die Trostlosigkeit der Cafeterias und die labyrinthischen Gänge der öffentlichen Bibliotheken, sie

alle verstärkten diese Lust nach den Wonnen der Wildnis. Nachdem der Herbst sich verabschiedet hatte, wirkte die Stadt düster und streng. Eine unbestimmte Spannung lag wie eine Schwefelwolke über den Straßen.
Ich erinnere mich noch an den bleichen, windstillen Dezembertag, an dem ich mit drei Freunden in einem italienischen Restaurant an der Fünfundsechzigsten Straße zu Mittag aß. Mit einem Gefühl der Niedergeschlagenheit stocherten wir in unseren Spaghetti herum und beobachteten das ölige Geringel, das sich auf den Tellern wand. Es waren lauter Schriftsteller: der bucklige Benedict, der García Lorca übersetzte; der rothaarige Malcolm, der mittelalterlich klingende Madrigale komponierte; und der Neger Alpheus, der Lieder für Gitarre schrieb, die endlos und klagend waren und weder Anfang noch Ende hatten. Schritt für Schritt schlug ich im Sumpf von New York Wurzeln und war entzückt, mit Benedict, Malcolm und Alpheus zu Mittag zu essen.
Das Radio explodierte in einer wirbelnden Hysterie. Auf Pearl Harbor waren Bomben gefallen. Der Krieg hatte Amerika erreicht. Wir saßen stumm da und hielten die Augen auf die leere Chiantiflasche geheftet, und der Bast, mit dem sie umwickelt war, symbolisierte plötzlich eine unermeßliche Sehnsucht. Im Raum bewegte sich ein Wirrwarr verschwommener Schatten, und die Spaghetti lagen wie ein Haufen Würmer tot auf meinem Teller.
»Nun, das wär's«, sagte Malcolm sanft und zündete sich eine lange schwarze Zigarette an. »Wir können jetzt alle wieder nach Hause gehen. Mehr können wir nicht tun.«
Ich ging in Richtung Third Avenue durch die gleitenden Schatten, die wie Lavabänder über das Trottoir krochen. An diesem Nachmittag gab es eine kleine atemlose Pause, aber ich hörte bereits die Trommelschläge des heraufziehenden Wirbelsturms.

Ich hatte mich mit Klaus und Erika Mann, den klugen Kindern von Thomas und Katja Mann, angefreundet. Sie wohnten im Bedford am unteren Teil der Park Avenue, einem bescheidenen Hotel, das von jungen Literaten frequentiert wurde. Erika mochte ich besonders gern. Sie war eine spritzige

dunkelhaarige Frau, die früher in Berlin ein Kabarett, die *Pfeffermühle*, geleitet hatte. Sie war mit Gustaf Gründgens verheiratet gewesen und mit ihm gemeinsam in Reinhardts Inszenierung von *Orpheus in der Unterwelt* aufgetreten. Sie hatten sich scheiden lassen, und Erika hatte Auden geheiratet, was meist als Mariage de convenance angesehen wurde.
Erika plante eine amerikanische Version ihres Kabaretts, das *The Peppermill* heißen sollte, und sie war auf der Suche nach New Yorker Talenten. Schließlich eröffnete sie *The Peppermill* in einem winzigen Theater oben auf dem Chanin Building. Die Kritiker waren erbarmungslos, und die Sache wurde zu einem Fehlschlag.
Klaus plante, eine kleine Monatszeitschrift herauszugeben, die *Decision* heißen und ein Forum für deutsche Emigranten und für gleichgesinnte New Yorker Intellektuelle werden sollte. Sie erschien in loser Folge und ging später aus schierer guter Absicht zugrunde.
Ich mochte Klaus wegen seines ungestümen, doch empfindsamen Idealismus. Er war ein knabenhaft aussehender Mann mit lebhaften Augen und einer Stupsnase. Amerika verwirrte ihn, von den Amerikanern jedoch war er fasziniert. »In Amerika steckt eine gewaltige einsame Melancholie. Und dieses Gelächter ist lediglich Maskerade. Darunter verbirgt sich eine verzweifelte Traurigkeit.«
»Sag mir, Klaus, wie erklärst du ein Phänomen wie Hitler?«
»Es klingt phantastisch, aber für diese Dinge gibt es immer eine Erklärung. Bei Hitler hatte sich ein Wirrwarr von kindlichen Hirngespinsten verdichtet und war nach und nach in Größenwahn umgeschlagen. Er war ein verhinderter Schauspieler, der seine Träume vor dem Mikrophon verwirklichte. Und mit der Zeit wurde er unwirklich, er verwandelte sich in ein gestikulierendes Phantom, sein Geist wurde hohl, und seine Worte waren nichts als Widerhall!«
Er sah mich wehmütig an, wie nach einer ermüdenden geistigen Anstrengung, und dann sagte er entschuldigend: »Wir müssen allen Träumen von Größe mißtrauen! Am Ende verwandeln sie sich in Irrsinn, Terror und Brutalität!«
An Klaus war etwas sehr Bewegendes und Ergreifendes. Er

schrieb im *Wendepunkt* seine Erinnerungen nieder, wobei aber kaum die Oberfläche berührt wurde. Sein Selbstmord war eine herzzerreißende Angelegenheit. Er war das Kind eines Zeitalters des Verfalls in Deutschland, und sein kindlicher Idealismus war von Anfang an zum Untergang verurteilt. Ich fühlte mich Klaus sehr verbunden, aber er beunruhigte mich auch, etwa wie ein Kind, bei dem man Anzeichen des Schlafwandelns wahrnimmt. Ich wußte, daß der Tag kommen würde, an dem Klaus sich verabschieden und ins ewige Dunkel taumeln würde.

Eines Abends rief Klaus mich an und sagte: »Bertolt Brecht ist angekommen. Komm vorbei und trink mit uns zusammen etwas im Pete, wenn du Lust hast.«

Pete war eine armselige kleine Bar am unteren Teil der Third Avenue. Sie ist, wie andere Wahrzeichen auch, schon seit langem verschwunden. Amerika war im Krieg, die Luft war spannungsgeladen, Soldaten und Matrosen gingen im Pete ein und aus und verliehen der schwülen Atmosphäre der Heimlichkeit einen Hauch von lässiger Unbekümmertheit.

»Ein komischer Platz«, sagte Brecht.

«Sehr new yorkerisch«, sagte Klaus.

»Sehr traurig, diese Leute«, sagte Brecht in seinem zotenhaft klingenden Dialekt.

»Sehr nordamerikanisch«, sagte Klaus und wiegte den Kopf.

»Amerika!« sagte Brecht. »Kafka war es, der es in Wirklichkeit erfunden hat. Ich bin sicher, daß es vor dem Erscheinen von Kafkas *Amerika* so ein Amerika nie gegeben hat, aber sie haben den Wink verstanden, und jetzt fängt es an, Kafkas Amerika zu ähneln.«

Wir bestellten alle Bier, und Brecht fing an zu philosophieren. Er war ein starker, häßlicher Mann mit einem groben, harten Gesicht, tiefliegenden Augen, großflächigen Wangen und Stirnfransen. Sein Gesicht hatte etwas Mittelalterliches, wie eine gotische Holzplastik, aber nicht die eines Heiligen, sondern die eines neckischen, böswilligen Abts.

Er hatte eine animalische Art von Charme. Er liebte es, anderen Leuten seine exzentrischen Ansichten aufzuzwingen und Dinge zu sagen, die himmelschreiende Unwahrheiten waren, als wollte er ausprobieren, ob sein listiger, subversiver Charme sie glaubhaft machen könnte. Wenn er sprach, spürte man seine messerscharfe Intelligenz oder auch einen mürrischen Trotz, der dennoch einnehmend wirkte. Im Grunde seines Herzens war er ein Tyrann, aber ein unwiderstehlicher Tyrann.

Er fing an, in seiner zynischen Art von Klaus' Vater zu sprechen. »Er war immer morbide. *Die vertauschten Köpfe* – was für eine Gesinnung! Und der *Tod in Venedig* – er bezieht seine Inspiration aus Fäulnis und Verwesung! Er ist ein Symbol für alles, was an der Weimarer Republik faul war, dieser gequälte Symbolismus, diese bürgerliche Raffinesse. Thomas Mann war schließlich, vergiß das nicht, ein bürgerlicher Mystiker. *Der Zauberberg* ist eine Orgie des schwächlichen Mystizismus.«

»Was ist Mystizismus?« fragte ich.

»Das Vergessen der sozialen Wirklichkeit. Fleisch und Blut werden vergessen, Hunger und Gier werden außer acht gelassen, alles wird im Namen dieses intellektuellen Schwindels geopfert.«

Ganz instinktiv waren mir fanatische Weltverbesserer immer ein Greuel, sowohl die rechtsgerichteten wie die linksgerichteten, ja selbst die, die in der Mitte standen. Auch in Cambridge war ich über bestimmte Freunde entsetzt, die in anderer Hinsicht durchaus urteilsfähig waren, aber ihre Fahne für einen sich selbst beweihräuchernden Marxismus schwangen. Doch bei Brecht war es anders. Er schien halb im Scherz zu sprechen. Seine revolutionäre Haltung schien ein spielerischer Auftakt zu sein, der seiner Begabung überraschende und aufreizende Einstellungen lieferte. Er war weniger ein Theologe als ein prahlerischer, spöttischer Nihilist, und es fiel mir auf, daß er ganz in der Tradition Weimars lebte.

»Mein Vater war ein Freund Hermann Hesses«, sagte Klaus traurig.

»Noch so ein bürgerlicher Mystiker! Entschuldige, ist er ein Freund von dir? *Der Steppenwolf* ist ein Auswurf von halbverdautem Mystizismus. Er erinnert mich an den Jugendstil. Kein sozialer Zusammenhang. Kein Gespür für den Ansturm der Geschichte, kein Bewußtsein für das Unvermeidliche.« Seine

Augen funkelten boshaft, als amüsiere ihn irgend etwas. »Und was Rilke angeht, so verabscheue ich ihn. Er schmeichelte sich bei wohlhabenden Baronessen ein und brüstete sich mit seinen aristokratischen Ansprüchen. Rilke ist schlimmer als Thomas Mann. Mann wittert wenigstens die Fäulnis. Aber Rilke – nichts als Art-nouveau-Panther und Hortensien!«
Er bestellte noch ein Bier. Er schien ein bißchen betrunken zu sein. Mit seinen tiefliegenden Augen und seinen Stirnfransen sah er wie ein Sträfling aus. Er hielt seine Zigarre so, als sei sie eine tödliche Waffe, und in seinem Blick lag etwas Grausames und Verächtliches. Ein dunkler Fettrand war auf seinem Kragen, und seine Fingernägel waren schmutzig.
Brechts *Svendborger Gedichte* waren zwei Jahre zuvor erschienen, und seine Kraft war noch lebendig und ungebrochen. Er erinnerte mich an Auden, und es war kein Zufall, daß Auden Groll gegen ihn hegte, denn Auden war denen gegenüber, die ihm überlegen waren, wie Eliot und Yeats, und denen gegenüber, die ihm unterlegen waren, wie Spender und Day Lewis, tolerant, aber niemals gegen die, die man ihm als ebenbürtig zur Seite stellte. Auden und Brecht hatten eine spielerische, alles verschlingende Vitalität und eine affektierte, arrogante Eitelkeit gemeinsam. Auch beherrschte beide insgeheim der Wunsch, sich als Orakel in Positur zu setzen, was ihre Bedeutung als Künstler beeinträchtigte. Bei Brecht spürte man freilich, daß er verschmitzt war und sich über sich selbst lustig machte. Auden hingegen gab oft vor, über sich selbst zu lachen, aber das Lachen klang hohl und nach Selbstquälerei.
»Sag mir, Bertolt«, insistierte Klaus, »welches deiner Stücke magst du am liebsten? Erika spielt mit dem Gedanken, eines deiner Stücke im Chanin aufzuführen.«
»*Baal*«, sagte Brecht.
»*Baal!*« sagte Klaus.
»Ja, es ist von Anfang an ein Mißerfolg gewesen, aber für mich hat er eine starke emotionale Gültigkeit. Auch steckt etwas Subtiles drin. Baals Verhältnis zu Ekart – da ist irgend etwas – ein leichter Hang zum Homoerotischen.«
»Aber du bist doch nie homosexuell gewesen, oder, Bertolt?«
»Nein, nicht tatsächlich, aber meine Phantasie tobt sich

manchmal aus.« Er blickte sich mit einer Spur von Herablassung im Raum um. Dann rülpste er und sagte leicht verdrossen: »Entschuldigt mich einen Augenblick« und stolzierte demonstrativ in Richtung Herrentoilette.
Als er zurückkam und sich wieder hinsetzte, sagte ich: »Bitte, Herr Brecht, wie erklären Sie ein Phänomen wie Hitler?«
Brecht schnaubte ungeduldig. »Warum soll man sich die Mühe machen, das zu erklären? Es gibt ihn, das ist es. Wozu sich anstrengen, um eine Küchenschabe zu erklären?«
»Aber Hitler ist keine Küchenschabe! Er ist gefährlicher als eine Küchenschabe!«
»Er wird wie eine Küchenschabe zerquetscht werden, denken Sie an meine Worte«, sagte Brecht und paffte seine Zigarre.
Er bohrte seinen Fingernagel in den Tisch, als wolle er eine Küchenschabe zerquetschen.
Dann lehnte er sich über den Tisch und schnippte die Asche in den Aschenbecher. Er sagte ruhig: »Sag mal, Klaus, entre nous, ist unser zauberhafter Freund Adolf homosexuell?«
Klaus sah verdutzt und verlegen aus. »Um die Wahrheit zu sagen, das ist mir nie in den Sinn gekommen.«
»Nicht in der Praxis, ich bitte dich, aber ich wette, in seinen Träumen tobt sich seine Phantasie manchmal aus. Ich habe den Verdacht, daß unser lieber Adolf eine Anlage zum Pädophilen hat.«
Er sah mit zufriedenem Grinsen in den Spiegel und hob mit derben, mörderischen Händen sein Bierglas zum Mund.

Die jungen Dichter

Im Kasino von Biarritz hatte ich Jane und Reggie Wright kennengelernt. Sie wurden von den Intellektuellen in Biarritz die »falschen Wrights« genannt. Reggie war ein verweichlichter Gigolo aus den Slums von Liverpool, und Jane war eine mitleiderregende Spastikerin, die mit Smaragden und Diamanten behängt war.

Sie kamen eines Tages in New York an, nachdem sie aus ihrem Schloß in Biarritz mit seinen Louis-seize-Spiegeln und den Degas-Gemälden geflohen waren. Sie nahmen eine Suite im Hotel Pierre, die auf den Central Park ging: zwei riesige Schlafzimmer mit marmorverkleideten Badezimmern, ein eichengetäfeltes Eßzimmer und ein gewaltiges Wohnzimmer, in dem ein gigantischer Steinway unter ihrem Goya stand.

Hier gaben sie eine Reihe von Cocktailpartys für Ballettomanen, auf denen es von Kandelabern und Schalen mit Kaviar nur so glänzte. Sie luden die Ballets Russes mit der großen Danilowa und der schönen Toumanova, dem brillanten Youskevitch und dem akrobatischen Eglevsky ein.

Dann luden sie das Ballett Theatre mit der unvergleichlichen Markova, dem brillanten Dolin und der leidenschaftlichen Nora Kaye zu sich. Und schließlich luden sie eine Truppe spanischer Tänzer ein, zu denen die berühmte Argentinita mit ihrer Schwester Pilar Lopez wie auch die wunderbaren Andalusier Antonio und Rosario gehörten. Ich war begeistert, all diese gefeierten Künstler kennenzulernen, auch wenn der Zauber, den sie auf der Bühne ausstrahlten, inmitten des Kaviars und der Kerzenleuchter vom Pierre ins Banale abzugleiten schien.

Danach war ich ein Jahr lang ein Liebhaber des Balletts. Jane und Reggie nahmen für die ganze Saison eine Loge in der Metropolitan Opera. Ich sah die Ballets Russes mit *Scheherazade* und dem *Dreispitz*, und ich sah das Ballet Theatre *Pillar of Fire* und *Blaubart* tanzen. Ich bewunderte La Argentinita mit ihren knatternden Kastagnetten und sah Antonio und Rosario wie zwei Kobras hin und her jagen.

Während dieses Jahres begegnete ich mehreren sehr eleganten blauhaarigen Damen. An dieses Jahr denke ich mit einem quälenden Schuldgefühl zurück. Der Krieg, der am Strand von Estoril so vermenschlicht erschienen war, wurde in New York in ein kompliziertes und kostspieliges Dekor verwandelt. Während die Ballette getanzt und die Opern gesungen wurden, gaben die emigrierten Gräfinnen und Baroninnen Dinners für die Prominenz. Nach den Partys im Pierre schlüpfte ich ins Plaza und ins Ritz-Carlton. Ich nippte am Champagner und probierte den Kaviar. Ich sprach gehorsam über Marc Chagall und Giorgio de Chirico. Doch die ganze Zeit über schämte ich mich vor mir selber, als würde ich wie ein gemeiner Scharlatan in diese Räume treten und dabei meine wahren Freunde wie Alpheus, Malcolm und Benedict verraten.

Nach der Öde meiner einsamen Mittagessen in den Cafeterias war es jedoch schön, zum Dinner ins Voisin und den Pavillon eingeladen zu werden. Nach den eintönigen Ravioli von Horn und Hardarts Automatenrestaurant war es ein Genuß, bei Mrs. Harrison Williams Fasan zu speisen. Ich trug meinen schäbigen alten Smoking und steckte eine Nelke ins Knopfloch. Dann betrat ich mit siegessicherer Miene den Salon und redete eifrig über Beechams *Carmen* und Toscaninis Beethoven. Ich tröstete mich über meinen Verrat an Alpheus, Malcolm und Benedict hinweg, indem ich mir jede Nacht gewissenhaft Notizen machte. Ich schrieb die Klischees, die bei der Contessa Mercati und der Baronin Lambert zum besten gegeben wurden, ebenso auf wie die Banalitäten, die Léonide Massine und die große Danilowa äußerten.

Eines Abends, als ich bei Mona Williams eingeladen war, wurde ich zum Marmorkamin geführt, wo auf der Couch eine zierliche alte Dame saß.

»Dies ist Lady Cunard«, sagte Mrs. Williams weihevoll. »Kom-

men Sie, unterhalten Sie sich ein bißchen mit Emerald. Emerald ist eine Legende. Sie werden sich nicht langweilen.«
Lady Cunard hatte ein kleines, dreieckiges, von Falten durchzogenes Gesicht mit einem winzigen roten Mund und riesigen blauen Augen. Sie sah sowohl schmerzlich enttäuscht als auch ständig überrascht aus. (Cyril Connolly behauptete, daß dieser Blick des unaufhörlichen Staunens das Ergebnis von einem von Emeralds ziemlich vergeblichen »chirurgischen Experimenten« sei.)
Sie richtete ihre blauen Augen auf mich und sagte: »Setzen Sie sich. Sie sehen erhitzt aus. Sie haben wohl Football gespielt, nehme ich an?«
»Ich habe noch nie Football gespielt.«
»Nun, dann vielleicht Baseball. Ich kenne den Unterschied nicht. Mich erschrecken alle Bälle, ob sie nun weiß, rot oder gelb sind. Einmal in Grosvenor Square flog ein kleiner Ball durchs Fenster und traf eine Marie Laurencin und hinterließ ein schreckliches Loch.
Ach je, ach je«, fügte sie leise hinzu, »das erscheint mir so schrecklich lange her. Alles, was sich in England abgespielt hat, ist so lange her. Dieser Krieg bringt die Dinge durcheinander. Der erste Krieg war anders. Er war ein poetischerer Krieg, wenn Sie mir diesen Ausdruck verzeihen wollen. Im Frühjahr 1916 fingen sie etwas an, was Dada hieß, es begann in Zürich, denn in Zürich war kein Krieg. Aber London war ziemlich trostlos, daher entschloß ich mich, mich zu amüsieren. Ich veranlaßte einige seltsame Leute, in meinem Wohnzimmer ein Stück aufzuführen. Willie Yeats hatte es geschrieben und es *Die Habichtsquelle* genannt. Es war alles sehr wunderlich, und Edmund Dulac entwarf die Masken. Ich lud Pound und Eliot ein. Sie waren damals beide sehr jung. Der liebe, gutaussehende Eliot war sehr nervös und eine Spur ›collet monté‹, und niemand hätte sich träumen lassen, daß er einmal ein großes Tier werden würde. Ezra Pound war ein schrecklicher Bohemien. Seine Haare sahen wie eine Perücke aus. Er wirkte irgendwie struppig, und er war ein guter Freund meiner Tochter Nancy, die die Avantgarde bewunderte und die neue Boheme aufregend fand. Tom Eliot war schrecklich schüchtern, Ezra Pound

war auf andere Weise scheu, mehr ›féroce‹ und bizarrer. Seine Hosen waren aus einer Art gemustertem grünen Fries angefertigt. Manchmal trug er einen Umhang und einen großen schwarzen Sombrero. Außerdem trug er einen Ohrring, aber vielleicht trügt mich auch mein Gedächtnis. Mein Eindruck von Pound war, daß er für sein Leben gern ein Pirat werden wollte.
Ich begann Ezra zu mögen. Eliot war steif und wie aus Porzellan, Ezra hingegen war ganz wuschelig, wie ein großer Teddybär. Er hatte nie Geld, da habe ich ihm manchmal ausgeholfen. Später wurde er streitsüchtig. Er schien ärgerlich zu sein wegen des Geldes. Er wurde sehr zänkisch, schüttelte ständig seinen Zottelkopf und sah allmählich einem Hahn ähnlicher als einem Piraten oder einem Teddybären. Eliot war immer ein vollkommener Gentleman, sehr adrett und mit tadellosen Manieren, Ezra hingegen war mürrisch, aufgeblasen und jähzornig. Ich habe Angst vor Dichtern, wenn sie im Obskuren schwelgen, und beide, Eliot und Ezra, suhlten sich im Obskuren.«
Sie starrte in die Flammen, die das Blau ihrer Augen in Violett verwandelten. Sie sah entsetzlich alt und sehr zerbrechlich und verschreckt aus, aber sie ging auf eine spielerische und betörende Weise mit den Worten um, wie ein Kind, das eifrig mit bunten Kugeln spielt. Sie sah mich mit unvermuteter Schüchternheit an und flüsterte: »Könnten Sie morgen zum Tee kommen? Wir werden über das Obskure sprechen ...«

Sie bewohnte gemeinsam mit Sir Thomas Beecham eine Suite im Ritz-Carlton. Sir Thomas erschien selten auf Lady Cunards berühmten Tee-Einladungen, doch er steckte gelegentlich den Kopf ins Zimmer, um zu sehen, was los war. Einmal hörte er, daß Virgil Thomson den Namen Gertrude Steins erwähnte.
»Purer Unsinn«, knurrte er, warf die Tür zu und verschwand.
Diese Tee-Einladungen von Emerald waren sowohl zwanglos als auch feierlich. Es gab Waffeln und Nüsse, aber weder Kekse noch gebutterten Toast. Die Gäste saßen im Kreis mit aufmerksam gerecktem Kinn da, denn weder Klatsch noch Unaufmerksamkeit wurden von der Gastgeberin geduldet.
Sie wandte sich an Maugham. »Was hältst du persönlich von

Henry James, Willie? Magst du ihn wirklich? Ich vermute, daß du ihn nicht ausstehen kannst. Ich habe gerade *Prinzessin Casamassima* gelesen. Die Prinzessin ist mir ein Rätsel. Es ist nicht der Stil, mit dem kann man zurechtkommen, sondern der unaufhörliche Wirrwarr von Hinweisen und Anspielungen. Ich halte die Prinzessin für ein böses Weib. Sie vernichtet aus reiner Zerstörungslust. Das ist das Böse, nicht wahr? Vernichtung aus Zerstörungslust. Der Schluß des Buches ist entsetzlich, noch schrecklicher als der des *Idioten*. Ich werde zu meinem Racine zurückkehren. Nach den Schrecken von Henry James finde ich *Phädra und Hippolyt* sehr beruhigend, sehr kühl und verständlich ...«

Emerald Cunard war als Maud Burke in Kalifornien geboren worden. Sie kam nach England und heiratete Sir Bache Cunard. Doch das Landleben mit seinen Jagden und Schießereien langweilte sie nach einiger Zeit, sie ließ sich in London nieder und wurde eine Gönnerin der Künstler. Sie war eng befreundet mit George Moore in dessen Glanzzeit, und sie fuhr gelegentlich nach Paris und unterhielt sich mit Valéry.

Maugham fragte sie einmal: »Sag mir b-bitte, Emerald, was um alles in der Welt hat dich dazu b-bewogen, deinen Namen in Emerald zu ändern?«

»Gut, ich werde dir den Grund sagen, Willie. Ich hatte Alfred Tennyson satt. Die Männer warfen mir ständig lüsterne Seitenblicke zu und murmelten: ›Komm in den Garten, Maud.‹ Ich begeisterte mich plötzlich für die Werke von Théophile Gautier. Er schrieb über Kameen, Amethyste und Smaragde. Also änderte ich meinen Namen in Emerald und habe es nie bereut. Es war eine verwegene Tat, aber ich habe sie keinen Augenblick bereut.«

Einmal sagte Emerald zu Maugham: »Du siehst heute alt aus, Willie. Es ist so trostlos, alt zu werden. Hast du keine Angst vor der Einsamkeit?«

»Woher soll ich das wissen«, sagte Maugham und schürzte die Lippen. »Du bist so v-viel älter als ich, vergiß das nicht, l-liebe Emerald.«

Ihre Augen bekamen einen Raubtierblick, wurden aber sofort wieder schelmisch. Sie sagte: »Laß mich überlegen. Du bist

neunundneunzig, und ich bin hundert. Das macht tatsächlich einen Unterschied, oder, Willie?«
Einmal sagte sie: »Ich war nie eine Schönheit. George Moore nannte mich ›pétillante‹. Meine Tochter Nancy ist eine Schönheit, aber sie hat sich in eine Sphinx verwandelt. Liz Paget ist eine blendende Schönheit, und Mona Williams ist eine berühmte Schönheit, aber sie verbringt zehn Stunden am Tag damit, an nichts anderes als ihre Schönheit zu denken. Ich habe noch nie erlebt, daß Schönheit und Verstand Hand in Hand gehen. Nancy würde mich dafür hassen, weil ich das gesagt habe, aber es ist die traurige Wahrheit. Pound ist ein Intellektueller, fällt aber nicht durch seine Schönheit auf. Osbert ist sicher keine Schönheit, und Edith ist alles andere als eine Schönheit, und Sacheverell ist ein Schatz, aber gewiß kein Adonis. George Eliot war ausgesprochen häßlich, und Dorothy Wordsworth sah wie eine Bulldogge aus und die rührende Emily Dickinson wie ein trauriger kleiner Spaniel. Einmal bin ich Rupert Brooke begegnet; die Leute schwärmten von seiner Schönheit, aber für mich sah er wie eine Figur auf einem Bild von Burne-Jones aus. Ich bin dankbar, daß ich niemals eine aufreizende Schönheit war. Es ist dann so viel leichter, alt zu werden. Gibst du mir nicht recht, Willie?«
Sie schenkte den Tee mit vogelhafter Sorglosigkeit ein, aber in ihren fiebrigen blauen Augen lag der Schimmer eines Verzichts. Sie griff nach dem Teesieb, ließ es dann aber gleich wieder fallen, als hätte es sie gestochen.
Sie flüsterte Maugham zu: »Ein Stück Zucker oder zwei, mein Lieber?« Und als sie sie in die Teetasse warf, sahen sie wie zwei Würfel Strychnin aus.

Der Salon

Ich war jeden Nachmittag in den Salon zum Tee eingeladen. Das freute mich zwar, doch zugleich verwirrte mich dieses glitzernde Ambiente. Ich schämte mich ein bißchen, wenn ich das Ritz-Carlton betrat, und Schuldgefühle begleiteten mich, wenn ich verstohlen die Korridore entlang tappte. Der Krieg rückte in weite Ferne, sobald ich den Salon betrat, den dampfenden Tee, die rosa Nelken und die duftenden Taschentücher roch.

Lady Cunard hatte ihre besonderen Günstlinge im Salon. Sie liebte alle Botschafter, haßte aber alle Senatoren. Sie hatte sehr viel für Maler übrig, wollte aber von Bildhauern nichts wissen. Sie gab Griechen Spaniern gegenüber den Vorzug, und sie hatte lieber Männer als Frauen um sich. Ihr waren scharfsinnige Beurteilungen lieber als unnachsichtige Maximen, und geistreiche Andeutungen lagen ihr mehr als selbstgerechte Bilderstürmerei.

Damals waren Granville-Barker und Dr. Gogarty zwei ihrer Günstlinge. Granville-Barker war ein ausgezeichneter Bühnenautor und war als der »berühmte Granville-Barker« bekannt. St. John Gogarty war ein anerkannt witziger Kopf, und man sprach von ihm als von dem »einzigartigen Dr. Gogarty«.

Lady Cunard legte Wert darauf, sie mit ausgesuchter Zuvorkommenheit nach ihrer Meinung zu fragen. So konnte sie zum Beispiel sagen: »Harley, zu welch ausgereiftem Urteil sind Sie gekommen? Ist *Hamlet* künstlerisch eine Katastrophe?«

Oder: »Sie wissen alles, Dr. Gogarty. Weshalb essen die Franzosen ihr Fleisch so gerne blutig?«

Granville-Barker war ein gutaussehender, stattlicher Mann, der eine reiche Amerikanerin geheiratet und sich aus dem Berufsleben zurückgezogen hatte.

»Es ist ein Jammer mit dem armen Harley«, sagte Lady Cunard teilnahmsvoll. »Ich schätze Helen, aber sie schirmt ihn so eifrig ab, als sei er eine Orchidee.«
Einmal sagte sie zu Granville-Barker: »Es ist merkwürdig, nicht wahr, Harley? Was man auch über Shakespeare sagt, in dem Augenblick, in dem man es ausspricht, klingt es sinnlos. Selbst wenn man sagt, daß er ein Genie ist, klingt es lächerlich.«
»Man sollte sich davor hüten«, sagte Granville-Barker, »überhaupt jemals über Shakespeare zu sprechen. Was man auch über Shakespeare sagen mag, es wird stets jämmerlich unzureichend sein. Und was noch schlimmer ist, unerheblich-irrelevant, um ein Modewort zu gebrauchen. Er paßt in keine Kategorie und ist doch so gegenwärtig, so unglaublich gegenwärtig. Aber als Individuum tritt er nie in Erscheinung – ein Irrwisch!«
»Es ist schade«, sagte Lady Cunard, »daß wir so wenig über Shakespeare wissen. Es ist, als verberge er sich hinter einem Schleier. Oder ist der Schleier selbst Shakespeare?«
»Shakespeare hat sich selbst als Person ausgelöscht«, sagte Granville-Barker traurig, »um sich in viele verschiedene Personen zu verwandeln. Er hörte auf, Shakespeare zu sein, und seine Persönlichkeit verflüchtigte sich. Er wurde Ariel und auch Caliban; er wurde sowohl Troilus als auch Cressida.«
Lady Cunard erkundigte sich unbekümmert: »Ich habe mich oft gefragt, mein lieber Harley, welches Stück von Shakespeare Sie am liebsten mögen. Sie *müssen* ein Lieblingsstück haben.«
»Gewiß nicht *Hamlet*«, sagte Granville-Barker.
»*Othello?*«
»Auch nicht *Othello*.«
»Aber sicher *Lear*. Ich wußte, daß es *Lear* ist.«
»Es ist nicht *Lear* und auch nicht *Macbeth*.«
»Rein vom Dichterischen her«, sagte Lady Cunard, »ist *Antonius und Cleopatra* unvergleichlich. Ist das Ihr Lieblingsstück, Harley? Es muß Ihr Favorit sein!«
Granville-Barker war auf seine Weise ein großer Shakespeare-Kenner. Er brauchte nur den Titel eines Stücks zu nennen, und schon begriff man, was für ihn das Wesentliche dieses Werks

war. Sagte er *Hamlet*, so glitt über sein Gesicht eine bleiche Melancholie, es verzerrte sich in alptraumhaftem Argwohn und wurde betrübt durch quälende Zweifel. Sprach er von *Othello*, verschleierten sich seine Augen vor tiefer Leidenschaft. Nannte er *Lear*, so konnte ich einen Bart um sein Kinn sprießen sehen.

Ich hätte Granville-Barker zu gern ganz allein gesprochen, um diese Masken zu überprüfen und den Mann dahinter aufzuspüren. Doch wann immer ich versuchte, ihn zur Seite zu nehmen, erstarrte er, und mir war unklar, ob aus Zurückhaltung, Angst oder Verachtung.

»Nein, nicht *Antonius und Cleopatra*. Auch *Romeo und Julia* nicht«, sagte Granville-Barker.

»Dann haben Sie also kein Lieblingsstück?«

»*Coriolanus* hat eine gewisse Würde. Früher gefiel mir *Coriolanus* ganz besonders.«

»Also ist es *Coriolanus*«, sagte Emerald triumphierend.

»Ich habe alle Präferenzen aufgegeben«, sagte Granville-Barker eisig. »Ich habe mir strengste Unvoreingenommenheit auferlegt. Beethoven und Mozart – ich bewundere beide mit janushafter Gleichwertigkeit. Michelangelo und Rembrandt – sie sind beide außerordentlich und stehen zwangsläufig auf der gleichen Rangstufe.«

Ich bemerkte, daß seine Augen qualvoll blickten, und gewahrte gleich danach das Aufblitzen eines schier mörderischen Hasses. Doch diese Flamme verschwand hinter einer höflich lächelnden Ironie, und sein Gesicht zog sich hinter die Maske kühler Erhabenheit zurück.

Dr. Gogarty war das genaue Gegenteil von Granville-Barker. Er war jovial und überschwenglich, und das auf eine fast plebejische Weise. Doch gleichzeitig glaubte er an peinliche Genauigkeit. Er vermied es, Fragen zu beantworten, aber nicht wie Granville-Barker aus Gleichgültigkeit, sondern weil er zu viele Antworten gleichzeitig für möglich hielt.

»Stimmt es«, fragte ich ihn einmal, »daß Sie das Vorbild für Buck Mulligan waren?«

»Es stimmt, alter Freund, es ist wahr und doch auch wieder

nicht wahr. Joyce erzählte mir einmal, daß es so etwas wie Originalität nicht gebe. Seltsame Behauptung! Aristophanes! Dante! Rabelais! Keine Originalität, wohlgemerkt!«
»Dann waren Sie tatsächlich das Vorbild für ...«
»Sehen Sie, mein lieber Freund, Joyce war nicht an dem interessiert, was wir mit ›experimentieren‹ bezeichnen. Er betrachtete es als vulgär, neureich, könnte man sagen. Joyce war immer ein Aristokrat. Er glaubte an die alten Oligarchien. Bei Homer, Vergil erkennt man das und auch bei Euripides und Seneca. Das römische Drama ist im griechischen verwurzelt, und Congreves Stück basiert auf dem *Menschenfeind*. Chaucer imitierte Boccaccio, und selbst Shakespeare ließ sich herab zu Plautus. Und natürlich stecken hinter alldem die alten archaischen Reste, die Legenden und die Volksmärchen, die Wurzeln und Verästelungen, und somit hatte Joyce recht, es geht alles auf den Ursprung zurück, und wenn man das bedenkt, kommen einem diese ganzen philologischen Streitfragen ziemlich verrückt vor ...«
Er zögerte einen Augenblick. In meinem Kopf begann sich alles zu drehen. Dr. Gogarty betrachtete mich mit einem boshaften Seitenblick, der an den einer Schleiereule erinnerte.
»Dann waren Sie also doch nicht das Vorbild für ...«
Dr. Gogarty hob wie zur Warnung seinen Zeigefinger. »Joyce pflegte zu sagen, daß ein Autor in seinen Stil *hineingleiten* muß, und zwar unauffällig. Sich einen Stil *erkämpfen* zu wollen bedeutet unweigerlich, sich selbst eine Niederlage beizubringen. Nicht, daß es da nicht eine Menge zu tun gäbe. Hinter jeder großen Kunst verbirgt sich ein Eisberg harter Arbeit. Guter Gott, denken Sie an die *Äneis*! All diese glitzernden Hexameter, wie eine Armee mit ihren Fahnen! Joyce bewunderte Yeats außerordentlich, er hat nie einen Hehl daraus gemacht, aber in den Yeatsschen Bann mit seiner Zauberei und Hexerei ist er nie geraten. Er mißtraute allem, was nach dem ›dernier frisson‹ schmeckte. Er glaubte an die Bedeutung richtiger harter Arbeit. Er glaubte an die Klarheit. Er lachte über den ganzen Unsinn mit der Eingebung, den ›afflatus‹ ...«
Er warf mir einen grimmig-spöttischen, zugleich jedoch liebevollen Blick zu, und ich hatte das Gefühl, daß es ihm wie einem

närrischen alten Taschenspieler gelungen war, mir die gesamte Geschichte menschlicher Größe vor Augen zu führen. Danach fühlte ich mich auf ganz besondere Weise zu Dr. Gogarty hingezogen, und wann immer ich an Vergil dachte, dachte ich auch an Dr. Gogarty in glänzender Rüstung, eine Fahne mit Hexametern schwingend.

Nach meinen Besuchen im Salon ging ich in mein trostloses Zimmer zurück, um mit trancehafter Genauigkeit die Dialoge aufzuzeichnen, die über die Teetassen dahingeplätschert waren. Ich schrieb nieder, was Granville-Barker über *Coriolanus* gesagt hatte, und hielt Dr. Gogartys Lobrede auf die *Äneis* fest. Beim Aufzeichnen dieser Gespräche erfüllte mich innerlich ein halb demütiges, halb frohlockendes Triumphgefühl, als würden mir Schmetterlingsflügel wachsen.

Der Winter wurde streng, Stürme fegten durch Manhattan, und der Krieg auf der anderen Seite des Ozeans wirkte unbegreiflich und unerklärlich. Ich ging durch die eisigen Straßen und spürte, wie der Wind durch meinen Überzieher drang, und die Gestalten, die durch die Schneeflocken jagten, sahen wie Zugvögel auf einer großen Reise aus.

Dann überschwemmte die Nacht die Stadt, und ich ging die Siebenundfünfzigste Straße hinunter, blieb stehen, um die Renoirs in der Galerie Durand-Ruel oder die Romneys und Raeburns zu betrachten, die bei Knoedler ausgestellt waren. Ich hielt vor einem honiggelb beleuchteten Fenster. Es war ein Laden mit seltenem alten Porzellan. Auf zwei Porzellankissen saßen sich in vollkommener Symmetrie zwei Windhunde aus Porzellan gegenüber. Kleine vergoldete Porzellanquasten hingen von den Kissenecken herab, und die Windhunde trugen Halsbänder aus vergoldetem Porzellan, das wie gestickt wirkte. Sie starrten mit konfuzianischer Gleichgültigkeit durch die Schneeflocken. Ich stand länger als eine Stunde da und blickte auf die schneegetupften Windhunde, und der Krieg jenseits des Ozeans schien so unwirklich wie eine Fata Morgana.

Mozart

Sir Thomas Beecham ging den Teegesellschaften Lady Cunards demonstrativ aus dem Weg. Er fürchtete sie, sagte er. »Sie sind eine Schar Liederjane. Emerald schwärmt für dieses kulturelle Geplauder, aber weshalb besteht sie auf einer Horde Liederjane?«
»Halten Sie sie denn alle für liederlich?«
»Nicht alle, aber fast alle. In Amerika gehören Exzesse zur kulturellen Szene.«
»Ein Jammer«, sagte ich.
»In London ist es genau das gleiche. In dem Augenblick, in dem sie von Proust sprechen, rieche ich die Exzesse förmlich.«
Sir Thomas verlieh bestimmten Wörtern eine besondere Bedeutung. Sprach er von einer Sache, die ihm lieb war, bezeichnete er sie als »Lutscher« oder als »Bonbon«. Bezog er sich auf etwas Unaussprechliches, gebrauchte er den Ausdruck »liederlich« oder »Exzeß«.
Er hatte in seinem Schlafzimmer ein Klavier; dorthin rettete er sich vor dem Geschnatter im Wohnzimmer. Manchmal schlich ich mich in das Schlafzimmer und bat ihn, mir etwas vorzuspielen. Er tat mir den Gefallen und spielte ein Menuett oder ein Rondo von Mozart. Einmal spielte er ein kleines Nocturne, das Samuel Barber auf eines meiner Gedichte komponiert hatte, und er spielte es sehr schön, so als hätte er es gerade eben erst entdeckt.
»Das ist das Schlimme in Amerika. Die Kultur wird hier als Haute Couture behandelt. Wenn ich in Pittsburgh oder Chicago bin, wird mir leicht übel. Dort hält man mich für eine Art phantastischen Innenarchitekten.

Ganz anders ist es in Deutschland«, fügte er hinzu und strich sich philosophisch über seinen Spitzbart. »In München oder in Hamburg haben sie mich gewöhnlich als Paterfamilias betrachtet. Die Deutschen gehen mit der Kultur wie mit einer Schüssel Schlagsahne um. Eine Köstlichkeit beim Kaffeeklatsch, solange einem davon nicht schlecht wird.«

Einmal sagte er: »Die Musikgeschichte in Amerika ist eine Geschichte der Emigranten. Amerika hat die berühmten Emigranten willkommen geheißen und – bitte verzeihen Sie mir – ziemlich wahllos an seinen gewaltigen Busen gedrückt. Es hat sich Komponisten wie Bartók und Schönberg gegenüber lau verhalten. Amerika sieht sich nach dem Bombastischen um, nach den großen Primadonnen, und verliert bei Toscanini, Heifetz und Horowitz den Verstand. Bei mir natürlich auch, was ich nicht erwähnen muß. Dann gibt es noch die kleineren Lichter wie Reiner und Mitropoulos, doch Amerika ist brutal und läßt sie in der Provinz schmoren.«

Er hatte einen schönen eiförmigen Kopf und einen grauen Spitzbart. Er wirkte würdevoll und scharfsinnig, sinnlich und jähzornig. Von bestimmten Blickwinkeln aus gesehen, erinnerte mich sein Gesicht an das meines Vaters, aber es war grober, extrovertierter und verschlagener. Er wirkte nicht unbedingt englisch; er sah eher deutsch aus, wie ein listiger, tyrannischer Tiroler Gastwirt. Er schien nie zuzuhören, wenn man etwas sagte, aber gelegentlich warf er einem einen verstohlenen, forschenden, scherzhaften Blick zu.

Er sagte: »Ich würde lieber *Manon* als alle sechs *Brandenburgischen Konzerte* dirigieren. Was mir mißfällt, ist diese zeitgenössische Leidenschaft für den Purismus. Man mißtraut jeglicher Atmosphäre, der Nostalgie und dem Sinn für Romantik. Stokowski wird höhnisch belächelt. Mir gefällt Stokowski recht gut. Neben Toscanini hat man zum Unglück wenig andere gelten lassen.«

Wenn Beecham dirigierte, nahm Lady Cunard mich jedesmal in die Oper mit. Sie hatte ihre Privatloge, in die sie ihre Günstlinge einlud. Ich sah Sir Thomas *Carmen, Manon, Louise* und den *Goldenen Hahn* dirigieren. Gelegentlich nahm sie mich auch zu Tonbandaufnahmen mit, und dabei hörte ich seinen wunder-

vollen Haydn, seinen traumhaften Delius und seinen unvergeßlichen Sibelius.
Besonders liebte ich die Art, wie Sir Thomas die *Unvollendete* dirigierte, völlig verschieden von Furtwängler, ohne Kraftaufwand, ohne Schärfe, und ganz anders als Toscanini mit seiner elektrisierenden Intensität, aber zauberhaft in ihrer Reinheit – jeder Ton kristallklar.
Mein Zugang zur Musik war immer kindlich und intuitiv. Seit ich unter dem Flügel gesessen und meine Mutter Chopin spielen gehört hatte, suchte ich in der Musik das Frohlockende, das Heitere. Die großen Mazurken berührten mich mehr als die Symphonien Beethovens, und ich liebte die Chopin-Walzer mehr als die Opern Wagners.
»Wer, würden Sie sagen, ist der größte Komponist von allen, Sir Thomas?«
»Ohne Frage Mozart. Der Größte ist ein sehr allgemeiner Begriff, aber da Sie das Wort nun einmal gebraucht haben, will ich versuchen, Ihre Frage so ernsthaft wie möglich zu beantworten. Wagner lasse ich aus. Beethoven ist großartig, aber zu emphatisch, er verleiht seinen Höhepunkten so einen schrecklich dröhnenden Nachdruck; Schubert ist bewunderungswürdig, aber zu langatmig, und Größe, ah, Größe! Was *ist* eigentlich Größe? Sie ist das Unergründliche, Unfaßbare, das Gefühl für das Unendliche!«
Wenn ich zuhörte, wie Sir Thomas über Musik sprach, wurde ich ganz verwirrt. Hinter dem spöttisch-herausfordernden Gebaren verbarg sich ein übersteigerter Anspruch. Sein sinnliches ovales Gesicht zeigte animalische Energie, aber darüber lag wie ein Spinnennetz diese verletzliche Zartheit, die sich in seinem Mozart, seinem Haydn und seinem Delius offenbarte.
»Beethoven, ja, er hat Wunderwerke geschrieben, aber ich bin mir nicht so ganz schlüssig, was ihn betrifft. Für mich ist Musik nicht dazu da, das Innere zu erforschen oder Zerreißproben anzustellen. Mir mißfallen diese letzten Quartette ausgesprochen. Sie überschreiten die Grenzen der Musik. Musik ist etwas sehr Abstraktes, sie strebt nach Perfektion, sollte aber nicht angestrengt dazu bemüht werden, das Unsagbare auszudrükken, sondern vielmehr die Verkörperung des Unsagbaren sein.

Don Giovanni zum Beispiel bewegt sich am äußersten Rand, stürzt aber niemals ab, um ins Chaos zu taumeln ...«

Lady Cunard war außerordentlich nervös und litt an Schlaflosigkeit, daher brauchte sie dringend mitten in der Nacht Trost. Sie rief mich oft um drei Uhr morgens an und redete endlos über Literatur und Musik.

»Ich habe gerade *Andromache* ausgelesen. Sie ist nicht so gut wie *Phädra und Hippolyt.* Racine ist eiskalt, aber ich suche mir das Feuer unter dem Eis, was ich bei *Phädra* entdeckte, aber nicht bei *Andromache.*«

Eines Nachts sagte sie: »Ich habe endlich *Die Flügel der Taube* zu Ende gelesen. Die Lektüre hat mich ganz erschreckt. *Die goldene Schale* ist angefüllt mit Schrecklichem, das Schreckliche ist jedoch stets ›bien soigné‹. In den *Flügeln der Taube* starrt es einem ins Gesicht, und ich war ganz versteinert.«

Ihre Stimme klang am Telephon so klar wie sonst, aber ich hörte einen zitternden Unterton heraus, das Zeichen für eine verborgene Qual.

Einmal sagte sie: »Sagen Sie mir offen, was halten Sie von Sir Thomas? Er ist ein Rätsel, nicht wahr? Er stammt aus einem sehr merkwürdigen Milieu und hat etwas von einem Emporkömmling an sich, aber seine Musikalität ist ein Wunder, finden Sie nicht?

Sir Thomas ist im Grunde außerordentlich scheu und feinfühlig. Er kann meine täglichen Teegesellschaften nicht ausstehen und nennt sie ›oberflächlichen Firlefanz‹. Er fragt: ›Nun, worüber habt ihr bei eurem Firlefanz wieder palavert?‹ Virgil Thomson hält ihn für dogmatisch, aber das tut auch nur Virgil. Ich habe Virgil ausgesprochen gern, aber er hat eine spitze Zunge. Er wirkt jetzt immer so sprunghaft, ich meine nicht Virgil, ich spreche von Sir Thomas, aber ich kann nicht umhin, mir wegen dieser seltsamen Sprunghaftigkeit Sorgen zu machen ...«

Eines Nachts klingelte verzweifelt das Telephon um halb drei. Schon durch das Läuten erriet ich, daß ein neuer hysterischer Anfall bevorstand.

»Ich habe gerade *Britannicus* gelesen, finde es aber sehr langweilig. Wenn Racine nicht wirklich gut ist, kann er äußerst ermüdend sein. Waren Sie heute mit Virgils Äußerungen über Rimski-Korsakow einverstanden? Virgil hat einen sehr anspruchsvollen Geschmack, und was er sagt, ist mit Bosheiten gespickt, aber heute ist er mit dem, was er über Rimski-Korsakow gesagt hat, zu weit gegangen. Was wird über Sir Thomas geredet? Er ist rätselhafterweise verschwunden. Ich versuchte ihn in Chicago anzurufen, aber man hat mir gesagt, daß er nach Cleveland abgereist sei. Haben Sie irgendwelche Gerüchte gehört? Die Leute lassen ab und zu kleine Bemerkungen fallen, und ich habe den seltsamen Eindruck, daß sie mir etwas verbergen. Was haben Sie gehört? Irgend etwas Merkwürdiges? Haben Sie von Miß Humby gehört? Ist das der richtige Name? Er kann auch Hornby oder sogar Hoynbee sein. Man sagt, daß Sir Thomas ganz angetan ist von ihr, das hat Willie mir gesagt, aber Willie ist ziemlich sarkastisch, und seine Bosheit geht mit ihm durch. Was haben Sie gehört? Überhaupt nichts? Nun gut, ich nehme an, da ist auch überhaupt nichts. Virgil sagt, er sei ein wenig ›pomposo‹, aber Virgil ist gehässig. Ich bin sicher, an der Sache ist nichts dran. Sie klingt recht gewöhnlich. Er kommt aus einem seltsamen Milieu, aber woher hat er nur seine Musikalität...?«

Nach Sir Thomas Beechams rätselhaftem Verschwinden glänzten Lady Cunards Augen noch gefährlicher. Ihre Stimme bekam ein verzweifelt hohes Timbre. Ihr Geschäker bei den Teegesellschaften klang ein bißchen zusammenhanglos, und sie trug so viel Rouge auf, als wäre sie ein Clown. Sie machte fahrige, halb verschreckte, halb versöhnliche Gesten, und wenn sie durch das Zimmer ging, sah es so aus, als sei sie auf der Flucht.

Der Verlag New Directions hatte meine Hölderlin-Übersetzung in einer reizenden kleinen Reihe herausgebracht, in der auch die *Illuminationen* von Rimbaud, *Das Verhör des Lukullus* von Brecht und eine Reihe von Gedichten von Dylan Thomas erschienen waren. Ich gab Emerald ein Exemplar meines Hölderlin, und nachdem sie es gelesen hatte, murmelte sie besorgt: »Er ist verrückt geworden, der arme Mann. Aber in seinen Gedichten klingt er so glücklich! Ist er verrückt geworden, weil er *zu* glücklich war? Oder war sein Glück eine Form des Irrsinns?«

Ich hatte Emerald ausgesprochen schätzen gelernt, nicht wegen ihrer Berühmtheit oder wegen ihrer Großzügigkeit, sondern weil sie eine Persönlichkeit war, die eine Haltung bewies, die im Aussterben begriffen schien. Sie schwirrte mit einer für ihr Alter erstaunlichen Behendigkeit durch das Zimmer und eilte dabei wie ein leuchtender gelber Schmetterling vom Kamin zum Sofa. In ihren raschen kleinen Bewegungen zeigte sich eine fragile Hoffnungslosigkeit, als wäre es ihr bewußt, daß sie die letzte Repräsentantin einer aussterbenden Klasse war.

Einmal sagte sie zu mir: »Das Wichtigste ist, daß man eine Philosophie entwickelt. Wie kann man ohne eine Philosophie überleben?«

Einen Augenblick lang wirkte sie verwirrt. »Wir haben alle solche Angst vor dem Tod! Wir fürchten uns vor dem Unbekannten! Wir brauchen etwas, was uns Kraft gibt, wenn wir in das Dunkel starren. Eine Philosophie ist etwas, was uns die Kraft verleiht, dem Tod ins Auge zu blicken. Ich brauche eine Philosophie. Wo, glauben Sie, kann ich sie finden? Plato? Aristoteles? Schopenhauer? Ich habe meine Zeit mit dem Lesen von Romanen verschwendet ...«

Eines Nachmittags nahm ich Emerald in die Frick Collection mit, ein kleines, aber erlesenes Museum, in dem unvergleichliche Meisterwerke hängen. Die Fragonards und die Tizians gefielen ihr sehr, doch dann blieb sie stehen und starrte wie gebannt auf El Grecos *Heiligen Hieronymus*.

»So schrecklich alt!« sagte sie. »So ein unglaublich weißer Bart! Sehen Sie sich die Augen an! Er blickt geradewegs dem Tod ins Auge!«

In einem anderen Saal blieb sie vor einem Bronzino stehen.

»So jung, so wunderbar jung. So dekadent und dabei so jung!«

Dann hielt sie vor Rembrandts überwältigendem Selbstporträt.

»Wie abscheulich«, flüsterte sie. »Sehen Sie nur, wie heruntergekommen er aussieht. Sein Gesicht ist voller Leberflecken. Und die Falten, die schrecklichen Falten ...«

Plötzlich drehte sie sich zu mir um und sagte: »Ich will Ihnen etwas sagen, Frederic. Sie sind ein gutaussehender junger Mann, deshalb mögen wir Sie. An Ihrer Klugheit oder Ihrem künstlerischen Feingefühl liegt es nicht. Würden Sie nicht so gut aussehen, wäre ich Ihnen womöglich nie begegnet.« Und sie schenkte mir ein reizendes, unheilvolles mitleidiges Lächeln.

Ich war peinlich berührt und verwirrt. Ich hatte eine starke Aversion gegen jegliche Schmeichelei, und selbst aus der geringsten Andeutung vermeinte ich eine überschwengliche Heuchelei heraushören zu können. Aber die Worte Lady Cunards hatten einen noch häßlicheren Unterton, der besagte, daß menschliche Zuneigung allein auf körperliche Reize zurückzuführen sei. Ich fand es schrecklich, daß Weisheit und Leid der Alten weniger ins Gewicht fallen sollten als Gelenkigkeit und Eitelkeit der Jungen.

Eines Tages erklärte Lady Cunard, sie wolle nach England zurückfahren. Es war mitten im Krieg, und es sah so aus, als seien die Deutschen unbesiegbar. Aber Emerald hatte nie den geringsten Zweifel über den Ausgang des Krieges. Nicht einen Augenblick lang war sie sich darüber im unklaren, daß die Deutschen besiegt werden würden, und ihre Augen funkelten in einem neuen, seltsam erregten Glanz.

Ich fuhr sie zum Hafen, um sie zur *Queen Mary* zu bringen. Es war ein dunkler, regnerischer, stürmischer Tag. Die Stewards trugen ihre Taschen und Koffer das Fallreep hinauf, und sie winkte mir vom regenfeuchten Deck zum Abschied zu. Bedächtig und drohend bewegte sich das Schiff vorwärts. Es regnete stärker, und sie winkte und winkte. Dann stellte sie das Winken ein, und ihr Gesicht verschwamm hinter den Regentropfen, als glitte es in die Vergangenheit zurück.

Nijinski

Eines Morgens rief Robert Sherwood mich an und schlug vor, daß ich für das Kriegsinformationsbüro nach Lissabon gehen sollte. »Sie kennen die portugiesische Mentalität. Sie könnten in Lissabon nützlich sein.«
Aber mir war der Gedanke schrecklich, nach Portugal zurückzukehren, diesmal als regelrechter Spion und nicht als ein vermeintlicher.
»Gibt es eine andere Möglichkeit?« fragte ich flehend.
»Nur Bern, Stockholm und Istanbul. Für Bern sind Sie nicht ganz der Richtige. Istanbul wäre möglich.«
»Und Stockholm? Ich kann mir nicht helfen, aber ich habe das Gefühl, daß ich für Stockholm ausgezeichnet geeignet wäre.«
»Können Sie Schwedisch?«
»Im Augenblick noch nicht. Aber ich werde es unverzüglich lernen!«
So reiste ich einen Monat später in einer Mission, die Sherwood als »Kulturforschung« zu bezeichnen beliebte, nach Stockholm.
Ich kam Anfang Mai an und verliebte mich auf der Stelle in die Stadt: in die nordischen Straßen, den nordischen Himmel, den nordischen Humor und in die penible nordische Genauigkeit. Ich liebte die dunklen Fassaden am Strandvägen, die im Dämmerlicht funkelten, ich liebte den unvermeidlichen Hering und das dunkle, mürbe Brot. Ich lernte es, die niemals zu Ende gehenden Tage in der Mitte des Sommers, die unendlichen Nächte in der Mitte des Winters und das perlenweiße Zwielicht im Frühjahr und im Herbst zu lieben, das den Gesichtern einen undeutlichen Ausdruck verlieh, als seien sie in Nebel gehüllt.

Drei Tage nach meiner Ankunft ging ich den Strandvägen entlang und entdeckte plötzlich im Licht der untergehenden Sonne Roger Hinks. Er stand neben dem Mälarsee und starrte ins Wasser. Er starrte mit einer so unheimlichen Intensität ins Wasser, daß ich Angst hatte, seine dichterischen Meditationen zu stören.

Ich hatte ihn einmal auf einer Sherryparty in Cambridge getroffen und wußte, daß er ein kluger und hochgebildeter Gelehrter war. Er war ein Freund T. S. Eliots, und ich hatte seinen Namen im *Criterion* gelesen. Ich wußte, daß er ein gelehrter Kritiker und ein Experte für Caravaggio war.

Ich näherte mich ihm auf Zehenspitzen und sagte leise: »Mr. Hinks?«

Er drehte sich so plötzlich um, als hätte er eine Klapperschlange gehört. »Oh, Sie sind's! Quelle joie, Sie zu sehen!«

»Ja, ich bin gerade in Stockholm angekommen. Ich habe mich in Stockholm verliebt.«

»Verstehe. Sie sind hier, um Unsinn zu machen. Ich habe so etwas läuten hören. Ich hoffe, Sie finden es hier gemütlich.«

Ich begann zu stammeln. »Ich bin lediglich hier als Kulturattaché ...«

»Das habe ich angenommen. Kommen Sie, wir wollen zusammen im Café Riche etwas trinken.«

Roger Hinks hatte ein rundes, ironisches Gesicht mit funkelnden Augen, es glich dem Gesicht eines etwas anrüchigen Cherubs. Er schien ständig anstößige Hintergedanken zu hegen, und er wog seine Worte mit einem so wohlbemessenen Behagen ab, als nippe er an einem kostbaren alten Burgunder.

Bei unserem Whisky im Riche wurde er freier und umgänglicher. »Du kannst Roger zu mir sagen. Ich werde dich Fritz nennen. Das klingt eine Spur germanisch, aber hier in Stockholm bin ich ein Spezialist für das Germanische. Erst heute morgen hat mir ein reizender Knabe aus Hamburg, der Wolfgang heißt, einen Umschlag mit amüsanten Photographien gebracht. Er sagt, es seien detaillierte Aufnahmen der Bremer Werften. Ich habe meine Zweifel, aber ich bezahlte ihm achtzig Kronen. Ein ziemliches Vermögen, wenn man es genau nimmt. Aber man schnappt sich, was man kriegen kann. Ich werde sie dir gerne leihen. Du kannst sie an Washington weiterleiten. Ich bin sicher, daß sie begeistert sein werden, wenn sie einen Blick auf die Bremer Werften werfen können. Sie kommen mir nicht ganz echt vor, aber man muß zusehen, daß man etwas erwischt, um den Idioten in London und Washington etwas schicken zu können.«

So begann meine sprunghafte kleine Karriere als Spion. Und ich sah zu – wie Roger es so leichthin ausgedrückt hatte –, daß ich möglichst viel erwischte. Es war nichts Aufregendes, aber es war immer mal wieder etwas dabei. Hoffnungsvoll schnüffelte ich herum und hielt nach interessanten kleinen Leckerbissen Ausschau. Bei einem freundlichen Aquavit sprach ich mit Flüchtlingen aus Norwegen, und bei einer gemütlichen Tasse Kaffee unterhielt ich mich mit Reisenden aus Kopenhagen. Ich sammelte einige Marginalien über die Verpflegung auf deutschen U-Booten, die Moral in schwäbischen Dörfern und die amourösen Abenteuer Hermann Görings.

Viermal wöchentlich pflegte ein dünner grauer Mann mit einem kleinen schwarzen Hut und einem langen braunen Mantel an die Tür meines Büros zu klopfen und sich umständlich zu verbeugen. Montags war sein Name Svensson, dienstags Nilsson, donnerstags Bergström und freitags Olafson. Er legte einen großen, bräunlichen Umschlag auf meinen Schreibtisch, und ich schrieb eine Anweisung über hundert Kronen für ihn aus, die am Schreibtisch von Fröken Söderberg auszuzahlen waren. Der Umschlag enthielt etliche Photographien, die in Essen oder Düsseldorf aufgenommen waren, oder auch einige vertrauliche Briefe aus Hamburg oder Hannover. Es gab Photographien von Soldaten mit ihren Bräuten, am Flughafen aufgenommen, und es gab Briefe junger Leutnants an ihre Mütter oder Großmütter. Ich steckte diese kostbaren Umschläge in die Diplomatentasche und betete, daß sie meine Kollegen in Washington amüsieren würden.

Jeden Dienstag schickte ich ein säuberlich in Rubriken eingeteiltes vertrauliches Telegramm an Sherwood: 1. Politik, 2. Wirtschaft, 3. Militär, 4. Kultur, 5. Norwegen, Dänemark und Finnland, 6. Vorschläge zur Verbesserung der Propaganda, 7. Gerüchte, Witze, Skandale und so weiter. Diese gewissenhaften Telegramme wurden von meinem Büro an der Nobelgatan abgeschickt, aber eine entsprechende Stellungnahme dazu ist meines Wissens nie erfolgt, und ich kann nur hoffen, daß sie ein bißchen nützlich waren und mit gebührender Ehrfurcht aufgenommen und entziffert wurden.

Wenn ich nicht in Bars oder Cafés nach irgendwelchen Leckerbissen schnüffelte, hielt ich den Schweden Vorlesungen über die Größe der amerikanischen Literatur. Ich las in Lund, Uppsala und auch an der Stockholmer Universität, und ich gab dem *Svenska Dagbladet* und den *Dagens Nyheter* (aber niemals den *Stockholm Tidningen*, von denen es hieß, sie stünden der Achse wohlwollend gegenüber) gelehrte Interviews.

Ich sprach sowohl über Gertrude Stein wie auch über Ernest Hemingway. Die Schweden konnten nie genug über Hemingway hören.

»Er ist ein hartgesottener Bursche, nicht wahr?«

»Er ist ein ausgesprochen hartgesottener Bursche«, sagte ich.

»Er hat Haare auf der Brust, oder?«

»Ja, seine Brust ist ausgesprochen behaart.«

»Er hat in Afrika Elefanten geschossen, nicht wahr?«

»Zweifelsohne hat er einige Elefanten erlegt.«

»Und er hat auch einige Stiere in der Arena getötet?«

»Er hat sich in der Stierkampfarena wacker gehalten.«

Auch ihre Neugier über Miß Stein war kaum zu befriedigen.

»Hat sie eine Freundin, die Miß Toklas heißt?« fragten sie leicht mißtrauisch.

»Miß Stein ißt gerne gut«, sagte ich, »und sie hat eine Freundin, die Alice Toklas heißt. Miß Toklas kocht wunderbar, das hat ihr die Zuneigung von Miß Stein eingetragen. Sie hat ein Rezept für Plätzchen erfunden, zu dem Haschisch gehört, und das ist ein bißchen unmoralisch, aber abgesehen vom Haschisch ist ihr Benehmen untadelig.«

Sprach ich von Eliot, schalteten die Schweden ab.

»Es ist sehr schwer zu verstehen, nicht wahr? Was bedeutet *Das wüste Land*?«

»Es hat verschiedene Bedeutungen, aber niemand versteht sie.«

»Welch ein eigentümlicher Stil! Vielerlei Bedeutungen, und alle sind geheimnisvoll.«
»Alle bedeutenden Gedichte haben eine vielfältige Bedeutung, und viele sind rätselhaft.«
»Aber nehmen Sie die *Odyssee*! Finden Sie die *Odyssee* geheimnisvoll?«
»Mir gibt die *Odyssee* viele Rätsel auf. Ich habe sie nie verstanden.«
Aber die Schweden waren davon überzeugt, daß ich versuchte, sie aufzuziehen. »Homer«, meinten sie, »würde, wäre er noch am Leben, gewiß den Nobelpreis gewinnen. Aber Hemingway schießt Elefanten, Gertrude Stein ißt Haschisch, und T. S. Eliot ist rätselhaft, wie können sie da den Nobelpreis gewinnen?«

Von Zeit zu Zeit spielte ich im Royal Tennis Club, dem Club, in dem der alte König Gustav noch immer gelegentlich spielte. Eines Nachmittags kam er, um gegen die schwedischen Champions zu spielen, die dem Monarchen taktvoll ihre langsamen, sanften Lobs zuspielten.
Sieben lange Jahre lagen zwischen unserer Begegnung in Juan-les-Pins, wo ich in einem Doppel einmal gegen ihn gespielt hatte. Der König erinnerte sich noch an mich und lud mich zum Kaffee ein. Er war sieben Jahre älter, aber man merkte kaum einen Unterschied. Er war immer noch ungeheuer alt, ausgesprochen hager, und sein Blick war noch unerforschlicher geworden.
»Wir haben in Juan-les-Pins über Tilden gesprochen. Erinnern Sie sich, Majestät?«
»Ja, ich weiß genau, Sie haben ihn mit der Pawlowa verglichen.«
»Und Sie haben ihn mit Nijinski verglichen. Ich glaube, daß Tilden sich gefreut hätte.«
»Nun, das Komische ist, daß ich Nijinski nie gesehen habe. Aber ich habe über Nijinski nachgedacht und ihn mir vorgestellt. Nijinskis Sprung in *Le Spectre de la rose* muß wie Tildens Sprünge über das Netz gewesen sein. Ich werde Tilden nie vergessen. Er war brillant und theatralisch. Diese blitzartigen Aufschläge! Diese verblüffenden Rückhanddrives!«

Er heftete seine weisen alten Augen mit der Spur eines welken Lächelns auf mich, Augen, in denen ich eine Mischung von stillschweigender Billigung und Anklage wahrnahm. Sein Kopf kreiste langsam, wie der einer Eule, und seine Stimme sank zu einem mißtrauischen kleinen Wispern herab.
»Sie sind nach Stockholm gekommen, um unsere Literatur zu studieren?«
»Unter anderem«, murmelte ich.
»Ach ja. Richtig. Unter anderem. Es gibt immer eine Menge *anderer* Dinge!«
»Ich habe«, sagte ich rasch, »die schwedische Literatur immer geliebt. Ich verehre die Dramen Strindbergs und die Romane Selma Lagerlöfs.«
»Auch ich bin ein Verehrer von Strindbergs Dramen und von Selma Lagerlöfs Romanen. Aber Sie müssen nicht glauben, daß unsere Literatur nur aus Strindberg und Lagerlöf besteht. Sie fing schon mit Bischof Tomas im fünfzehnten Jahrhundert an und setzt sich jetzt mit unserem Dichter Pär Lagerkvist fort. Wir beobachten die Weltliteratur mit wachen Augen, da wir unseren berühmten Preis zu vergeben haben, für den wir große Ansprüche stellen. Das eine Jahr verliehen wir ihn Ihrem satirischen Mr. Lewis und ein anderes Mal Ihrem schwermütigen Mr. O'Neill, und unlängst vergaben wir ihn an Ihre idealistische Mrs. Buck. Der Preis ist so ehrwürdig, daß wir zurückhaltend sein müssen. Dem frivolen Oscar Wilde hätten wir ihn niemals gegeben, und ich bezweifele, ob wir ihn dem problematischen T. S. Eliot oder der exzentrischen Gertrude Stein oder dem athletischen Ernest Hemingway geben werden.«
Diese lange Rede hatte ihn erschöpft. Er sank in seinen Stuhl zurück, und ein geisterhaftes Lächeln umspielte seine welken Lippen.

Zwei Tage später aß ich mit Roger Hinks im Grand Hotel zu Mittag. Ich sagte: »Ich habe mit Seiner Majestät im Royal Tennis Club Kaffee getrunken. Er war erstaunlich geistreich und redete von Literatur. Aber es passierte etwas Merkwürdiges, als ich nach Hause gehen wollte. Ich spürte, daß mich ein blonder, schlanker Mann verfolgte. Ich bog um eine Ecke und sah zurück, und da war er, und ich bog um eine andere Ecke und sah zurück, und da war er wieder.«

»Das klingt unheimlich«, sagte Roger.

»Ja, mich schaudert, wenn ich daran denke.«

»Aber bleib ruhig. Reg dich nicht auf. Spionage ist nichts Unheimliches. Es ist wie Kuchenbacken, alles ist eine Frage der richtigen Zutaten. Der Mann, der dir gefolgt ist, war niemand anderer als mein Freund Klas-Erik. Er verfolgt alle Fremden, die mit Seiner Majestät sprechen. Nicht, daß das auch nur ein Jota ändern würde. Es gehört lediglich zu unseren komischen Spielchen. Wir müssen uns irgend etwas schnappen, damit wir den Trotteln drüben in London etwas schicken können.«

Er hob sein Glas und sagte »Skol!« mit spöttischer Feierlichkeit, und der Krieg war weit weg und schien so lustig wie ein Spiel mit Pfeil und Bogen.

Als ich auf die Straße trat, war die Luft herbstlich, die Blätter tanzten im Wirbelwind, und ich roch den Moschusduft des Mälarsees. Der Himmel war so blau, daß es aussah, als blühe er, und in den blauen Augen der Schweden spiegelte sich unschuldiges Staunen. Ihr Haar war honigblond, ihre Stimmen hüpften wie kleine krause Wellen, ihr Atem stank nach Hering, ihre lächelnden Lippen waren neidisch geschürzt, und ihre großen, stämmigen Körper bewegten sich mit der unbeholfenen Grazie von Ochsen. Ich liebte diese unschuldigen Schweden, die in der Birger Jarlsgatan an mir vorbeieilten. Ich liebte die schönen Mädchen in ihren ordentlichen grauen Flanellkostümen und die pickeligen Jugendlichen in ihren großen Swingpojke-Hüten, die lebhaften alten Damen mit den rosigen Wangen, die patriarchalischen älteren Herren mit ihren Kakaduaugen, die traurigen Musiker, die boshaft grinsenden Professoren, die verträumten Dichter, die betrunkenen Baroninnen; ich liebte sie alle mit zärtlicher, mißtrauischer Neugier, als wären sie Marionetten, die fröhlich auf der Bühne umhertollten, während die Wolken im Sonnenuntergang erstrahlten und der späte Oktoberhimmel ein trauriges, geheimnisvolles Violett annahm.

Ein Winterabend

Ich mietete eine Wohnung in der Linnégatan, einer Straße, die nach dem großen Linnaeus benannt war, dessen Name mir sehr teuer war wegen seiner Leidenschaft für Schmetterlinge. An der Wand in meinem Schlafzimmer hing ein Kasten mit einem großen weißen Schmetterling, dessen Körper mit einem kleinen Pelz bedeckt und dessen Flügel rot gefleckt waren; darunter glänzte das Etikett: *Parnassius apollo*, LINNAEUS.

Während ich in meinem Frühstück herumstocherte, betrachtete ich diesen Schmetterling. Er sah äußerst lebendig aus, war aber zu symmetrisch, um lebendig zu sein. Der Pelz auf seinem Leib hatte einen spinnwebenhaften Glanz. Die leuchtenden roten Tupfen wirkten wie echtes Blut. Er sah aus, als hätte man ihn wie einen Ketzer gefoltert und gekreuzigt und dann auf eine Nadel gespießt, um das fromme Volk zu beeindrucken.

An den Winternachmittagen wanderte ich an der Strandvägen entlang. Bald nach drei Uhr begann es dämmerig zu werden, und gegen vier leuchteten im königlichen Schloß die großen Fenster auf. Riesenhafte Hauer aus Eis schwammen den Mälarsee hinunter, und glitzernde Schneehaufen lagen unter den Straßenlaternen an der Strandvägen. Eiszapfen hingen von den Dächern herab, und die Luft war veilchenblau. Die Häuser auf Gamla Stan, der Insel jenseits des Wassers, sahen grimmig und mittelalterlich aus unter ihrer glänzenden Schneehülle.

Vor diesem Hintergrund aus Schnee und Eiszapfen schien der Krieg unwirklich. Selbst der Kampf in Rußland war fern und irreal. Die Stockholmer Häuser sahen so ordentlich und diszipliniert aus, daß die Greuel in Rußland eine groteske, schier sagenhafte Gestalt gewannen. Das, was man über Rußland erfuhr, erinnerte an die großen geschichtlichen Umwälzungen

wie den Einfall Dschingis-Khans und Napoleons Rückzug aus Moskau.
In Stockholm lebte eine geheimnisvolle grauhaarige Dame. Ihr Name war Alexandra Kollontai, und sie war eine echte Bolschewikin, einer der großen Idealisten der ersten Stunde, rein und unverdorben. Jetzt war sie russische Botschafterin. Man sah sie selten, hörte sie selten. Aber wann immer ihr Name erwähnt wurde, geschah das mit scheuer Ehrerbietung.
Die übrigen Botschafter der Großmächte, der englische, der französische, der belgische, sagten alle: »Immerhin gibt es noch Madame Kollontai. Sie ist so rein wie frisch gefallener Schnee.«
An einem Winternachmittag schlenderte ich die Strandvägen hinunter; es fing zu schneien an, und bald hatte der Schnee den Mälarsee bedeckt. Die Luft wurde purpurrot, die Stadt schien in Schleier gehüllt, und Millionen von Schneeflocken löschten die Lichter des königlichen Schlosses.
Inmitten der tanzenden Schneeflocken tauchte ein Schatten auf, und in dem Halbdunkel erschien ein Gesicht, wie eine Maske. Sie sah wie eine Mumie aus, die widerstrebend wieder zum Leben erwacht war. Ihre Augen waren fahl und klar, aber ich konnte den leichenhaften Schimmer erkennen.
Ich hatte sie einmal in der brasilianischen Gesandtschaft bei einem Essen kennengelernt und rief frohgemut: »Guten Abend, Madame Kollontai!«
»Wo sind wir?« rief sie und hob verzweifelt die Arme. »Ich sehe überhaupt nichts! Diese Schneeflocken haben mich ganz blind gemacht!«
»Ja, diese Schneeflocken sind schrecklich!«
»Und das Eis! Dieses glatte Eis!«
»Kommen Sie«, sagte ich, »trinken Sie eine Tasse Tee mit mir. Das wird Sie ein bißchen aufwärmen.«
»Ja, ich muß mich ein bißchen aufwärmen«, sagte sie in ihrem kühlen, abgehackten Französisch. »Es ist der Wind, dieser schreckliche Wind, der meine Augen tränenblind gemacht hat!«
Dann fügte sie in plötzlicher Panik hinzu: »Wer sind Sie? Woher kommen Sie?«

Ich nannte ihr meinen Namen, aber er sagte ihr nichts, und sie stand im Schnee und starrte mich weiter mißtrauisch an.
Ganz in der Nähe war ein kleiner gemütlicher Teesalon, und so nahm ich sie am Arm, und wir gingen über die Straße. Wir setzten uns auf eine Couch vor einen von Kerzen beschienenen Tisch. Es war mitten im Krieg, und ein gewaltiger Kampf hatte in Afrika gewütet, und ein scharfer Luftzug ließ die Kerzenflammen erzittern, als wäre das ein Echo auf den Kampf um El Alamein.
»Ich warte auf meinen Chauffeur«, sagte sie. »Wie soll er wissen, wo ich bin?«
»Wir sitzen neben dem Fenster. Er kann Sie von der Straße aus sehen.«
Sie zuckte zurück und flüsterte rasch: »Es soll mich niemand durch das Fenster sehen! Ziehen Sie den Vorhang zu! Blasen Sie die Kerzen aus! Rasch! Keiner soll mich sehen!«
Also zog ich die Gardinen zu, blies die Kerzen aus, und wir nippten an unseren Teegläsern, da Madame Kollontai darauf bestanden hatte, ihren Tee in einem Glas zu bekommen.
»Eine gute Nachricht, nicht wahr, Madame Kollontai?«
»Welche Nachricht?«
»Die über El Alamein!«
»Was meinen Sie?« sagte sie sanft.
»Die Deutschen sind in El Alamein besiegt worden!«
»Dann haben die Deutschen den Krieg verloren?«
»Sie haben eine große Schlacht verloren!«
»Wo?«
»In Afrika!«
»Oh, Afrika. Ja natürlich, immer ist da Afrika!«
In ihrer Jugend war Madame Kollontai auffallend schön gewesen. Jetzt sah ihr Gesicht verwüstet aus, und ihre Gesten waren nervös, aber ich sah in ihren blutunterlaufenen Augen die Spuren einer leidenschaftlichen Jugend, den unstillbaren Idealismus, die Flamme einer geschwundenen Hoffnung. Sie sah mich fragend an, als versuche sie ein Rätsel zu lösen, und in ihrer tiefen verstörten Stimme lag noch immer ein Klang kämpferischen Idealismus.
»Ja, da unten in Afrika gibt es immer noch diese endlosen

Dschungel und Wüsten. Aber was geht uns Afrika an? Nichts, was wirklich ins Gewicht fällt, passiert in Afrika. Diese Schlachten unten in Afrika haben keine eigentliche Bedeutung. Sie halten uns lediglich davon ab, die wichtigeren Dinge klar zu sehen. Es gibt so viele wichtige Dinge im Leben, und wir müssen unsere ganze Kraft darauf verwenden, sie uns in aller Deutlichkeit vor Augen zu halten.«

Sie sah aus, als habe sie ein Jahrzehnt nichts anderes getan als nur geweint. Ihre Augen schienen vollgesogen von Tränen der Sorge und der Enttäuschung, und ihre Hände waren wie zu einer Trauerpyramide zusammengepreßt.

Auf ihrem Kopf türmte sich eine riesige schwarze Pelzkappe. Sie war viel größer als ihr Gesicht, wirkte viel stärker und lebendiger und sah wie ein Tier aus, das auf ihrem Kopf kauerte.

»Selbstverständlich bin ich jetzt sehr alt, ja, verbraucht, könnte man beinahe sagen, ich lese in Ihren Augen, daß Sie mich für eine traurige alte Frau halten. Aber immer noch gibt es Terror und Elend, und ich weigere mich, von den wesentlichen Dingen ausgeschlossen zu werden!«

»Ja«, sagte ich tröstend zu ihr, »man muß sich das, was im Leben wichtig ist, immer vor Augen halten.«

»Wir dürfen es nicht vergessen, nicht wahr? Lenin war ein Gigant, aber letztlich doch ein eiskalter Intellektueller. Und über Stalin wissen wir sehr wenig, wir wissen so wenig von dem, was in seiner Seele vorgeht. Aber wir dürfen nie vergessen, daß er ein Bauer aus dem Kaukasus ist.«

Ihre Hand zitterte leicht, sie verschüttete ein bißchen Tee auf dem Tisch, und rasch nahm sie ihr Taschentuch und wischte ihn verstohlen fort.

Dann schien sie mich plötzlich wiederzuerkennen und sah mich erstaunt an. Ein hauchdünnes Lächeln umspielte ihre für einen Augenblick dunkler erscheinenden Lippen.

Verschwörerisch beugte sie sich vor und sagte ruhig zu mir: »Eine Sache müssen Sie sich immer merken, was auch geschehen mag. Wichtig war in jenen Tagen weder der Sieg noch die Niederlage. Allein der Glaube war für uns von Bedeutung. Die Hoffnung und die Treue.«

Ihre Augen belebten sich durch einen tapferen, fröhlichen Glanz, und militärisch reckte sie die Schultern.
»Meine größte Sehnsucht«, sagte sie sanft, »galt immer nur einem einzigen Ziel.« Sie sah mich durchdringend an und senkte ihre Stimme zu einem Flüstern. »Mein erster und größter Wunsch war immer der, den Frauen auf dieser schrecklichen Welt zu helfen. Sie sprechen von einem Kampf in Afrika, aber was geht uns Afrika an? Es sind die Frauen, die immer noch leiden. Für die Frauen habe ich gekämpft, für sie habe ich geblutet und getötet!«
Ein verschneites Gesicht lugte durch einen Spalt im Vorhang, und ein Pelzhandschuh klopfte leise an die Fensterscheibe. Madame Kollontai schreckte zurück und packte voller Entsetzen mein Handgelenk. Dann stand sie rasch auf, ging schweigend durch den Raum, öffnete die Tür und verschwand in der Nacht.

Das Duell

Der Tag rückte heran, an dem meine »kulturelle« Mission beendet war, und ich verabschiedete mich von der salzgeschwängerten Luft Schwedens. Der lange, schneereiche Winter war in einen leuchtenden Sommer übergegangen, dem ein blätterwirbelnder trostloser Herbst gefolgt war.

Auf meiner Heimreise machte ich fünf Tage in London Station. Lady Cunard lud mich zum Tee in ihre Suite im Dorchester ein. Sie sah noch zarter und fragiler aus. Ihre Stimme klang zögernd und heiser. Sie flitzte wie ein verzweifelter Kanarienvogel durchs Zimmer, küßte mich liebevoll auf eine und dann auf die andere Wange.

»Sie müssen Desmond sehen. Desmond und ich haben uns eben über Hemingway unterhalten. Ich hege einen Groll gegen Hemingway. Ich verabscheue seinen Exhibitionismus.«

Desmond MacCarthy, ein bekannter Kritiker, der lose zur »Bloomsbury Group« gehörte, war ein nachdenklicher Mann mit einem patriarchalischen Habitus. Er sagte sanft: »Es ist bitter für diese jungen Amerikaner, nicht wahr? Sie sind von der Idee des großen amerikanischen Romans besessen. Sie tappen im dunkeln auf der Suche nach einer Vision von der amerikanischen Erhabenheit. Ich spürte das in *Eine amerikanische Tragödie* und auch in *Licht im August*. Ich spürte es in *Schau heimwärts, Engel!* und in *Wem die Stunde schlägt*. Es ist das Ringen um Größe, das bewirkt, daß sie so bombastisch erscheinen. Es gibt ungeheuer große Begabung, aber gleichzeitig auch einen Hauch von Schwulst.«

»Gibt es so etwas wie den großen englischen Roman tatsächlich?« fragte ich.

Der illustre alte Kritiker lächelte leicht maliziös. »Die Russen schwanken ständig zwischen Tolstoi und Dostojewski, doch freilich gehört meine persönliche Vorliebe dem Autor von *Väter und Söhne*. Bei den Franzosen geht es ständig zwischen Proust und Balzac auf und ab, ich selber aber gebe der *Kartause von Parma* den Vorzug. Die Deutschen haben den *Zauberberg* und die Italiener *Die Verlobten*. Die Spanier haben Cervantes, aber ist *Don Quijote* wirklich ein Roman? Er gehört eigentlich eher in die Kategorie des Komisch-Heroischen ...«

Cyril Connolly kam dazu und schaltete sich auf der Stelle in das Gespräch ein.

»Wir haben *Ulysses*«, erklärte er.

»Sie haben sich also für *Ulysses* entschieden? Es gibt auch welche, die *Tom Jones* wählen würden. Und wieder andere würden *Sturmhöhe* aussuchen. Etliche würden *Middlemarch* bevorzugen, und wieder andere würden auf *David Copperfield* bestehen. Sie mögen mich für démodé halten, aber ich gebe meine Stimme für *Jahrmarkt der Eitelkeit* ab.«

»*Jahrmarkt der Eitelkeit!*« grollte Cyril Connolly.

»*Jahrmarkt der Eitelkeit!*« rief Lady Cunard.

»Der gute alte Thackeray«, sagte MacCarthy, »war ein durch und durch tragischer Schriftsteller. Unter dem Frohsinn und dem Witz liegen Schrecken und Abscheu. Für ihn sind die Menschen zur ewigen Einsamkeit verdammt. Ein Schatten von Verfall senkt sich auf die klirrenden Teetassen. Welcher Kontrast zu Dickens! Bei Dickens ist alles Phantasie. Es ist lächerlich, zu glauben, daß er von sozialer Empörung getrieben gewesen sei. Er verwendete Armut und Ungerechtigkeit dazu, seine Phantasie anzustacheln. Denken Sie an Becky Sharp. Sie ist eine monströse Egoistin. Aber Thackerays Intuition verwandelt sie in ein Wunder an Komik, und durch sein Mitleid wird sie zu einem Ausbund an Tragik.«

»Auch auf die Gefahr hin, daß Sie mich für rechthaberisch halten«, sagte Connolly höflich, »würde ich *Stolz und Vorurteil* an die Spitze der englischen Romanliteratur stellen.«

»Mein lieber Cyril«, warf Emerald lachend ein, »Sie erinnern mich an Petronius. Sie sind ein Arbiter elegantiarum. Wann werden Sie Ihr *Satyricon* schreiben?«

»Ich bin dabei«, sagte Connolly schlagfertig.
»Wie aufregend! Wie wird es heißen?«
»Der Titel steht bis jetzt noch nicht fest«, sagte Connolly. »Es wird unter Pseudonym erscheinen. Einem Pseudonym, das sowohl an die höllische Finsternis gemahnt als auch an eine reizbare Unrast.«
Zum erstenmal hatte ich Cyril Connolly acht Jahre zuvor in Salzburg getroffen. Er war ein verspielter Tiefstapler und ein rauschender Apologet. Aber jetzt sah er älter aus, erschöpfter und würdiger. Sein Gesicht war aufgedunsen, seine Nase zu einem Pilz zusammengeschnurrt. Seine Augen waren unstet, und die Worte kamen zögernder, als schrecke er vor dem Gedanken an eine bevorstehende Banalität zurück.
Mir war in Cyril Connollys Gegenwart nie ganz wohl, da alles, was man sagte, einer skeptischen Prüfung unterzogen wurde, und das nicht etwa, um die Stichhaltigkeit festzustellen, sondern um die Trefflichkeit des Ausdrucks abzuwägen. Ihm diente die Literatur nicht als Quelle der Erleuchtung, sondern als Mäntelchen für seine Menschenfeindlichkeit und seinen untrüglichen Sinn für das, was Mode war.
Ich verabschiedete mich von Lady Cunard und wanderte durch den Hyde Park zurück. Die Dämmerung nahm rasch zu, und bald befand ich mich in völliger Finsternis. Ich schlich zwischen den Bäumen herum, um einen vertrauten Orientierungspunkt zu finden. Gesichtslose Gestalten strichen unruhig an mir vorüber. Ich hatte mich noch nie bei völliger Verdunklung ins Freie begeben, und London wirkte unversehens unermeßlich groß. Es hätte eine Wildnis im Inneren Ugandas sein können. Ich hörte weinerliche Töne, Wimmern, Tuscheln und schlurfende Schritte, die durchs Laub glitten. Ab und zu sah ich die Flamme eines Streichholzes oder den Strahl einer Taschenlampe. Ich fand meinen Weg zurück zur schattigen Park Lane, wo ein paar trübselige Sterne über den endlosen dunklen Straßenschluchten schienen.

Zwei Tage später – es war gegen Ende des Krieges – brachte Cyril Connolly Hemingway ins Dorchester mit. Er sah unbeholfen aus in seiner schlechtsitzenden Uniform. Er schlurfte mit dem Gesichtsausdruck eines Ebers ins Wohnzimmer und begutachtete Lady Cunard aus den Augenwinkeln.

Sie betrachtete ihn unerschrocken. »Guten Abend, Mr. Hemingway. Sind Sie zum erstenmal in London?«

»Nein«, knurrte Hemingway. »Keineswegs. Ich habe diese gottverdammte Stadt schon früher gesehen.«

»Sie gefällt Ihnen wohl nicht, nehme ich an?«

»Nicht unbedingt.«

»Das liegt zweifellos am Klima.«

»Das Klima ist es nicht allein. Es sind die Straßen.«

»Stimmt mit den Straßen irgend etwas nicht?«

»Weniger mit den Straßen als mit den Häusern.«

»Ich verstehe. Es gibt zu viele Häuser.«

»Und sie sehen alle gleich aus. Schauen Sie sich Eaton Square an. Die Häuser sind eins wie das andere. Wie monoton!«

»Das stimmt«, sagte Lady Cunard. »Zweifellos wirkt das monoton.« Sie faltete die Hände und blickte in ihre Teetasse. »Ja, die Monotonie. Eine große Schwäche, nicht wahr, Mr. Hemingway? Ich lese gerade wieder die *Ilias*. Streckenweise ist sie recht monoton. Die vielen Aufzählungen, ganz wie die Londoner Häuser. Haben Sie die *Ilias* gelesen, Mr. Hemingway?«

»Früher im College«, brummte Hemingway.

»Das dachte ich mir«, sagte Lady Cunard. »Leider, auch wenn Sie es nicht glauben, bin ich nie im College gewesen!«

»Nichts gegen einen Mann, der sich alles selber beigebracht hat«, sagte Hemingway.

»Aber das ist ja das Schlimme. Ich bin zufällig kein Mann. Es ist schrecklich, eine Dame zu sein. Wir leiden unter solchen Unzulänglichkeiten! Sie als Mann, und als furchtloser Mann dazu, brauchen sich darüber keinerlei Gedanken zu machen.«

Lady Cunard stieß mit ihrem Rapier blitzschnell zu. Die Grausamkeit war kaum wahrnehmbar, weil jeder Hieb so geschickt und zart ausgeführt wurde.

»Ein Mangel ist bei einem Mann viel offenkundiger als bei einer Frau«, sagte sie. »Er ist meßbar, und zwar nach Länge und Tiefe, und er fällt sofort auf. Sieht man einen Mann mit seinen Unzulänglichkeiten, weiß man sofort, woran man ist.

Bei einer Frau ist das schwieriger. Es gibt keine brauchbaren Maßstäbe. Man muß sich auf die Intuition verlassen, aber die kann einen täuschen. Verlassen Sie sich bei Frauen auf Ihre Intuition, Mr. Hemingway?«

»Meine Intuition ist vermutlich nicht so gut wie Ihre«, sagte Hemingway. Er grinste wie ein Kind, als sei er mit seiner Gegenattacke zufrieden.

Ich spürte, daß sich in der Atmosphäre unmerklich etwas verändert hatte. Man hatte den Eindruck, die Gewinnchancen schwankten ständig, die Waffen würden stumpfer, wie in der Endrunde eines entscheidenden Tennisspiels.

Desmond MacCarthy erwachte plötzlich aus lautlosem Schlummer. »Am Horizont steht immer noch Tolstoi«, sagte er krächzend. »Er steht dort wie ein Gigant. Ein Gigant mit Bart.«

»Bärte«, sagte Emerald, der Verzweiflung nahe, »sind eine Conditio sine qua non für einen Romancier. Charles Dickens hatte einen Bart. George Meredith hatte einen Bart. Hat Dostojewski einen Bart gehabt? Ich bewundere Ihren Bart, Mr. Hemingway.«

»Chacun à son gout«, sagte Hemingway pfiffig.

Ich betrachtete Hemingway begierig und gespannt. Ich sah ihn zum ersten Mal. Zunächst war ich enttäuscht gewesen. Er schien so linkisch und unwirklich. Aber nun wurde er greifbarer, wie ein wildes Tier im Dschungel. Ich betrachtete seine massiven Kinnbacken, den struppigen Bart, das mürrische Lächeln. Ich sah den trotzigen Schimmer in den schönen warmen Augen, einen Anflug animalischer Verstohlenheit und fleischfressenden Stumpfsinns, aber selbst der gehörte zu seinem Charme.

Doch irgend etwas stimmte nicht. Was es war, konnte ich nicht feststellen. Es schwebte mitten im Raum, wie eine stinkende Wolke über dem Dschungel. Mit finsterem, anklagendem Blick rutschte er auf seinem Stuhl hin und her. Ein inneres Unbehagen bedrückte ihn offenbar.

Ich hatte den Tag in Sylvias Buchhandlung nie vergessen, als ich *In unserer Zeit* entdeckt hatte und mich entschloß, es zu kaufen. Ich hatte in diesem schmalen kleinen Band einen besonderen Duft wahrgenommen, und als ich darin blätterte, ging von ihm ein geheimnisvoller Zauber aus. Nichts, was Hemingway später schrieb, nicht einmal *In einem anderen Land*, hatte diese reine, unnachgiebige Strenge wie diese Erzählungen, in denen die Worte einen Anflug tierischer Angst und Wildheit vermittelten.

»Was halten Sie von Rußland?« fragte Lady Cunard nervös. »Haben Sie eine Meinung zu dem Rätsel Rußland?«

»In bezug auf Rußland gibt es ein Für und ein Wider«, murmelte Hemingway, »wie bei allen diesen beschissenen Ländern, wie bei Italien, England und Spanien. Wie es mit Patagonien steht, weiß ich nicht so genau. In Patagonien bin ich nie gewesen.«

»Ich würde liebend gern mit Ihnen nach Patagonien reisen«, sagte Lady Cunard. »Was für eine herrliche Zeit könnten wir in der Wildnis Patagoniens zusammen verbringen!«

Ernest Hemingway lächelte plötzlich, als er Lady Cunard ansah. Es war ein schönes Lächeln: ein Siegeslächeln, ein Ruhmeslächeln. Er hatte einen seltsamen Triumph eingeheimst, auf welche Art, war mir zwar entgangen, aber jedenfalls hatte er Hemingways störrische Roheit in eine unnachahmliche Liebenswürdigkeit verwandelt.

Nachdem er gegangen war, flüsterte Cyril Connolly mir ins Ohr: »Die erste Runde ging an Emerald. Danach hat Hemingway sie alle gewonnen. Sie hat mit Zähnen und Klauen gekämpft, aber am Schluß hat Hemingway gesiegt.«

Lady Cunard warf Connolly einen ahnungsvollen Blick zu. In ihren Augen glomm der Widerschein der Niederlage, doch gleich darauf blitzten sie triumphierend auf.

Sie sagte leise: »Ich war überrascht. Das hatte ich überhaupt nicht erwartet. Ihr könnt mich für exzentrisch halten, aber er kam mir wie ein Zwitter vor.«

»Eine sehr merkwürdige Bezeichnung für Hemingway«, sagte Connolly.

»Gewiß«, sagte Emerald. »Vielleicht ist das nicht das mot just? Aber er kam mir so vor. Ausgesprochen kastriert.«

Und in ihren Augen glitzerten eisige Rachegelüste.

Nachdem die anderen gegangen waren, blieb ich noch eine

Weile. Lady Cunards Blick verriet Panik. Sie vollführte ein paar fließende Gesten, wie ein Schwimmer im Meer.
Hastig blickte sie auf die Rosen. Sie hielt nach etwas Ausschau, das sie trösten könnte. Sie sah mich liebevoll an und hob zwei Finger, als halte sie eine unsichtbare Rose.
»Wie klug von Ihnen, Frederic. Sie beherrschen diesen unheimlichen Trick. Sie beschwatzen die Leute immer in einer Weise, daß sie nicht das sagen, was sie tatsächlich sagen *wollen*, sondern das, was sie plötzlich nicht mehr für sich behalten können. Sie ertappen sie auf frischer Tat, gewissermaßen wie im Fluge. Vielleicht haben Sie das von Ihren Schmetterlingen gelernt. Wie ungezogen von Ihnen, wenn Sie das jemals veröffentlichen würden, wie ausgesprochen unartig!«
Unversehens war ihr maskenhaftes Gesicht gramverzerrt. Unter Puder und Rouge entdeckte ich die Falten des Schreckens. Sie war jetzt sehr alt und fürchtete die Einsamkeit. Dieses ganze verzweifelte Brimborium, die blitzartig vorgebrachten Anzüglichkeiten, die spielerischen, schlagfertigen Bemerkungen über Racine und Henry James, sie waren alle ein einziger wütender Kampf gegen die bevorstehende Einsamkeit.
Ich stand auf, um mich zu verabschieden, und ein Lächeln huschte über ihr Gesicht. Ich sah sie verblüfft an. Sie sah wieder wie ein Kind aus, wie ein verwöhntes, ungestümes Kind, das neuen Abenteuern entgegenging.
Sie sagte: »Es liegt ein Schimmer in der Luft. Haben Sie ihn wahrgenommen? Ich spüre es in meinen Knochen. Der Krieg ist fast vorbei.«
Sie war, wie Connolly es ausdrückte, »das letzte Aufflammen einer untergehenden Epoche. Sie sprühte wie Champagner, sie glitzerte wie ein Diamant. Doch die neue Zeit wird eine zweite Emerald nicht dulden.«

Der verborgene Löwe

New York sah merkwürdig verschlafen aus, als ich die *Queen Elizabeth* verließ. Das Schiff war in einen Militärtransporter umgebaut worden, und die Passagiere schliefen in schmalen Kojen zu zwölft in einer Kabine. Ich nahm ein Taxi zum Barbizon-Plaza und stellte mich dort unverzüglich unter die Dusche. Dann ging ich unter dem staubigen grauen Blattwerk des Central Park spazieren, der der Sonne mit einem Ausdruck des Abscheus zublinzelte.

Auch ich haßte den Sonnenschein inmitten von New York. Er hatte einen räuberischen Glanz – wie in Madras. Nach dem erstickenden Gleißen des New Yorker Morgens sehnte ich mich nach dem unruhigen Geglitzer des New Yorker Abends.

Eines Tages beschloß ich, nach Long Island zu fahren. Ich kaufte einen gebrauchten Chevrolet und fuhr an einem Junimorgen hinaus. Nach dem vielerlei Elend in Brooklyn und Jamaika war es eine Wohltat, den Schaum am Strand von Hampton tanzen zu sehen und die verwehten Dünen und die feuchten, salzigen Sturmböen zu riechen.

Ich nahm mir ein Zimmer in einem der Häuschen des Sea Spray Inn in East Hampton. Jeden Abend wanderte ich den Strand entlang, um die Wellen zu beobachten. Es gab Tage, an denen sie mit ihren leuchtenden Fäusten auf den Strand trommelten, und andere, an denen sie wie bösartige Schlangen ans Ufer glitten. Dann kamen warme, windstille Tage, an denen sie sich auf den Sand hinaufschlängelten und ihre weichen, schäumenden Tatzen hoben wie ein Hund, der um einen Keks bettelt.

Ich arbeitete an einem kurzen Roman, der *Age of Thunder* hieß. Ich schrieb einen Entwurf nach dem anderen und kämpfte um die Vereinfachung meines Stils. Ich strich alle Adverbien und Adjektive, dann alle Kommas und Semikolons, um sämtliche Spuren eines literarischen Kunstgriffs auszumerzen. Aber diese oberflächliche Vereinfachung hatte ihre eigenen tückischen Risiken. Die Gefahr des »faux naïf« lauerte auf jeder Seite. Daher setzte ich alle Kommas und alle Adjektive und Adverbien wieder ein, gebrauchte aber nicht die gleichen wie zuvor, sondern ersetzte sie durch gröbere, vereinfachte. Der falsche naive Ton wich einem pseudoprimitiven, und ich zerriß die Kapitel angewidert und begann von neuem.

Nach diesen Stunden der Frustration ging ich wieder zum Strand. Dort war es zwar erholsam, doch ich war so hoffnungslos in Andeutungen und Ausarbeitungen verstrickt, daß selbst der Strand fragwürdig wurde. Die Wolken nahmen die Gestalt von Kamelen, Moscheen und arabischen Reitern an. Das Treibholz erinnerte mich an Derwische, Gebetsmühlen und Kobras.

Der Krieg war fast vorüber, und die Luft war von schlimmen Erwartungen geschwängert. Meine Feder stockte immer wieder, wenn ich die Seiten vollkritzelte. Selbst das Rascheln des Papiers klang hektisch und ungeduldig, und die Brise, die ums Haus strich, vollführte nervöse Zuckungen.

Ich fand es schwer, in dieser Krisenatmosphäre zu schreiben, und so verbrachte ich den Rest des Sommers damit, sechs Meisterwerke zu lesen, die Andrew Chiappe als seine Lieblingsbücher erwählt hatte. Ich beschloß, mich mit diesen sechs berühmten Werken auseinanderzusetzen und den verborgenen Feinheiten des Stils und der Phantasie auf die Spur zu kommen.

Ich begann mit Flauberts *Unruhe des Herzens*. Andrew hatte behauptet, daß es besser als *Madame Bovary* sei. Gehorsam arbeitete ich mich durch, machte am Rand meine Notizen, aber im Endeffekt war die Lektüre ermüdend und irritierend – als wäre ich durch regenverwaschene Dünen gewandert.

Dann las ich Stendhals *Rot und Schwarz*. Andrew hatte gesagt, daß es noch schöner als *Die Kartause von Parma* sei. Es gefiel mir besser als Flauberts Roman, aber die romantische Haltung des Helden schien mir schwerfällig und übertrieben, als handel-

te es sich hier mehr um eine literarische Mode als um einen menschlichen Aspekt.
Dann kamen *Die Gesandten* von James. Hier war der Stil viel bedeutungsvoller, aber auch da gab es Stellen, die Mißklänge aufwiesen. Ich vermißte die stählerne Präzision von *Asperns Nachlaß* und die unheilverkündende Strenge von *Der Untergang von Poynton*. Die ganze Konzeption des Buches wurde zunehmend künstlicher, und ich warf es in einem Anfall von Verzweiflung auf die Seite.
Dann kam *Anna Karenina*. Unverzüglich erwachten meine Lebensgeister wieder. Eine zunehmende Liebe erfüllte mich, nicht so sehr zu Anna selbst als zu dem Autor, der sie mit derart atemberaubender Wahrhaftigkeit lebendig werden ließ. Am Ende jedes Kapitels hätte ich am liebsten »Bravo!« gerufen, wie bei dem wunderbaren Auftritt eines großen Schauspielers.
Dann *Im Schatten junger Mädchenblüte*. Andrew meinte, dies sei das beste von Prousts Werken. Ich fing an dem Tag zu lesen an, an dem Hitler starb, und der Schatten des Krieges schien über den Seiten zu hängen. Nach und nach begann die wunderbare Musik in mein Blut zu sickern. Aber als ich das Buch ausgelesen hatte, verwirrte sich in meiner Vorstellung alles, wie wenn man sich an die Schlußakkorde einer halbvergessenen Symphonie zu erinnern versucht.
Schließlich las ich Dostojewski. Andrew hatte *Die Brüder Karamasow* vorgeschlagen, da er fand, daß sie vielschichtiger angelegt seien als *Der Idiot* oder *Schuld und Sühne* und dem widersprüchlichen Charakter des Autors mehr entsprächen. Jetzt sah ich in Dostojewski eine Größe, die mir bisher entgangen war. Das Buch strotzte vor Mängeln, es schlingerte heftig von Szene zu Szene, die Handlung war nicht zu durchschauen, die Brüder blieben einem unerklärlich, doch der Eindruck einer düsteren Realität war so stark und nachhaltig, daß das Buch insgesamt durch und durch großartig erschien.

Eines Tages drehte ich das Radio an und hörte, daß Hiroschima bombardiert worden war. Und dann war der Krieg mit einemmal zu Ende, und die Wellen tanzten triumphierend. Mich beherrschte nur ein einziger großer Wunsch: den Atlantik

zu überqueren und endlich nach Rom zu kommen. Rom stand wie ein Garant für die Souveränität des Glaubens über die Gewalt hinter den Verheerungen und Ruinen des Krieges.
Als der Herbst kam, war der riesige Strand verlassen, und allein das Schilf hinter den Dünen bewegte sich im Wind. Hin und wieder näherte sich ein einsamer Badender aus goldener Entfernung, warf mir im Vorübergehen einen flüchtigen Blick zu, um dann in der Unendlichkeit zu verschwinden, und ich hatte das Gefühl, daß wieder einmal eine Möglichkeit engerer menschlicher Zusammengehörigkeit hinter den gesichtslosen Dünen entschwunden war.
Eines Morgens im September wanderte ich am Strand entlang. Ich war von der Hoffnung besessen, vielleicht eine Entdeckung zu machen. Selbst eine alte Coca-Cola-Flasche und ein merkwürdig geformtes Stück Treibholz gewannen in dem glutvollen Herbstlicht einen neuen Glanz.
Ich stieg über eine Düne und sah einen nackt daliegenden Fremden. Er lag in einer Vertiefung und hatte ein Handtuch über dem Gesicht. Ich zog mich rasch zurück, doch er rief: »Erschrecken Sie nicht! Kommen Sie und plaudern Sie ein bißchen mit mir! Es ist so einsam am Strand!«
Es war ein großer, schlanker Mann mit grauem Spitzbart und haselnußbraunen Augen. Er nickte unentwegt und grinste belustigt und vergnügt. Er erklärte mir höflich, sein Name sei Kazimierski. Er war Pole, der nach der Invasion der Nazis aus Warschau geflohen und über Prag, Zürich und Rotterdam nach Amerika gekommen war. Vor langer Zeit hatte er im Trinity College in Cambridge studiert, und sein Englisch war von einer zögernden, doch betörenden Eleganz. Er wischte sich den Schweiß vom Gesicht und begann ein Gespräch über den Krieg.
»Die ganze Geschichte ist nun vorbei, aber wir haben keinen Grund zum Jubeln. Unter der Oberfläche grollt es, und einiges dringt auch nach außen. Was werden wir tun, wenn auf der ganzen Welt nur noch das Chaos herrscht? Und es stimmt, merken Sie sich meine Worte, in hundert Jahren wird es nur noch ein einziges Chaos geben. Es wird nicht aufzuhalten sein. Es ist, wie wenn ein Faß dem Abgrund zurollt. Die Wissen-

schaftler haben einen unerbittlichen Angriff auf die Seele der Menschheit lanciert!«
»Meinen Sie die Atombombe?«
»Es wird Tausende anderer Bomben geben, postatomare, superatomare, lunare, solare, astrale, galaktische. Alles ist möglich, nichts ist festgelegt, unsere Begriffe von Raum und Zeit, ja selbst von Gott sind aufgehoben. Überlegen Sie mal! Es ist erwiesen, daß Materie und Energie identisch sind, der Raum begrenzt, die Zeit relativ ist, daß das Universum vierdimensional und sattelförmig gekrümmt ist; das Schlimmste aber ist, daß Geist und Seele nur noch eine Vielzahl von Molekülen sind!«
»Ja, das wird wohl so sein. Aber schließlich gibt es immer noch Homer und Sophokles ...«
Unvermutet stieß er ein fröhliches Lachen aus. »Ja, gewiß! Immer dieselbe alte Geschichte. Die Götter unserer naturwissenschaftlichen Revolution werden die alten Konzeptionen von Kunst und Dichtung vernichten, genau wie die griechische Vorstellung von den Göttern die Welt von Homer und Sophokles geschaffen hat. Geduld, Geduld! Die Menschheit wird vielleicht noch ein paar Jahrhunderte überleben, noch ist sie nicht am Ende, und weitere Überraschungen stehen noch aus, und einstweilen gibt es immer noch die Sonne, das Meer und den Himmel, und wir können uns in einem letzten Rausch der Meditation hingeben!«
Er legte sich zurück und ließ das Handtuch über sein Gesicht fallen, und damit verschwand Kazimierski endgültig wieder aus meinem Leben.

Nach einer Woche war ich wieder im Barbizon-Plaza und fing von neuem an, an meinem Roman *Age of Thunder* zu arbeiten. Kazimierskis Drohungen hatten tiefen Eindruck auf mich gemacht, und ich arbeitete wieder begeistert drauflos. Ich hatte das Gefühl, daß der Rhythmus der Welt sich unaufhörlich beschleunigte und das einzig Sinnvolle und Beständige Kunst und Dichtung waren, die noch immer in den Herzen der Menschen beheimatet waren.
Aber leider hielt dieser Impuls nicht lange vor. Es lag etwas

Trügerisches in diesem blinden, leidenschaftlichen Vertrauen. Der Herbst ging zu Ende, der Himmel wurde grau, und auf den Dezember folgte der Januar.
Eines Abends wurde ich zu einem Vortrag zu Mrs. Crane eingeladen. Mrs. Crane hatte eine Wohnung in der Fifth Avenue 820, die ein Zufluchtsort für Dichter und ein Mekka für Künstler war. Die Leute sprachen über Properz und Pico della Mirandola, und Mrs. Crane hörte ihren Gästen zu, den Kopf traurig geneigt und ihre Papageienaugen auf den großen silbernen Samowar gerichtet.
Sie besaß ein wundervolles Gemälde von Salvador Dalí. Ein Vorhang hing in der Stille einer Wüste, und auf diesen Vorhang fiel der Schatten eines unsichtbaren Löwen. Das faszinierende Bild stand auf einer Staffelei in der Nähe des Fensters, und unten rauschte der Verkehr auf der Fifth Avenue durch den Schnee. Marianne Moore starrte mit ihren verschreckten Augen auf dieses Bild, und ihre Finger glitten sanft über die Mahagonistaffelei.
Ich sagte: »Ihnen ist die Staffelei lieber als der Löwe, nicht wahr?«
»Ich fürchte mich vor dem verborgenen Löwen. Vor der hölzernen Staffelei aber habe ich keine Angst.«
»Vielleicht ist der Löwe ganz freundlich!«
»Wer kann das wissen? Er ist unsichtbar!«
Ich spürte das aufgeregte Schwirren der Flügel und die zarten Fühler Miß Moores, die aufgeregt wie ein Insekt auf das Gemälde starrte.
»Auch ein sichtbarer Löwe kann freundlich sein«, sagte ich tröstend. »Ich sah neulich im Zoo einen lieben alten Löwen ...«
»Alte Löwen sind niemals freundlich!« rief Miß Moore mit einem Ausdruck des Entsetzens. »Sie werden reizbar und mürrisch. Ich habe einmal ein kleines Gedicht über einen freundlichen alten Löwen geschrieben, aber es blieb ganz unlebendig, denn der Löwe war zu freundlich. Es war der Löwe des heiligen Hieronymus auf einem Bild von Antonello da Messina. Der heilige Hieronymus sitzt in seinem Gehäuse, im Hintergrund sieht man die Berge, und der Löwe streicht in der Bibliothek zwischen den Säulen herum. Ich war von diesem Löwen faszi-

niert. Er war ein bibliophiler Löwe. Wäre er aus Karneol oder auch aus Walnußholz gewesen, hätte das Gedicht vielleicht Gestalt gewonnen. Aber er war aus einem Traum gemacht.«

»Immerhin«, insistierte ich, »ist doch etwas an diesem Löwen Realität. Er wirkt gefährlich einsam.«

Miß Moore lächelte traurig und verzog schmerzlich ihre Lippen. »Die Welt um diesen Löwen ist offensichtlich zerstört, und er ist mit seinem quälenden Geheimnis allein.«

»Und welches Geheimnis ist das?« fragte ich interessiert und hoffte dabei, sie zu einem Bekenntnis zu bewegen.

»Oh, es ist kein anderes als die unseren! Er wartet auf das Ende der Welt und umgibt sich mit dem wunderbaren Trost seiner Träume.«

Die anderen Gäste wanderten ernst auf und ab. Sie sprachen angeregt über Raffael. Edgar Wind, der erstaunlich klug und hieratisch war, hatte gerade einen Vortrag über Raffaels *Schule von Athen* gehalten, in dem jede Einzelheit eine kabbalistische Bedeutung hatte, hinter der sich stets eine tiefere Bedeutung verbarg, so wie in den russischen Holzpuppen immer wieder eine andere zum Vorschein kommt.

Miß Moore trug ein langes, dunkles Kleid mit einem schmalen, weißen Kragen, und ihr Haar war in einem schimmernden Zopf um den Kopf gelegt. Sie versuchte mich anzulächeln, aber mit ihren traurigen kleinen Lippen und ihren ängstlichen großen Augen fiel ihr das Lächeln schwer.

Sah ich Miß Moore an, hatte ich das Gefühl, in eine vergangene Epoche, etwa ins fünfzehnte oder auch elfte Jahrhundert geraten zu sein. Sie ließ einen an die schattigen Grotten einer karolingischen Abtei oder an den beleuchteten Achat in einer Kapelle in Ravenna denken. Ihr feines glänzendes Haar schien wie aus Glas gesponnen, und ihre Lippen waren aus scheuen kleinen Korallen geschnitten.

»Sie lieben die Dinge mehr als die Menschen, nicht wahr, Miß Moore?«

»Ich liebe die Dinge, das stimmt, sie betrügen einen nicht, wie das die Menschen so oft mit ihren Ansichten und Standpunkten tun. Alle Standpunkte sind trügerisch, aber was soll's, es ist schwer, ohne Standpunkte zu leben, nicht wahr?«

»Aber auch Dinge vertreten Standpunkte, oder nicht, Miß Moore?«
»Dinge haben oft etwas Menschliches, genau wie Tiere. Ich hatte einmal einen Korb, der aus der Haut eines Gürteltiers gemacht war. Ein Priester, der eben aus Mexiko gekommen war, hatte ihn mir gegeben. Es war ein Tier, verstehen Sie, aber auch etwas Menschliches, denn es war ein Korb. Ich war von den Streifen, dem fremdartigen Muster und der borstigen Struktur entzückt. Der Geruch des Tiers war immer noch wahrnehmbar trotz der Zweckentfremdung durch den Menschen.«
»Haben Sie ein Gedicht auf dieses Gürteltier geschrieben?«
»Oh, das wäre zuviel des Guten gewesen! Man hätte gesagt: ›Jetzt hat sie auch noch ein Gedicht über ein Gürteltier geschrieben. Es war wohl nicht zu vermeiden, daß sie ein Gedicht über ein Gürteltier schreiben würde!‹«
Ich war von diesen merkwürdigen Gedichten, die ich in einem Buch mit dem Titel *Observations* las, verwirrt und begeistert gewesen, als ich sie vor langer Zeit entdeckt hatte. Sie bewegten sich gewissermaßen wie im Krebsgang, dabei zitterten ihre Fühler mit den kleinen Knöpfchen unaufhörlich, und sie schienen etwas Unterseeisches anzupeilen. Ihre wechselnden Assonanzen glichen sich hin und her bewegenden Algen. Ich liebte »His Shield« besonders. Da ging es um einen Salamander, dem neue, facettenreiche Perspektiven verliehen wurden:

»Though rubies large as tennis
balls conjoined in streams so
that the mountain seemed to bleed,

the inextinguishable
salamander styled himself but presbyter. His shield
was his humility.«

Sie versuchte zu lächeln, vielleicht spürte sie, daß ich in ihr einen Salamander sah, doch ihr Lächeln schwand dahin, und sie sagte: »Ich muß jetzt nach Hause gehen.«
Unten standen wir unter der Markise und warteten auf das

Taxi. Es schneite immer noch, der Wind vollführte kleine Ringeltänze, und die Bäume des Central Park nahmen die bedrohliche Größe des Himalaja an.

»Vor Jahren«, sagte sie und wurde dabei fröhlicher, als wollte sie ihre Flügel ausbreiten, »war die Welt noch so wunderbar erregend jung. Ich gab *The Dial* heraus, und wir hatten alle unsere Ideale. Wir besaßen alle einen erlesenen Geschmack, bestanden darauf, daß alles vorzüglich sein müßte, und Yeats, Pound, Eliot und Strawinsky waren unsere Götter. Wir begeisterten uns für diese unbekannte, rätselhafte Unterwelt, die sich da plötzlich auftat, obgleich meine Sehnsucht stets der Klarheit und der Genauigkeit galt. Das macht es den heutigen Künstlern so schwer, daß sie ihre Streifzüge durch die geheimnisvolle Wildnis unternehmen müssen. Aber sie tragen ihre Laterne bei sich, und die strahlt furchtlos auf. Man darf keine Angst haben, das ist die Hauptsache. Keine Angst vor den Löwen!«

Sie stieg in das Taxi und winkte mir durch das Fenster zu. Einen Augenblick lang liebte ich Marianne Moore leidenschaftlich. Als sie winkte, sah ich, daß sie ein glanzvolles byzantinisches, großartiges renaissancehaftes Profil hatte. Aber das Taxi fuhr durch die wirbelnden Schneeflocken davon, und ich erblickte nur noch ihren Haarkranz, der gesponnenem Glas glich.

Beredtes Schweigen

Ende Januar kaufte ich in New York ein herrliches Auto. Es war ein Lincoln Continental, Baujahr 1938, er war glänzend kastanienbraun, glatt und kräftig wie ein Hai, und auf seinem Kühler saßen zwei Flügel, die mich an einen Schmetterling erinnerten.

Ich liebte diesen großartigen Wagen mit stolzer, jedoch bescheidener und zugleich erschrockener Bewunderung, wie andere ihr Rennpferd lieben mögen. Ich polierte ihn, bis sich die Wolkenkratzer darin spiegelten. Ich stellte mich auf die Straße, beobachtete ihn aus der Ferne und wartete auf ein Zeichen des Erkennens von ihm. Sechzehn glückliche Jahre lang war dieser wunderbare Wagen mein Begleiter, und als er schließlich alt und klapprig wurde, lauschte ich mit verzweifelter Zärtlichkeit, ja mit Tränen in den Augen seinen verzagten Klopftönen.

Ich schiffte mich mit meinem Lincoln nach Cherbourg ein und fuhr durch die Normandie nach Paris. Die Felder und Wiesen waren vereist. Die Schatten des Krieges lagen noch auf der Landschaft. Die großen normannischen Pferde standen regungslos auf den Feldern, und ihr Atem blies dicke Wolken über die gefrorenen Pferdeäpfel.

In Paris war es sogar noch kälter. Es war seit vierzig Jahren der kälteste Winter. Im Café Deux Magots saßen die Menschen in ihren Überziehern da, und in der Bar des Ritz fröstelten die Damen in ihren Pelzen.

Ich fuhr ganz langsam nach Süden. Mein Ziel war Rom. Ich war nie in Rom gewesen und sah ihm freudig und mit einem gewissen Bangen entgegen, etwa wie ein Liebhaber, der zu seinem ersten Rendezvous mit einer unbekannten Schönen geht.

Ich hatte das Gefühl, daß ich in Rom einer großen Entdeckung entgegenging, einem Wendepunkt in meinem Leben, der sowohl positiv als auch negativ sein könnte.
Ich fuhr gen Süden durch Burgund, wo die Eiszapfen an den Kathedralen schimmerten. Die Schlösser wirkten leer und wie in einer mittelalterlichen Starre. Als ich durch Montélimar fuhr, schien die Sonne heller. Die Provence schien langsam wieder aufzuleben. Ich hielt in Arles und in Avignon, die halb verlassen wirkten. In Cannes war es frühlingshaft warm. Ich war der einzige Gast im Hotel Miramar. Ich schlenderte zum Strand und sog den Geruch nach Fisch und Möwen ein.
Ich fuhr von Ventimiglia durch ein vom Krieg verwüstetes Italien und machte in San Remo, Alassio, La Spezia und Pisa Station. Die Straßen waren voller Schlaglöcher, die Brücken zerstört, die Obstgärten verlassen, die Museen leer. Doch über dem Apennin kam mir eine strahlende Helligkeit entgegen. Wo immer ich mich umschaute, sah ich nicht die Düsternis der Niederlage, sondern strahlende Augen, in denen eine wiedererwachte Glückseligkeit aufleuchtete. Ich stand auf dem Campo in Siena und lauschte dem Klang der Glocken. Die Piazza lag wie zu einem prachtvollen Empfang vor mir ausgebreitet, und der Turm erhob sich triumphierend dem Himmel entgegen.
Den Tag, an dem ich endlich in Rom ankam, werde ich niemals vergessen. Ich brauste über die zerfallenden kleinen Brücken der Via Cassia und fuhr dann die trübselige Via Flaminia entlang. Mir wurde dabei immer ungemütlicher. Das hatte ich nicht erwartet: abbröckelnden Verputz, aufgeplatzte Farbe, zerbrochene Fensterscheiben und verkommene Balkons. Mir war nicht wohl zumute, und ich war bedrückt. Rom war grau vor Ernüchterung.
Ich parkte mein Auto auf der Piazza di Spagna und ging die Spanische Treppe hinauf. Ich nahm den Geruch der Rosen, der Nelken, der menschlichen Freude und Ausdünstungen wahr. Ich setzte mich auf die Stufen und blickte auf den bootsförmigen Brunnen hinunter. In dem Fenster über mir begann ein Mädchen ein Lied zu singen. Und mit einemmal wurde Rom real, lebendig, und die Stadt erstrahlte.

Auf den April folgte der Mai und auf den Mai der Juni. Ich wanderte durch die Arkaden der Via dei Coronari. Ich beobachtete die braunhäutigen jungen Holzschnitzer, die Kruzifixe schnitzten, und die dicken römischen Matronen, die ihre Schürzen von den Wäscheleinen holten. Auf der Piazza Navona saßen die jungen Mädchen im Schatten des gewaltigen Brunnens und liebkosten mit ihren Fingern die nackten Gliedmaßen der vier großen Flußgötter. Als ich sie beobachtete, durchzuckte es mich schmerzlich, als sei mir der Zutritt zu dieser wollüstigen heidnischen Welt verwehrt. Insgeheim packte mich das Heimweh, nicht etwa nach einem bestimmten Zuhause, sondern nach einer fernen, undefinierbaren, leidenschaftlichen Erfüllung.

Eines Tages beschloß ich, auf den Monte Celio zu gehen. Es handelte sich um eine Huldigung, eine verehrungsvolle Pilgerfahrt.

Ich überquerte den belebten Corso und wanderte zum Tiber. Ich spürte, daß ein Sturm im Anzug war, da es so besonders heiß war. Die Schwalben vollführten Sturzflüge über der Engelsburg, und ein paar kleine nackte Straßenjungen sprangen immer wieder in den Fluß. Auf Ciriolas Hausboot, das ein Bordell für Homosexuelle war, lagen die spitzbäuchigen alten Käuze schwitzend in der Sonne.

Ich ging die lange, heiße Straße zum Monte Celio hinauf und landete schließlich im Haus der Blauen Schwestern. Die Schwester an der Pforte fragte: »Erwartet er Sie?«

»Ich habe ihm geschrieben. Vermutlich erwartet er mich.«

Sie führte mich die Treppe hinauf und durch den hallenden Korridor. Dann klopfte sie an die Tür und öffnete sie leise.

Er richtete seine schwarzen spanischen Augen fragend auf mich. Von diesen Augen fühlte ich mich magnetisch angezogen.

»Setzen Sie sich«, sagte er freundlich. »Es ist schrecklich heiß, nicht wahr?«

»Ja, sehr«, sagte ich und nickte. »Ich habe Ihnen auf gut Glück geschrieben.«

»Sie haben mir eine Nachricht geschickt?« Er sah erstaunt aus.

»Wie merkwürdig. Sie haben sie mir nie gegeben.«
Er hatte nicht die leiseste Ahnung, wer ich war. Seine Unpersönlichkeit verbarg er hinter seiner spanischen Höflichkeit. Diese elegante Unpersönlichkeit hatte etwas sehr Bewegendes in ihrer Wärme und Unmittelbarkeit und ließ mich an ein Porträt von Goya denken.
»Ich wollte, ich könnte Ihnen etwas zu trinken anbieten, aber das ist ein bißchen kompliziert.« Seine Züge erhellten sich. »Oh, da steht eine Flasche im Regal. Darf ich Ihnen ein Glas anbieten? Ich glaube, es ist Portwein, es kann aber auch Sherry sein.«
»Verbindlichen Dank. Ich bin ganz glücklich, wenn ich nur hier sitzen und Ihnen zuhören darf.«
»Sie sind glücklich? Du meine Güte! Was bedeutet das, glücklich zu sein? Lediglich dazusitzen und jemandem zuzuhören? Es ist lange her, seit es mich glücklich machte, nur dazusitzen und jemandem zuzuhören. Aber es ist nicht leicht, heutzutage noch an diese Art von Glück zu glauben. Die Menschen sind jetzt so gierig. Sie erwarten ein greifbares Glück.«
»Aber Sie glauben doch noch an die Möglichkeit des Glücks?«
»So, wie ich an die Macht der Träume glaube. Träume sind existent, schwer faßbar und köstlich, aber es ist gefährlich, sich aufzumachen und zu versuchen, sie in einem Netz einzufangen.«
Er saß in einem abgetragenen seidenen Morgenrock, auf dem sich Spuren von Kaffee, Tee und Blut abzeichneten, hinter seinem Schreibtisch. Er hatte einen schmalen, zusammengeschrumpften Kopf, in dem die Augen wie Juwelen glänzten. Seine etwas zittrigen Finger umklammerten die Schreibtischplatte. Auf dem Schreibtisch lagen Freuds *Der Mann Moses und die monotheistische Religion* und Robert Lowells *Lord Weary's Castle.*
Ich hatte George Santayana stets eher instinktiv als aus irgendeinem besonderen Grund verehrt. Sein Roman *Der letzte Puritaner* schien mir kein richtiger Roman zu sein, und seine philosophischen Werke waren in Höhen angesiedelt, die mein Fassungsvermögen überstiegen. Ich war von seiner Lyrik beeindruckt, mich hinreißen oder gar verführen konnte sie nicht.

Doch drei Jahre zuvor hatte er ein Buch veröffentlicht, das *Die Spanne meines Lebens* hieß, und diese schönen Memoiren brachten in mir eine bestimmte Saite zum Klingen, und er wurde einer der Heiligen in meiner geheimen Kapelle.

Santayana war jetzt vierundachtzig, aber in Amerika war er nie anerkannt worden. Er glaubte, daß das, was er als »Erfahrung« bezeichnete, die einzig wahre Realität sei, und meinte, daß sich das »Wesentliche« in Gerüchen, Farben, Temperaturen und Klängen manifestiere. Seine ethische Grundhaltung führte er auf Aristoteles zurück, und Religion war für ihn die von der menschlichen Einbildungskraft ausgelegte menschliche Erfahrung. Seine Auffassung von der Funktion der Philosophie galt als überholt, da er eine vereinheitlichende Weltvorstellung hatte, die Menschen, die an eine einheitliche Welt nicht mehr glauben mochten, gegen den Strich ging.

»Sie sind also von der Bedeutung der Träume überzeugt, Mr. Santayana?«

»In demselben Maß, in dem ich von der Bedeutung des Glücklichseins überzeugt bin. Es ist eine Sache des Gedächtnisses und kommt auf die Kraft des Erinnerungsvermögens an.«

Dann herrschte Schweigen – eine Art wogender Stille umgab seine Worte mit Bindestrichen und Parenthesen. Diese Stille verlieh den Worten Gewicht und Nachdruck, ja sie zollte ihnen einen momentanen Tribut und überreichte ihnen lautlos eine Auszeichnung.

Sein Blick hellte sich ein wenig auf. Ein Licht stieg wie ein Fisch aus einem mondbeschienenen Teich an die Oberfläche. Dann hob er langsam den Zeigefinger, als wollte er mich vor einem Lauscher warnen.

»Rom ist, fürchte ich, kein günstiges Pflaster mehr für Träume. Es ist für Träume zu sachlich, zu wollüstig und zu unersättlich.« Wie um den Träumen eine Reverenz zu erweisen, senkte er seinen Finger. »Und vergessen Sie nicht, Rom hat sich von seiner Vergangenheit losgesagt. In der römischen Erde ruhen zahllose sterbliche Hüllen, die von den Römern jedoch nicht beachtet werden.« Er schwieg und senkte den Blick, um die Toten zu ehren. »Die Dinge ändern sich täglich, der Populus romanus ist seiner Vergangenheit überdrüssig, und im Hinterhalt lauert eine verräterische neumodische Welt. Der sogenannte Faschismus war lediglich eine Phase, eine Art Erbrechen. Ich fürchte, daß die christliche Kultur mit all ihren Leidenschaften und ihren Freuden, ihrer Demut und ihrer Verehrung zu Ende geht.«

Wieder eine kurze Stille, aber dieses Mal war sie elegisch. Eine ehrerbietige kleine Falte zeigte sich in seinen Augenwinkeln.

»Selbstverständlich«, sagte er matt, müssen wir uns zuallererst um die Künstler kümmern. Aber vergessen Sie nie, daß das Leben des Künstlers stets seiner Kunst dienen soll. Die *Sonette* Shakespeares waren den Gefühlen, die sie feierten, bei weitem überlegen. Coleridges Opiumtraum war im Vergleich zu der Großartigkeit des *Kubla Khan* trivial. Und Yeats' Besuch bei den Schulkindern war im Vergleich zu dem daraufhin entstandenen Gedicht, das ein kleines Weltwunder ist, lediglich eine belanglose Episode.«

Wieder ein kurzes Schweigen; ein Schweigen der Überzeugung. Aber auf seinen Lippen lag der Schatten von Ahnungen, von Besorgnis.

»Wer hat das Recht, Erfahrung und Erinnerungsvermögen genau voneinander zu trennen? Oder auch Erinnerungsvermögen und das geschaffene Werk? Oder den Künstler und seine Kunst? Ein Dschungel voller Doppeldeutigkeiten. Wer wagt es, diesen Dschungel zu betreten? Immer nur die Größten in ihrer Einfachheit und Unschuld: Homer, Giotto, Mozart und Blake.«

Wieder ein kleines Schweigen, eine erholsame Stille. Er lächelte mir höflich zu, wie um anzudeuten, daß er erschöpft sei.

»Man muß immer, ohne deshalb notwendig ein Pessimist zu sein, auf das Schlimmste gefaßt sein. Auf das Ende dessen, was wir als unsere abendländische Kultur bezeichnen – die Athener inbegriffen –, und auf das Ende jener erhabenen christlich-romantischen Geisteshaltung.« Sein Kopf senkte sich. Seine Augen wurden wäßrig. Als gälte es, einen letzten Kraftakt zu vollführen, hob sich seine Stimme unmerklich. »Wir fahren immer weiter auf ein dunkles, unbekanntes Meer hinaus. Die Lichter des Leuchtturms beginnen zu verlöschen. Was kann uns führen? Gibt es etwas, worauf wir hören sollten? Ich wache mitten in der Nacht auf, und mich friert vor Entsetzen ...«

Die Worte erstarben. Die Lider senkten sich. Er nickte mit dem Kopf und war unversehens fest eingeschlafen.

Ich flüsterte: »Auf Wiedersehen, Mr. Santayana. Haben Sie Dank.«

Ganz kurz nur blinzelten seine dunklen, müden Augen, die so traurig und so aristokratisch waren, unter ihren Lidern hervor, und ich erhaschte einen flüchtigen Blick von der wahren Bedeutung des Lebens und des Menschseins.

Ich ging durch den Flur zum kühlen. dunklen Treppenhaus. In der Stille hörte ich das Hallen meiner Schritte, die sich in einem kontinuierlich verklingenden Echo wiederholten.

Die Spinne

Ich verliebte mich täglich mehr in diese geheimnisvolle alte Stadt. Das geschah nicht ekstatisch, wie es mir mit Venedig ergangen war, auch nicht grüblerisch wie bei Paris, sondern mit einer animalischen Faszination: schnüffelnd, herumstreichend, verborgen und spähend. Ich blickte aus meinem Fenster im Hotel Flora auf die sandfarbenen Mauern der Via Veneto. Sie sahen so nichtssagend und inhaltslos aus, bar jeglicher Gedanken und Gefühle, und dadurch unterschieden sie sich wesentlich von den Pariser Mauern, in denen die Intrigen gärten, und von den sonnenbeschienenen Mauern Venedigs, die einen festlichen Glanz verströmten.

Es gab in Rom einen berühmten Gelehrten, den ich unbedingt besuchen wollte. Er galt als einzigartige Autorität auf dem Gebiet der romantischen Dichtung. Während die anderen großen Kritiker Leben, Daten und Titel untersuchten, beschäftigte er sich mit den Tiefen und Unruhen der menschlichen Seele.

Also ging ich eines Tages in die Via Giulia. Ich ging zur Piazza del Tritone und wanderte dann zum Campo de' Fiori, wo der Duft nach Gemüse und Blumen in der Luft herumwirbelte, als sei er lebendig.

Die Via Giulia ist die unheimlichste Straße in ganz Italien: Sie beunruhigt einen noch mehr als die Gassen Volterras und wirkt bedrohlicher als die Sträßchen in Mantua. Noch lauern die Kerker Piranesis im Dunkel, und der Geruch der mittelalterlichen Verliese hängt in der Luft.

Ehe ich in die Via Giulia einbog, hielt ich an einem Stand in der Nähe des Palazzo Farnese und kaufte einen kleinen Talisman, eine Spinne, als Vorsichtsmaßnahme. Ich hatte über den großen Professor Praz merkwürdige Gerüchte gehört.

Ich wanderte an dem säuerlich riechenden Gemäuer der finsteren Straße vorbei. Schließlich blieb ich stehen und klopfte an eine Tür.

»Signor Praz?«

»Si, signore.«

Ein dunkeläugiges Mädchen im schwarzen Kimono führte mich in das Arbeitszimmer des Professors. Als ich den Raum betrat, sah ich zunächst gar nichts. Sein großflächiges dunkles Gesicht lag im Schatten des besonnten Gitterwerks.

»Ja, selbstverständlich. Ich habe Ihre Nachricht bekommen. Sie möchten sich über Hölderlin unterhalten. Nun, bitte setzen Sie sich, und wir werden ein Gespräch über Hölderlin führen.«

Er ging durch das Zimmer, hielt im Schatten der hohen Bücherregale, trat ins Zwielicht zurück und sah mich aufmerksam an. Er war ein vierschrötiger häßlicher Mann mit einem wuchtigen Kopf und glutvollen Augen, die mit heidnischer Verschlagenheit unter den dicken zusammengewachsenen Brauen hervorsahen.

Mit bäuerlichem Behagen rieb er sich die Hände. Dann fragte er mit vollendeter Höflichkeit: »Erlauben Sie mir zuerst bitte eine Frage. Ist das der *wahre* Grund, weshalb Sie hierhergekommen sind? Nur um über einen Verrückten zu sprechen, der vor hundert Jahren in Tübingen gestorben ist?«

»Bitte vergessen Sie nicht«, sagte ich rasch, »daß er keineswegs verrückt war, als er seine Gedichte schrieb. Er verlor erst später den Verstand, und seine Gedichte zerbrachen in Stücke wie Porzellan.«

Mario Praz hatte ein berühmtes Buch geschrieben, *Liebe, Tod und Teufel*; von da an galt er als die größte Autorität auf dem Gebiet der romantischen Agonien. Sein massiges Gesicht ähnelte dem eines Kannibalen, sein Blick war aufmerksam, und seine groben, behaarten Hände umfaßten ein Tintenfaß.

»Ganz recht. Zerbrochenes Porzellan. Ein sehr zutreffender Satz. Eine zerbrochene Teekanne sieht zweifellos wie ein zertrümmerter Schädel aus. Zuweilen glaube ich, daß Hölderlin der Größte von allen ist. Ich meine weder Sophokles noch Dante, sondern spreche von den großen Lyrikern.«

»Größer als Goethe?«

»Erhabener als Goethe, könnte man es nennen.«
»Größer als Shakespeare?«
»Ich weigere mich, Shakespeare als Lyriker zu bezeichnen.«
»Größer als Yeats?«
»Sie müssen entschuldigen, wenn ich ein wenig in Verlegenheit gerate. Ja, Yeats konnte großartig sein, wenn er über Byzanz schrieb, aber er hat sich auch über Pfauen und Gazellen ausgelassen. Er war zu sehr ›il poeta‹, und er schrieb zu viele Gedichte.«
»Gibt es einen Test, Signor Praz, durch den sich die absolute Größe feststellen läßt, was meinen Sie?«
Wie ein Komplize richtete er seine glutvollen Augen auf mich. Dann starrte er durchdringend auf einen Punkt irgendwo zwischen den Bücherregalen.
»Man hätte gerne einen Maßstab. Doch ich habe nie einen gefunden. Die Jahrhunderte vergehen, und man ist auf seine eigenen Vermutungen angewiesen. War Raffael größer als Tizian? War Bach größer als Beethoven?«
»Demnach gibt es keinen endgültigen Test?«
»Auf dem höchsten Niveau sicher nicht, dort leben die Künstler in zyklopischer Einsamkeit. Bei Dante und Michelangelo kann man unmöglich Vergleiche anstellen.«
Er griff in die Regale und liebkoste das goldbedruckte Pergament, dann zuckte er zurück, als habe er glühende Kohlen berührt.
»Manchmal will mir *Die göttliche Komödie* als eine großartige Tour de force erscheinen und ganz und gar nicht als das große epische Werk, für das es gemeinhin gehalten wird. Sie ist so schwer zu definieren, so geheimnisvoll und so unverständlich. Wenn es sich um diese Meisterwerke handelt, muß man ihren klassischen Rang außer acht lassen und sich ihnen verstohlen, voller Staunen und Argwohn nähern. Fangen wir mit Shakespeare an. Dem *Lear*! *Hamlet* und *Macbeth*! So menschlich und letztlich doch so rätselhaft. Aus diesem Grund hat Racine mich stets unerträglich gelangweilt. Diese marmorne Symmetrie, diese eisige Perfektion. Und natürlich Hölderlin. Ein verrückter Romantiker mit Toga. Gerade in seiner heiteren Gelassenheit steckt eine finstere Morbidezza. Hölderlin versuchte

aus den Tiefen seiner romantischen Wahnvorstellungen zur befreienden Klarheit des klassischen Lichts zu gelangen.«
Er hielt inne und starrte aus dem Fenster auf das Gewirr der sonnenbeschienenen Blätter. Er wirkte so, als erwarte er von dort ein bestimmtes Zeichen. Mario Praz' Haltung und seine ganze Erscheinung verliehen ihm eine gewaltige urgeschichtliche Aura.
»Wir wollen nicht mehr über Dichter und Dichtkunst sprechen«, sagte er freundlich, »es ist unendlich ermüdend. Ich habe mir in den letzten Tagen viele Gedanken über die Kunst gemacht. Eines Tages tauchte ganz unvermutet das menschliche Skelett in der Kunst auf. Ein Mann namens Vesalius veröffentlichte 1543 seine *Fabrica*, und in den Holzschnitten dieser Ausgabe entdeckte der Künstler das menschliche Skelett. Das Skelett wurde der höchste Ausdruck der menschlichen Gestalt, und wir begegnen ihm von diesem Zeitpunkt an überall. Es gab Totenschädel, aus denen die Würmer hervorkrochen, Gerippe mit Flügeln, Hamlet, Yorick ...«
»Und Goya«, sagte ich.
Der Professor überhörte meinen Einwurf. »Die Absicht des Künstlers ist es, die Schönheit der sichtbaren Welt darzustellen. Doch Kant hat bewiesen, daß Schönheit keine objektive Realität ist, da sich die ästhetischen Maßstäbe sowohl örtlich wie zeitlich wandeln und auch bei Tieren unterschiedlich sind. Auf Tahiti sind sie anders als in einem Archipel Alaskas, und der Schönheitssinn eines Esels stimmt in keiner Weise mit dem einer Steckmücke überein.«
»Aber wir haben Goya!« beteuerte ich nochmals.
Der Professor zuckte die Achseln und breitete die Hände aus, als wollte er ein Stückchen der untergehenden Sonne einfangen.
Eine Katze sprang aus dem Schatten hervor und ließ sich auf dem Fensterbrett nieder. Mario Praz blickte sie so liebevoll an, als sei sie eine Blutsverwandte.
»Übrigens spukt es in diesem Haus, und zwar nicht wie bei Ihrem Hawthorne, sondern es sind Überreste voretruskischer Schrecken. Nehmen Sie Hölderlin! War er wahnsinnig, oder hat er es nur vorgetäuscht? Von Anfang bis Ende eine unglaub-

liche Doppeldeutigkeit. Vielleicht *mußte* er wahnsinnig werden bei so viel Erhabenheit, Romantik und Klassik! Sie verschmelzen, greifen ineinander, und zusammengehalten werden sie beide durch das Bewußtsein von den uralten Schrecken. Lassen Sie die Wälder und die Wasserfälle, die Haine und die Tempel außer acht – am Ende werden sie sich Hand in Hand zu einem tödlichen Tango vereinen ...«

Die Katze sprang hinter einen Bücherstoß, und der Professor sah mich traurig unter seinen buschigen Augenbrauen hervor an.

»Ich weiß genau«, sagte er leise, »was man alles über mich sagt. Ich habe gesehen, wie sie sich Zeichen geben, sich zuzwinkern, wie sie tuscheln und ihre Amulette berühren. Und Sie stimmen ihnen zu, nicht wahr? Sie glauben, daß ich den bösen Blick habe? Sie haben auch einen Talisman gekauft, oder? Ein Stierhorn, eine Spinne? Natürlich ist das alles Unsinn. Doch es gibt Zeiten, in denen ich auch nicht weiß, was ich davon halten soll. Meine Köchin hatte neulich eine merkwürdige Infektion am Oberschenkel. Sie behauptet, nicht schlafen zu können und böse Träume zu haben ...«

Ergeben schlug er die Hände zusammen und blickte dann spöttisch auf einen Haufen Manuskripte.

Ich wanderte im Zwielicht zum Campo de' Fiori zurück. Die fülligen Frauen verkauften immer noch ihr Gemüse an dem Platz, wo vor langer Zeit Giordano Bruno auf dem Scheiterhaufen verbrannt worden war. Es roch nach verfaultem Kohl und nach bäuerlichem Schweiß. Und jenseits lag das höhlenartige Gemäuer der Via Giulia – ein selbständiges Herzogtum, seiner eigenen pulsierenden Dunkelheit anheimgegeben.

Der Kessel

Es war ein herrliches Jahr in Rom. Die Hotels waren noch halb leer, und man konnte im Capriccio für weniger als einen halben Dollar essen. In den Gassen wurde gesungen, die Brunnen plätscherten vergnügt. Den ganzen Tag wanderte ich durch die Straßen und über die Plätze, die mich mit offenen Armen, nach Schweiß und Makkaroni riechend, begrüßten.

Die Piazza del Popolo schimmerte in der Tiefe, wenn ich oben auf dem Pincio stand, der den Zugang zu dem heißen, verschlungenen Labyrinth der Stadt bewachte. Ich ging den Hang hinunter, kam zur Via del Babuino und schlenderte an den großen geöffneten Fenstern vorbei zur Piazza di Spagna. Hier war die Luft von einem schrillen, gierigen, halb hysterischen Stimmengewirr erfüllt, und auf der gewaltigen Treppe roch es nach Rosen und Urin. Ich bummelte die Via Condotti bis zum Corso und weiter zur Galleria hinunter, wo ich einen Caffè trank. Dann ging es im Häuserschatten immer weiter bis zur Piazza Navona, wo die vier Marmorriesen sich wohlig am Wasser rekelten. Anschließend überquerte ich den Tiber und erreichte Santa Maria in Trastevere; die Piazza dort gefiel mir am besten, mit dem alten rostigen Brunnen und den vergoldeten Mosaiken an der Kirche.

Nachts durchstreifte ich meist das Innere des Kolosseums. Ich war stets begierig, den uralten Geheimnissen der Stadt auf die Spur zu kommen. Ich schnüffelte an den Mauerritzen der bemoosten Arkaden, als könnten sie mir einen Hinweis auf die unwiederbringliche Größe der Stadt geben. Das Kolosseum erschreckte mich zutiefst. Es war viel riesenhafter, als ich es mir vorgestellt hatte, viel düsterer, verwilderter, brutaler und voller Gerüche, als hätten die Laster der Antike ihren Gestank in den

Vorhallen zurückgelassen. Ich sah schattenhafte Figuren heimlich, auf leisen Sohlen durch die Höhlen schleichen – Soldaten, Landstreicher, Diebe, Schmuggler, Dichter, Mönche, schlampige Huren –, und unten in der Arena wimmelte es von Ratten, Fröschen und Eidechsen.
Am meisten liebte ich in Rom das Bombastische, die Überraschungen. Ich hatte meinen Baedeker gründlich studiert und dachte, ich sei gut vorbereitet, aber wo ich auch hinkam, ich hatte jedesmal wieder ein unerwartetes Erlebnis. Die größte Überraschung erlebte ich eines Tages an der Via Poli. Ich bog um eine Ecke und hielt den Atem an. Gewaltige Sturzbäche donnerten seitlich von einer Klippe herab und schäumten in Kaskaden an Meeresgöttern und Pferden vorbei. Über eine Stunde saß ich auf dem Geländer, horchte auf das Rauschen des herabstürzenden Wassers, betrachtete die Pferde und sog den Geruch des üppigen zottigen Mooses der Fontana di Trevi ein.
Wann immer ich konnte, ging ich in die Via Poli und sah mir die Fontana di Trevi an. In der Sommerhitze war der kühle Luftstrom, den die Wassermassen erzeugten, herrlich erfrischend.
Eines Tages bog ich um die Ecke, um dem Brunnen meinen üblichen Besuch abzustatten. Da sah ich eine rundliche Gestalt, die die Pferde anstarrte, auf dem Geländer sitzen.
Freudig rief ich aus: »Wie schön, dich zu sehen!«
»Diese Pferde, sind sie nicht unglaublich?«
»Wirklich, Dylan, das sind sie.«
»Je länger ich hinschaue, desto unwahrscheinlicher sehen sie aus. Der Stein wird zu Wasser, das Wasser zu Stein, und die Pferde sind halb Wasser und halb Stein.«
»Sie sind unglaublich, es stimmt.«
»Du hast verdammt recht. Sie sind unwahrscheinlich. Und was noch merkwürdiger ist, die Wolken werden zu Marmor. Schau! Nicht zu glauben, oder?« Und er rollte die Augen, als wären sie Murmeln.
Natürlich war er beschwipst. Noch jedesmal, wenn ich ihn getroffen hatte, war er beschwipst; er war dann nicht streitsüchtig, sondern auf sanfte und zärtliche Weise angeheitert, als wolle er seiner Phantasie den Weg freigeben zu kindlichem

Staunen, wundersamen Gefühlen und einem ursprünglichen Bewußtsein.
Ich sagte: »Ich fahre nach Ostia. Ich möchte das Meer sehen. Warum kommst du nicht mit, dann sehen wir uns gemeinsam das Meer an!«
Also bestiegen wir meinen Wagen und fuhren zum Ostia-Tor und dem protestantischen Friedhof, wo der Dichter begraben lag – der hinreißende junge Dichter, der mich stets an Dylan erinnerte, wenn dieser Gedanke auch im Laufe der Jahre immer weniger tröstlich war.
Es waren seit meiner letzten Begegnung mit Dylan fast zehn Jahre vergangen; damals hatte er in Cambridge eigene Gedichte vorgelesen. Er war der gleiche geblieben, flink wie ein Reh, dabei linkisch wie ein Satyr, vergnügt und verzweifelt, liebenswert und erbarmungswürdig. Er war jetzt dicker und untersetzter, seine Augen hatten an Glanz verloren, aber er war immer noch derselbe bewunderungswürdige und strahlende Possenreißer.
Ich parkte den Wagen im Schatten, und wir gingen auf den protestantischen Friedhof, standen unter den Bäumen und sahen auf das Grab von Keats nieder. Dylans Augen glänzten und weiteten sich, als er die Worte auf dem bemoosten Grabstein las. Er streckte den Kopf nach vorne, rollte mit den Augen, sank wieder in sich zusammen – wie ein Tier, das den Geruch eines artverwandten Aases aufnimmt. Er zupfte an seinem Pullover herum, brummte mitleidig und ging dann wortlos zum Wagen zurück.
Wir fuhren an der Cestiuspyramide vorbei, wo wir auf die Landstraße kamen, die an Feldern und Wiesen vorbei nach Ostia führte. Es war ein herrlicher Herbsttag, und Dylan hatte recht, das Land glitzerte golden, und die Wolken hatten sich in Marmor verwandelt. Die Straße war wie leergefegt, denn es war kurz nach dem Krieg, und die Landschaft gab sich entzückt der Verlassenheit und der Armut hin.
Wir kamen in Ostia an, bogen nach links auf eine Schotterstraße und parkten hinter den letzten Häusern unter den Pinien. Wir kletterten über die Dünen und standen am Meer. Als Dylan auf das Meer sah, wurde er wieder nüchtern.

»Bei Gott, das ist wirklich unglaublich, dieses dreckige alte Meer! Sich vorzustellen, daß die römischen Trieren über dieses Meer gefahren sind! Was ist eigentlich eine Triere, hast du jemals eine gesehen?«

Ich erklärte Dylan, daß ich noch nie eine Triere zu Gesicht bekommen hätte. Er kreuzte die Arme und sah sehr feierlich, sehr weise, sehr walisisch und sehr ungehalten aus, wie er da am Strand stand und auf das Tyrrhenische Meer blickte. Er trug einen dunkelbraunen Pullover und ein schmutziges Tweedjackett, und seine Schuhe sahen so aus, als hätte er eben eine Tour in den Waliser Bergen unternommen. Als er auf das Wasser sah, war sein Blick nicht mehr so stumpf, und seine Nase glänzte weniger, als er erstaunt die Lippen spitzte.

»Stell dir doch diese Trieren vor, die den ganzen Weihrauch aus Arabien gebracht haben! Ist das nicht unglaublich? Eigentlich hätte ich ein Seemann sein müssen! Fritz, sag mir, sehe ich wie ein römischer Seemann aus?«

Ich lachte und sagte Dylan, er sehe wie ein römischer Seemann aus. Er atmete tief aus, sog den Pinienduft ein und kniete nieder, um seine Hände über den Sand gleiten zu lassen.

»Zum Donnerwetter, ist der Geruch dieses alten Sandes nicht herrlich? Er riecht nach Teer und nach Hengsten – nach uraltem Teer und uralten Hengsten! Ich wünschte, ich wäre ein Rosselenker gewesen. Sehe ich wie ein Rosselenker aus, Fritz? Sonderbar, nicht wahr? Die ganzen Rosselenker und Seeleute der Antike waren auch nicht anders als wir, sie haben gepißt, geschissen, ihre Ejakulationen gehabt! Ich habe auch täglich gepißt und geschissen, aber der Teufel soll's holen, es ist verdammt lange her, daß ich ejakuliert habe! Ich weiß nicht, was mit mir los ist. Bei mir klappt das nicht mehr richtig. Es stimmt zeitlich etwas nicht. Es vertröpfelt einfach ins Nichts. Ist das nicht schrecklich, wenn dein Sperma lediglich wegtropft? Ich bin plötzlich alt geworden. Ich bin tausend Jahre alt. Ich bin so alt wie diese Pyramide. Willst du mir ein Versprechen geben, Fritz?«

Ich sagte Dylan feierlich zu, daß ich ihm ein Versprechen geben wollte.

»Es ist nicht einfach, Fritz, aber ich hoffe, daß du dein Bestes tun wirst. Es könnte sein, daß ich heute nachmittag, morgen oder auch am Samstag sterben werde. Wirst du mir einen Gefallen tun, wenn ich sterbe? Ich möchte gern auf jenem Friedhof begraben werden, und zwar in einem Grab neben John Keats. Ich würde mich neben Keats geborgen fühlen. Mein Leben wäre nicht umsonst gewesen. Es würde mich sehr trösten, neben Keats begraben zu sein.«

Es kam ein Westwind auf, und Dylan begann seine Kleider abzulegen. »Ich will ein bißchen in diesem schmutzigen alten Meer planschen!«

»Paß auf! Es ist kalt!«

»Nicht so kalt wie in Wales. Der Ozean in Wales ist so kalt, daß dir die Eier abfrieren!«

Er zog die Schuhe aus, riß die Hosen herunter, warf die Socken und die schäbige graue Unterwäsche von sich. Dann watschelte er mit wackelnden Pobacken über den Sand. Einen Augenblick lang stand er am Rand des Wassers und reckte die Arme, als wolle er den Wind einfangen. Dann tauchte er den großen Zeh in den strudelnden gelblichen Schaum. Er gluckste vor Wonne und plötzlicher Verzweiflung und warf sich ausgestreckt in das schmutzige alte Meer.

Er kreischte vor Vergnügen, vielleicht aber auch vor Entsetzen und schwamm durch die Wellen zur Terra firma zurück. Er stand auf dem Sand und schüttelte sich wie ein junger Hund. Auf einmal sah er mitleiderregend aus. Er hatte am ganzen Körper Gänsehaut. Seine Pobacken waren mit rosa Pickeln übersät, und sein Skrotum war zu einem kleinen rosa Schwamm zusammengeschrumpft. Tropfende kleine Locken hingen ihm in die Stirn, und seine blutunterlaufenen Augen blickten gedemütigt.

Und plötzlich liebte ich Dylan, Dylan mit seinen tropfenden Locken, seinem vorgewölbten Spitzbauch, seinem Pathos, seinen Pickeln und dem demütigen Blick. Er tat mir unendlich leid, und vielleicht nahm ich damit schon vieles vorweg, aber ich fühlte mich ihm gleichzeitig sehr verbunden. Die Gedichte Dylans erschienen mir irgendwie noch wunderbarer, während ich ihm zusah, wie er seinen zottigen rosafarbenen Körper abtrocknete.

Er ging am Strand entlang, stocherte müßig im Treibholz herum, und als die Sonne sank, wurde es kühl. Die Sonne hing wie ein glutroter Kessel über dem Meer, und Dylan begann ein Gespräch über Werwölfe und Hexen.

»Ich wäre lieber eine Hexe als ein Werwolf«, sagte er feierlich. »Wäre ich eine Frau, würde ich mir ernsthaft überlegen, ob ich nicht eine Hexe werden sollte. Was meinst du, Fritz? Würde ich eine gute Hexe abgeben? Kannst du dir mich in einer Höhle vorstellen, wo ich in meinem verruchten Kessel rühre?«

Ich hatte den Verdacht, daß er mir zu Gefallen eine Rolle übernommen hatte. Er sah mich aus den Augenwinkeln an, um zu sehen, ob ich lächelte.

Die Sonne verschwand im Wasser und tauchte den Himmel in ein Flammenmeer. Nach zwei Minuten war es dämmerig, und hinter den Pinienwäldern brach die Nacht herein. Wir gingen zu dem Restaurant hinauf, das oberhalb des Strandes lag, aßen Cannelloni und tranken dazu zwei Flaschen Chianti. Der Himmel färbte sich violett und wurde dann hexenhaft schwarz, und der Mondschein belebte das schäumende Meer.

Dylan hatte sich von seinem Schwips erholt. Doch nun wurde er wieder trunken. Verschreckt und schüchtern starrte er mich an.

»Fritz, ich will dir erzählen, was ich in den glutroten Kessel werfen würde. Lach bitte nicht. Ich meine es ganz ernst. Ich habe viel darüber nachgedacht. Zuerst Edith Sitwells Möse. Ich bin ein Freund von Edith gewesen, aber diese Zeit ist ein für allemal vorbei, und ich würde mit Ediths Möse den Anfang machen. Danach kämen Osberts Hoden. Kein Grund zum Angeben, aber besser als gar nichts. Grigsons Arsch. Saftig und köstlich, mit einer Prise Estragon. Empsons Kropf und Magen. Daran gibt's nichts zu deuteln, also werfen wir sie mit in den Kübel. Cyril Connollys Nase, vorausgesetzt, er hat noch eine. Sie sah wie ein Radieschen aus, als ich ihm das letztemal begegnete. Audens Vorhaut. Ich hab' sie nie gesehen, aber ich bezweifle, daß er beschnitten ist. Stephen Spenders linkes Ohr. Mit dem hört er immer zu. Den Schwanz von F. R. Leavis. Ja, er hat einen. Ich habe das aus zuverlässiger Quelle. Er ist ein getarnter Teufel. Dieser Schwanz von F. R. Leavis müßte

eigentlich gut durchgekocht und mit einem Schuß Essig wunderbar schmecken!«
Auf unserem Rückweg zu den Pinienwäldern wanderten wir am Strand entlang. Jetzt war das Meer ganz schwarz, wild und riesengroß. Die Sterne funkelten herbstlich.
»Unglaublich, diese Millionen Sterne«, sagte Dylan. »Einige sind eiskalt, andere glühendheiß. So rasen sie durch die Unendlichkeit. Wer kümmert sich dort oben in diesen eisigen Sternbildern um Leavis, Auden oder auch um mich? Mir ist bei dem Gedanken, daß in einer Million Jahren kein Hahn mehr nach Leavis, Auden oder auch nach mir krähen wird, ganz elend!«
Er stieß mich vergnügt in die Rippen. »Es würde mir gar nichts ausmachen, wenn ich eine Hexe wäre! Es gibt Schlimmeres, als eine Hexe zu sein. Ich hätte dann zwar keine Eier mehr, aber das wäre nicht weiter schlimm, da sie sowieso nicht mehr funktionieren. Ich frage mich manchmal, ob ich nicht besser ein Mädchen geworden wäre. Klingt lächerlich, nicht wahr, aber ich überlege mir das von Zeit zu Zeit. In jeder Frau steckt ein Mann, der darum kämpft, ans Licht zu kommen, und in jedem Mann steckt eine Frau, die danach schreit, herausgelassen zu werden. In mir steckt ein hübsches kleines Mädchen. Lach nicht, ich meine es todernst. Sie hat reizende blonde Locken und einen entzückenden kleinen Mund. Ich weiß, es klingt verrückt, aber ich schwöre dir, es ist die reine Wahrheit. Sie schreit in meinem Innern und kämpft um ihre Freiheit!«
Unversehens sagte er ganz freundlich: »Du bist mir böse, nicht wahr?«
»In gar keiner Weise! Warum sollte ich?«
»Wegen der Parodie, die ich geschrieben habe. Du bist mir deshalb immer noch böse, nicht wahr?«
Er hatte vor Jahren auf ein Gedicht von mir, das »Die Putten« hieß, eine Parodie geschrieben. Er nannte es »Die Nutten«, und John Davenport hatte mir eine Abschrift gezeigt.
»Ich bin kein bißchen beleidigt. Es war eine köstliche Parodie!« Dylan sah zufrieden und beruhigt aus, als er mich lächeln sah.
Wir stiegen wieder ins Auto und fuhren nach Rom. Die Häuser waren dunkel, und das Land sah abweisend und verlassen aus.

Wir rasten an den Säulen der Kirche von San Paolo vorüber, und plötzlich ragte die Cestiuspyramide vor uns auf. Als Dylan den protestantischen Friedhof sah, wurde seine Stimme ganz feierlich.

»Ich bin froh, daß ich nach Rom gekommen bin. Ich höre das Raunen der Sibylle. Man kommt hierher, um ihre Stimme zu hören, nicht wahr? Wenn du nur innehältst, um ihr zu lauschen, sagt sie dir die Wahrheit. Es ist keineswegs erhebend, die grausame, schreckliche Wahrheit zu erfahren. In England wäre es sogar ganz und gar unmöglich. Aber in Rom wird man versöhnlich. Das ist der Rhythmus der Antike. Du hast doch diese Trieren gehört, nicht wahr? Sie rudern im antiken Rhythmus.«

Ich ließ Dylan vor der Galleria am Corso Umberto aussteigen und beobachtete ihn, wie er gemächlich in das düstere Café watschelte. Ich winkte ihm ein letztes Lebewohl zu, aber er bemerkte mich anscheinend nicht, und danach habe ich ihn niemals wiedergesehen.

Schlangen

Eines Tages kaufte ich auf dem Campo de' Fiori einen Sack Orangen und bei Rosati in der Via Veneto eine große Schachtel Pralinen. Dann bestieg ich meinen Wagen und fuhr in Richtung Süden, nach Sizilien.

Die Vorstellung von Sizilien hatte eine gefährliche Anziehungskraft: eine Insel mit lauter Mauleseln, Briganten, Tempeln und Vulkanen. Ich studierte meinen Baedeker. Selbst die Namen hatten einen ominösen Klang – Trapani, Sciacca, Gela, Licata, Caltanissetta –, sie ließen einen an nächtliche Verbrechen und an unbezähmbare Leidenschaft denken.

Ich übernachtete in Salerno und fuhr dann nach Kalabrien. Die Straße wand sich endlos durch die felsigen Hügel. Oberhalb des Golfs von Policastro aß ich Pralinen und Orangen, übernachtete in Cosenza und aß dort ein fettiges Omelett zum Abendbrot.

Als ich auf Reggio zufuhr, wurden die Hügel bedrohlicher. Mir wurde durch die aberwitzigen Windungen der Straße schwindelig und übel. In der Dämmerung nahm ich die Fähre von Reggio nach Messina und beobachtete, wie Skylla und Charybdis immer näher kamen. Die Klippen schwankten wie im Fieber, die Bäume wanden sich wie Schlangen, und durch das Rauschen der Wellen hindurch klangen die Schreie ertrinkender Seeleute. Ich fuhr nach Süden in Richtung Catania und hatte dabei das Gefühl, daß die Straße wie eine Achterbahn schlingerte. Angesichts des Ätnas kniete ich auf einem Feld nieder und übergab mich.

Zwei Wochen blieb ich in Taormina, um einen Anfall von Gelbsucht auszukurieren. Im Hotel San Domenico beobachtete ich von meinem Fenster aus, wie der Mondschein über das

Meer glitt, das unendlich tief unten lag, wie ein Tal im Himalaja. »Mangiare bianco!« warnte der Arzt. »Keinen Kaffee, keine Pralinen und keine Orangen!« Also aß ich einen Monat lang nichts als Fisch, Spaghetti und Hühnchen. Ich lag in meinem quietschenden Bett, las meinen geliebten Cervantes und fand Trost in Don Quijotes noch zügelloseren Halluzinationen.
Endlich stand ich an einem strahlenden Morgen auf und fuhr an die Südküste in der Nähe von Licata. Diese kahlen, zerklüfteten Felsstrände besaßen eine wilde Schönheit. Esel, Geißen und halb blinde Bettler lebten in den Ruinen verkommener Paläste. Am Strand von Selinunt sah ich ein Mädchen mit einem schwachsinnigen Kind, das sich wie ein verschrecktes Kätzchen an sie schmiegte.
Sie bettelte um Brot, indem sie ihren Finger in den Mund steckte. Ich gab ihr hundert Lire und den Rest meiner Pralinen und Orangen.
Sie rief jubelnd: »Mein lieber Stefano! Er ist so rein wie ein eben geborener Engel! Unberührt vom Bösen! Gegen alle Versuchungen gefeit!« Sie warf ihre Arme um den armen kleinen Kretin, und beider Augen glänzten vor unbeschreiblichem Glück.

Ich fuhr durch Kalabrien zurück und ließ meinen Wagen in Sorrent, wo ich den Dampfer nach Capri nahm. Es war ein heißer Junitag. Die Insel erhob sich in der Ferne wie eine über das Meer gestülpte Faust. Irisierende Wellen belebten das Wasser, und das traurige kleine Radio spielte »O sole mio«. Die Sirene heulte wild, als wir am Pier landeten, ich lief das Fallreep hinunter und zerrte meine Koffer zur Schwebebahn.
Nach fünf Minuten stand ich in der Mitte der Piazza. Ich war wie betäubt und konnte es nicht glauben. Ich hatte das Gefühl, daß ich auf eine Wunderinsel geraten war. Eine Frau in einer himmelblauen Schürze drückte eine Gans an ihren Busen, ein Knabe trabte vorbei und hielt eine frisch gestrichene Klosettbrille unter dem Arm, ein Priester, der die Augen auf ein Gebetbuch geheftet hielt, ging langsam an mir vorüber, und ein Mädchen mit leuchtend roten Zöpfen führte an einem Strick einen Ziegenbock. Der Duft nach frischem Kaffee mischte sich mit

dem Geruch nach heißem Olivenöl, und das tief unten liegende Meer glitzerte grün, golden und violett.
Der Anblick dieses trivialen Glücks wirkte wie eine Offenbarung. Ich hatte das Gefühl, daß ein Schleier vom Antlitz eines siechen Kontinents weggezogen worden war und eine längst verlorene Freude plötzlich zu singen anhob.

Freundschaften zu schließen war in dieser sprühenden Luft Capris nicht schwer. Ich schlenderte den Pfad, der Via Krupp genannt wurde und der sich in lauter Haarnadelkurven an den Klippen vorbeischlängelte, zum Strand hinunter. Tief unten lag das Meer, und es war so unglaublich blau, daß mir davon ganz schwindelig wurde: Es war so unschuldig wie ein eben aus der Puppe geschlüpfter Schmetterling und gleichzeitig so fern und vorgeschichtlich wie das Licht von einem anderen Planeten.
Eines Tages kam Norman Douglas und setzte sich auf die Terrasse oberhalb der Schwebebahn. Das Schiff von Neapel war gerade angekommen, und die gewohnte erwartungsvolle Stimmung lag in der Luft. Die Lesbierinnen aus Rom stolzierten in ihren straßbestickten Hosen vorüber, und die Dichter aus Ischia wanderten in ihren staubigen Sandalen vorbei.
Douglas bestellte ein Glas Rotwein und ein Erdbeereis für Gino. Gino war ein grüblerischer kleiner Junge, der einen riesigen Fußball an seine Brust drückte. Norman strich ihm liebevoll über den Kopf und sagte: »Es ist nicht mehr das alte Capri. In früheren Zeiten gab es auf Capri kein Heroin, sondern nur Opium.«
Seine Haare waren weiß und seidig und seine Augen verschwommen und verwittert, seine zinnoberrote bebende Nase war gewaltig. Aber immer noch steckte er voller gepfefferter Anzüglichkeiten und Sarkasmen, und vor allem hatte er seine alte, unbezwingliche und höchst gelehrte Sinnlichkeit nicht verloren.
»Mist, nichts weiter als Mist«, knurrte er. »Dreck und Schund. Glaub mir.«
»Was, der Wein?« fragte ich höflich.
»Der ganze Käse, der heutzutage geschrieben wird. Reines Abwasser, weiter nichts. Vollkommen sinnloses Geschwätz.«

»Meinen Sie die Lyrik?«
»Gedichte, Romane, Dramen, alles. Alles bloß Scheiße, sag' ich Ihnen.«
Nach diesem Ausbruch war ihm wohler. Er nippte an seinem Wein und grinste boshaft.
»Ich habe Capri schon 1903 entdeckt. In jenen Tagen war es vollkommen unverdorben und spottbillig. Es gab noch nicht diese geckenhaften Idioten, die über Auden faseln. Es gab so einen schwedischen Grafen, der hinter irgendwelchen Büschen in einer Villa wohnte, einen ›exalté‹ in der Nachfolge Beardsleys mit seinen neapolitanischen ›frosci‹ und seinen d'Annunzio-Lesungen, bei denen man Opium rauchte und auf Samtkissen saß – Heroin kannte man hier damals nicht.
Ich war fünf Jahre verheiratet gewesen und hatte zwei kleine Söhne, doch plötzlich sagte ich mir, zum Teufel, das Leben ist kurz, pflück die Rose, eh sie verblüht. Ich verliebte mich in Capri und sah zu, daß ich rasch geschieden wurde. Ich war damals fünfunddreißig, keineswegs zu alt, um mich noch ein bißchen auszutoben, und ich sah auf eine gewisse bäuerische Weise recht passabel aus, wenn Sie verstehen, was ich meine. Ich verzichtete auf die Frauen und wandte mich den Knaben zu, und unversehens wurde mein Stil besser; was ich schrieb, wurde griffiger und hatte in keiner Weise etwas mit dem Schund zu tun, der heute zu Papier gebracht wird.
Doch natürlich war es alles Mist, wenn ich heute zurückdenke. *They Went* war reiner Dreck, und *Sirokko* war ein einziger Schwulst. Ich war ein Gelehrter, das war der Fehler. Ich war nicht zum Romancier bestimmt. Alle Romane sind der reine Unsinn, in einem Roman werden die Menschen nicht lebendig, sie gehen unter in der ganzen Künstlichkeit des Romans.«
»Und bei *Anna Karenina*?«
»Anna Karenina? Habe ich nicht gelesen.«
»Und Conrad!« rief ich aus.
»Armer alter Conrad. Ein vollkommener Gentleman. Stets zu Tode erschrocken, wenn er jemandem ins Gesicht sehen mußte. Er fürchtete sich vor den verborgenen Furien, so ein Gentleman war er! Man kann keinen Roman schreiben, wenn man vor den verborgenen Furien Angst hat. Denken Sie an Sophokles und

Euripides. Fürchteten die sich etwa vor den Furien? Sie können wetten, daß nicht. Sie waren ganz vernarrt in die Furien.«
Gino war mit seinem Eis fertig, drängelte sich an Douglas heran und schmiegte sein Gesicht liebevoll an den Unterarm des alten Mannes. Die riesenhafte rote Nase leuchtete im Sonnenuntergang wie ein Banner. Seine rissigen, schuppigen Finger strichen sanft über den Kopf von Gino, der sich wie ein Kätzchen an das fadenscheinige Tweedjackett kuschelte.
Mit Kardinalsstrenge blickte Douglas auf die Piazza. Im goldenen Sonnenschein glich er einer verfallenden alten Statue, auf der die Jahre ihre Spuren hinterlassen hatten und die von Schmähungen gezeichnet war.
Plötzlich ertönten die Kirchenglocken, und das Radio spielte »Anima e cuore«, und eine Schiffssirene tutete von Marina Grande herauf. Die Schwebebahn spie erneut eine Ladung merkwürdiger Karikaturen aus, und die Dichter aus Ischia waren immer noch in ihre Gespräche über Auden vertieft. Es roch nach Wein, Meer und dem penetranteren Aroma der »saeva indignatio«.
»Nur Scheiße, dieser neumodische Quatsch. Dieses ganze Gefasel über die Männer und die Frauen ist blanker Unsinn. Allein die Tiere sind es noch wert, daß man über sie schreibt. Die Vögel und die Fische. Und ebenso die Schlangen. Ich habe Schlangen immer gemocht. Ich habe einmal eine Abhandlung über die Amphibien und Reptilien des Herzogtums Baden geschrieben. Die müssen Sie irgendwann einmal lesen. Das ist etwas wirklich Lebensnahes, hat nichts zu tun mit *Anna Karenina* und all diesem modernen Geschwätz.«
Immerhin war Douglas eine gewisse Größe eigen. Aber vielleicht sollte man eher Erhabenheit sagen als Größe: eine aufrichtige und bittere Härte. Seine Romane gefielen mir nicht mehr, sie wirkten öde und ausgedacht, doch ich liebte *Old Calabria* und *Fountains in the Sand.* In diesen Büchern zeigten sich sowohl seine ausgezeichnete Beobachtungsgabe, die sich auf das Leben und seine sinnlichen Freuden bezog, als auch der gebildete Forschergeist, der sich mit dem Sterben und dem Tod beschäftigte.
Plötzlich setzte er sich kerzengerade auf, als sei er zu einem

Schluß gelangt. Freundschaftlich und zugleich grimmig blickte er mir geradewegs ins Gesicht.
»Ich wurde der Romane überdrüssig, als ich mir einer sehr einfachen Tatsache bewußt wurde. Um ein menschliches Wesen zu verstehen, muß man es dabei beobachten, wie es sich im menschlichen Rhythmus bewegt, wahre Gefühle zeigt, seinen Geruch verströmt, und man darf es nicht mit vorgetäuschten Gefühlen und Leidenschaften ausstatten. Das begriff ich eines Tages, als ich an diesem selben Tisch saß, und ich beschloß, nie wieder einen Roman zu schreiben. Sehen Sie, daher hat dieser kleine Tisch für mich eine geheiligte Bedeutung. Ich hoffe, daß Sie sich geehrt fühlen, weil Sie an diesem Tisch sitzen dürfen!«
Ich sagte: »Aber ja« und lächelte Douglas dankbar an.
Er sagte: »Es gab einmal einen bekannten französischen Kritiker namens Renan. Renan sagte, daß man nur über die Dinge schreiben sollte, die man liebt. Renan hatte vollkommen recht. In dem, was man liebt, sieht man die Wahrheit, und man liebt es nur dann, wenn man die in ihm verborgene Wahrheit entdeckt hat.«
Er lehnte sich in seinem Stuhl zurück, seine Wangen zuckten schmerzlich, seine blutunterlaufenen Augen blickten in päpstlicher Strenge. Im letzten Brokatglanz der Sonne, der ihn umfloß, sah er ehrwürdig und gütig aus, doch seine Augen blitzten listig wie die eines etruskischen Bauern.
Von da an sah ich Douglas täglich an seinem kleinen Tisch sitzen. Ich war von diesem reizbaren alten Mann hingerissen, er schüchterte mich aber auch ein. Gewöhnlich beobachtete ich ihn aus der Ferne, von der anderen Seite der Piazza. Eines Tages blieb er aus, und der geheiligte kleine Tisch und die Piazza sahen seltsam leer aus, als habe eine antike Gottheit sie verlassen.

Tschechows Tod

Auf Capri lebten zwei Prinzessinnen, die Prinzessin R. und die Prinzessin P. Beide waren alt und ein bißchen verrückt. Eine war glücklich, und die andere war traurig.

Die Prinzessin R. war eine reiche Amerikanerin, die in Genf geboren war, in Paris, Wien und Budapest gelebt und sich schließlich nach Capri zurückgezogen hatte. Sie war mit einem russischen Fürsten verheiratet gewesen, der in Nizza nach einem Herzanfall gestorben war. Sie lebte in einer Villa auf einem Felsen, und wenn ich den Pfad hinunterging, konnte ich sie auf ihrer Terrasse beobachten, wo sie an ihrem Whisky nippte.

Ich hatte wieder angefangen zu malen, hauptsächlich in Wasserfarben und Tempera. Ich setzte mich unter eine Pinie und machte Skizzen vom Meer. Vor einem weiten blauen Horizont malte ich Meeresgötter und Tritonen, die in strahlender Herrlichkeit den Wellen entstiegen. Ich zeichnete Meerestiere mit gelblichen Hauern, die von Tang und Muscheln troffen und sich auf dem Wasser blutrünstige Gefechte lieferten. Die unmittelbare Umgebung Capris regte die kindliche Phantasie an, und auf jedem Bild war ein Triton oder ein Meeresungeheuer.

Eines Tages kletterte ich mit meinem Malkasten einen Abhang hinunter, fiel auf einen Felsen und verletzte mir den Knöchel. »Poverino!« rief eine mitleidige Stimme direkt über mir. Es stellte sich heraus, daß das Assunta, die dralle alte Köchin der Prinzessin R., war. Sie kam mit einer Flasche Jod die Treppen heruntergerannt und geleitete mich dann zu der in Sonnenlicht getauchten Prinzessin.

Sie trug ein rotorangefarbenes seidenes Batikkleid, auf dem

sich eine Unzahl von Kraken tummelte. An ihrem Hals hing eine Kette mit goldenen Amuletten, und an ihren welken braunen Armen trug sie eine ganze Serie goldener Armbänder. Ihr in der Mitte gescheiteltes Haar war grau und wurde von einem seidenen, mit Straß besetzten Stirnband zusammengehalten. Ihr von Runzeln zerfurchtes Gesicht zeigte noch immer Spuren einer klassischen Schönheit.

»Kommen Sie, setzen Sie sich bitte auf die Couch. Assunta, bring diesem Herrn einen Whisky.« Ihre Stimme klang sehr amerikanisch, geziert, wehleidig und ein bißchen spröde. »Sie haben ein bißchen mit Wasserfarben herumgemalt. Ein schöner Zeitvertreib. Ach, es ist viele Jahre her, seit ich selber gemalt habe! Das war damals in Badenweiler, wo meine Mutter eine Kur machte. Wir wohnten im Römerbad, einem Hotel gleich neben dem Kurhaus. Ich malte in den Gärten des Römerbads. Aber in Badenweiler ist eine schreckliche Sache passiert. Dort ereignete sich der erste dieser fürchterlichen Zufälle, die mich seitdem ein Leben lang verfolgt haben. Zufällig wohnte auch Anton Tschechow damals in Badenweiler. Eines Tages brachte das Zimmermädchen unser Frühstück und sagte: ›Herr Tschechow ist gestorben, gnädige Frau.‹ Ich war noch sehr jung und äußerst beeinflußbar. Ich fühlte, daß ich auf tragische Weise irgend etwas mit dem Tode Tschechows zu tun hatte, und von diesem Tag an habe ich mir, wann immer es möglich war, seine Stücke angesehen. Ich habe die *Drei Schwestern* in allen erdenklichen Sprachen gesehen und war in München, Neapel und Budapest in *Onkel Wanja.* Mein Lieblingsstück ist *Der Kirschgarten.* Ich habe ihn dreißigmal gesehen, zuletzt in Liverpool.« Sie hielt einen Augenblick inne. »Langweile ich Sie?«

»Überhaupt nicht. Ich bin fasziniert.«

»Ach, leider bin ich keineswegs faszinierend. Die Lyrik übt eine große Anziehungskraft auf mich aus, aber ich selbst bin der Inbegriff des Prosaischen. Zweifellos werden Sie glauben, daß ich sehr alt bin. Aber ich bin nicht so alt, wie ich aussehe. Ich bin erst dreiundsechzig. Das ist nicht gar so alt, oder? Ich habe deshalb so viele Falten, weil ich eine Sonnenanbeterin bin. Nachdem ich D. H. Lawrence gelesen habe, habe ich die Sonne verehrt. Jeden Morgen liege ich auf dem Dach und lasse die

geheiligten Sonnenstrahlen in mich eindringen. Meine Haut ist zwar ausgedörrt, aber meine Seele ist noch jung!
Lassen Sie mich fortfahren. Tschechow gegenüber hatte ich ein merkwürdiges Schuldgefühl. Ich glaubte, daß ich auf geheimnisvolle Weise mit seinem Tod etwas zu tun hatte. Das Theater und natürlich auch die Oper zogen mich unwiderstehlich an. Als wir im Jahr darauf in Wien waren, überredete ich meine Mutter, mich in die *Salome* mitzunehmen. Ich war damals fünfzehn Jahre alt und viel zu jung für die *Salome*. Doch von dem Augenblick an war ich der Oper verfallen, nicht der üblichen wie beispielsweise *Carmen*, sondern der ausgefallenen wie *Elektra*. Ich liebte *Die Frau ohne Schatten* und war von *Ariadne auf Naxos* hingerissen.
Im Oktober des folgenden Jahres machten wir Station in Aix-en-Provence. Wir wohnten in einem düsteren Hotel am Cours Mirabeau. Auf der ganzen Welt gibt es keine Straße, die dem herrlichen Cours Mirabeau gleicht. Diese bemooste alte Eleganz und diese melancholische Grandezza! Hier gebrauchten wir keine Bäder, das hatten wir bereits in Aix-les-Bains getan. Meine Mutter war nach Heilwassern süchtig. Nun gut, jedenfalls nahmen wir unser Mittagessen im Speisesaal ein, und der Kellner murmelte beiläufig: ›Monsieur Cézanne ist heute morgen gestorben.‹ Sie können sich vorstellen, wie mir zumute war. Dies war der zweite in einer ganzen Reihe von weiteren merkwürdigen Zufällen. Cézanne hatte in dieser gesundheitsfördernden Stadt gelebt. Augenblicklich fühlte ich mich mitschuldig am Tod Cézannes und wurde prompt ein großer Bewunderer seiner Gemälde. Ich besuchte alle Museen, in denen Bilder von ihm hingen. Mit der Zeit faszinierte mich der sogenannte Modernismus immer mehr. Ich las den *Blauen Vogel* von Maeterlinck und Gides *Die enge Pforte* und selbstverständlich Marinettis *Futuristisches Manifest*. In Paris besuchte ich die Ballets Russes von Diaghilew, in Berlin hörte ich drei Jahre danach den *Pierrot lunaire*. Ich sah *Petruschka* und *Die spanische Stunde*, und meine Verehrung für Strauss war nicht mehr zu überbieten. Langweile ich Sie?«
»In gar keiner Weise. Ich bin noch immer fasziniert.«
»Dann bleiben Sie es noch eine Weile. Ihrem Knöchel geht es

ausgezeichnet. Assunta versteht sich auf die Behandlung von Verletzungen. Im Frühjahr 1912 besuchte ich Stockholm. Wir wohnten im Grand Hotel, das sehr öde, très suedoise, ist. Wir aßen auf der Veranda zu Mittag, und der Kellner sagte en passant: ›Herr Strindberg, der berühmte Schriftsteller, ist soeben verstorben, gnädige Frau.‹ Das war wie ein Blitz aus heiterem Himmel. Dies war der dritte dieser fatalen Zufälle. Ich stürzte in eine Buchhandlung und kaufte seine Dramen in deutscher Übersetzung; das war an diesem Tag die einzige Ausgabe, die man bekommen konnte. Nach Strindbergs Tod kannte meine Hingabe an den Modernismus keine Grenzen mehr. Es war kurz vor Kriegsbeginn, und es herrschte eine gespannte Atmosphäre. Wir fuhren nach Paris, und ich las die Gedichte von Guillaume Apollinaire. Ich sah den *Akt, eine Treppe herabsteigend* in einer Privatgalerie, und der Höhepunkt war der Abend von Strawinskys Uraufführung seines Balletts. Nijinski hatte *Le Sacre du printemps* choreographiert. Zweifellos haben Sie davon gehört. Das Haus tobte. Ich wurde in den Strudel mit hineingezogen. Ich schrie und winkte. Ich war inzwischen eine engagierte Modernistin geworden. Und keines der späteren Ereignisse, *Ulysses* oder *Das wüste Land*, ja nicht einmal *Les Demoiselles d'Avignon* von Picasso, entfachte einen solchen Sturm wie diese Uraufführung. Wenn man bedenkt, daß Tschechows Tod in Badenweiler das alles ausgelöst hatte! Ich folgte einem schicksalhaften Zwang, verstehen Sie das? Nun, trinken Sie Ihren Whisky aus, ich habe Sie ganz schrecklich gelangweilt ...«

Sie sah mich aufmerksam an und blickte dann zum Himmel hinauf. Eine Schweißperle rann ihre Wange hinab. Sie sah wie eine Träne aus.

Sie beugte sich vor und berührte mein Handgelenk. »Ich glaube an das Schicksal, wissen Sie.«

Die Sonne stand sehr tief über dem unten liegenden Meer. Der Strahl lag wie nach einem Vulkanausbruch auf dem Gipfel des Vorgebirges. Die Fischer segelten nach Westen in den Glanz hinein, und im Garten unter uns spielte man eine Arie aus *Madame Butterfly*.

Ich verabschiedete mich von der Prinzessin, und als ich mich umwandte, um ihr nochmals zuzuwinken, sah sie in dem schwindenden Licht so ebenmäßig wie Isis aus.

Die andere Prinzessin auf Capri war die Prinzessin P.
Für gewöhnlich saß ich nach dem Baden in Marina Piccola auf der Piazza. Dort war es am späten Nachmittag herrlich. Nachdem ich den ganzen Weg auf der Via Mulo von Marina Piccola heraufgeklettert war, war ich erschöpft, aber glücklich, und fühlte mich im Einklang mit den Felsen und dem Himmel. Ich trank meinen Tee auf der Terrasse und betrachtete die Aussicht. Die weißgekalkte kleine Kirche wurde durch das strahlende Sonnenlicht auf den unebenen Mauern und die tiefdunklen Schatten unter den niedrigen Rundbögen in einen satten maurischen Glanz getaucht.
Sie kam jeden Abend und stand unter den Rundbögen, ihr Gesicht ganz weiß, ihr Samtkleid ganz schwarz. Das gesamte Dorf, selbst die schmutzigen Gassenkinder, nannte sie Manana. Sie sah wie ein Leichnam aus, wenn sie dort unter den Rundbögen stand und dabei zum Mittelpunkt dieser düsteren maurischen Architektur wurde. Gemessen nickte sie dem rundlichen alten Priester zu und schritt langsam, ohne etwas wahrzunehmen, wie eine Schlafwandlerin wieder davon.
Eines Tages kam sie auf mich zu und sagte: »Sie sind ein Freund meiner lieben Emma?«
Ich nickte. Prinzessin R.s Vorname war Emma.
»Ich kenne Emma seit vierzig Jahren. Ich begegnete ihr in Paris, in Rom und in Wien. Emma hat sich immer für eine Ästhetin gehalten. Da irrt sie sich freilich. Das ist sie keineswegs. Die arme alte Emma sieht sich immer im Zusammenhang mit dem *Pierrot lunaire*. Doch das stimmt nicht. *Ich* gehöre dieser vergangenen Epoche an. Sehen Sie sich dieses Samtkleid an. Jetzt ist es nur noch ein Fetzen, aber es wurde entworfen von Jean Patou, als er seine beste Zeit hatte. Er fand, daß mein Gesicht zum Stil des *Pierrot lunaire* paßte. Ich trage noch immer das authentische Make-up, wie Sie sehen, ausgesprochen lunar!«
Sie lachte und betastete mit den Fingern ihre hohen, schneeweißen Backenknochen, und für einen Augenblick sah sie wie ein wilder, grinsender Pierrot aus.

»Darf ich Platz nehmen?«
»Aber bitte!« sagte ich entzückt.
»Ich weiß, daß Sie ein Freund von Emma sind. Sie hat mir alles über Sie erzählt. Sie sagt, Sie seien ein glühender Verehrer Leopardis. Auch ich liebe Leopardi. Aber sehen Sie sich die arme Emma an! Sie behängt sich mit Tand und betet den Sonnengott an. Sie glaubt, daß sie sich in eine Art Ästhetin verwandelt hat. Sie nimmt an, es genüge, wenn man seinen Körper mit diesem billigen goldenen Glitzerzeug behängt und zum Sonnengott betet. Immer wieder sage ich ihr, daß die Schönheit im Geist und nicht in diesen äußerlichen Taktiken und Kunstgriffen liegt. Emma behauptet, sie habe Rilke gelesen, aber ich fürchte, sie flunkert. Ich habe den Verdacht, daß sie lediglich Agatha Christie liest. Arme Emma, sie ist sehr gefühlsbetont, aber ganz und gar nicht intelligent. Es genügt nicht, wenn man nur über Strindberg und Strawinsky schwatzt. Sie sagt, daß sie gelitten habe, aber auch das ist nicht ausreichend. Auch ich habe gelitten, aber ich habe es gelernt, darüber zu lachen. Mir ist klar, daß man sich durch seine Leiden auch lächerlich machen kann. Sie ist noch immer eine Bostonerin, auch wenn sie in Genf geboren ist. Es sieht ganz so aus, als bliebe eine Bostonerin ihr Leben lang unweigerlich eine Bostonerin, auch dann noch, wenn sie den Sonnengott anbetet und über Strawinsky plaudert.«
Ihr weißes, maskenhaftes Gesicht war von einem Spinnennetz des Mitleids überzogen. Ihre rotgeränderten Augen glänzten pfiffig, vergnügt und spöttisch. Ich spürte, daß unter der lunaren, halbverrückten Verkleidung der lustige, aufrührerische Geist eines schelmischen Schulmädchens verborgen war.
Eines Morgens nahm sie mich mit in die Villa Fersen, von der mir Norman Douglas und Compton Mackenzie schon erzählt hatten. »Ich bin sicher, daß Sie sie gern sehen möchten. Man hat mir den Schlüssel geliehen, kommen Sie mit, wir gehen den Pfad hinauf und schauen sie uns an.«
Ich hatte diese seltsam aussehende Manana inzwischen ausgesprochen gern. Hinter ihrer gespenstischen Verkleidung war sie ganz irdisch und übermütig. Sie erzählte mir Witze über die

ortsansässigen Berühmtheiten und vertraute mir ihre Rezepte für Gnocchi und Tagliatelle an.
Wir kletterten den Pfad hinauf und erreichten die Villa Fersen. Sie sah düster und verlassen aus, umrankt von wildem Wein, überschattet von Zypressen. Über der Tür las ich die Inschrift: *Pro amore et dolore.* Manana schloß die Tür auf, und auf Zehenspitzen gingen wir durchs Haus. Von den staubigen Kandelabern ging noch immer ein Duft von verwehtem Weihrauch aus. Etliche mottenzerfressene Kissen waren noch auf dem Boden verstreut, und ein paar Elfenbeintabletts standen noch auf den Ebenholztischen. An den Wänden hingen ein paar klassische Aktbilder à la Alma-Tadema.
Ich glaubte, durch den Geruch von Weihrauch und verrotteten Kissen noch einen Hauch von Opium wahrzunehmen.
»Vor Jahren«, sagte die Prinzessin vergnügt, »oder offen gesagt vor Jahrzehnten schlich ich diesen Pfad hinauf, der damals nicht so zugewachsen war. Ich lugte durch die Büsche in den Garten von Graf Fersen. Mir war gesagt worden, daß Graf Fersen ein distinguierter Päderast sei, und ich wollte wissen, wie ein Päderast aussieht. Ich hatte mir vorgestellt, alle Päderasten seien sehr ›distingué‹, Graf Fersen aber noch mehr als alle anderen. Man verglich ihn sogar mit König Ludwig von Bayern. Ich spähte durch die Büsche in der Hoffnung, etliche nackte Epheben oder zumindest einen nubischen Sklaven auf den Knien zu sehen, der eine Opiumpfeife anzündete. Doch ich sah lediglich einen älteren Herrn in einer schäbigen Robe de chambre. Er schälte eine Banane und las die Morgenzeitung. Ich war furchtbar enttäuscht. Ich hatte wenigstens eine Spur Phantasie erwartet. Schauen Sie sich diese albernen kleinen Akte an. Soll man nun lachen oder um ihn weinen?«
Sie nahm einen Aschenbecher, der aus einem Elefantenstoßzahn gemacht war, und betrachtete ihn nachdenklich, als enthielte er eine verborgene Botschaft.
»Wer weiß, vielleicht war er dennoch glücklich«, sagte sie leise. »Auf seine eigene spielerische Art und mit seinen eigenen kleinen Phantasien.«
Wir gingen den Hügel wieder hinunter und gelangten auf die Piazza, die in die lautlose Stille gehüllt war, die der Stunde des

Aperitivs vorausging. Wir tranken einen Capriwein, der wie Traubenhyazinthen roch, und Manana steckte eine Zigarette in eine lange goldene Spitze.

»Das ist ja alles ganz schön und gut, über ›amore et dolore‹ zu sprechen, aber ich persönlich glaube, daß man versuchen muß, glücklich zu sein. Wann immer ich spürte, daß eine meiner Liebesaffären in die Brüche ging, nahm ich sofort den Zug nach Venedig oder nach Como. In Como ruderte ich auf den See hinaus und angelte Fische. In Venedig sah ich mich nach einem gutaussehenden Gondoliere um. Der Fisch wie der Gondoliere taten die gleiche heilsame Wirkung. Ich glaube, daß man modern sein muß. Für mich bedeutet die Liebe Freude, nicht Kummer.«

Die wandelnden Felsen

Auf Capri funkelte die Sonne auf ganz besondere Weise. Hier war das Licht nicht so steril wie in Spanien, auch nicht, wie in Portugal, von Regenbogen zerfasert oder, wie über der Seine, in fliederfarbene Schatten getaucht. Es fehlten ihm die satte Fülle des römischen Lichts und die Nüchternheit des sizilianischen Lichts. Hier war es scharf wie ein Diamant, und wenn es auf einen Felsen auftraf, konnte man meinen, es zersplittere. Beschien die Sonne das Meer, so brachen sich ihre Strahlen in tausendfältigem Glanz. Fielen ihre Strahlen in schrägem Winkel auf Anacapri, schmolzen die Gebäude dahin und verwandelten sich in einen mit Quarzrhomben gefüllten Gletscher.

Ich malte jeden Morgen entweder an den Abhängen der Via Krupp oder unten zwischen den Felsspalten in der Nähe von Marina Piccola. Ich verzichtete auf meine neckischen Seetiere und entwickelte einen neuen Stil – eine Mischung aus Punkten, Kommas und Fragezeichen, die wie ein ausgedehntes Labyrinth über das Papier verteilt waren, so daß die Klippen und das Meer in Fragmente zerfielen und dabei doch, wie Teile eines Prismas, ein Eigenleben bewahrten.

Meine kleinen Aquarelle wurden zusehends flüchtiger und großzügiger. Ich brauchte nur noch zwanzig Minuten, bis ich eines fertig hatte. Am Spätnachmittag saß ich auf der Piazza und besah sie nachdenklich. Ich sortierte die schlechten aus und behielt nur ein oder zwei, die lebendiger wirkten als die übrigen.

Eines Tages saß ich an meinem Stammtisch auf der Piazza und sah Wystan Auden aus der Schwebebahn steigen. Er trug verschiedenfarbige Filzpantoffeln; der rechte war von einem verwaschenen Blau, der linke von einem schmierigen Rot. Ihm

folgten drei Freunde; sie setzten sich und bestellten sich etwas zu trinken. Ich hörte sie zirpen und brummen, während sie die vorübergehenden Touristen anstarrten.
Ich war von Auden noch immer fasziniert. Allein schon der Name übte seine Wirkung auf mich aus. Für mich war er immer noch der unbezähmbare junge Auden, der *The Orators* geschrieben hatte. Gelegentlich träumte ich auch von ihm als einer vermummten Gestalt zwischen Ruinen oder als einem bleichen Bergsteiger, der sich dem Abgrund näherte. Er betörte mich noch immer, nicht physisch, sondern metaphysisch, als wäre er mein skrupelloses, maskiertes, strahlendes Alter ego. Als ich ihn auf der Piazza sitzen sah, wurde mir ganz schwindelig vor Aufregung: teils aus Zuneigung, teils aus Angst. Ich nahm allen Mut zusammen und ging zu ihnen hinüber, um sie zu begrüßen. »Dies«, sagte Auden mit würdevoller Geste und blickte dabei majestätisch um sich, »sind Lady Howard, Madame Kallman und die Baronin Aalto.«
»Lady Howard« war Brian Howard, eine hochmütige Tunte mit einer gequälten Miene. »Madame Kallman« war Chester Kallman, ein charmanter Kerl mit unstetem Blick, die »Baronin Aalto« ein gutaussehender junger Mann, den sie die »Große Edna« nannten. Er hatte ein Piratengesicht und nur eine Hand. Brian Howard war der, der so gezirpt hatte, und Bill Aalto war der, der gebrummt hatte. Sie waren von Ischia herübergekommen, wo sie sich gerade mit Auden aufhielten.
Verstohlen betrachtete ich Audens Gesicht und versuchte zu erraten, welche neue Rolle er jetzt gerade spielte. Er war schwammiger geworden, und in seinem Gesicht zeichneten sich Falten ab. Der Blick seiner Leguanaugen war stumpf und mißtrauisch, seine Nackenfalten sahen wie die Runzeln eines Luftballons aus, aus dem die Luft gewichen ist.
»Und was«, fragte ich blöde, »hältst du von Paris, Wystan?«
Auden starrte mich mit eisigem Blick an. »Ich habe Paris noch nie ausstehen können. Ich verabscheue die Franzosen genauso wie die Frankophilen und jegliche Form des Gallizismus. Ich hasse Verlaine. Ein gallischer Sänger. Ich hasse Rimbaud. Noch so ein Sänger.« Unerbittlich hielt er seinen Blick auf mich gerichtet. »Bist du ein frankophiler Sänger?«

Ich war verlegen und verwirrt. Ich spürte, daß ich bei Auden in Ungnade gefallen war. Nie habe ich herausgefunden, weshalb. Ich konnte mich nur wundern und mich fragen, warum.
Brian Howard und Chester Kallman und der piratenhafte Aalto standen auf und gingen an die Brüstung, um sich den Golf von Neapel anzusehen. Ich blieb allein mit Auden zurück und befingerte nervös mein leeres Weinglas. Schwer hingen seine Lider über seinen klugen, aufmerksamen Augen, und seine rissigen, geschwollenen Hände lagen wie Hummer auf dem Tisch.
Irgend etwas Merkwürdiges war mit Auden passiert. Er sah zerfurcht und niedergeschlagen aus. Er schien von einer Pilzkrankheit befallen zu sein. Noch immer sah er aus, als horche er auf eine ferne Stimme; doch seine messerscharfe Aufmerksamkeit war einer trübsinnigen, beinahe reptilartigen Lethargie gewichen.
»Ich habe deine frühen Gedichte wiedergelesen«, sagte ich halb verzweifelt. »Unter den späteren befinden sich einige Perlen. ›Musée des Beaux Arts‹ ist ein kleines Meisterwerk. Du sagst da etwas Wunderbares und sagst es sehr elegant. Aber darf ich etwas sagen, Wystan? Ich habe eben die frühen Gedichte gelesen. Sie haben eine Frische und einen Zauber, die reizvoller sind als Eleganz. Es gibt nichts Schöneres als

›O watcher in the dark, you wake
Our dreams of waking . . .‹.

Der Ton in deinen frühen Gedichten hat etwas Wildes, Aufregendes. Die Erregung und das Unerwartete sind eindrucksvoller als das bloße Wissen.«
Möglicherweise dachte ich an *Das Zeitalter der Angst*, das kürzlich erschienen war und wie eine Herausforderung an Audens früheren Lyrismus wirkte. Vielleicht auch (so subtil können menschliche Beziehungen sein) wollte ich unbewußt seine Eitelkeit verletzen und zugleich meine Verehrung und meine Sorge zum Ausdruck bringen.
»*Bloßes* Wissen?« sagte Auden bitter. »Was verstehst du unter *bloßem* Wissen?«
»Genau kann ich es dir auch nicht sagen, aber sicherlich ver-

stehst du, was ich meine? In den frühen Gedichten lag ein Zauber, der mit dem Intellekt nicht zu erfassen war. *The Orators* zum Beispiel...«

Ganz kurz huschte der Ausdruck knabenhafter Erwartung über sein Gesicht, und einen flüchtigen Augenblick lang erkannte ich den wunderbaren jungen Dichter von einst wieder. Doch dann fiel er in seine Rolle der päpstlichen Unbeirrbarkeit zurück.

Er sagte: »Ich habe mich innerlich davon losgesagt. Ich habe den ganzen Unsinn früherer Zeiten über Bord geworfen. Dichtung ist mehr als ein Herumtappen in dem, was du so lyrisch als Zauber bezeichnest. Ich frage mich, was du damit meinst, wenn du von dem aufregenden Ton redest. Lediglich ein Katarakt von Wörtern, fürchte ich. Dichtung ist mehr als nur ein Schwelgen in Wortklängen...«

Ich war sehr traurig, als ich zum Quisisana ging. Ich hatte das Gefühl, daß auf dieser Welt auf mysteriöse Weise etwas nicht stimmte. Ich war ernüchtert, meine Freude war verflogen. Man hatte mich zum Narren gehalten, und ich war enttäuscht. Endlich erreichte ich das Quisisana.

Manana hatte mir vorgeschlagen, Malaparte zu besuchen. Curzio Malaparte hatte mit seinem Buch *Kaputt* großen Erfolg gehabt, und er hatte ein zweites Buch geschrieben, *Die Haut*, das ebenso erfolgreich war. Glänzender Journalismus, der sich am Rande des Sensationellen bewegte. Ich war neugierig auf Malaparte.

Manana wartete auf der Terrasse des Quisisana auf mich. Sie wirkte sehr theatralisch in ihrem schwarzen Samtkleid, auf dem die Schnüre ihrer Kette wie große goldene Libellen hingen. In dem Augenblick, in dem ich sie erblickte, war mir wieder froh zumute, und der Himmel hing wieder voller Geigen.

Wir gingen auf einem Pfad, der am Rande einer dornenbewachsenen Schlucht nach unten führte, bis zum Tor von Malapartes Villa. Es war ein luxuriöses weißes Gebäude oberhalb eines Abgrunds, und der Blick ging hinüber zu den Felsen, die man die Faraglioni nennt.

Malaparte war ein merkwürdiger drahtiger Mann Mitte Fünfzig. Er trug ein scharlachrotes Seidenhemd, schwarze Samthosen und rote Ledersandalen mit großen goldenen Schnallen. Ich hatte noch nie so ein merkwürdiges Gesicht gesehen. Es sah aus, als hätte man einem Gesicht, das vollständig und hoffnungslos verunstaltet war, eine Maske aufgelegt. Ich betrachtete verstohlen seine bleichen, regungslosen Züge und fragte mich, ob die Maske das Ergebnis eines ungeschickten chirurgischen Eingriffs war oder von einer unergründbaren seelischen Verletzung herrührte.

»Diese Felsen«, sagte Malaparte und zeigte dabei mit anmutiger Geste auf die Faraglioni, »sind tatsächlich die Felsen von Skylla und Charybdis. Man hat immer angenommen, Skylla und Charybdis hätten sich in Sizilien befunden, oberhalb der Straße von Messina. Ich habe Glück gehabt und etliche bis dato unbekannte Dokumente aufgespürt. Es handelt sich um das Tagebuch eines Mannes, der Caius der Krüppel hieß. Caius der Krüppel war ein Seemann und lebte zur Zeit Caligulas. Ein mittelalterlicher Schreiber hat offenbar das Tagebuch ausgegraben. Er unterzog das Problem des Standorts von Skylla und Charybdis einer sorgfältigen Prüfung. Seine Schlußfolgerung wirkt überzeugend. Er hat festgestellt, daß sie mit den Faraglioni identisch sind. Man hat beobachtet, wie sich der massivere der beiden Felsen im Wind bewegte, und während eines Sturms stößt er zuweilen an den anderen an. Auf dem kleineren entdeckte er ein Schlangennest. Es könnte sich um eine inzwischen ausgestorbene Spezies der *Boa constrictor* gehandelt haben. Zweifellos war Caius der Krüppel sowohl ein gewissenhafter Gelehrter als auch ein furchtloser und geübter Seemann ...«

Voller Unbehagen starrte ich immer noch auf das maskenhafte Gesicht Malapartes. Machte er Witze? Ich war mir nicht sicher. Ein Grinsen machte sich auf seinen Zügen breit, und seine Hand umklammerte wie eine Viper das blaugeäderte Whiskyglas.

Ich sagte aufgekratzt: »Aber haben Sie denn keine Angst vor Skylla und Charybdis? Was ist, wenn eine Schlange in Ihr Schlafzimmer kriecht oder eine Klippe eine Fensterscheibe zerschmettert?«

Malaparte zuckte erschrocken zurück, als hätte sich eine Kobra

vor ihm aufgerichtet. Sein schadenfrohes Grinsen wurde zu einer Grimasse des Abscheus.
Aber er beruhigte sich sofort und stieß ein fröhliches Lachen aus.
»Man muß immer einen Preis bezahlen, wenn man in der Nähe einer antiken Legende lebt. Der Preis, den ich bezahle, sind meine Alpträume. Ständig habe ich diese entsetzlichen Alpträume. Ich sitze in einer Grube mit zischenden Vipern oder segele zwischen zwei überhängenden Felsen hindurch. Wenn Sie wollen, können Sie das freudianisch nennen. Ich bezeichne es lieber als homerisch. Das ist der Preis, den ich dafür bezahle, daß ich neben einer antiken Legende lebe.«
Ich ging zum Fenster und blickte zu den Faraglioni hinüber. Ständig griffen die Wellen nach den hohen rötlichen Klippen, als suchten sie vergeblich nach etwas, das sich ihnen entzog. Und tatsächlich: Während ich hinaussah, schien mir, daß die Felsen langsam aufeinander zukamen, einander näher und immer näher kamen und dann langsam wieder zurückwichen.

Die weiße Grotte

Unten in Marina Piccola mietete ich mir immer einen kleinen Kajak, einen Sandolino, wie Adolfo ihn nannte, und paddelte damit in der Gegend herum. Adolfo war der Besitzer des Etablissements oberhalb des Strandes. Noch immer habe ich den Geruch der verrottenden Holzlatten der baufälligen Kabinen, der nassen Badehosen, des billigen Sonnenöls und der Makkaroni, die auf der Terrasse serviert wurden, in der Nase.

»Jede Grotte«, sagte Adolfo, »hat ihr eigenes Ambiente. Die Blaue beschert Liebe, die Rote Sorgen, die Grüne Freude und die Weiße Schrecken.«

Also zog ich los, mit meinem Kajak alle Grotten zu erforschen. Es war herrlich, auf dem kristallklaren Wasser herumzupaddeln. Von oben gesehen war das Meer um Capri blau wie eine Iris. Doch wenn ich es von meinem Kajak aus betrachtete, glänzte es wie ein Lüster und versprühte grüne, gelbe, violette, bernstein- und amethystfarbene Funken. Die Seeanemonen unter mir wirkten wie aus grünlichem Gold geschmiedet, und die Fische, die an mir vorüberschossen, trugen ein Schuppenkleid wie aus Quecksilber.

Hie und da tauchte hinter einer Klippe ein anderer Kajak auf, und ein sonnengebräunter Fremdling kam über das Wasser geglitten. Wir warfen uns einen gespannten, fragenden Blick zu, verlangsamten das Tempo und trennten uns dann allmählich wieder. Der hagere goldbraune Torso entschwand, wurde zum Trugbild, und wieder einmal hatte ich das schmerzliche Gefühl, mein Glück verspielt zu haben. Capri mit seinen Legenden von Sirenen war wohl die Insel der kurzen, gesichtslosen Augenblicke einer unerreichbaren Liebe.

Damals schrieb ich an einem Roman über das Meer. Für mich

war das Meer eine Quelle von Legenden, ein düsteres, wirbelndes Element, dem mit menschlichen Schlichen nicht beizukommen war, ein unermeßliches nächtliches Gefäß, in dem Fragmente der Vergangenheit ruhten, eine Herausforderung für die Seeleute, eine Falle für die Fischer, ein Abriß aller ungeschriebenen Gedichte. Ich plante das Buch als Mosaik unzähliger Seegeschichten, in das Streiflichter aus der *Odyssee*, Hinweise auf Dante, Jules Verne, Hans Christian Andersen, *Moby Dick* und Joseph Conrad eingeflochten werden sollten. Dem fügte ich eigene visionäre Träume hinzu – von Kämpfen mit Kraken und Haien, verwirrenden Begegnungen mit Meerjungfern und Wassermännern. Ich gab diesem Roman den Titel *Young Men, Young Mariners*, und während mir die Worte aus der Feder flossen, wurde es nach und nach zu einem Gedicht – einem gewaltigen weitausholenden Epos, das wie ein gestrandetes Seeungeheuer auf dem Sand lag. Ich habe diesen Roman nie beendet und warf ihn schließlich an einem grauen Septembermorgen auf dem Weg von Capri nach Sorrent ins Meer.

Was die Grotten von Capri anbelangte, so hatte Adolfo recht. Die Blaue war erfüllt von Lust. Die Wellen plätscherten in wollüstigem Rhythmus, und die Felsen verströmten einen Geruch von Schweiß und Sperma. Das Wasser warf einen venenblauen Reflex auf die blanken Stalaktiten. Erleichtert paddelte ich zurück und war froh, dieser vulvaähnlichen Höhle entronnen zu sein.

Als ich in die Rote Grotte kam, war mir seltsam traurig zumute. Hier wirkten die Farbschattierungen ekklesiastisch, die Grotte sah aus wie eine blutrote Grabkammer, und das Glucksen der Wellen klang wie das Schluchzen von Trauernden.

Freudig glitt ich in die Grüne Grotte. Sie war kleiner als die anderen, erschien verspielt und intim. Sie hätte das Badezimmer eines alten phönizischen Königs sein können. Ich sprang ins Wasser und planschte begeistert darin herum, wobei ich die Tropfen beobachtete, die wie strahlende Smaragde die Wände herabrollten.

Als ich in die Weiße Grotte fuhr, standen mir die Haare zu Berge. An den Wänden zog sich ein Fries von knochenfarbenen Stalagmiten hin, und die herabfallenden Tropfen ließen sie wie schluchzende Skelette erscheinen. Hatte Adolfo das gemeint? Ich war mir nicht sicher. Ich fuhr tiefer hinein. Ein Lichtstrahl fiel in die Dunkelheit. Eine dumpfe, unheimliche Wärme erfüllte die Grotte, aber die Stille lebte wie eine pulsierende Arterie. Ich glitt noch tiefer hinein und strich mit den Handflächen beim Vorüberfahren über die Wände. Sie fühlten sich an wie die Haut eines Seeungeheuers. Dann erweiterte sich der Tunnel zu einem bleichen, von Wispern erfüllten Atrium. Auf einem Felsen glänzten zwei nackte Körper unter den Stalaktiten wie Bronze. Ein Knabe und ein Mädchen lagen unbeweglich, wie in Trance, da, und ihr Kajak schaukelte träge auf den Wellen.

Ich paddelte langsam nach Marina Piccola zurück und schwamm zu dem winzigen schwarzen Inselchen, das dem Strand gegenüberlag. Vorsichtig kletterte ich über die Felsen, denn die Insel war vulkanisch und von Gestrüpp überwachsen. Ich blickte zu den Klippen empor, die sich über mir auftürmten, und lauschte den Klängen einer trägen Gitarre.

»Guten Morgen!« sagte eine tiefe, düstere Stimme ganz in meiner Nähe. Ich blickte hinunter und sah Alberto Moravia. Er nahm ein Sonnenbad. Er lächelte mich düster, ja beinahe ein wenig bedrohlich an. Ich mochte Moravia sehr gern und bewunderte ihn aufrichtig. Er hatte einen Hang zur Poesie, aber es war eine grimmige, zynische, mit Galgenhumor und verborgenen Qualen durchsetzte Poesie.

Ich bewunderte Moravia aber noch aus einem anderen Grund. Ich spürte bei ihm eine bittere, stoische Verachtung, die ihn in der frivolen Nachkriegszeit von seiner Umwelt isoliert hatte. *Die Römerin* war ein Welterfolg geworden, aber ich gab den gemäßigteren Leiden in dem Roman *Die Gleichgültigen* oder in *Agostino* den Vorzug. In allem, was er schrieb, steckte eine nüchterne Integrität, und unter der Oberfläche spürte man Haß und Ekel vor der Menschheit.

Ich sagte: »Es ist ziemlich heiß hier auf dem Felsen, nicht wahr? Stimmt es, daß dies der antike Felsen der Sirenen ist?«

Moravias Stimme wurde ernst und feierlich. »Dieser Felsen kann unmöglich der Felsen der Sirenen sein. Können Sie sich vorstellen, daß die Sirenen auf einem Felsen, der so dornig ist, gesungen haben? Ich bin sicher, daß sich die Sirenen einen ausgesucht haben, wo es sehr viel bequemer war.«

Ich setzte mich auf eine Klippe, und wir unterhielten uns über Hemingway. »Ich habe Hemingway«, sagte Moravia, »immer mißtraut. Bei Hemingway gibt es etwas, was mir zutiefst suspekt ist.«

Ich sagte: »Ford Madox Ford meinte, seine Prosa gleiche einem Strom, und unter Wasser könne man alle Kiesel aufgereiht liegen sehen.«

»Sehr treffend«, sagte Moravia und wischte sich den Schweiß von den Brustwarzen.

»Und Edmund Wilson sprach sehr lobend über seinen Roman *In einem anderen Land.*«

»Das ist ja alles schön und gut, er hat auch zweifellos einen gewissen Stil, aber irgend etwas ist bei Hemingway ausgesprochen fragwürdig. Sie dürfen nicht vergessen, daß Edmund Wilson ein ›vulgarisateur‹ ist. Sie sehen schockiert aus. Ich spreche nicht von dem, was man gemeinhin mit vulgär bezeichnet. Ich meine damit, daß er für den schicken Pöbel schreibt. Nicht für die unteren Schichten, sondern für den Pöbel der Mittelschicht, für die, die stets en courant sein möchten. Edmund Wilson selbst ist in gar keinem Falle vulgär, aber er kommt bei einer gewissen mediokren Schicht besonders gut an.«

Es war ein Vergnügen, Moravia über die Sirenen und über Hemingway sprechen zu hören. Wie erholsam, einem Mann zuzuhören, der die Menschen und die Moden verabscheute. Er zeigte die Dinge in einem desillusionierenden Licht, und was dabei zum Vorschein kam, war nicht eine sterile Wahrheit, sondern der Schimmer einer sterilen schwelenden Trauer.

Ich verabschiedete mich von Moravia. Mißtrauisch lächelte er mich an. Seine dunklen, tiefliegenden Augen starrten gespannt ins Nichts, wie die Augen eines Mörders, der ein einsames Haus betreten hat.

Ich schwamm zu Adolfos Etablissement zurück. Von der Terrasse her wehten Gitarrenklänge und das Gelächter der neapolitanischen Prostituierten.

Adolfo fragte: »Und welche Grotte haben Sie heute besichtigt, Signore?«

»Heute war ich in der Weißen.«
»Sind Sie hineingepaddelt, Signore?«
»Ja, ich bin hineingepaddelt.«
»Und was haben Sie gesehen, Signore?«
»Nichts Besonderes«, sagte ich.
»Nichts Erschreckendes?«
»Nichts Erschreckendes.«
»Vielleicht sind Sie nicht weit genug gepaddelt«, sagte Adolfo.

Bei Adolfo herrschte ein erfrischender kameradschaftlicher Geist. Da gab es die dekadenten Aristokraten, die sich in den blaugestreiften Liegestühlen lümmelten. Dann die Prostituierten beiderlei Geschlechts aus Neapel. Da gab es die Dichter und Maler, die Neosurrealisten und die Quasiobjektivisten, es waren Schauspielerinnen aus Triest da und Bauchtänzerinnen aus Tunesien. Es gab Philosophen aus Zürich und Wahrsagerinnen aus Ungarn. Da war Maria von Rosen, eine skandinavische Bildhauerin, die nackte Hermaphroditen aus rot geädertem Marmor meißelte. Da war Aldo Fabriziano, ein alter futuristischer Dichter, der wie Gandhi dahockte, wobei ihm sein Bart bis zum Nabel reichte. Da war Natascha Simonowa, eine ehemalige Tänzerin, die ihre Tage damit zubrachte, mit den Knaben am Strand und den Eseltreibern zu flirten.
Eines Tages traf ich Peggy Guggenheim bei Adolfo. Sie saß auf der Terrasse, und ich brachte ihr etwas zu trinken. Sie schenkte mir ein süßes Lächeln. Sie war keineswegs schön. Sie hatte noch immer eine gute Figur, doch ihr Gesicht war merkwürdig faltig, und ihr fettiges Haar war von einer beunruhigenden Schwärze. Ihre Augen jedoch gefielen mir, und ganz besonders mochte ich ihr Lächeln. Ihr Lächeln war so verführerisch, daß ich verstand, weshalb sich so viele Männer in sie verliebt hatten. Selbst sehr nüchterne Männer wie Brancusi und Beckett und auch Männer mit außerordentlichem Scharfblick wie Max Ernst und Marcel Duchamp. Natürlich war das alles lange her, und Peggy war alles andere als schön, aber wenn Beckett sich in sie verliebte, muß es an ihrem bezaubernden Lächeln gelegen haben.
Wenn ich mit Peggy Guggenheim zusammensaß, unterhielten

wir uns über Künstler. Sie sprach über Rothko, Pollock und Motherwell. »Ich ermöglichte Pollock vor fünf Jahren seine erste Einzelausstellung und bat ihn, mir ein schönes Wandgemälde für mein Haus zu malen. Ich war davon überzeugt, daß er ein phantastischer Maler war, und außerdem war er sehr arm. Ich wollte ihm helfen, damit er endlich unabhängig sein konnte, aber das Votum, das für mich stets entscheidend war, war das von Marcel Duchamp. Er veranlaßte mich damals in London dazu, die richtigen Künstler auszustellen. Brancusi, Moore und Calder – und es waren immer die richtigen. Ja, eigentlich war es Marcel Duchamp, der mich zu den richtigen hinführte. Kandinsky, Arp, Picasso – es waren alle ausnahmslos die richtigen.«

Ihre Geschichten über Künstler hatten durchweg einen bestimmten Unterton. Sie erzählte mir viele amüsante Anekdoten über sie, doch nie fehlte dieser gierige und besitzergreifende Unterton. Ich hatte den Eindruck, daß sie sich weniger die eigentliche Schönheit des Kunstwerks zu eigen machen wollte als vielmehr seine Qualität als phallische Inkarnation des Künstlers.

Manchmal aßen Peggy und ich in einer Pizzeria, die Gemma hieß, zu Abend. Man hatte einen gewaltigen Backsteinofen aus der Wand herausgebrochen, und daraus hervor rutschten die dampfenden Pizzas, die nicht nur nach Anschovis, Mozzarella und Oliven schmeckten, sondern auch nach rauchigen alten Backsteinen, glimmender Holzkohle und den Tiefen des Ozeans.

Nach dem Abendessen wanderten wir gewöhnlich in den Parco Augusto, setzten uns dort aufs Geländer und beobachteten die beleuchteten Fischerboote. Die Fischerboote lagen so unendlich tief unter uns, daß ihre Fackeln wie ein ferner Schwarm Glühwürmchen leuchteten.

Ich sagte zu Peggy: »Was ist der Sinn Ihres Lebens? Der Versuch, glücklich zu sein?«

»Es gibt drei Arten des Glücks«, sagte Peggy.

»Welche?« fragte ich.

»Die Freude am Leben. Man sitzt einfach nur in der Sonne und ist entzückt, weil man lebt.«

»Und die zweite?« fragte ich.
»Die Freude, etwas Schönes zu entdecken. Man sieht sich um, und unversehens erblickt man etwas Schönes: ein Gemälde oder eine Plastik, einen Mann oder eine Frau. Allein die Entdeckung erfüllt mein Herz mit Freude.«
»Und die dritte?«
»Die Freude am Erobern! Am Besitzen! Die Freude des Triumphes! Man hat etwas Schönes entdeckt, etwa einen Mann oder eine Plastik, man zankt sich herum, man feilscht, und ganz plötzlich hat man es bekommen. Diese Freude am Besitz ist eigentlich die aufregendste von allen. Man kämpft und plant, und dann hat man es bekommen.«
Ich sagte: »Peggy, sind Sie wirklich in Carmen verliebt?«
Carmen war ein gutaussehender Italo-Amerikaner, der in Neapel lebte. Er kam jedes Wochenende nach Capri, um die Touristinnen zu verführen. Meistens suchte er mich auf der Piazza auf, um mir von seinen Eroberungen zu berichten. Einmal erzählte er mir, daß er mit über zweitausend Frauen geschlafen habe, die Prostituierten nicht mitgerechnet, mit ihnen seien es dreitausend. In meinem ganzen Leben ist mir nie wieder jemand begegnet, der so versessen auf Frauen war wie er. Er war dunkel, breitschultrig und muskulös, hatte blendende Zähne und ein verschämtes Lächeln.
Eines Tages traf er Peggy Guggenheim bei Adolfo. Danach waren er und Peggy unzertrennlich, wenn er nach Capri kam.
»In Carmen verliebt? Bestimmt nicht. Carmen ist amüsant, aber er ist nicht mein Typ. Wie kommen Sie um alles in der Welt auf Carmen? Carmen und ich sind sehr verschieden.«
»Ich dachte nur, vielleicht ...«
»In Carmen verliebt – grotesk!«
Mit ihren unersättlichen Augen sah sie auf das von den Fackeln erleuchtete Meer, und einen Moment lang dachte ich, sie wollte sich auf der Stelle in das Wasser stürzen.

Der Tod von Oscar Wilde

Ich fuhr über Viterbo, Siena und Florenz nach Norden. Bei Menton passierte ich die Grenze und fuhr nach Paris weiter. Nach fünf Monaten im felsenreichen Italien war es erholsam, Frankreich mit seinen weiten Wiesen und weidengesäumten Flüssen wiederzusehen.
In atemloser Erwartung wanderte ich in Paris durch die Straßen, als hielte ich nach einem bekannten Gesicht hinter einer erleuchteten Fensterscheibe Ausschau. Wenn ich die Rue de Lille oder den Boulevard Saint-Germain entlangging, blieb ich oft plötzlich stehen, wenn ein dunkler Fremdling auf mich zukam, und mir wurde heiß vor Aufregung bei dem Gedanken, es könnte sich um einen verloren geglaubten Freund handeln. Doch der Fremde ging blind und unbeeindruckt vorüber, und ich wanderte langsam weiter in meiner beständigen Suche nach Liebe.
Es war Herbst, und ein fliederfarbener Dunst hing über der Seine – es war der Dunst, den man auf einigen Gemälden Monets sieht und der so verführerisch ist mit seiner schleichenden Melancholie. Selbst die beinahe kahlen Platanen wirkten scheu wie aufgereihte Ballerinen vor dem Schlußvorhang.
Er saß in einem Morgenrock aus rotem Samt hinter seinem Schreibtisch. Ein letzter Sonnenstrahl streifte sein zartes Gesicht, das im Alter einen gewissen bleichen, herbstlichen Charme angenommen hatte. Was mich erstaunte, war, daß er so fern und sanft wirkte, ich ihm aber gleichzeitig mißtraute und ihn sogar fürchtete.
Er hatte kürzlich seine *Herbstblätter* und eine äußerst anspruchsvolle Anthologie französischer Lyrik veröffentlicht. Er sagte leise: »Es mag Ihnen merkwürdig vorkommen, aber der

Höhepunkt meines Lebens war für mich, daß Valéry mir seine *Junge Parze* widmete. Es war das Schönste, was mir je widerfahren ist. Am liebsten hätte ich Valéry geküßt. Das war 1917 und hat mir sogar beinahe den Krieg versüßt.«

Ich fragte schüchtern: »Und was halten Sie von den amerikanischen Autoren? Bedeuten sie Ihnen etwas?«

»Whitman selbstverständlich. Doch hier mögen einige Faktoren ins Gewicht fallen, die nichts mit Poesie zu tun haben. Man kann Whitman nicht lesen, ohne den Mann vor sich zu sehen. Man spürt das verzweifelte Verlangen, das schmerzliche Unerfülltsein, man riecht ihn förmlich in seiner ganzen Lust und Sehnsucht. Diese unaufhörliche, erdhafte Lust – sie begegnet einem wahrscheinlich in Amerika, auf den Farmen, den Siedlungen der Holzfäller und in den großen, schäumenden Deltas. Sie gehört zum Duft des Sommers und verbreitet Traurigkeit. Dabei erfüllt sie sich in den Kornfeldern und den Wäldern. Und so deftig sie auch war, sie war in jedem Fall der Atmosphäre in Frankreich, den romantischen Schwärmereien eines pickligen Jugendlichen in Montmartre vorzuziehen. Blicke ich in den Spiegel, so fällt mir ein asketischer Ausdruck an mir auf, hin und wieder sogar eine heiligmäßige Aura. Ich habe niemals gut ausgesehen, und zeitweise ärgerte ich mich über meine Reizlosigkeit, aber jetzt kann ich mich mit einer gewissen grauen Würde brüsten, mit dem kühlen, unpersönlichen Habitus derer, die ihrer Lust bereits gefrönt haben. Das hat Whitman nie getan, er war lediglich ein trauriger alter Mann mit einem Bart. Er hatte wunderbare blaue Augen, in denen die Lust nie erloschen ist; inmitten der Kornfelder und der Holzländen blieb sie stets unverkennbar und quälend erhalten.«

Boshaft spähte er zu mir herüber. »Schreiben Sie das alles auf? Ist das eine amerikanische Gewohnheit, alles aufzuschreiben? Auch gut, schreiben Sie alles auf. In meinem Alter können einem Indiskretionen nichts mehr anhaben. Ich bin sicher, daß Sie meine Meinung zu Proust wissen möchten. Das ist das erste, wonach man mich immer fragt. Nach meinem Verhältnis zu Proust. Allgemein nimmt man an, daß ich meine Vorbehalte gegen Proust hatte. Im Gegenteil, ich war ein glühender Bewunderer Prousts, und wenn es dauernd heißt, ich hätte bei

Gallimard den *Swann* abgelehnt, dann vergessen die Leute, daß man beschäftigt ist und einfach nicht *alles* lesen kann; dazu hatte Proust noch diese Aura eines blassen gesellschaftlichen Schmetterlings. Doch nachdem ich mich aufgerafft hatte, dieses kleine Meisterwerk zu lesen, wankte ich keinen Augenblick in meiner Bewunderung für Proust. Was die Person selbst angeht, so muß ich zugeben, daß ich ziemlich verwirrt war. Anfangs hatte ich das Gefühl, daß er keine innere Robustheit besaß. Aber ich irrte mich. Er besaß eine gewaltige innere Robustheit. Nicht wie Whitman. Whitman strahlte nach außen hin Robustheit aus, aber man spürt, daß ihm die tiefe innere Festigkeit fehlt. Vielleicht war er ein wenig sentimental. Ihm blutete das Herz zu sehr, und er war zu verletzlich. So großartig er war, ihm fehlte die innere Festigkeit. Doch zurück zu Proust. Ihr Ausländer irrt euch. Ich vermute, daß ihr ihn aus imaginären Gründen verehrt. Es ist ein Irrtum, anzunehmen, daß Proust ein Neuerer war. Es ist einfach so, daß er das tat, was auch andere schon oft getan hatten, doch er tat es unter unendlichen Qualen und unglaublich geschickt. Das ist das Wesentliche, Genauigkeit und Geschicklichkeit, nicht etwa Verwegenheit und Aufschneiderei. Bei Proust hört man ständig das Echo von Benjamin Constant und Saint-Simon und sogar einen feinen Nachklang von Rousseaus *Bekenntnissen*.«

»Aber diese herrlichen Motive«, sagte ich, »wie zum Beispiel die Sehnsucht nach Venedig, die Steine ...«

»Fabelhaft gemacht, da stimme ich ganz überein. Ich bestreite nicht, daß es gut gemacht ist. Aber es kommt alles aus der französischen Tradition heraus, und vielleicht könnt ihr Ausländer das nicht ganz ermessen. Und was die Homosexualität betrifft, so zögert man, näher darauf einzugehen, da sie beim Invertierten häufig dazu tendiert, die anderen Dinge in den Hintergrund zu rücken, zwar nicht immer und auch nicht ganz und gar, ich will nicht übertreiben, denn der Invertierte hat oft einen erstaunlich männlichen Scharfblick, eine objektive Unvoreingenommenheit, die dem Heterosexuellen abgeht, doch der Künstler darf keinesfalls diese Abnormalität, wenn Sie es so nennen wollen – und ich bin mir keineswegs sicher, ob ich es so bezeichnen will –, zu einer ›cause célèbre‹ oder einer Weltanschauung machen, und sie darf schon gar nicht zu einer ausschließlichen oder obsessiven Lebensweise ausarten. Man kann sie vielleicht als eine Art Talisman oder auch als einen Glücksfall betrachten, aber als ein Glück und einen Talisman, die niemals mißbraucht werden dürfen. Es ist lediglich erlaubt, sehr vorsichtig daran zu nippen, wie an einem guten alten Cognac. Die Gefahr besteht immer, doch man muß ihr widerstehen. Proust ist das mit knapper Not gelungen, unser charmanter Freund Cocteau hat jedoch keinerlei Versuch unternommen, ihr zu widerstehen.«

Ich fragte ziemlich nervös: »Und was ist mit Dostojewski?«

»Ach, natürlich, Dostojewski. Es gibt immer noch Dostojewski. Sie sind Slawe, und ich wußte, daß Sie das Gespräch auf Dostojewski bringen würden. Nun gut. Wie Sie wollen. Man hat mich auf Dostojewski gebracht. Doch jetzt, wo ich soweit bin, stelle ich fest, daß ich nichts über ihn zu sagen habe. Ich schäme mich. Ich bin entsetzt. Ich habe über Dostojewski nichts zu sagen! Dostojewski stand mir einst sehr nahe, bei allen meinen Reflexionen über den Roman stand er im Zentrum, und ich komme mir wie ein Verräter vor, weil ich nun keine Worte über ihn finde. Kürzlich habe ich Conrad wieder gelesen. Ich bin immer noch ein getreuer Bewunderer Conrads. Ich widmete Conrad *Kongo und Tschad*. Da haben Sie's: Joseph Conrad, der aristokratische Moralist, fasziniert von allem, was ›louche‹ ist, vom Korrupten und dem ›ténébreux‹, dabei zutiefst entsetzt, vor der konkreten Erkenntnis zurückweichend und voller Angst, der Bestie im Dschungel gegenüberzutreten. Und dann sehen Sie sich Dostojewski an. Er war schluderig und sentimental, aber stets blickte er der Bestie im Dschungel ins Auge. Man betritt sein Schattenreich, das nie ganz der wirklichen Welt entspricht, es ist nicht die Tolstoische Welt der umwerfenden äußeren Realität. Bei ihm ist es eine dunklere, merkwürdigere, komischere und grausamere Welt, aber man glaubt nicht einen Augenblick, daß sie existiert. Sie besitzt ihre eigene seltsame Wirklichkeit, aber es ist die Wirklichkeit des Erzählers, eines sehr eigenartigen und genialen Erzählers. Daher erscheinen uns seine moralistischen Ansichten, so leidenschaftlich und überzeugend sie auch vorgebracht werden mögen, nur als Phase seines eigenen makabren Traums. Was natürlich auch so sein soll. Das ist es, was einen Künstler ausmacht. Sie haben mich also schließlich doch zu Dostojewski zurückgeführt!«

Ich hatte ein merkwürdiges Gefühl: Diese Überlegungen André Gides waren nicht so sehr (wie wahr und überzeugend sie auch sein mochten) ein eigentlicher Ausdruck seiner Gedanken und Ansichten, sondern vielmehr die Bekundung einer flüchtigen Vertrautheit mit mir, etwa wie die eines brillanten Schachspielers mit einem bemühten jungen Gegner.

Und ich spürte noch etwas anderes. Während ich Gide zuhörte, wurde mir bewußt, wie wunderbar all diese Worte, die Sätze, Parenthesen, Antithesen, Abschweifungen und Andeutungen waren. Sie wuchsen über die Jahrhunderte hinaus, um zu beschreiben, zu überzeugen und zu vermitteln und sich dann in einer Unzahl von Mustern und Verästelungen fortzupflanzen, und doch bewahrten sie dabei eine seltsame ursprüngliche Reinheit, so daß die Stimme des Wilden noch immer als Echo in den Worten des Gebildeten erklang. Während ich André Gides Worten lauschte, konnte ich, so scharfsinnig und durchdacht alles klang, die unendlichen Zwischentöne urzeitlicher Zauberformeln heraushören.

Ich sagte unvermittelt: »Erinnern Sie sich noch an Stalin, Monsieur Gide?«

Er preßte die Daumen gegeneinander. »Sind Sie nicht ein bißchen taktlos? Sie klingen beinahe wie ein Journalist! Sie dürfen niemals Journalist werden!« Sein ernsthaftes schulmeisterliches Gesicht und die raschen durchbohrenden Blicke ließen mich an Dantes Zeilen über Brunetto Latini denken, dessen Blick wie der eines Schneiders war, der eine Nadel einfädelt. »Ja, ich erinnere mich an Stalin. Auf Gorkis Beerdigung stand er hinter mir. Er hatte ein schönes wildes Gesicht, das Gesicht eines blutrünstigen Zigeuners, und er wirkte ein bißchen betrunken, vielleicht vom Wodka, vielleicht aber auch von den Ausdünstungen seiner eigenen inneren Grausamkeit. Es gibt auch *diese* Art der Trunkenheit, und sie ist verführerisch, aber auch erschreckend, und er erinnerte mich an Tolstois wunderbare Novelle *Die Kosaken.* Warum um alles in der Welt haben diese Leute in Stockholm ihre Chance verpaßt? Stellen Sie sich das einmal vor! Sie hätten für Tolstoi ihre Eröffnungssalve abfeuern können, was für ein unvorstellbares Prestige hätte ihnen das eingebracht! Aber sie haben ihre Chance verpaßt, die Idioten. Sie gaben Sully-Prudhomme den Preis. Wenn man sich große Mühe gibt, kann man ungefähr ahnen, weshalb sie Proust übergangen haben, aber man müßte in Stockholm leben, um zu begreifen, warum ihre Wahl auf Sully-Prudhomme fiel! Ja, 1936 bin ich Stalin auf Gorkis Begräbnis begegnet. Ich habe auch Molotow getroffen, aber man ist geneigt, Molotow zu vergessen. Stalin war eindeutig betrunken, aber er war schüchtern und sah ziemlich gut aus, und ich war ausgesprochen gefesselt von ihm, geradezu fasziniert. Haß, Schrecken und Abscheu kamen später.«

Eine düstere kleine Pause trat ein. Gides Gesicht schien plötzlich in die Länge gezogen, als hinge ein Gewicht an seinen Wangen und seinem Kinn.

Ich versuchte das Thema zu wechseln. »Sie haben Chopin immer verehrt!«

Er lächelte erleichtert und sah mich liebevoll an. »Bei Chopin muß man aufpassen. Es ist ein Verbrechen, wenn man in Chopin zuviel hineinlegt. Oder sogar in Mozart. Oder selbst in Beethoven. Doch bei Beethoven kann man nicht widerstehen. Bei Mozart und Beethoven muß man wie die Pest jegliche Überinterpretation vermeiden. Es ist eine seltsame Sache mit den Bauern. Ich denke an Mozart als an einen Bauern. In den Bauern steckt eine Erdhaftigkeit, die sie davor bewahrt, vulgär zu sein. Da wir gerade von Bauern sprechen, auch in *Ihnen* steckt eine ganze Portion Bäuerlichkeit. In Ihren Augen gewahre ich bäuerliche List und bäuerliche Unschuld. Das geht oft Hand in Hand. Vielleicht ist das eine slawische Eigenschaft. Mir haben *Die Asiaten* sehr gefallen. Vielen Dank dafür, daß Sie mir ein Exemplar geschickt haben, aber Gaston Gallimard hatte mir bereits eines gegeben. Es ist kühn, aber zweideutig, Sie haben auf Gobineau und Montesquieu zurückgegriffen, vielleicht ist da auch eine kleine Andeutung von Perse und sogar eine Spur aus *Candide*. Das Buch ist brillant, aber auch merkwürdig bäuerlich, und ihm eignet diese unverkennbare slawische Erdhaftigkeit. Beethoven hingegen war kein Bauer. So großartig er auch war, so umgibt ihn doch stets ein Hauch von verstaubter Bürgerlichkeit. Ich glaube nicht, daß Arthur Rubinstein weiß, wie man Beethoven spielen muß. Er ist zu grandios und zu unbeteiligt, zu sehr der Aristokrat. Auch Horowitz weiß es nicht. Selbst er irrt sich in bezug auf Beethoven. Bei Chopin ist er wunderbar, vielleicht sogar noch besser als Rubinstein, aber bei Beethoven hat er nicht recht. Ihm fehlt das, was die Deutschen Innerlichkeit nennen. Beethoven ist großartig, aber vergessen Sie nie, daß ihn immer ein Duft von Kaffeeklatsch umgibt, daher darf man weder ein Snob noch ein Aristokrat sein, wenn man Beethoven spielt.«

»Walter Gieseking?«

»Überlassen wir Gieseking unseren Debussy.«

»Artur Schnabel?«

»Ja, Schnabel gehörte in die Tradition des Kaffeeklatsches. Er besaß die bürgerliche Innerlichkeit, und er wußte, wie man Beethoven spielen muß.«

»Eine letzte Frage, Monsieur Gide. Wie standen Sie zu Oscar Wilde? Ich schreibe nicht mit, wenn Ihnen das lieber ist.«

»Schreiben Sie, schreiben Sie! Da gibt es nichts, wessen man sich schämen müßte! Armer alter Wilde, was kann man da sagen? Er war aufgedunsen und zitterig. Oscar Wilde tat einem leid. Er war geradezu mitleiderregend. Er hielt sich tapfer bis zum Schluß, aber man spürte, daß er um Mitleid bat. Ich fühle mich Wilde gegenüber immer noch schuldig. Nachts wanderte er mutterseelenallein ins Le Rugby und starrte mit hervorquellenden Augen die schäbigen Gigolos an. Und wenn er nicht im Le Rugby war, war er unten in der Rue de Lappe. Und wenn es nicht die drittklassigen Gigolos waren, waren es die Strichjungen und die Taschendiebe. Er wohnte in einem kleinen Hotel in der Rue des Beaux Arts. Oder irre ich mich, war es die Rue d'Alsace? Ich glaube an das Schicksal, und Wilde war es bestimmt, in der Rue d'Alsace, es kann aber auch die Rue des Beaux Arts gewesen sein, zu sterben. Er starb im Jahr 1900, und Sie haben die Geschichte vermutlich gehört. Auf der Beerdigung waren nur sieben Menschen. Es war ein dunkler Novembertag, Kränze lagen auf dem Sarg, aber nur ein einziger Mensch hatte den Mut gehabt, eine Schleife mit einer Auf-

schrift zu versehen. Der Kranz stammte von seinem Hotelier, und der Text lautete ›A mon locataire‹. Die ganze Sache war reichlich brutal. Die Engländer sind ja sehr freundlich, aber ach, sie überlegen es sich genau, wem sie ihre Freundlichkeit angedeihen lassen sollen. Es mag ja sein, daß seine Verse schlecht sind, und *Salome* fand ich ungenießbar, aber wegen einer derart trivialen Sache wie Sodomie ein solches Aufheben zu machen! Später wurde seine sterbliche Hülle auf den Père Lachaise umgebettet. Das war zumindest eine Geste, und Epstein hat den Grabstein gemacht. Die Franzosen haben wenigstens einen Sinn für das Ritual und für das, was sich gehört. Aber die Engländer – was für ein Theater um eine solche Bagatelle wie die Sodomie!«
Ich verabschiedete mich von Gide und ging auf den Fluß zu, der in eine dunkle, selbstmörderische Traurigkeit geglitten war. Kein Fluß der Welt ist so traurig wie die Seine. Undurchsichtig und untröstlich fließt sie zwischen ihren Böschungen dahin, als wäre in der Welt jegliche Freude gestorben und die Liebe zu Leid geworden. Am Quai Voltaire blitzten die Lichter auf, nicht einladend, sondern freudlos, und die Clochards auf dem Quai deckten sich mit alten Zeitungen zu.

Der Trauermantel

Dieses Mal blieb ich länger in Paris als sonst. Das diesige Pariser Licht gefiel mir immer besser. Es schien einem zu sagen, daß jegliche Trauer ihre eigenen Tröstungen fände, wie tiefgründig, sehnsüchtig und wunderlich sie auch sein mochte.
Ich wohnte im Saint-James-Albany in der Rue Saint-Honoré. Mein Zimmer hatte eine Blümchentapete, und auf die Toilettenwände waren Geranien gemalt. Ich frühstückte in einem Hof, in dem ein Brunnen plätscherte, und in dem Zimmer über mir spielte eine Dame Chopin-Walzer.
Hin und wieder dachte ich an Amerika. Ich hatte das Gefühl, weit weg zu sein. Nach dem Tode meines Vaters hatte meine Familie sich zerstreut, und allein meine Mutter schrieb mir getreulich. Sie litt an der Parkinsonschen Krankheit und konnte nicht mehr mit der Hand schreiben; daher hatte sie sich eine Schreibmaschine gekauft und tippte darauf mühsam ihre liebevollen Briefe; sie bat mich, bei Regen Überschuhe zu tragen und im kalten Paris lange Unterhosen anzuziehen. Manchmal legte sie eine verwelkte Kornblume bei oder auch ein vergilbtes altes Photo von mir als Kind im Matrosenanzug.
Gewissenhaft beantwortete ich ihre Briefe, legte einen Schnappschuß von mir in den Tuilerien bei, ein Maiglöckchen oder auch eine Besprechung eines bekannten Kritikers. Nach und nach wurde die Liebe zu meiner Mutter bedeutungsvoller und zärtlicher, als hätten die Blumen und die Photographien eine geheimnisvolle Kraft ausgestrahlt. Aber das Merkwürdige an dieser inniger werdenden Liebe, die keineswegs durch die Blumen und Photos künstlich hochgespielt wurde, war, daß mir meine Mutter so lebendig vor Augen trat, als stünde sie im Zimmer und legte mir die Hand auf die Schulter.

An sonnigen Tagen wanderte ich zum Marché aux timbres in der Avenue Gabriel. Briefmarken hatten wie Blumen und Photographien etwas zunehmend Tröstliches. Ich sammelte lediglich Marken mit Schmetterlingen oder solche, die berühmte Gemälde abbildeten, wie zum Beispiel belgische Marken mit Rubens-Bildern, spanische mit Goyas, norwegische mit Bildern von Munch oder holländische mit Rembrandt-Gemälden.
Eines Tages bummelte ich durchs Palais Royal. Ich blieb vor einem Fenster in einer langen, dunklen Arkade stehen. Es war ein Briefmarkenladen, und es waren etliche interessante Exemplare ausgestellt. Eines zeigte den Hafen von La Rochelle von Vernet. Ich besaß diese Marke bereits in der dunklen und helleren Ausführung, aber diese fiel mir durch ihren lebhaften Blauton besonders auf (ein »outremer vif«, heißt es in den neueren Katalogen).
Ich ging hinein und kaufte die Marke für den Gegenwert von vier Dollar. Es stellte sich heraus, daß dies das einzige große Geschäft meines Lebens war. Dieses »outremer vif« war ein äußerst seltenes Exemplar, das heute mit sechstausend Dollar aufgeführt ist. Doch es war nicht nur ein glücklicher Zufall, der mich auf diese Farbe aufmerksam werden ließ, sondern ich war stets wie von einem Magneten von dem lebhaften Blau der brasilianischen Schmetterlinge angezogen worden.
Einige kleine Buben spielten in dem großen, sonnigen Hof mit ihren Reifen, und die Kinderschwestern schoben Kinderwagen mit spitzenbesetzten Decken. Die Arkaden im Hintergrund wirkten düster und korrupt, doch der weite sonnenbeschienene Rasen erinnerte an eine vergangene Unschuld. Die Kinder ähnelten denen auf Renoirs Bildern. Ihre Hauben waren so weiß wie Lilien, die Bänder leuchteten wie Rosen, und der Himmel darüber färbte sich »outremer vif«.
Ich ging weiter und entdeckte ein vertrautes Gesicht, das aus einem Fenster sah. Der Kopf mit den zerknitterten Wangen, dem wolligen Haar und den aufmerksamen, witzigen Augen, die aus rötlichen Höhlen blickten, wirkte sehr fern und dabei seltsam nah. Ich winkte, als ich sie erkannt hatte, und sie winkte beiläufig zurück.
Ich rief: »Darf ich mir Ihre Schmetterlinge ansehen?«

Einen Augenblick lang sah sie erstaunt aus, doch dann rief sie vergnügt: »Bien sur! Mais naturellement! Kommen Sie herauf, und ich zeige Ihnen meine Schmetterlinge!«
Ich hatte ihr bereits geschrieben, mich für einen Besuch angemeldet und, um sicherzugehen, *The Seven who Fled* mitgeschickt, die gerade bei Gallimard in einer wunderbaren neuen Übersetzung herausgekommen waren. Etliche Jahre zuvor hatte Marguerite Yourcenar das Buch übersetzt, aber diese Übersetzung war verlorengegangen, als die Deutschen Paris besetzt hatten. Diese neue Übersetzung war von zwei Frauen, Rose Celli und Joan Smith, die, wie mir Gaston Gallimard versicherte, unantastbare Integrität besaßen.
Ich eilte um die Ecke in die Rue de Beaujolais, stieg die Treppe hinauf und drückte auf den gelben Klingelknopf. Eine Frau in einem gepunkteten Kleid öffnete mir die Tür und führte mich ins »Studio«. Das war ein unordentlicher, mit Kissen und Büchern vollgestopfter kleiner Raum, in dem eine Vase mit Rosen und ein Kasten mit Schmetterlingen standen.
Und da war sie selbst, merkwürdig feierlich zwischen all ihren Kissen und nicht annähernd so, wie ich sie mir vorgestellt hatte: traurig, hager, ganz faltig und mit Säcken unter den veilchenblauen Augen. Ihr krauses Haar sah aus, als sei es angesengt. Sie hatte einen kastanienbraunen Seidenschal umgelegt, und darunter zeichneten sich ihre knochigen Schultern ab, die durch die Last vergangener Wonnen und gegenwärtigen Elends gebeugt schienen. Dieser dunkle kastanienbraune Schal wirkte zeremoniell, er hing wie ein Altartuch über ihre Schultern, und diese Vision von Colette hatte Größe, stimmte aber auch traurig. Ihre Falten wurden so ausdrucksvoll wie die Kalligraphie in einem Gesangbuch.
»Sie sehen erstaunt aus«, sagte sie heiser. »Hatten Sie jemand anderen erwartet?«
»Ich hatte jemanden erwartet, der lächelt. Wenn ich an Sie dachte, habe ich Sie mir immer lächelnd vorgestellt!«
»Nun, ich lächle immer noch gelegentlich, doch weniger als früher. Ich lächle über kleine Begebenheiten, die mich in Erstaunen versetzen.«
Ein durchtriebenes Lächeln verzerrte ihr verhärmtes Gesicht.

Doch dann verschwanden wie durch einen Zauber alle Falten, und das listige alte Gesicht strahlte vor Mutwillen. Mich verwirrte dieser unvermutete Umschwung von Kummer zu Spott. Geschah das unwillkürlich, oder war es beabsichtigt? Oder war der Schmerz Teil des Spotts?

Sie beugte sich ein wenig vor und sah mir traurig in die Augen. Eindringlich und bedeutungsvoll starrte sie mich an. Dann zuckte sie teilnahmslos mit den Achseln, blickte auf die Rosen und strich über die mausgraue Seide, die von ihren knochigen Knien herabhing.

»Ich glaube, es wird immer schwieriger, mich zu amüsieren. Oder vielleicht gibt es immer weniger Dinge, die amüsant sind.«

»Aber gerade sahen Sie amüsiert aus!«

»Es hatte mich auch etwas amüsiert.«

»Was war das?«

»Das waren Sie, Sie sahen so unbeholfen und kindlich aus.«

Ich lachte. »Es ist immer nett, wenn einem gesagt wird, daß man kindlich ist.«

»Aber haben Sie eine Vorstellung davon, wie ein Kind tatsächlich ist? Ich bin sicher, daß Sie das nicht wissen. Wie sollten Sie auch, da Sie selber kindlich sind. Um ein Kind zu verstehen, muß man ein altes Kind werden.« Ihr Gesicht verhärtete sich, nahm eine düstere, altjüngferliche Strenge an. Ich hatte das Gefühl, daß ich sie schon seit vielen Jahren kannte. »Da sitzen Sie nun, lächerlich kindlich und vielleicht auch ein bißchen unbeholfen, dabei habe ich den Verdacht, daß die Unbeholfenheit gespielt ist. Doch ein Kind wirkt keineswegs affektiert. Sind Sie ein typischer Amerikaner? Bestimmt nicht. Wenden Sie Ihr Gesicht dem Fenster zu, ich möchte es genau studieren. Nein, Sie haben gewiß kein typisch amerikanisches Gesicht.«

»Sie haben vollkommen recht, Madame. Den typischen Amerikaner gibt es nicht. Sie mögen ein typisches Äußeres haben, glattrasiert, einen idealistischen Blick, aber unter der Oberfläche steckt ein Chaos von Unzivilisiertheit und Dekadenz.«

Ihre Lippen verzogen sich zu einem grimmigen, gönnerhaften, maskulinen Lächeln. Dieser Funke Männlichkeit schien ihre

Weiblichkeit nur zu steigern und zu unterstreichen und ihr dabei einen Doppelsinn zu verleihen. Ich gewahrte in ihren Augen ein unterschwelliges Erkennen, als habe sich zwischen uns unversehens eine schuldhafte Verwandtschaft angebahnt.
»Versuchen Sie mich mit Ihrem Geplauder über die Dekadenz zu beeindrucken? Ich bin überzeugt davon, daß in den Amerikanern auch kein bißchen Dekadenz steckt. Sie mögen oberflächlich besehen so erscheinen, aber das ist lediglich ein Kraftakt. Vielleicht sind sie gelangweilt oder auch frustriert. Aber gibt es überhaupt so etwas wie echte Dekadenz? Ich bin in meinem Leben etlichen sehr merkwürdigen Menschen begegnet, die äußerst exzentrischen Schwächen huldigten, aber im nachhinein erkenne ich, daß es sich dabei nie um etwas wirklich Sinistres handelte. Nihil humanum mihi alienum est, oder vielleicht sollte man sagen: Nihil humanum mihi horribilis est. Ich nehme an, daß Sie hierher gekommen sind, um Fragen zu stellen. Alle Amerikaner, denen ich je begegnet bin, wollten mir immer Fragen stellen.«
»Es ist merkwürdig, aber ich stelle fest, daß mir keine Frage einfällt, die ich Ihnen stellen möchte!«
»Dann denken Sie sich eine aus. Versuchen Sie, mir eine charmante Frage zu stellen. Mein Lieblingsrestaurant in Paris? Das Grand Vefour selbstverständlich. Sie behandeln mich immer sehr zuvorkommend, verdächtig zuvorkommend. Sie betrachten mich inzwischen als äußerst verletzliche Legende. Sie reservieren mir immer einen gemütlichen kleinen Tisch in der Ecke, und ich deute auf die Fensterscheibe und sage: ›Haben Sie nach wie vor Zitronensaft? Man möchte meinen, daß Sie wie seit altersher König Eduard VII. beliefern!‹ Es ist immer derselbe Witz, und immer lachen sie höflich. Dann bringen sie mir das köstliche Cassis-Eis, das ich über alles liebe, in einer kleinen Schale, die mit Rosen und Kapuzinerkresse bemalt ist. Das Maxim mag ich nicht mehr. Im La Perouse bekommt man Klaustrophobie. Ich bevorzuge die bescheidenen Restaurants in Venedig und La Napoule – eine schmackhafte Bourride, die mir lieber ist als eine Bouillabaisse, oder einen gegrillten Loup de mer mit Fenchel, ein wunderbares Gericht! Aber mein Lieblingsfisch ist Steinbutt, der am allerbesten schmeckt, wenn man

ihn auf einem Bett von Sauerampfer anrichtet, nicht zu vergessen die himmlischen Auberginen ...«

Sie lächelte ein leichenhaftes Lächeln. »Venedig werde ich niemals wiedersehen und erst recht keinen Steinbutt in Sauerampfer mehr essen!«

Ein schmerzliches Zucken lief über ihre Wangen, wie ein elektrischer Krampf. Dann sagte sie: »Ich nehme an, Sie möchten lieber über Bücher sprechen?«

Erst zwei Wochen zuvor hatte ich *Die Freuden des Lebens* gelesen, und diese Geschichte ließ Colette sehr lebendig werden und brachte sie mir ganz nahe. Sie gehörte zu den Künstlern, die mit zunehmendem Alter immer besser werden. Freilich hatte ich den Eindruck, dies sei nicht so sehr eine Folge größerer Erfahrung, sondern ein Geheimnis, das untrennbar zur Natur des Genies gehöre. Das Rätsel besteht darin: Wird die Kunst bedeutender entsprechend der Intensität, mit der der Künstler auf Erfahrungen reagiert, oder ist sein immer profunder werdendes Verständnis für die Erscheinungen des Lebens eine Auswirkung seines angeborenen Genies? Santayana hat auf dieses Rätsel hingewiesen, auch Thomas Mann. Was kommt zuerst, das Ei der Kunst oder die Henne des Künstlers? Oder besser, das Genie des Künstlers oder der innere Kampf, aus dem die Kunst hervorgeht?

Ich sagte höflich: »*Die Freuden des Lebens* ist mir das liebste von allen Ihren Büchern.«

»Das ist nett von Ihnen, daß Sie ein Lieblingsbuch haben, das haben wir alle. Ich muß überlegen, welches mein liebstes Buch ist. Daß es nicht *Chéri* ist, brauche ich wohl nicht erst zu erwähnen, obgleich es ein gewisses Etwas hat. Segonzac nannte es ›ein Gefühl für das tränenreiche Unberechenbare‹. Ich glaube, für mich ist es doch *La Vagabonde*. Ich sehe selten in den Spiegel, wenn ich es aber tue, sehe ich immer noch Spuren, wenn auch sehr verblaßte Spuren eines Vagabunden.«

Ihr Gesicht wurde sehr hart und streng. Alles Licht war in ihren Augen erloschen, und sie starrte mich verbittert an. Ihre Stimme wurde zu einem sentimentalen Singsang, als wiederholte sie etwas, was sie schon oft gesagt hatte.

»Ein Roman kommt mir immer vor wie ein sehr gut zubereite-

tes Soufflé; wenn es nicht gar ist, ist es klebrig, ist es übergar, ist es zu trocken. Ich denke da an *Adolphe* und an *Die Prinzessin von Clèves . . .*«
»Und an Radiguet vielleicht?«
Aber sie schien mich nicht zu hören. »Jean Marais war ein guter Chéri, aber irgend etwas machte mich stutzig. Dieser Hauch von sinnlichem Narzißmus – daran war Jean Cocteau schuld, aber leidenschaftlich von einem älteren Mann geliebt zu werden ist etwas völlig anderes, als leidenschaftlich von einer älteren Frau geliebt zu werden . . .«
Sie beugte sich plötzlich vor und sah mich wieder forschend an, und ihre blutunterlaufenen Augen wurden mißtrauisch.
»Wer sind Sie übrigens?«
»Ich habe Ihnen neulich ein Buch geschickt.«
Sie sank in die Kissen zurück und schloß die Augen. »Ach ja, natürlich. Ich erinnere mich. Es handelte von der Wüste und den Bergen in Asien. Das Buch hat mich verwirrt. Sind Sie einst durch China geflohen?«
»Das waren sieben andere Menschen«, sagte ich entschuldigend.
»Sechs Männer und eine wunderschöne Frau. Mitten in der Nacht. Mitten in Asien!« Sie summte wie ein Insekt, als sie das Wort »Asie« aussprach, als hätte sie sich im Geist in die Wüste Gobi versetzt.
Dann strahlte sie plötzlich. »Ach ja, natürlich, die Schmetterlinge. Ich habe nichts Besonderes, keine Brasilianer, keine Javaner, bloß diese lieben gallischen Falter, die kleine Erinnerungen spinnen. Ich liebe den ›paon de jour‹, das Tagpfauenauge, und den ›flambé‹, den Segelfalter, aber mein Liebling ist stets ›le morio‹ gewesen, den Sie, wie ich glaube, Trauermantel nennen. Er erinnert mich an die Kindheit, er ist so feierlich und samtig: wie frisch eingeschenkte Schokolade mit Sahne am Rand und darunter dieser Unterrock aus feinem schwarzen Brokat!«
Sie legte den Kasten auf den Tisch und betrachtete ihn feierlich, ihre schilfrigen gelben Finger strichen dabei bedachtsam über das Glas. Dann sah sie mich an und lächelte. Es war ein dürres halbes Grinsen, aber in ihren Augen lag ein Schimmer verängstigter Zärtlichkeit.

Der Tod von Henry James

Drei Tage später stieg ich in mein Auto und fuhr wieder nach Rom zurück. Die erste Nacht verbrachte ich in Auxerre, die zweite in Avignon und die dritte in Alassio, und in der vierten Nacht erreichte ich Florenz.

Mit Florenz erging es mir merkwürdig. Es war jedesmal das gleiche: Kam ich am Arno an (ich wohnte meist im Berchielli), wirkte die Stadt geräumig und gastfreundlich wie ein halbvergessenes Zuhause. Fast im Laufschritt eilte ich zum Ponte Vecchio, um die Goldschmiede in ihren Buden hocken zu sehen. Und nach dem Abendessen ging ich wieder zum Ponte Vecchio zurück und stand neben Cellinis Büste unter den Sternen.

Aber nach einem einzigen Tag wurde ich von Klaustrophobie ergriffen. Selbst im Frühling und im Herbst wurde die Luft erstickend. Ich sehnte mich nach den Pinienwäldern und der Kühle der Klöster und fuhr nach Impruneta, um den Tabernakel anzusehen. Oder ich stieg hinauf nach San Domenico mit seinen Renaissancebögen und ging dann weiter nach Fiesole mit seinem alten Franziskanerkloster. Nach dem Abendessen streifte ich in den Cascine zwischen den Pinien umher, wo sich die Soldaten herumtrieben und amerikanische Zigaretten schnorrten.

An einem warmen windstillen Morgen fuhr ich nach Vallombrosa. Unterwegs machte ich halt in Pontassieve, und ich las in meinem veralteten Baedeker nach:

18 km. *Pontassieve*, am Zusammenfluß des Arno und des Sieve, hat in seiner Kirche eine Madonna von Fra Angelico. Der Omnibus (21 Lire) fährt bis *Saltino* (Grand-Hotel, Pension 50 Lire) hinauf, schöner Aussichtspunkt. Von dort aus ist es ein Weg von einer halben Stunde nach *Vallombrosa* (Hotel Demeniale, Pension 45 Lire), eine Sommerfrische mit einem berühmten *Kloster* (jetzt eine Forstschule), das

von St. Johannes Gualberte (siehe Seite 365) gegründet wurde. 1638 wohnte Milton in dem Gasthaus (Gedenktafel 1925 angebracht), und die Pinienwälder der Umgebung sind die »etrurischen Schatten« im *Verlorenen Paradies*. In der Kirche hängt ein Bild mit fünf Heiligen von Raphael.

Gewissenhaft besichtigte ich die *Madonna* Fra Angelicos und das berühmte Kloster, das jetzt eine Forstschule war. Dann betrachtete ich die Heiligen von Raffael und durchstreifte die Pinienwälder, wo die duftenden Nadeln unter meinen Füßen knackten.

Ich kam in der Villa I Tatti um halb eins an, gerade rechtzeitig zum Mittagessen. Die anderen Gäste ergingen sich im Garten.

Lady Colfax erklärte: »Ich habe beschlossen, einen Roman zu schreiben. Nicht so einen, der vom Bewußtseinsstrom getragen wird, obwohl ich etwas für die Avantgarde übrig habe, sondern einen traditionelleren, ungefähr im Stil von Jane Austen.«

»Weshalb nicht im Stil von George Eliot, meine Liebe?« fragte Nicky Mariano, Berensons Sekretärin. »George Eliot war entsetzlich gescheit; das gescheiteste Frauenzimmer, das es je gegeben hat.«

Nicky war eine gutmütige Frau und verkörperte die warmherzige, muntere bayrische Hausfrau.

»Es handelt sich doch nicht um meine Intelligenz, die ich der Nachwelt erhalten möchte! Sie soll sich an meinen witzigen Einfällen und geistreichen Aussprüchen, wie in *Emma*, ergötzen«, sagte Lady Colfax.

Bernard Berenson tauchte wie ein Deus ex machina zwischen den Büschen auf, und wir spazierten an den Blumenbeeten vorbei in den Speisesaal. Die Räume waren herrlich kühl und wirkten gespenstisch lebendig. Die gemalten Engel und Heiligen schienen von den Wänden herab zuzuhören und ständig aufzupassen, ob sich jemand zu einer anfechtbaren Zuschreibung eines Bildes verstieg oder ein anderes übertrieben positiv beurteilte.

Stumm und feierlich wie bei einer Zeremonie setzten wir uns an den langen, dunklen Tisch. Es gab Gnocchi auf römische Art und Vitello tonnato, Kalbsbraten in Thunfischsoße.

Bernard Berenson hatte früher Bernhard Valvojenski geheißen.

Er hatte in Boston das Gymnasium und die Universität besucht und war dann schließlich nach Harvard gegangen, wo er Mitglied der Episkopalkirche wurde. Später, als er berühmt war, konvertierte er zum römisch-katholischen Glauben.
Er war ein zerbrechlicher kleiner Mann mit einem verdrossenen Spitzbart, einem klugen, anspruchsvollen Mund und zweideutig glänzenden Augen. Er gehörte noch zu einer Epoche (vielleicht hatte er sich auch in eine Epoche versenkt), in der es als rüde und beschränkt galt, das Kind beim Namen zu nennen, mochte es sich um theologische, kulturelle oder erotische Fragen handeln. Das hatte seinen Geist und Verstand geschärft, und was immer er sagte, stets hatte man das Gefühl, daß er das genaue Gegenteil meinte.
Er sagte zu Lady Colfax: »Sie sollten lernen, so wie Thackeray zu schreiben. Vergessen Sie den Unsinn über Jane Austen. Jane Austen hat mich nie zum Lachen gebracht. Dickens war ein vulgärer Karikaturist, aber Thackeray hatte Stil. Vielleicht gefällt er Ihnen nicht, er war ein Snob, aber ihm ist es gelungen, mich zum Lachen zu bringen. Wenn ich bei einem Autor nicht lachen kann, gehört er für mich in die untere Kategorie. Dostojewski bringt mich zum Lachen. Hie und da sogar Tschechow. Aber Hardy – meine Güte, wer hat je bei *Tess von d'Urbervilles*, gelacht?«
»Ich habe eher an George Eliot gedacht«, sagte Nicky entschuldigend.
»George Eliot war ein Blaustrumpf. Sie gehört in die untere Kategorie. Schließlich ist der Verstand nicht alles. Ich habe nie über *Silas Marner* gekichert.«
Ich fragte: »Haben Sie je über Henry James gekichert, Mr. Berenson?«
»Über Henry James habe ich unfreiwillig gelacht«, sagte Bernard Berenson. »Das heißt, ich habe über Stellen gelacht, an denen das nicht vorgesehen war. Bei Henry James kann man kichern, aber gemeint war es nicht so. Hingegen Proust – da war das Gekicher beabsichtigt, obgleich ich bei der Szene, in der Baron de Charlus gegeißelt wird, nicht so sicher bin, ob Proust damit einen Heiterkeitserfolg hervorrufen wollte.«
»Sie hätten Schriftsteller werden sollen«, sagte Lady Colfax.

Der alte Mann fuhr ein wenig zusammen, als hätte ihn eine Mücke gestochen.
»Vielleicht haben Sie recht, Sybil. Ich wäre womöglich ein heiterer Schriftsteller geworden ...«
Während des Desserts – es gab Profiteroles mit Schokoladensauce – fragte ich ihn nach den Heiligen von Raffael in Vallombrosa.
»Stammt das Bild tatsächlich von Raffael?«
»In Vallombrosa ist nichts sicher. Es gibt Tage, an denen ich aufwache und alles entsetzlich gefälscht aussieht. Es gibt Augenblicke, da wünsche ich mir, ich hätte mich nie auf Malerei eingelassen. Und dann gibt es Zeiten, in denen ich von dem entsetzlichen Gefühl erfüllt bin, alles sei vergeblich; vielleicht ist es aber auch das Verwirrende, das Verderbte, was mich irritiert.«
Wir standen vom Tisch auf und gingen hinüber in das Wohnzimmer. Das Gespräch wandte sich Picasso zu, und Berenson sagte bitter: »Zu Picasso gibt es vor allem eines zu sagen. Er ist furchtbar leicht zu imitieren, und nicht nur das, er ist auch leicht zu fälschen. In hundert Jahren wird es eine Unzahl von gefälschten Picassos geben, und das neben den Tausenden, die echt sind. Also wird es Millionen Picassos geben, und wer wird die echten von den Fälschungen unterscheiden? Selbst seine Signatur ist schrecklich leicht zu imitieren.«
Berenson warf mir einen diabolischen Blick zu. Sein Spitzbart zitterte leicht, seine Augenbrauen stießen zusammen, und seine Hände klammerten sich wie Raupen an seine Knie.
»Und das ist das Problem bei diesen Modernen«, schnurrte er zufrieden. »Nehmen Sie Vlaminck. Nehmen Sie Utrillo. Sie sind lächerlich leicht zu kopieren. Wer wird in hundert Jahren eine Fälschung von einem Original unterscheiden können? Bei Piero di Cosimo oder Carlo Crivelli hingegen ...«

Immer, wenn Berenson nach Rom kam, wohnte er im Hotel de la Ville, einem angenehmen alten Hotel oberhalb der Spanischen Treppe. Er hatte stets dasselbe weitläufige Zimmer in der obersten Etage. Es war mit vergoldetem Rupfen tapeziert und hatte eine herrliche Aussicht auf die Pinien und dazu seinen

speziellen Geruch nach modrigem Segeltuch, wie das Segel eines Schiffes, das stürmische Meere überquert hat.
Ich fuhr ihn zum Essen auf die Via Appia Antica, und wir aßen auf einer Terrasse in der Nähe des Grabmals der Cecilia Metella. Er sah zarter aus als früher, und der Glanz seiner Augen war schwächer geworden. Seine Stimme war nicht mehr so scharf, und selbst sein Spitzbart war dünner geworden.
»Fühlen Sie sich hier in Italien niemals wie im Exil, Mr. Berenson?«
»Ich habe mich mein ganzes Leben lang wie im Exil gefühlt, und ich habe mich in diesem Bewußtsein gesonnt. Das Exil verleiht der Persönlichkeit einen Schuß Paprika. Aber Sie haben recht. Man wird es müde, ein einsamer Emigrant zu sein.«
»Aber Sie sind doch sicher nicht einsam!«
»Doch, ich bin schrecklich einsam! Mein ganzes Leben bestand aus einer Reihe wohlüberlegter Posen, und nun haben sich die Posen verselbständigt, selbst meine innersten Ängste sind zur Pose erstarrt. Gräßlich, nicht wahr?«
»Ich könnte mir vorstellen, daß es Henry James ähnlich ergangen ist«, sagte ich.
»Vielleicht. Er muß gespürt haben, daß er immer mehr zum Schwindler wurde. Ich sage das nicht kritisch, denn es gibt viele Arten von Betrug. Einige sind vulgär und lächerlich, und andere wieder sind subtil und aristokratisch. Henry James wurde zum Schluß ein echter Aristokrat, und sein letzter Betrug war sowohl erlesen als auch sehr bewegend. Ich sehe ihn auf seinem Totenbett vor mir, in Erwartung des ›ganz Besonderen‹. Selbst sein letzter ›timor mortis‹ war ein edler Betrug. Ich sage Ihnen, alle großen Künstler leben von einem bestimmten, jeweils verschiedenen Betrug. Sehen Sie sich um. Selbst Vermeer – diese wundersame atemlose Stille! Sogar das Sonnenlicht ist bei Vermeer ein magischer Betrug. Aber was ist Magie schließlich anderes als ein herrlicher, inspirierter Betrug?«
Genau auf so etwas hatte ich gewartet. Ich spürte, daß der Bleistift in meiner Tasche zu zucken begann vor Aufregung.
Ich sagte schüchtern: »Stört es Sie, wenn ich das aufschreibe, Mr. Berenson?« Ich holte meinen Bleistift hervor und sah ihn erwartungsvoll an.

»Aufschreiben? Um Himmels willen, nein. Sie könnten mich zitieren. Das würde mich in Verlegenheit bringen.«
»Ich werde Sie nicht zitieren, wenn Sie es nicht wünschen. Aber es wäre ein bißchen schade. Diese erstaunlichen Aperçus – es wäre ein Jammer, wenn sie nicht erhalten blieben.«
Der Ausdruck seiner Augen hatte sich blitzschnell verändert. Sein Spitzbart sah wieder lebendig und leicht diabolisch aus.
»Erstaunliche Aperçus! So bezeichnen Sie das also? Das klingt ganz nach Henry James. Nun gut. Notieren Sie. Sollen diese Juwelen geistiger Erkenntnis einbalsamiert und verewigt werden!«
Also schrieb ich sie getreulich nieder und fragte dann vorsichtig: »Sie sagen, es gibt keinen Künstler, der nicht ein klein wenig betrügt?«
Er dachte einen Augenblick nach. Dann hüstelte er. »Cézanne ist, glaube ich, die einzige Ausnahme. Ich habe hin und her überlegt, aber er ist über jeden Verdacht erhaben. Allein Cézanne verwarf alle Tricks und Manipulationen. Erinnern Sie sich, selbst Rembrandt hatte seine Tricks, selbst er manipulierte. Doch was sind die Leidenschaften und Enttäuschungen eines großen Künstlers, sei es nun Rembrandt, Michelangelo oder unser lieber Freund Henry James, schließlich anderes als Stoff für seinen inspirierten noblen Betrug.«
Er hielt einen Augenblick inne. Dann sah er mich vorsichtig an.
»Und was werden Sie mit all diesen bösen kleinen Kritzeleien anfangen?«
Ich lachte. »Ich werde sie in meine Aktenmappe stecken. Ich habe vor langer Zeit in Paris eine schöne Aktenmappe gekauft. Sie ist aus blauem Leder und mit schwarzer Seide gefüttert. Diese ganzen Perlen der Weisheit werden in meiner Mappe aufbewahrt.«
»Ich verstehe.«
»Stört es Sie?«
»Nicht so schrecklich«, sagte er. »Doch ich wünschte, es wären echte Perlen und keine künstlichen.«
Er saß kerzengerade und klopfte auf den Tisch, als wollte er eine Schulklasse zur Ordnung rufen. »Man darf nicht zu kleinlich sein, das ist das Wichtigste. Man muß beschönigen. Man

muß entschuldigen. Was hat es für einen Sinn, die ganze Zeit immer nur Fehler aufzudecken? Mein ganzes Leben habe ich damit zugebracht, Fehler aufzuspüren, und jetzt habe ich genug davon!«

Um vier Uhr setzte ich ihn vor dem Hotel de la Ville ab.

»Ich habe heute zuviel geredet. Ich bin völlig ›épuisé‹«, sagte er. »Man muß lernen, nichts zu sagen, die wesentlichen Dinge zu verschweigen. Das ist die Crux, wenn man ein Fachmann ist, ob auf dem Gebiet der Kunst oder dem der menschlichen Beziehungen!«

Von der Toreinfahrt zum Hotel her winkte er mir zum Abschied zu und sah dabei sehr zerbrechlich aus, wie eine Puppe, die lauter Sprünge hat. Er sah so erbarmungswürdig reparaturbedürftig und schutzbedürftig aus. Sein kleines Porzellangesicht wirkte sehr einsam und verlassen, und sein schwarzer Flanellanzug flatterte wie eine Krähe im Wind.

Der goldene Zweig

Die Prinzessin Caetani war eine gutaussehende Amerikanerin, die in eine Familie des römischen Hochadels eingeheiratet hatte. Man hatte mir erzählt, die drei bedeutendsten Familien Roms seien die Colonna, dann die Orsini und dann die Caetani. Die Colonna galten als die Aufgeblasensten, die Orsini als die Geheimnisvollsten und die Caetani als die Frömmsten.

Die Prinzessin lebte in einem Palazzo in der Via Botteghe Oscure. Die Straße hatte ihren Namen von den mittelalterlichen Weinhandlungen, die sich früher dort befunden hatten. In Paris hatte die Prinzessin die Zeitschrift *Mésures* herausgegeben, und jetzt in Rom gab sie die *Botteghe Oscure* heraus. Das war eine umfangreiche weiße, regelmäßig erscheinende Zeitschrift von hohem geistigen Niveau, die ausgefallene Gedichte in Englisch, Französisch und Italienisch abdruckte und gelegentlich auch einmal einen griechischen oder argentinischen Lyriker.

T. S. Eliot kam nach Rom und wohnte im Palazzo Caetani. Aus diesem schönen Anlaß wurden die Literaten zum Diner eingeladen. Ronald Bottrall, Roger Hinks, Emilio Cecchi und der große Professor Praz waren da. Nach dem Essen las uns Eliot einige seiner Gedichte vor. Er las »Gerontion«, »Marina« und »Die Reise der Weisen aus dem Morgenland«.

Ich bat ihn, den Anfang von »Aschermittwoch« vorzulesen, für mich ein unvergleichlich schönes Gedicht. Er sagte: »Das ist sehr liebenswürdig von Ihnen. Aber verzeihen Sie, ich bin schrecklich müde.«

Ich sagte zu Eliot: »Morgen werde ich zum Nemisee fahren. Ich will nach dem Goldenen Zweig Ausschau halten. Professor Praz sagt, er sei noch immer dort. Er steht noch immer am Ufer. Würden Sie wohl mit mir kommen?«

»Mit dem größten Vergnügen. Ich hoffe«, sagte er, »daß ich dann nicht mehr so müde bin.«
Zum erstenmal war ich Eliot vor vierzehn Jahren in London begegnet, als ich ihn in seinem Büro am Russell Square besucht hatte. Er hatte zwei meiner Gedichte in seiner Zeitschrift *The Criterion* abgedruckt, und ich hatte zwei Gedichte von ihm (»Virginia« und »New Hampshire«) in Bryn Mawr veröffentlicht. Ich betrat sein Büro und war auf eine kühle Strenge gefaßt, doch ich sah einen sehr freundlichen, sehr bescheidenen schlanken Herrn, der mit dem Rücken zum Fenster saß, so daß sein Gesicht im Schatten lag. Er sah aus, als erschrecke ihn der Straßenlärm. Seine Hände wirkten wie unendlich empfindsame Fühler. Jetzt, vierzehn Jahre später, war er kaum verändert. Er sah immer noch blaß und zurückhaltend aus, Ohren und Finger schienen äußerst schmerzempfindlich. Lediglich die Müdigkeitsfalten auf der Stirn waren neu und auch eine bestimmte komplizierte Vornehmheit.
Wir fuhren also am nächsten Morgen nach Frascati und dann an Marino und Genzano vorbei bis nach Nemi. Unter uns lag der See, unergründlich, ursprünglich, eingeschlossen in seinen Krater, der ideale Ort für eine antike Legende. Ich parkte den Wagen im Schatten, auf dem Kamm oberhalb des Sees, und wir stiegen den Pfad hinab, der sich zum Ufer hinunterwand.
Ständig rief ich Eliot zu: »Seien Sie vorsichtig!« und: »Sind Sie müde?«, und Eliot rief zurück: »Ich passe auf!« und: »Ich bin nicht müde!«
Einige Bauern sammelten Walderdbeeren in der Nähe des Ufers, die berühmten Fragolini von Nemi, die wegen ihrer besonderen Süße bekannt waren. Ich kaufte eine Schachtel Erdbeeren, und wir aßen sie im Schatten, dann gingen wir weiter und kamen an das Ufer des Nemisees.
»Ich habe mich genau erkundigt«, sagte ich. »Neunzig Meter vom Weg entfernt. Jenseits der Felsen und hinter den Büschen. Professor Praz hat es präzise beschrieben.«
Als wir auf das Gebüsch zugingen, das von einer geschlossenen Front flechtenüberwachsener Felsen abgeschirmt wurde, bekam ich es mit der Angst zu tun. Ich nahm den beißenden

tierischen Geruch wahr, der über den Büschen hing. Ich sah nervös zu Eliot hinüber. Er wirkte ruhig und besonnen.
Wir gingen um die Felsen herum und krochen hinter die Büsche. Eine sehr alte Eiche stand grau und verwittert in einer Mulde. Dies war also der legendenumwobene Baum mit dem Goldenen Zweig, der der Kern aller antiken Sagen sein sollte. Mir war vor Enttäuschung ganz übel. Der Baum sah schmächtig und gewöhnlich aus. Er machte überhaupt nicht den Eindruck, als sei er Quelle und Ursprung aller heidnischen Sagen. Ein paar kleine Pilze wuchsen am Stamm, und eine Kolonne winziger Ameisen kroch an einem Ast hoch. Es roch nach verrotteter Vegetation. Ein Nachtfalter flog auf. Ich trat näher und berührte die uralte Rinde mit den Fingern.
Ich fand es aufregend, daß ich mit Eliot an das Ufer des Nemisees gekommen war. Er hatte davon gesprochen, was er Jessie Westons *From Ritual to Romance* und den anthropologischen Erkenntnissen im *Goldenen Zweig* verdankte. Ich hoffte, daß es ihm Freude machte, jetzt vor dem Baum zu stehen, der so untrennbar mit dem *Wüsten Land* verbunden war.
Ich hörte einen Vogelruf und dachte an die Einsiedlerdrossel:

»Where the hermit-thrush sings in the pine trees
Drip drop drip drop drop drop drop
But there is no water«

Ich sah zu Eliot hinüber. Er blickte geistesabwesend an dem Baum vorbei. Sein Kinn war vom Saft der Walderdbeeren beschmiert.
Dann sah ich zum Pfad hinüber. Er sah sandig und verlassen aus, und die Straße in der Ferne wand sich zwischen den Hügeln hoch. Mir kamen die Zeilen in den Sinn:

»Here is no water but only rock
rock and no water and the sandy road
The road winding above among the mountains«

Spinnwebenstille herrschte. Nichts rührte sich. Der Vogel schwieg. Ich horchte, ob ein Geräusch von Wasser zu hören sei,

aber es war nichts zu hören. Es roch nur nach Eichen, nach trockenen, besonnten Pinien und nach Walderdbeeren.
Ich hatte das merkwürdige Gefühl, jemand lauere hinter dem Baum. Es raschelte in den Büschen, verstohlen bewegte sich etwas im Schatten. Mir fiel ein: »Wer ist der Dritte der dir immer zur Seite geht?«
Ich warf Eliot einen raschen Blick zu, um seine verborgenen Gefühle zu erkunden. Doch sein Gesicht blieb verschlossen und feierlich.
Ich sagte: »Es ist ein bißchen enttäuschend, finden Sie nicht?«
»Ich bin keineswegs enttäuscht«, sagte Eliot.
»Vielleicht ist es nicht einmal der richtige Goldene Zweig!«
»Das macht nichts«, sagte Eliot gelassen. »Es ist ein angenehmer kleiner Ausflug gewesen.«

Wir beschlossen, zum Mittagessen nach Tivoli zu fahren. Ich erzählte Eliot, daß es dort ein nettes kleines Restaurant gab. Es hieß Sibilla, nach dem nahe gelegenen Tempel. Ich dachte, es würde ihn freuen, in der Nähe des Tempels zu essen.
Also fuhren wir auf einer Nebenstraße von Palestrina nach Tivoli und kamen schließlich zum Tempel der Sibylle. Eliot sah ein wenig erschöpft aus, und ich fühlte mich in gewisser Weise schuldig, aber nach einem Glas Wein war er munterer. Wir aßen ein Pollo alla diavolo, guten Landkäse und tranken dann einen starken Caffè. Jetzt fühlte Eliot sich wieder frisch, seine Augen begannen wieder zu glänzen, und wir beschlossen, uns die Gärten der Villa d'Este anzusehen.
Wir schlenderten in den Park und setzten uns neben einen Brunnen. In dem stark gefilterten Sonnenlicht sah der Ort sehr mythisch aus. Das Wasser aus dem Brunnen versickerte langsam im Moos – Tropfen für Tropfen. Die Bäume sahen viel grandioser und urwüchsiger aus als der Baum vom Nemisee. Ich hoffte, daß Eliot die mythische Atmosphäre der Villa d'Este gefiel.
Ich verehrte Eliot, war aber ein bißchen unsicher in seiner Gegenwart. Doch in dieser kühlen, moosigen Stille fühlte ich mich ihm sehr nahe. Ich hatte meine Scheu verloren. Ich spürte, wie mich seine stumme Freundlichkeit wie ein Schal umgab.

»Einen Augenblick lang glaubte ich, daß man uns beobachte«, sagte er ruhig.
»Wo? Im Restaurant der Sibylle?«
»Nein, bei der Eiche«, sagte Eliot.
»Wie merkwürdig. Mir ist es genauso gegangen. Es war ein Dritter dort. Er glitt durch die Büsche und war in einen braunen Mantel gehüllt.«
»Vielleicht ein Bettelmönch«, sagte Eliot.
»Ja, vielleicht war es ein Bettelmönch.«
Eliot lächelte entschuldigend. »Es scheint nun schon so lange her. Es war eine Zeit beträchtlicher Leiden, aber es ist schon so lange her.«
Eine Sekunde lang, während des gurgelnden Lauts des Wortes »beträchtlich«, hörte ich den Widerhall eines Schluchzens in seiner Stimme. Das pulverige Sonnenlicht vertiefte die Runzeln auf seiner Stirn. Während er dem Brunnen lauschte, sah er verdorrt und vertrocknet aus. Sein Gesicht hatte etwas Abstraktes wie ein unbeschriebenes Pergamentblatt. Dann lächelte er mich mit einem bebenden, blassen kleinen Lächeln an, das sofort wieder verschwand, so wie das Licht auf einem zitternden Blatt.

Als wir wieder nach Rom zurückkamen, war die Dämmerung hereingebrochen. Wir fuhren zur Via Veneto und setzten uns vor das Doney. Wir bestellten beide einen Cynar, da Eliot gehört hatte, daß er gut für die Leber sei.
»Sind Sie müde?« fragte ich.
»Keine Spur. Ich fühle mich wunderbar. Die Fahrt hat mir gutgetan. Machen wir einen Spaziergang zur Villa Borghese?«
Wir wanderten also von der Porta Pinciana aus in den dunklen Park. Es duftete nach Schirmpinien und Stechpalmen. Die Geräusche der Via Veneto entfernten sich mehr und mehr, wie Grillengezirpe, und hie und da hörte man das Tropf-Tropf eines Brunnens.
»Merkwürdig, die Geschichte mit dem Mönch. Glauben Sie wirklich, daß es ein Bettelmönch war?«
»Es kann einer gewesen sein, aber ich bezweifle es«, sagte ich.

»Auf jeden Fall«, sagte Eliot, »war es ein reizender kleiner Ausflug. Wie schön waren der Tempel der Sibylle und der plätschernde Brunnen!«

Während wir unter den Bäumen dahingingen, beobachtete ich Eliot verstohlen und versuchte, diese feierliche, kummervolle Fassade zu durchbrechen. Ich hatte ihn als Dichter immer verehrt, ohne ihn jedoch wahrhaft zu lieben. Ich hatte den Eindruck, daß er selbst in den wunderbaren *Quartetten* in Rätseln sprach, um eine geheime Wunde zu verbergen, und daß über einem geheimen Schrecken eine undurchdringliche Maske lag. Ich spürte sogar, daß seine dichterische Kraft gerade in dieser einsamen Geheimhaltung, die ihn so unnahbar machte, ihren Ursprung hatte.

Während wir unter den Stechpalmen einherwanderten, wurde mir Eliots Einsamkeit bewußt, die in der Dunkelheit zart, lautlos und ephemer, wie ein vorüberziehender Schatten, mit der meinen verschmolz.

Ein Mondstrahl fiel auf seine Nase. Er hatte eine ziemlich scharfe, dünne, geschwungene Nase. Diese Nase, die im Mondlicht ein Eigenleben annahm, die Kraft zu sammeln schien, um etwas aufzuspüren, faszinierte mich. T. S. Eliots Nase ließ ihn unversehens sehr real, sehr menschlich und lebendig und rührend erscheinen.

Er sagte freundlich: »Weshalb lächeln Sie?«

»Weil ich glücklich bin!«

»Aha. Und warum sind Sie glücklich?«

»Ich weiß es nicht. Ich bin mir nicht sicher.«

»Sie wissen es nicht. Sie sind sich nicht sicher. Ja, selbstverständlich. Das ist völlig normal. Wie kann man auch jemals genau wissen, weshalb man glücklich ist?«

Seine Stimme verklang – wie ein Finger, der noch auf der Tastatur verweilt –, wir wandten uns gleichzeitig um, als stünden wir einem unsichtbaren Publikum gegenüber. Ich ergriff in aufwallender Verehrung seinen Ellbogen, und wir gingen langsam auf die Lichter der Via Veneto zu.

Das Picknick

Ich lebte fünf Jahre in Rom. Es waren Jahre des ständigen Glücks. Es gab keinen besonderen Grund für dieses erstaunliche wilde Glück, doch mein Herz jubelte, wenn ich auf die Piazzas trat, das Plätschern der Brunnen hörte und den in Olivenöl gebratenen Fisch roch. Ich lag in der Nähe des Galoppatoio unter den Pinien, die nach Pferden, Dung und Sehnsucht rochen, und schrieb, während ich im Gras lag, meine kleinen Verse. Ich nannte sie alle »Lieder«: »Brunnenlied«, »Tempellied«, »Regenlied«, »Sommerlied« und »Das Lied vom Obelisken«. Diese seltsame, verrückte Freude ließ es nicht zu, daß ich Prosa schrieb. Versuchte ich es, fiel mir die Feder aufs Papier. Sie rebellierte gegen den Versuch, in Rom Prosa zu schreiben.

Ich wurde immer geselliger. Ich hatte mehr Freunde als je zuvor. Einsam von Natur, einsam aus Gewohnheit, einsam aufgrund meines Instinkts, einsam, weil ich es so haben wollte, wurde ich nun unersättlich redselig und unermüdlich gesellig. Mit Roger Hinks sprach ich über Caravaggio, wenn wir bei Mario zu Mittag aßen. Mit meinem brillanten Freund Gore Vidal unterhielt ich mich über George Meredith. Mit meinem Freund Tennessee Williams, der so traurige Augen hatte, plauderte ich über die Liebe, und mit Jacques Ibert unterhielt ich mich über die römischen Imperatoren, während wir im Pincio spazierengingen. Mit Luchino Visconti redete ich über den *Tod in Venedig,* und über den Existentialismus unterhielt ich mich mit Kot Jelenski. Über Ben Shahn redete ich mit meinem Freund Bernard Perlin und über Koussevitzky mit meinem Freund Sam Barber. Ich unterhielt mich mit meinem Freund Jimmy Merill über Auden und mit meinem Freund Kurt Kreuger über Greta Garbo. Über Strindbergs Dramen sprach ich mit Ingrid Berg-

man und über die Slums von Neapel mit Roberto Rossellini. Mit meiner schönen Freundin Desideria stand ich auf dem Kapitol, und wir sprachen über das tragische Dahinschwinden des Begehrens, und ich hockte mit meinem reizenden Freund Enrico unter den Pappeln, und wir sprachen über die Gedichte des großen Leopardi. Ich redete mit meiner alten Freundin Nina über *Die Brüder Karamasow* (sie war stolz auf ihr russisches Blut, obgleich sie eine geborene Colonna war), und ich sprach mit meinem Freund Paolo über den Charme des Comer Sees (er hatte sich in Urio eine Villa gekauft und dazu eine Bulldogge, die darauf aufpassen sollte). Ich saß mit meinem Freund Maurizio in der Gluthitze des Foro Italico, und wir sprachen über Tilden, und ich saß mit meinem Freund Agostino am Strand von Ostia, wo wir über die sechzehn verschiedenen Gründe für den Selbstmord diskutierten.
Aber das Merkwürdige war, daß die Worte lediglich Luftblasen waren, sie verpufften wie die Entladung einer geheimen Glückseligkeit. Sie bedeuteten nichts und sie bedeuteten alles, sie waren wahr und sie waren unwahr, sie waren brillant und dabei lächerlich, sie waren inhaltsschwer und dabei ohne Bedeutung.
Trotz dieser neuen Geselligkeit war meine innere Einsamkeit so groß wie eh und je. Diese ständige überschäumende Freude verstärkte nur noch meine innere Einsamkeit. Es war, als entdeckte ich in mir eine Seite, deren Existenz mir stets bewußt gewesen war, die aber etwas Maskenhaftes hatte, wie ein Kostüm im Karneval.

Es war eine Jahreszeit für Picknicks, aber sie fanden alle nachts statt. Unter der Sonne Roms war es für Picknicks zu heiß. Es gab Picknicks in Ostia, wo unter den Pinien Boccherini gespielt wurde, und es gab Picknicks in Fregene, bei denen Liebespaare in den Dünen lagen. Es gab Picknicks auf dem Monte Mario zwischen den süß duftenden Zypressen, und es gab Picknicks im Kolosseum, bei denen Kerzen auf den Weinflaschen leuchteten.
Somerset Maugham kam nach Rom, und ich beschloß, ein Picknick zu veranstalten. Ich sah ihn seit meinem Besuch am

Cap Ferrat zum erstenmal wieder, und ich war über sein fratzenhaftes Gesicht entsetzt: Zwei tiefe, gelbe Furchen liefen von seinen Nasenflügeln nach unten und machten sich wie Gletscher über der Öffnung des Mundes breit.
Ich fragte ihn, wen ich zu dem Picknick einladen sollte, und er stotterte: »Oh, den üblichen Pöbel, wenn Sie wissen, wen ich damit m-meine.«
Ich wußte es nicht genau, aber ich beschloß, mein Glück zu versuchen. Ich trommelte einige Flaneure von der Via Veneto zusammen. Etliche waren Dichter oder Maler, andere waren »Freunde« von »Freunden«, und der Rest waren junge Gigolos, die sich vor dem Doney tummelten. Es kamen Tullio und Mario, zwei Künstlermodelle, und Felice und Jacopo, die auf Angebote aus Cinecittà warteten. Es kam Harry, der aus Treibholz Skulpturen schnitzte, und es kam Hugo, der mit Zündhölzern malte. Dann kamen noch Sven, der Auden ins Schwedische übersetzte, und der göttergleiche Alastair, der im Ballett der Oper tanzte.
Gebratene Hühnchen, Chianti und Pizzas wurden besorgt, und drei Wagenladungen von Picknickern machten sich zur Via Appia Antica auf. Es war eine warme Mondnacht, und kein Lüftchen regte sich, kein Mensch war weit und breit zu sehen, und die antiken Gräber schimmerten blaß und unheimlich. Wir breiteten das Tischtuch in der Nähe des Grabmals der Cecilia Metella aus. Die Zypressen hinter uns sahen düster und bedrohlich aus.
»Ich habe gehört«, sagte Hugo leise, »daß Cecilia in einem langen weißen Leichentuch mit Würmern in den Haaren immer noch umgeht.«
Wir gossen eben Wein ein, als Tullio rief: »Seht! Spectri!«
Tatsächlich tauchten zwei Schatten hinter den Zypressen auf und bewegten sich in ominösem Schweigen auf die Picknickgesellschaft zu. Ein Seufzer der Erleichterung wurde hörbar, als sie sich als menschliche Gestalten entpuppten, aber es gab eine gewisse Aufregung, als sich herausstellte, daß es Carabinieri waren. Sie hatten Verdacht geschöpft und näherten sich den Picknickteilnehmern, ließen immer wieder ihre Taschenlampen aufblitzen, bis dann ein Strahl auf Maugham fiel.

Maughams Gesicht sah in der Beleuchtung sehr unheimlich aus. Die Tränensäcke unter seinen Augen schienen Ausschweifungen zu zeigen, die eines Caligula würdig gewesen wären.
Einer der Carabinieri, er war blond, murmelte etwas mit leiser, heiserer Stimme.
»Was s-sagt er?« fragte Maugham.
»Ich fürchte, er wird ausfallend.«
»Ziemlich g-gemein von ihm«, sagte Maugham. »Wem g-gegenüber, darf ich f-fragen, wird er ausfallend?«
»Ihnen gegenüber, fürchte ich. Er sagt, Sie verderben die Unschuldigen.«
»Er hat v-vollkommen recht«, sagte Maugham. »Ich v-verderbe die Unschuldigen tatsächlich.« Er zog seine Brieftasche. »Soll ich sie b-besänftigen?«
»Bemühen Sie sich nicht«, sagte ich. »Sie sehen recht gutmütig aus. Ich gebe ihnen ein paar Hühnerbeine und eine Flasche Chianti.«
Die Carabinieri betrugen sich liebenswürdig. Sie nahmen ihre Geschenke lächelnd entgegen und wanderten höflich zur Via Appia Antica zurück.
Nach dem Essen hockte Maugham sich auf ein Kissen. Er preßte seine Hände zusammen und blickte mich listig an.
»Also, mit Rom hat es folgende Bewandtnis: Es hält treu an seiner V-vergangenheit fest. Die Geschichte Roms ist voller G-größe und D-dekadenz. Es ist schwer, die Tradition der G-größe zu erhalten, aber sie tun, was in ihren Kräften steht, um die Tradition der D-dekadenz zu wahren.«
Er starrte den Mond an, der wie eine Frau mit wehendem Haar aussah. Maughams Gesicht war durch einen ständig nagenden Schmerz entstellt. Er war so alt, daß er wie ein altes, im Dschungel kauerndes Weib aussah.
Er hatte vor kurzem *Aus meinem Notizbuch* veröffentlicht und nichts von seinem Scharfsinn und seiner Bitterkeit verloren. Wenn es in seinem Stil eine Schwäche gab, so war es Maughams Hang zur Tarnung: Es war, als deute er mehr an, als er gerne preisgeben wollte. Dadurch kam eine bestimmte Lebendigkeit, aber auch eine Art Oberflächlichkeit zustande,

als verachte er den Versuch, einer tieferen Wahrheit auf den Grund zu gehen.
Ich hörte Maugham gerne zu, und mir gefiel seine knappe, sarkastische Art, aber zweifellos war er der geizigste Mensch, der mir je begegnet ist. Am Cap Ferrat setzte er seinen Gästen zum Mittagessen Eier mit gekochten Kartoffeln vor, und zum Abendessen wurde ein bleicher, fader Fisch, der Limande hieß, serviert. Ich fragte mich, weshalb er seine Dollars hortete, aber man kann vermutlich auch jemanden fragen, weshalb er Briefmarken sammelt. Bei Maugham war es eine Manie, und der Gedanke an den Tod hielt ihn nicht davon ab, er steigerte lediglich seinen Geiz und seine Habgier.
Zu jener Zeit bemühte ich mich, einen neuen Zugang zum Roman zu gewinnen. Ich wollte genauer werden, statischer, mehr sondieren, statt, wie früher, wild drauflos zu schreiben. Es lag mir sehr daran, Maugham bestimmte Fragen zu seinem Stil, zu der Art, wie sich ihm eine Person darstellte, und wie er Spannung erzeugte, zu stellen.
Aber er fegte mit ungeduldigem Stottern meine Fragen beiseite und versuchte unserem Dialog eine ihm zusagende oberflächliche Wendung zu geben.
»Ich bekam«, sagte er, »w-während des Krieges einen Brief von einem amerikanischen Matrosen. Abgeschickt wurde er in irgendeiner Gegend im Pazifik – in Okinawa, glaube ich. Der Mann schrieb, er liebe meine Bücher und habe über Sadie Thompson gelesen. Er schrieb, daß er n-nicht ein einziges Wort im L-lexikon nachschlagen mußte.«
Seine Augen glänzten vor Freude. Er strich über seine schlaffen Wangen. »Man ist für so e-etwas dankbar. Schließlich gibt es so wenig, für das ich dankbar sein könnte. Ich besitze Geld und Ruhm, aber dafür muß man nicht dankbar sein. Für drei Dinge, allein für drei Dinge wäre ich dankbar gewesen.«
»Was war das?«
»Das e-erste war der Adelstitel. Ich bin nie geadelt worden. Ich wußte im Innersten meines Herzens, daß ich n-niemals geadelt werden würde, aber ich hoffte wider alle Vernunft, daß doch die M-möglichkeit bestehen könnte, daß ich geadelt würde.«
»Und das zweite?«

»Das zweite war der Nobelpreis. Ich habe den Nobelpreis n-niemals bekommen, aber ich hoffe wider alle Vernunft, den N-nobelpreis doch noch zu bekommen.«

»Und das dritte?«

»Ja, das dritte. Sie mögen es outriert finden, aber ich wäre dankbar für ein wenig wahre Liebe gewesen. Ich war alles andere als eine Sch-schönheit. Und ich war auch nie ein großer Optimist. Aber trotzdem wäre ich dankbar für ein b-bißchen wahre Liebe gewesen.«

»Dann bedeutet Ihnen Liebe mehr als Geld und Ruhm?«

»Die Dinge, die einem entgehen, schätzt man mehr als die, die man besitzt. Eine unerfüllte Liebe bedeutet mehr als eine, die man voll ausgekostet hat. V-vielleicht habe ich Glück gehabt. Ich habe immer das genossen, was keine Erfüllung versprach. Das Leben ist lang, t-traurig und schrecklich, und man flüchtet sich in das Unerreichbare. D-demnach bin ich wohl vom Glück begünstigt. Ich schwelge noch immer in Wünschen, die mir niemals erfüllt werden.«

Zuweilen hatte ich den Verdacht, daß Maughams Stottern in Wirklichkeit eine List war. Ich bemerkte, daß er über ganz gebräuchliche Worte stolperte, die gerade, weil sie so banal waren, eine Art emotionaler Sperre verursachten. Anscheinend stotterte er, um eine Verzögerung zu erreichen, die Nachdruck verleihen und die Worte ins rechte Licht setzen sollte, um den Anschein der Mühsal zu erwecken. Vielleicht wollte er auch nicht zu sehr in die Tiefe gehen und einer allzu großen Aufrichtigkeit wehren. Auf diese Weise lieferte ihm sein Stottern – so erschien es mir wenigstens – einen »Sprachschild«, hinter dem er ungestraft seinen Bosheiten freien Lauf lassen konnte.

Wie eine große, gefleckte Kröte starrte er mich grimmig an. Auch jetzt schien ihn ein vernichtendes Schuldgefühl zu quälen. Er hatte sich im Laufe der Jahre eine zynische Maske zugelegt, und ich hatte das Gefühl, sie sei sein Schutz und Schirm vor den Speeren und Schleudern, die ihn bedrohten. Sein Gesicht war jedoch so totenähnlich, daß es schwer war, darin zu lesen. Es war unmöglich zu erraten, was er tatsächlich fürchtete oder wie sehr er litt.

Er stellte seine kurzen Beine wieder nebeneinander und stützte

sich mit den Handflächen auf das Gras. Er sah sehr malaiisch, sehr verschlagen, sehr grausam aus.
»Es ist merkwürdig«, sagte er weich, »hier in der Dunkelheit inmitten all dieser antiken Mausoleen zu sitzen. In meinen Büchern war ich immer neugierig, wie die Menschen wohl sterben würden. Fasziniert wartete ich auf den T-tod meiner Helden und Heldinnen. Sie wurden lebendiger und bedeutsamer, wenn ich wußte, daß sie sterben würden.«
Wir packten die leeren Flaschen und die Hühnergerippe in die Körbe, stiegen wieder in unsere Wagen und fuhren in die Stadt zurück. Maugham schlief ein, und sein Kopf baumelte rhythmisch hin und her, während wir über die rauhen römischen Steinplatten der Via Appia krochen.
Doch ganz plötzlich öffnete er seine Augen wieder und berührte mein Handgelenk. »Prächtig, prächtig. Noch nie zuvor habe ich ein so g-göttergleiches Geschöpf gesehen.«
»Sie meinen Alastair?«
»Nein, nein, ich meine den blonden Carabiniere. Es würde mich trösten, wenn ich ihn neben meinem Bett sitzen sehen könnte, wenn ich sterben muß.«
Dann schlief er wieder ein, und ich fuhr durch die Stadt auf die hell erleuchtete mitternächtliche Via Veneto zu.

Der Hahn

Ich ließ die Arbeit an meinem römischen Roman im Stich, der unter den Katakomben begraben schien, und wandte mich wieder der Lyrik zu, deren Rhythmen einem mehr Freiheit lassen als die der Prosa. Ich schrieb eine Reihe von Liedertexten, die vertont werden sollten, und zwar jeder auf seine eigene Weise – als Gavotte, als Walzer, als Foxtrott –, und die Präzision der Form brachte eine köstliche Freiheit mit sich, so als bewirke die Symmetrie des Gefäßes einen inneren Fluß.

Diese neue fröhliche Stimmung schien mir genau das Richtige für Venedig zu sein, und so fuhr ich eines Morgens auf der Via Cassia nach Norden in Richtung Venedig. Ich fuhr die übliche Straße über Viterbo und Siena nach Florenz. Ich hatte vor, eine Woche in Florenz zu bleiben, aber es hielt mich nicht länger als einen Tag. So eilte ich weiter nach Bologna, Ferrara und Padua. Ich ließ meinen Wagen in Mestre, nahm die Fähre nach Venedig und fuhr in einer Gondel die besonnten Kanäle hinunter. Ich hielt vor Freude den Atem an, als ich endlich die Piazza betrat. Selbst die Fahnenmasten sahen so aus, als stünden sie jubelnd auf ihren Sockeln. Die Basilika hockte wie ein vielköpfiges Monster da, und der Campanile ragte in einen bewölkten Himmel. Die Lagune sah so lebendig aus, als wimmele sie von Delphinen, und der Gong der Torre dell'Orologio war eine Aufforderung zum längst vergangenen Karneval.

Ich wohnte im Bauer Grünwald, da man von dort den Blick auf Santa Maria della Salute hat. Die Kuppel der Salute erhob sich über den gewaltigen Säulen und schwebte in eine unendliche Stille hinauf, die durch die Jungfrau Maria versinnbildlicht war. Ich blickte morgens zu ihr hinüber, wenn sie die schneeweißen Wolken begrüßte, ich sah sie mittags an, wenn sie auf die vorüberziehenden Gondeln blickte, und ich betrachtete sie abends, wenn sie zwischen den Sternen schwebte. Ich blieb nur wegen der Jungfrau Maria im Bauer Grünwald.

Eines Tages frühstückte ich auf der Hotelterrasse. Es war ein frischer, strahlender Morgen, und alles glitzerte. Die Pfähle, an denen die Gondeln vertäut wurden, blinkten wie frisch gestrichene Barbierstangen. Die Motoscafi brausten an der Salute vorbei, und in der Ferne fuhr ein Vaporetto zum Lido. Ich zerbröselte meinen Toast und warf ihn in das Wasser. Ich sah zwar keine Fische, aber das machte eigentlich nichts aus. Ich warf den imaginären Fischen meine Krümel zu und hatte das Gefühl, am Leben des Canal Grande teilzuhaben.
Ein Mann am Nebentisch legte seine Zeitung nieder. Er hatte seinen Kaffee ausgetrunken und starrte auf das Wasser. Er schien etwas Seltsames im Wasser entdeckt zu haben, das müßig auf den Wellen dahintrieb, die wie geschmolzene Bronze glänzten. Es war ein dicker Jude mit einem Schmollmund, einer Knollennase, mißtrauischen Augen, und er schwitzte, obwohl er sich nicht rührte. Er sah wie ein ältlicher Teppichhändler aus, der in ein türkisches Bad geraten war.
Plötzlich fing er meinen Blick auf, und ein amüsiertes Lächeln glitt über sein Gesicht. Doch dann sah er wieder beunruhigt aus und drehte seinen Kopf weg, als fürchtete er, ich sei einem schändlichen Geheimnis auf die Spur gekommen. Ich sagte: »Ich besitze eine Reproduktion Ihrer *Amants de la Tour Eiffel.* Das Bild heitert mich jedesmal auf, wenn ich es ansehe. Es strotzt vor Glück. Den Hahn habe ich besonders gern. Er sieht so dünkelhaft aus.«
»Alle Hähne sind dünkelhaft«, sagte der Maler ernst. »Sie haben Grund dazu. Ein Hahn ist ein prächtiges Geschöpf. Er triumphiert, er kräht, er herrscht. Er ist ein Kaiser auf seinem Misthaufen.«
»Mögen Sie Hähne lieber als Schwäne? Haben Sie nie Schwäne gemalt?«
»Ich bevorzuge den Hahn. Ein Hahn ist ein Aristokrat. Ein Schwan ist ebenfalls dünkelhaft, aber auf eine sehr bürgerliche Art. Er versucht ein Aristokrat zu sein, aber es gelingt ihm nicht

ganz. Ein Schwan ist damit zufrieden, lediglich sein eigenes Spiegelbild zu betrachten, der Hahn hingegen blickt zur Sonne empor und sieht sein Spiegelbild in der Sonne.«
Ich sagte: »Picasso mag Hähne, aber er hat sich anscheinend von ihnen abgewandt. Er bevorzugt Stiere. Sie haben eine größere, schwärzlichere Virilität.«
»Er hat sich von uns allen abgewandt. Er ist in eine Muschel zurückgekrochen. Es ist eine besonders schöne Muschel, aber es bleibt immer noch eine Muschel.«
Sein Gesicht schien aufgebläht vor kindlichem Groll. Weiche, lüsterne Falten erschienen auf seinen schwitzenden Wangen, aber es waren keine Altersfalten oder Runzeln der Weisheit, sondern reine freundliche Linien auf dem Gesicht eines Riesenbabys.
»Aber er ist doch immer noch ein großes Genie, würden Sie das nicht trotz allem zugeben?«
»Wenn ein Talent derart wuchert, muß man es als genial bezeichnen.«
»Aber Sie sagen, daß er sich von uns abgewandt hat. Was meinen Sie damit? *Wie* hat er sich von uns abgewandt?«
»Innerlich ist Picasso sich selber untreu geworden. Ja, Picasso hat sich eines ganz besonderen Verrates schuldig gemacht. Ich beziehe mich nicht auf den Kommunismus, da mich Politik in keiner Weise interessiert. Ich beziehe mich auf seine Menschenliebe, denn die war bei ihm ausgeprägt. Doch jetzt ist er in seine Muschel zurückgekrochen und setzt sich über alles Menschliche hinweg. Manchmal habe ich das Gefühl, daß Picasso ein Versager ist. So, wie er mit seinem Talent protzt, ist er arrogant wie ein Gockel. Wie gesagt, ich liebe Hähne, aber Kunst besteht nicht darin, daß man sich wie ein Gockel aufführt. Sie muß etwas Nobleres und zugleich Bescheideneres anstreben als einen Hahn.«
Ich habe nicht mehr genau im Kopf, weshalb Chagall nach Venedig gekommen war. Es mag sich um die Biennale oder auch um etwas anderes gehandelt haben. Wie er da schwitzend und empört im Sonnenschein saß, erweckte er den Eindruck, als nähme er Venedig gar nicht wahr und als seien ihm der gleißende Kanal, die weißen Wolkentupfer, ja selbst die liebli-

che Kirche Santa Maria della Salute gleichgültig. Er kratzte sich gedankenverloren am Kopf und blickte finster in seine Zeitung.

Er holte seine Brieftasche hervor und betrachtete einen Zettel. Dann steckte er ihn zurück in die Brieftasche, die er auf die Zeitung legte.

In diesem Augenblick erfaßte ein Windstoß die Zeitung, fegte sie vom Tisch und trug sie zum Canal Grande. Die Brieftasche rutschte wie ein schlüpfriger grüner Frosch davon. Sie schielte boshaft zur Sonne hinauf und tauchte hurtig ins Wasser.

Chagall sprang auf und fuchtelte entsetzt mit den Armen. Ich riß meine Jacke herunter, sprang ins Wasser und schnappte die Brieftasche, als sie eben dabei war, in die Tiefe zu trudeln. Eine Minute später klammerte ich mich an einer der vergoldeten Barbierstangen fest, und der Hotelportier half mir, damit ich auf den Kai zurückklettern konnte.

Auf Chagalls rötlichem Gesicht machte sich ein begeistertes Grinsen breit. »Wie geschickt Sie sind! Wie schnell! Wie sportlich! Und Sie vollführten das alles so vergnügt! Es war sehr amüsant! Kommen Sie, lassen Sie sich in der Sonne trocknen, und ich mache Ihnen eine kleine Skizze.«

Ich sah ihm zu, wie er auf die Rückseite der Speisekarte einen Hahn zeichnete und darüber eine große, strahlende Sonne, und in die Mitte der Sonne zeichnete er ein Spiegelbild des Hahns.

In dieser Nacht schrieb ich in meinem Zimmer, während ich hin und wieder zur Salute hinübersah, ein kleines Gedicht, das ich »Hahnenlied« nannte. Ich versuchte den Hahn mit seinem stolzen, prahlerischen und verzückten Krähen, das vom Sonnenschein auf dem Misthaufen inspiriert war, festzuhalten.

Doch dieses Hahnenlied flatterte wie ein Hahn, den man von seinem Misthaufen vertrieben hat, frei in der Luft herum. Es hastete von Zeile zu Zeile und versuchte vergeblich, seine gefiederte Würde wiederzuerlangen. Erst in der letzten Strophe ließ es sich wieder nieder, legte seine farbenprächtigen Flügel an, glättete sein Gefieder, und das Lied begann wieder zu krähen, triumphierend und dünkelhaft.

Die metaphysische Piazza

Nach dem Frühstück las ich jeden Vormittag bis zum Mittag in meinem Zimmer. Ich las die Komödien von Goldoni, die von bäuerlichem Humor sprühten und gleichzeitig äußerst raffiniert waren. Bei Goldoni wurde mir die alte Commedia dell'arte, in der komische Charaktere zu Karikaturen werden, sehr gegenwärtig. In seinen Stücken wimmelte es von Quacksalbern, Akrobaten und Gastwirten, und man roch förmlich den Moder der gepuderten Perücken und sah die Maskierten mit ihren hohen Hüten und den Pappnasen vor sich.
Mich faszinierte diese Vorstellung von einer Bühne, auf der Menschen durch aufgesetzte Nasen ihr Menschsein noch steigerten. Weit davon entfernt, dadurch verfremdet zu erscheinen, wirkten sie vielmehr natürlicher, und ihre Schwächen und Verschrobenheiten traten dadurch nur noch überzeugender zutage. Einmal während des Karnevals, als sich die Tänzer auf dem Campo San Angelo versammelten und auf den Steinplatten herumtollten, war ich überrascht, als sie um Mitternacht ihre Masken abnahmen, daß sie nicht menschlicher, sondern lediglich langweiliger und ausdrucksloser aussahen. Die Masken waren abgelegt worden, und es zeigte sich dahinter eine größere Leere. Offensichtlich waren die Venezianer dafür geschaffen, Masken zu tragen, da ihre wahre Natur nur in den vom Fackelschein des Karnevals beleuchteten Masken hervortrat.
Wenn ich meinen Goldoni gelesen hatte, wanderte ich durch die Stadt. Ich streifte durch die Höfe und Verstecke der Frezzeria. Ich machte halt auf den Brücken und atmete den Gestank der Kanäle ein, der die üppige Atmosphäre Venedigs säuerlich untermalte. Ich warf einen Blick in eine Bäckerei und beobachtete den Bäcker beim Teigkneten, und ich sah bei einem Metz-

ger einen Jungen, der damit beschäftigt war, ein totes Stück Vieh zu zerhacken. Ich blieb vor der Werkstatt eines Holzschnitzers stehen, wo ein behaarter Herkules eine Urne schnitzte. Am besten gefiel mir aber die alte Glasfabrik hinter dem Dogenpalast. Ein satter rosiger Schein durchflutete das höhlenartige Innere, wo die halbnackten Glasbläser wie Zauberer umhergingen und die glühenden Glaswürmer in Pokale, Fische und Delphine verwandelten.
Mein Lieblingsgebäude in Venedig war nicht der Dogenpalast, sondern die Libreria Vecchia, die ihm genau gegenüberliegt. Davor ragen wie Symbole der Seemacht die zwei großen Monolithen aus Konstantinopel in den Himmel: auf dem einen Sankt Theodor, der Schutzpatron Venedigs, auf dem anderen der geflügelte assyrische Löwe. Rechts von diesen Säulen erhebt sich die Libreria Vecchia mit ihrer atemberaubend schönen Fassade, die Sansovinos Meisterwerk ist.
Sansovino hat die ungeheure Aufgabe, ein würdiges Gegenstück zum Dogenpalast zu schaffen, erfolgreich gelöst. Selbst Palladio hielt sie für das herrlichste Gebäude seit der Antike. An der Decke des Atriums ist ein Gemälde von Tizian, und in der Halle befinden sich Gemälde von Tintoretto und Veronese. 1362 übergab Petrarca der Stadt Venedig seine Bücher, und dieser unvergleichliche Schatz bildete den Grundstock für die Bibliothek.

In der Libreria Vecchia wurde eine Ausstellung der neuesten Gemälde Giorgio de Chiricos gezeigt. Die Kritiker hatten die Bilder heruntergemacht, sie bezeichneten sie als albern und reaktionär. Die Farben seien »zu dick aufgetragen«, die Inhalte »phrasenhaft«, der Pinselstrich sei »schlampig«, die Konzeption »kindisch«. Poesie und Originalität des frühen de Chirico seien verschwunden, und übriggeblieben sei »das Potpourri einer veralteten Metaphorik«.
Das war alles sehr hart, aber leider wahr. Ich suchte nach Spuren der betörenden früheren Zauberkraft. Ich war damals von dem Gedanken an den Niedergang der Kunst erfüllt. Ich dachte an all die Talente, die durch Tod, körperlichen Verfall oder beginnende Geisteskrankheit vorzeitig zugrunde gegangen

waren. Ich dachte an Keats, Chatterton, an Cowper und an Hölderlin, an Schumann und an Bellini, an Poe und an Rimbaud: Alle waren sie, jeder auf seine Art, vom Unglück zugrunde gerichtet worden, wie es schien; bei näherem Hinsehen jedoch begriff man, daß es wohl eher ihr Schicksal war, dem sie nicht entrinnen konnten.

Ich dachte an all die Fallen, in die ein Künstler geraten kann: Erfolg und Mißerfolg, Trunksucht und Lasterhaftigkeit, Krankheit und Einsamkeit, Melancholie und Faulheit, das Delirium des Wahnsinns und die Schrecken der Eitelkeit. Von Cyril Connolly stammte ein Buch, das *Enemies of Promise* hieß, aber es gab noch gefährlichere Feinde als die von ihm beschriebenen. Mir kam der Gedanke, daß Wahnsinn, Trunksucht und Krankheit oft Mittel waren, mit deren Hilfe der Künstler die Erkenntnis seines eigenen Niedergangs abzuwehren versuchte. Ich konnte mich mit dem Gedanken nicht abfinden, daß die künstlerische Kraft im Laufe eines Lebens nachließ. Ich träumte immer noch davon, daß das Alter eine neue Blüte und nicht ein Versiegen der Kräfte mit sich brachte. Ich hatte immer noch das Gefühl, daß die Intensität und der Glanz der Jugend sich zur Gelassenheit und Erhabenheit des Alters abklären würden, und um diese Vorstellung zu bestärken, dachte ich an Wordsworth und an Leonardo, an Verdi und an Rembrandt, an Yeats und an Michelangelo. Bei manchen mir bekannten Dichtern hatte ich die erschreckenden Vorzeichen miterlebt und war nicht sicher, ob ich sie einem ausschweifenden Sexualleben und exzessivem Alkoholkonsum oder einer angeborenen Charakterschwäche oder dem Versagen des Stoffwechsels oder einer verzerrten Sehweise oder einem schwächer werdenden Mitgefühl zuschreiben sollte.

Selbst in meiner eigenen Arbeit, die sich im verborgenen abspielte, in meinen unvollendeten Romanen und meinen formlosen Gedichten, entdeckte ich diese diabolischen Spuren eines angekränkelten Talents und einer versiegenden Kraft. Ich war entsetzt, wenn ich morgens bestimmte Passagen wiederlas, die ich am vorangegangenen Abend so leidenschaftlich zu Papier gebracht hatte. Ich hatte zu ausführlich, zu impulsiv und zu schlafwandlerisch geschrieben. Ich hatte meinen Geist ausschwärmen und meine Gefühle ausufern lassen, was ich an einer kraftlosen Prosa und einem farblosen Vokabular erkannte. Sobald ich diese Entdeckung gemacht hatte, verwarf ich die Arbeit erbarmungslos. Ich war in meinem Leben an einen Punkt gelangt, an dem ich mich zu meinem Schrecken entscheiden mußte, ob ich meine Leidenschaft für das Schreiben völlig aufgeben oder ob ich ständig um eine innere Wiederbelebung, eine mir vom Himmel gesandte Erneuerung von Stil und Gefühl ringen wollte.

De Chirico war ein extremes Beispiel, das meine Befürchtungen bestätigte. Niedergeschlagen wandte ich mich zur Tür, um die Ausstellung zu verlassen. Da bemerkte ich einen grauhaarigen Mann, der mit halb geschlossenen Augen, ziellos wie ein Schlafwandler in der Luft herumfuchtelnd, durch die Gänge irrte.

Ich besah ihn mir näher. Er öffnete seine traurigen Hundeaugen, und ich gewahrte darin eine derart verzweifelte Bitte, daß ich mir die Worte abrang: »Die Bilder sind großartig! Sie sind wahrhaft wunderbar, Signore!«

Seine Lippen begannen zu zittern, seine Augen füllten sich mit Tränen. Dann riß er sich mit gespielter Tapferkeit zusammen.

»Verbindlichen Dank, mein Freund. Ich bin gerührt. Das freut mich. Gewisse Kleingeister unter den Kritikern hegen einen unstillbaren Groll gegen mich. Kommen Sie, Caro, wir gehen zu Quadri und trinken dort einen Caffè.«

Es gibt nichts Besseres als den Markusplatz, wenn man seinem Optimismus wieder aufhelfen will: Qualen, Enttäuschungen, Sorgen, Langeweile, Liebe und Haß werden durch die sie umgebende Erhabenheit geheilt. Wir saßen da und tranken in kleinen Schlucken unseren Caffè, und der unglückliche alte Mann sah plötzlich verjüngt aus und hob weise seinen Finger.

»Sie haben sich geirrt, sie haben einen bodenlosen Irrtum begangen«, sagte er und starrte mich mit Augen wie ein Bluthund, gesenkten Lidern und flehentlich geblähten Nasenflügeln an. »Diese Narren haben mich einen Surrealisten genannt. Aber was bedeutet es, ein Surrealist zu sein?« Er sah mich durchdringend an und faltete die Hände wie zum Gebet.

»Vielleicht bedeutet es, daß ein Traum eine transzendente Wirklichkeit hat, die hoch über unserer irdischen Wirklichkeit schwebt?«
»Wir haben alle bestimmte Träume gemeinsam«, sagte er. »Alle Menschen, gleich welchen Alters und welcher Rasse, träumen zuweilen von den gleichen Dingen. Die Frage ist nur – vererben sich diese Urträume? Tauchen wir nachts in die Sümpfe der Prähistorie?«
»Vielleicht«, sagte ich nachdenklich.
»Oder sind sie der Bodensatz der Geschichte?«
»Möglich«, sagte ich sanft.
»Oder sind das die alten eingebildeten Ängste, die wir, weil wir es inzwischen gelernt haben, bei Tage über Bord werfen? Manche Menschen haben vor Schlangen und Taranteln Angst. Ich selber habe mich noch nie vor einer Natter oder einer Spinne gefürchtet. Die Leere, die Verwesung und die Einsamkeit – das hat mich verfolgt und mich zu diesen Bildern angeregt.
»Sie haben früher von ›metaphysischer‹ Malerei gesprochen. Was wollten Sie damit sagen, Signore?«
Mit einemmal wurde er munter, als sei eine Jugenderinnerung in ihm wach geworden. Sein schuldbewußter und zugleich herausfordernder Blick hatte einen Anflug von jugendlicher Renommierlust, von sardonischem Triumph, und ich erinnerte mich plötzlich ganz deutlich an das wunderbare Selbstbildnis, das er gemacht hatte, als er noch jung, schön und voller Leidenschaft gewesen war. Unter dem Porträt standen die geheimnisvollen Worte: »Et quid amabo nisi quod rerum metaphysica est?« Diese halluzinatorischen Worte hatten, als ich sie vor Jahren las, wie Trompetenschall in meinen Ohren geklungen.
Der Maler plazierte seinen Daumen neben die Tasse. »Metaphysische Malerei? Ja, selbstverständlich, daran habe ich geglaubt. Das bedeutete eine Poesie, die nach außen hin abgeklärt schien, in der jedoch eine düstere Unruhe steckte. Es gab Zeiten, da fühlte ich mich wie ein Tier im Wald. Damals bewunderte ich noch Arnold Böcklin. Ich studierte in München und verfiel der deutschen Romantik. Ich wollte bis zu Dürer zurückgehen. Ich verehrte Dürer, er verfolgte mich.«
Ich hatte das Gefühl, dieser müde alte Mann sei gar nicht de

Chirico. De Chirico streifte in der Ferne, hinter den im Schatten liegenden Säulen herum. Mich machten diese schlechten Gemälde in der Libreria traurig, und ich hätte den Maler nur zu gern wieder in den Sonnenschein zurückgeholt.
Ich sagte: »Schließlich war Goya sechsundsechzig, als er seine furchterregenden *Desastres de la guerra* beendete. Und nach acht Jahren, mit vierundsiebzig, malte er diese schwarzen Meisterwerke an den Ufern des Manzanares!«
De Chirico beugte sich vor. Ich hörte seine Gebeine knirschen. Ein schmerzliches Zucken lief über seine Wange, das aber gleich nachließ. In mir kam Hoffnung auf. Vielleicht würde sich die Größe wieder durchsetzen.
Er knurrte: »Hexensabbat! Ein Hund, begraben im Sand! Ein Pferd am Galgen! Saturn, der seine Kinder verschlingt! Das war der sogenannte ›Schlaf der Vernunft‹! Er war altersschwach und halb blind! Das sind die makabersten Bilder der Geschichte! Er war ein Atheist, und in seiner Welt war Gott nicht existent. Aber in seinem Geist brodelten noch immer Rätsel und Antithesen!«
Er wirkte erschöpft. Er lehnte sich zurück und sah zum Himmel auf. Langsam zog er den Kopf ein, so wie eine Schildkröte sich in ihren Panzer verkriecht.
»Die Jugend, die Jugend«, sagte er traurig und leicht verwirrt. »Nun ja, sie ist vorbei. Es war alles nur eine Jugendphase. Man muß sich stets vorwärtsbewegen. Ich denke an Tintoretto. Schließlich können sich selbst im Alter noch wundersame und aufregende Perspektiven eröffnen ...«
Seine Stimme plätscherte über das Steinpflaster dahin, wie verhallende Schritte. Und er saß da im schwindenden Licht, geadelt wie eine Ruine, durch die Schatten, die über die Piazza wanderten.

Der Reiter

Ich verließ de Chirico und ging über die Piazza. Vor dem Café Florian blieb ich stehen. Ich zitterte vor Erregung.

So erging es mir immer, wenn ich Auden sah – dann erfüllte mich eine brennende Neugier, Scheu, Furcht, sogar ein gewisses Schuldgefühl.

Ich ging zu seinem Tisch hinüber. Auden saß ganz allein da, was bei ihm sehr ungewöhnlich war, da er höchst ungern ohne Begleitung ausging.

Ich zündete eine Zigarette an und sagte: »Ich habe mir die de Chiricos angesehen.«

»Ah, du hast dir die de Chiricos angesehen«, sagte Auden vage.

»Sie waren sehr enttäuschend«, sagte ich und blies einen Rauchring in die Luft.

»Oh, ich verstehe. Sie waren *enttäuschend*«, sagte Auden sarkastisch.

»Beinahe unheimlich«, murmelte ich halb beschwörend.

»Tatsächlich. Waren sie das? Beinahe *unheimlich?*« Er richtete sich ein wenig auf. Seine Zähne standen leicht vor.

Zu Auden sagte ich jedesmal mit untrüglicher Sicherheit das Falsche. Was ich auch vorbringen wollte, es konnte noch so einfach und aufrichtig sein, in dem Moment, in dem ich meinen Mund aufmachte, klang es taktlos, seicht und unverschämt.

Er schien diese Atmosphäre der beiderseitigen Verlegenheit irgendwie zu genießen und wirkte aufgeblasen, auf eine schulmeisterliche und majestätische Art.

Ich sagte: »Venedig hat sich verändert.«

»Venedig«, schnaubte er verächtlich, »ändert sich andauernd.

Bei so viel Himmel und so viel Wasser muß es sich ja unablässig verändern.«
»Ich habe früher immer an Tiepolo gedacht, wenn mir Venedig in den Sinn kam.«
»An Tiepolo. Wie interessant. Es hat dich also an Tiepolo erinnert?«
»Doch jetzt denke ich an Tintoretto. Es hat wie Tintoretto einen Bart.«
»Einen Bart. Ja. Ich verstehe. Wie Tintoretto. Äußerst amüsant.«
Vielleicht war er betrunken. Es war unmöglich festzustellen. Er hatte seinen trostlosen Weg in die Tiefe bereits beschritten. Die Falten vertieften sich, die Tränensäcke schwollen immer mehr an. Die Augenlider sahen schilfrig und unstet aus, wie bei einem Reptil. Selbst die Augen waren nicht mehr die alten Augen Audens, die flink und wachsam wie Kolibris gewesen waren. Sie hatten sich in Augen verwandelt, die sich hämisch an einer Krankheit zu weiden und über einem wachsenden Unheil zu brüten schienen.
»Tintoretto«, sagte er in anklagendem Ton. Er schien über das Wort nachzusinnen, sich bei seinen Konturen aufzuhalten. Er legte den Kopf schief, als suche er nach einer neuen Perspektive. Sein Haar war sehr zerzaust, und seine Fingernägel waren purpurrot. Unruhig ließ er seine Augen über die Piazza schweifen.
Einen Augenblick lang war die alte wohlbekannte Aura von schwärendem, selbst erzeugtem und sich stets erneuerndem Unglück spürbar, die Auden stets umgeben hatte. Dieses dauerhafte trunkene Elend hatte beinahe etwas Königliches. Fast hatte ich mich mit diesem grimmigen, todgeweihten Auden innerlich ausgesöhnt. Wie gern hätte ich gerufen: »Komm, laß uns diese Scheingefechte beenden! Laß uns trotz allem Freunde sein! Laß uns vergeben und vergessen!«
Aber ich konnte mich nicht dazu überwinden. Er sank in seinen Stuhl zurück. Instinktiv schien er meine momentane Regung gespürt zu haben, und plötzlich wirkte es, als lausche er einer fernen Stimme, und die Furchen in seinem Gesicht leuchteten noch im Verfall. Was ich hier an Schönheit mit raschem Blick

festhielt, war das letzte, was ich von ihm sah. Es war wie ein Blitzstrahl, der über eine vom Krieg zerstörte Landschaft zuckt.

Ich sagte: »Also, auf Wiedersehen. Es war schön, dich zu sehen, Wystan.«

»Ja. Natürlich. Tintoretto. Es ist merkwürdig mit Tintoretto ...«

Ich nahm einen Traghetto und machte Peggy Guggenheim einen Besuch. Sie hatte einen schönen alten Palazzo gekauft, den Palazzo Venier delle Torreselle, der gelegentlich auch Palazzo dei Leoni genannt wird. Er war im achtzehnten Jahrhundert gebaut worden, errichtet hatte man aber nur das Erdgeschoß, und hinter dem Palazzo lag ein üppiger grüner Garten.

Sie saß im Garten. Ich atmete erleichtert auf, weil ich der Hitze entkommen war. Im Garten stand eine Statue von Marino Marini: ein leichenhafter Reiter auf einem leichenhaften Pferd. Unwillkürlich dachte ich an das Standbild des Bartolomeo Colleoni, des großen Condottiere, das so stolz und so einfach wirkte. Er stand auf einem Sockel auf dem Campo San Zanipolo. Ich hatte diesen Reiter wegen seiner Kraft und Unmittelbarkeit stets geliebt. Der Reiter Marinis war hingegen sehr kümmerlich und dürr, das genaue Gegenteil von Colleoni. Kein Stolz, kein überspringender Funke.

Sie lächelte, als ich den Reiter betrachtete. »Er hat einen abnehmbaren Penis. Den verstecke ich im Gebüsch, wenn die Nonnen mir einen Besuch machen.«

In Capri war mir in Gegenwart von Peggy Guggenheim nie ganz wohl zumute gewesen. So gerne ich sie auch hatte, stets war da ein »arrière pensée«. Doch jetzt schien sie weniger aufgeregt zu sein. Sie sah ruhiger und älter aus. Ihre Augen waren lebhaft und sprechend, ihr Mund verschmitzt und neckisch, und ihr Haar hatte einen natürlichen Ockerton.

»Sie wirken plötzlich so ruhig!« sagte ich.

Sie lächelte ein wenig schüchtern. »Stimmt das wirklich? Ich werde Ihnen den Grund erklären. Ich habe aufgehört, mich zu quälen und zu grämen. Ich habe mich dazu entschlossen, mich schlichtweg zu amüsieren. Weshalb soll man traurig sein? Man muß sich auf gewisse Techniken des Glücklichseins einstellen und darf sich nicht mit Dingen abgeben, die einen giftigen Stachel in sich tragen. Sie wissen sicher, was ich meine. Ich brauche nicht ins Detail zu gehen. Ich bin eine sehr schlichte Frau. Ich bin keine Intellektuelle. Ich versuche das Leben einfach und fröhlich zu betrachten. Würde ich erst damit anfangen, traurig zu sein, dann gäbe es eine Menge, worüber ich traurig sein müßte. Ich habe gelernt, die kleinen Freuden auszusparen, die traurig enden. Ich richte mein Augenmerk auf die, die keinen Giftstachel in sich bergen.«

»Trug unser Freund Carmen einen Giftstachel in sich?«

»Ja, Carmen hatte einen sehr großen Giftstachel.«

»Nun«, sagte ich nach kurzem Zögern, »Sie haben viele Gründe, um glücklich zu sein.«

Ihr Blick wurde wachsam. »Habe ich die tatsächlich? Welche zum Beispiel?«

»Sie haben einen schönen Palazzo.«

»Ja, ich habe einen schönen Palazzo.«

»Und diese vielen modernen Meisterwerke.«

»Ja, ich bin stolz auf meine modernen Meisterwerke.«

»Dazu haben Sie Venedig rund um sich herum.«

»Ja, Venedig ist rund um mich herum.«

»Sie halfen Pollock, Rothko und Motherwell ...«

»Ich tat, was ich konnte«, murmelte sie.

In ihren Augen blitzte ein gieriges kleines Lächeln auf. »Gewisse Leute pflegten mir zu sagen, daß ich auf sexuellem Gebiet ein Raubtier sei. Ein gewisser schrecklicher kleiner Mann nannte mich eine Nymphomanin. Was niemand verstand, war, daß die Sexualität von der Kunst nicht zu trennen war und die Kunst zur Sexualität gehörte und daß die Sexualität für mich so eine große Rolle spielte, weil ich wahnsinnig in die Kunst verliebt war.«

»Sind Sie ganz sicher, daß es nicht umgekehrt war?« fragte ich scherzhaft.

Entrüstet funkelte sie mich an. »Sie haben mich vollkommen mißverstanden! Wollen Sie etwa andeuten, daß Sex zuerst und dann die Kunst als zweites kam?«

»In keiner Weise«, sagte ich besänftigend. »Für Sie rangierte die Kunst immer an erster Stelle.«
»Und bitte vergessen Sie nicht«, sagte sie beschwichtigt, »daß ich stets anspruchsvoll war. Marcel Duchamp hat mich immer zu den richtigen Künstlern geführt. Arp, Brancusi, Kandinsky – sie waren ohne Ausnahme die richtigen. Ein Phallus allein genügt nicht. Da braucht es schon noch etwas Aufregenderes ...«

Nachdem ich mich von Peggy Guggenheim verabschiedet hatte, fuhr ich über den Canal Grande und ging in der Dämmerung über den Markusplatz. Die Musiker hatten aufgehört zu spielen, die Lichter flammten auf, und die Damen mit ihren Brillanten versammelten sich im Florian. Eine kühle Abendbrise strich durch die Arkaden, und die Glocke des Orologio schlug mit bedachtsamer Feierlichkeit.
In diesem Augenblick geschah etwas mit mir. Ich verspürte so etwas wie einen Schlag in die Magengrube und konnte einen Moment lang kaum atmen, da der Schmerz so stark war. Ein vertrautes, liebgewonnenes Bild war zerbrochen, aber weshalb, wo, wie und durch wen, das war mir völlig unklar. Die Piazza schien plötzlich in weiter Ferne zu liegen, als sei sie hinter einem Schleier verschwunden; die Stimmen verklangen, die Lichter begannen zu flackern.
Irgend etwas war passiert, aber was? Verrat lag in der Luft, und ich ging zu meinem Hotel zurück und legte mich im Dunkeln auf mein Bett.
Dann stand ich auf und blickte durch das Fenster auf Santa Maria della Salute. Wie eine alles verzeihende Gottheit schwebte sie zwischen den Sternen, doch das Wasser darunter sah unergründlich und teuflisch aus.
Ich legte mich wieder hin, nahm meinen abgegriffenen Goldoni wieder zur Hand und begann die Eröffnungsszene der *Mirandolina* zu übersetzen.

Takt

Am nächsten Morgen kam ein Telegramm von meinem Bruder aus Connecticut. Meine Mutter war nach einem Schenkelhalsbruch, den sie sich bei einem Sturz zugezogen hatte, gestorben. Ich lag regungslos auf meinem Bett und starrte die Muster an der Decke an. Ich blieb in meinem Zimmer, bis die Uhr auf der Piazza Mitternacht schlug, dann ging ich in die Frezzeria und wanderte bis fünf Uhr herum, als ein leichter Dunst von der Adria heraufzog.

Ein Brief meiner Mutter traf am nächsten Morgen ein. Mein Name und meine Adresse waren wie üblich sorgfältig getippt, und zwar so, daß sie beinahe die Briefmarke berührten, da die Buchstaben aufwärts verliefen. Ich steckte diesen Brief ungeöffnet in ein Fach meines Koffers. Jahrelang begleitete er mich auf meinen endlosen Reisen. Ich konnte mich niemals dazu entschließen, ihn zu öffnen. In Gedanken wurde er zu meinem Talisman. Ich hatte das Gefühl, daß die Stimme meiner Mutter noch immer aus diesem Brief zu mir sprach, mich ermahnte, lange wollene Unterwäsche zu tragen, daß sie noch in einem verwelkten Gänseblümchen oder in alten, verblichenen Photographien lebendig war. Dieser Brief liegt jetzt in einer vergoldeten Schachtel neben meinem Bett. Ich frage mich manchmal: Werde ich es jemals wagen, diesen Brief zu öffnen? Vielleicht nicht. Mit jedem Jahr wird es schwieriger. Der Brief ist noch immer ungeöffnet, und ihre Stimme ist noch immer lebendig, aber ich weiß, daß ihre Stimme verklingen wird in dem Moment, in dem ich ihn öffnen werde.

Nach einem Monat fuhr ich auf der *Île de France* nach Frankreich zurück. Ich landete in Le Havre, fuhr durch Rouen und

aß zu Abend genau an der Stelle, wo Jeanne d'Arc auf dem Scheiterhaufen verbrannt worden war.
Ich fand Paris düsterer als sonst, mit den Schichten von Kohlenstaub, die über der ganzen Stadt lagen, und die Rue Saint-Honoré wirkte seltsam verlassen. Von meinem Hotel aus ging ich in die Tuilerien. Ich setzte mich auf die Bank, auf der ich vor fünfundzwanzig Jahren gesessen hatte, während mein Freund John Lineaweaver in Galignanis Buchhandlung herumschmökerte. Es war Dämmerung, und ich konnte die Umrisse alter Sonnenschirme und das Flattern alter Taschentücher, die ziellos zwischen den Baumstämmen herumirrten, wahrnehmen.
Ich machte auf meiner Suche jetzt eine dunklere und einsamere Phase durch. Ich war nicht mehr auf der Suche nach großen Heroen und großen Künstlern. Ich hatte mich einer Suche nach den üblichen Schwächen der Menschheit verschrieben. Ich hielt nach dem Mosaik herkömmlicher Verlangen und Ängste Ausschau und hoffte, durch zufällige Kontakte eine anspruchslosere Art Wahrheit aufzuspüren.
Ich schrieb weiterhin voller Verzweiflung, als würde die Zeit knapp. Ich arbeitete an einem Roman, dem das Leben Leopardis zugrunde lag. Ich schrieb jeden Morgen vor dem Frühstück vier Seiten, schrieb sie nach dem Baden neu und nach dem Mittagessen noch einmal. Mir wurde schwindelig von dem ständig variierenden Tonfall, und ich brütete wie ein Besessener über den Rhythmen eines Satzes. Und dann, entsetzt über all dies verworrene, geschraubte Zeug, zerriß ich das Kapitel, fing wieder von vorne an und bemühte mich um eine reinere Einfachheit, um eine weniger hochtrabende Klarheit. Ich bekämpfte meine Sucht nach Symbolen und Metaphern. Ich schrieb schlichtere Sätze und beschränkte mich auf ein karges Vokabular. Ich kämpfte darum, meinen Instinkt für das Traumhafte, das Phantastische zu unterdrücken. Und dann, lange nach Mitternacht, wenn ich diese nüchternen Sätze las, überfiel mich ein neuer Schrecken. Ich hatte das Gefühl, mein innerstes Wesen verraten zu haben. Und wieder einmal spürte ich, daß sich mir die lebendige Wahrheit entzog. Ich zerriß den dritten, vierten und siebten Entwurf eines Kapitels, und mit einem verzweifelten Seufzer wandte ich mich wieder meinem Cervantes zu.

Ich beschloß, mich an eine Übersetzung der *Äneis* zu machen. Ich fand, daß die vorhandenen Versionen entweder zu prosaisch oder zu gekünstelt in ihrem Versuch, Vergils Ton zu treffen, ausgefallen waren. Ich saß in den Tuilerien und las die großartigen Hexameter, die ich damals als Kind in Texas so mühsam erarbeitet hatte. Ich erinnerte mich an das, was Miß Reid uns über die Redefiguren gesagt hat: »Es gibt die Hyperbel und das Hendiadyoin, aber das großartigste von allen ist das Zeugma ...«

Ich kämpfte darum, für Vergil ein würdiges Äquivalent zu finden. Wenn ich den Rhythmus nachzuahmen versuchte, war der Ton dahin. Probierte ich jambische Pentameter, wurde es nur noch schlimmer. Lockerte ich alles in einem »vers libre« à la Whitman auf, kam der Ton nicht zum Klingen, sondern versikkerte am Rande. Mit einer schier vernichtenden Leidenschaft rang ich weiter mit Vergil, doch er entwand sich, lang und schlüpfrig wie ein Aal, meinem Zugriff.

Mein ganzes Leben lang hat mich dieser Aufschrei des Abschieds verfolgt:

»In freta dum fluvii current, dum montibus umbrae
Lustrabunt convexa, polus dum sidera pascet,
Semper honos nomenque tuum laudesque manebunt.«

Diese Zeilen Vergils, die uns Miß Reid damals in Texas so begeistert vorgelesen hatte, waren die frühesten Grundlagen, auf denen ich meine Dichtung aufbaute. Sie stellten für mich das dar, was ich als wesentlichen Kern der Poesie betrachtete: eine tiefe Leidenschaft der Gefühle, die in einer unpersönlichen Musikalität ihre Erfüllung findet. Die eigenen Leidenschaften des Dichters werden durch das Gedicht selbst transzendiert, und das Ich des Gedichts verwandelt sich in einen Menschen, der reiner ist als der Dichter, und die Musik ist nicht mehr der Ruf eines einzelnen, sondern der einer menschlichen und immerwährenden Universalität.

Bei Mozart und Vermeer gibt es ein merkwürdiges besonntes Lächeln, das in seiner Unpersönlichkeit das ahnen läßt, wofür es keinen Ausdruck gibt. Dadurch wird eine Resonanz erzeugt,

die stärker als tausend Trommeln ist. Und ich glaubte zu erkennen, daß große Kunst, das Ewige und Unaussprechliche nicht durch leidenschaftliche Bekenntnisse, sondern durch unpersönliche Andeutungen und Anklänge entstehen.
Nachdem ich einen Monat lang mit der Metrik herumexperimentiert hatte, gab ich die *Äneis* auf, doch auf meinen täglichen Morgenspaziergängen in den Gärten der Tuilerien hörte ich die verklingenden Schritte der daktylischen Hexameter.

Eines Tages beschloß ich, Miß Toklas zu besuchen, die ganz allein in der alten Wohnung in der Rue Christine wohnte.
Die Zimmer waren in eine Atmosphäre des Witwendaseins und der Verlassenheit getaucht. Die Sessel mit ihren verblichenen Bezügen sahen aus wie eine stumme Trauergemeinde. Die Vorhänge und Teppiche verhüllten klagend ihre Augen. Die Bilder an den Wänden (die meisten waren von Sir Francis Rose) hingen schief, als neigten sie teilnahmsvoll die Häupter.
Selbst der Staub auf den Tischen wies auf Spuren vergangener Tage hin, auf geistreiche, geschwätzige Feste, die nun für immer vorbei waren. Gertrudes Geist wanderte geräuschlos von Zimmer zu Zimmer und berührte Rahmen und Konsolen mit langen, behutsamen Fingern.
Ein Mr. Waterman aus meinem Bridgeclub hatte eine Mrs. Munson mitgebracht, und wir vier saßen traurig um den alten Kaffeetisch herum. Gertrudes Geist schwebte im Hintergrund und lauschte den Gesprächen. Ihr Blick schweifte verhangen und listig mit eifersüchtiger Wachsamkeit umher.
»Das ist ein köstlicher Ananaskuchen. Es ist eine Spur Cognac darin, nicht wahr?« sagte Mrs. Munson.
»Oder vielleicht auch Cointreau«, sagte Mr. Waterman verständnisvoll.
Mr. Waterman war ein weißhaariger Herr in einem schwarzen Nadelstreifenanzug. Er huldigte sowohl den Annehmlichkeiten des Lebens wie der Tradition. Die maliziöse alte Marquise, die Präsidentin unseres Bridgeclubs, sagte häufig: »Monsieur Waterman ist voll Whisky statt voll Tinte.«
»Und die Feigenmarmelade – Sie müssen mir das Rezept ge-

ben«, sagte Mrs. Munson. Es gibt nichts Schöneres als eine selbstgemachte ›marmelade de figues‹.«
»Ich habe sie gerade beim Krämer um die Ecke gekauft«, sagte Miß Toklas.
»Eine richtige Trouvaille, muß ich sagen. Ein Glücksfall«, sagte Mr. Waterman.
»Aber den Kuchen haben Sie selber gemacht! Er ist erlesen«, sagte ich beflissen.
»Er ist aus einer kleinen Patisserie, ein paar Häuser weiter«, sagte Miß Toklas.
»Er ist trotzdem sehr gut. Sie haben ihn wunderbar ausgesucht«, sagte Mr. Waterman.
»Gertrude hätte den Schuß Brandy niemals geduldet«, sagte Miß Toklas.
»Sehen Sie noch ab und zu Picasso?« rief Mrs. Munson.
»Ich habe ihn seit Jahren nicht mehr gesehen. Er mochte mich nie besonders. Er fand, ich hätte etwas Bedrückendes. Das hat er sogar Gertrude gesagt. ›Bedrückend!‹ sagte Gertrude. ›Wie unverschämt dieser Mann ist!‹ Er hatte es witzig gemeint, dessen bin ich mir sicher, aber Gertrude war entrüstet.«
»Er ist Spanier, das ist der Grund«, sagte Mr. Waterman streng.
»Ich kann sie nicht ausstehen. Ich konnte es nie und werde es auch nie können«, sagte Mrs. Munson.
»Die Spanier haben Pfiff«, sagte Alice, ihren Erinnerungen nachhängend. »Ich glaube, Spanien ist ein Land der Mühsal, und das hat mir schon immer gefallen.«
Ich war Miß Toklas nur zweimal begegnet, aber es war mir, als besuchte ich eine alte Bekannte. Wenn sie über die Mühsal in Spanien sprach, hatte ich das Gefühl, daß ich sei bereits jahrelang kannte. Der heimliche Nimbus der Vertrautheit, den Gertrude um sie verbreitet hatte, umgab sie weiterhin wie ein Wohlgeruch und erfüllte sie mit seiner Kraft.
»Ich habe gestern abend eine wunderbare Bouillabaisse gegessen«, sagte Mrs. Munson freundlich.
»Man sollte eine Bouillabaisse nur in Marseilles essen«, sagte Mr. Waterman.
Alice blühte unmerklich auf. »Sie versuchen sie jetzt auch in

Nizza zu machen, aber es ist nicht dasselbe wie in Marseilles. Eine echte Bouillabaisse kann es nur in Marseilles geben. Sie ist Marseilles Beitrag zur gehobenen Existenz, und am besten schmeckt sie mit Meerbarbe und Steinbutt. Gertrude fand, daß sie eine Beleidigung für den Hummer sei. Vor der Bouillabaisse se aßen wir Artischocken, ich hatte zwar gewisse Zweifel, aber die Artischocken paßten zu Gertrudes Strenge. Gertrudes Sinn für das Ernsthafte hat sie nie verlassen, wenn es sich um Artischocken handelte. Das war unten im Pascal, und der ganze Rahmen war sehr angemessen, aber wir sind wegen des Wetters nie wieder dort hingegangen.«

»Was für ein Wetter?« fragte Mrs. Munson.

»Es goß wie aus Kübeln.«

»Wie aus Kübeln. Stellen Sie sich das vor«, sagte Mr. Waterman entgegenkommend.

»Am Donnerstag habe ich Rubinstein gehört«, verkündete Mrs. Munson.

»Die Frage ist, *entweder* Rubinstein oder Horowitz«, sagte Mr. Waterman. »Entweder der eine *oder* der andere. *Niemals* beide.«

»Für Chopin ist es Rubinstein«, behauptete Mrs. Munson.

»Auf eine sehr simple Weise liebe ich Chopin«, sagte Alice. Ihr einstmals schwärzlicher Schnurrbart war mittlerweile grau gesprenkelt. Selbst ihr Augenbrauen waren jetzt grau meliert.

Mrs. Munson beugte sich vor. Sie trug einen langen Nerzmantel und sah mit ihren schwarzen Knopfaugen wie ein riesenhaftes Nagetier aus.

»Dann lieben Sie Chopin *tatsächlich*?« flüsterte sie kühn.

»Es gab nichts Schöneres als Wladimir von Pachmann. Er besaß die nötige Fingerfertigkeit für einen Chopin-Walzer.«

Nachdem Mrs. Munson und Mr. Waterman sich endlich verabschiedet hatten, wurde Alice plötzlich munterer und fing an, über Hemingway zu sprechen.

Zwischen uns entstand eine zarte Vertrautheit, leicht wie die Berührung eines Mottenflügels. Sie lehnte sich seitlich in ihren Stuhl, den Mund ein wenig nach links verzogen, und spreizte ihre Finger auf dem Kragenrand.

»Gertrude war von dem Stil Ernest Hemingways nie wirklich

angetan. Sie betrachtete ihn als taktlosen Nachahmer. Scott Fitzgerald war süßlich, aber wenigstens war er kein Imitator, und deshalb hielt sie sich mit einem Urteil über Fitzgerald zurück. Aber Hemingways Stil kam direkt aus *The Making of Americans*, und Gertrude hat ihm nie verziehen, daß er ihren eigenen Stil ins Romantische abwandeln wollte. Sie akzeptierte ihn als Talent, hielt ihn aber nicht für einen wahren Dichter, und sie betrachtete *In einem anderen Land* als eine Übung in Taktlosigkeit. Sie erkannte seine Klugheit, aber sie lehnte die Absicht ab und sah in Hemingway stets einen bedauerlich taktlosen Burschen. Sie sagte immer zu mir: ›Alice, dieser Mann ist eine Cause perdue. Er hat alles aus *The Making of Americans* gestohlen!‹«

Ich lauschte aufmerksam und hörte in ihrem Tonfall unmißverständlich das Echo von Gertrude Steins Stimme. Trübe fiel das Licht auf Miß Toklas' Wangen, und ich hatte das Gefühl, daß ich mich in Gesellschaft eines telepathischen Mediums befand. Miß Toklas' Gesicht trug die Züge einer trauernden Zigeunerin, aber in ihrer Stimme vernahm ich die leisen, triumphierenden Rhythmen Gertrude Steins.

Als ich die Straße hinunterging, durchfuhr mich ein Schmerz, als stecke ein Messer zwischen meinen Rippen. Ich lehnte mich an einen Fensterladen. Die Wände verwandelten sich in Nebel, und zum erstenmal in meinem Leben verspürte ich unbezähmbares Heimweh.

Die Garnele

Zwei Wochen nach meinem Besuch bei Alice Toklas fuhr ich nach Amerika zurück. New York machte gerade eine seiner saisonbedingten Metamorphosen durch. November und Dezember waren die Monate, in denen es in einer Puppe steckte. Sie kroch faul dahin, war in Wildleder und schimmernde Pelze gehüllt und betrachtete die Schaufenster, die in Vorfreude auf Weihnachten glitzerten. Sie knabberte an ihren Futterpflanzen wie Käsekuchen und Pastrami und starrte mit Larvenaugen auf Rauschgold und Stechpalmen.

Dann kamen die Wochen des Kokons: Januar, Februar und März. Die Stadt war verpuppt, schlafend, doch erwartungsvoll, und brütete seltsame neue Auswüchse unter ihrem blank polierten Panzer aus.

Dann kam der April. Im Sonnenschein brach die Puppe auf. Die Bäume im Central Park brachten eine Fülle zaghafter, nervös zitternder Blätter hervor. Strahlendes Blau, Rosa und Gelb walzte die Fifth Avenue hinauf und hinunter, und die Luft vibrierte und schwirrte von Festivitäten. Es gab im Tanzsaal vom Pierre ein Fest für die Ballerinen und in einem Loft im Village eines für die Nonobjektivisten. Die Surrealisten machten ein Fest in einem Keller, der mit Hummerpanzern dekoriert war; ja, es gab sogar in einer verstaubten Wohnung in Dakota, die voller Spinnweben war, ein Fest für die Schmetterlingskundler.

Täglich aß ich in der Cafeteria im Central Park zu Mittag. Auf den Gesichtern um mich herum sah ich gewisse märchenhafte Züge. Ich entdeckte Hans und die Bohnenstange, Sterntaler, Rotkäppchen und selbstverständlich auch die häßliche Herzogin und das häßliche junge Entlein. Doch da ich mich davor

hütete, diese Fremden in Symbole und Abstraktionen zu pressen, wurden ihre Konturen lediglich schärfer und unberechenbarer und schillerten in allen Regenbogenfarben.
Nach dem Essen ging ich in den Zoo und betrachtete die Käfige. Ich blieb vor dem Löwen stehen, sah ihm in die Augen und entdeckte darin die brodelnden Savannen Ugandas. Es gab einen traurigen, geduckten Wolf, der um Verständnis zu werben schien und wieder in die Hierarchie der legendären wilden Tiere aufgenommen werden wollte; auch eine Hyäne mit dekadenter schwarzer Schnauze war da, die in einer Ecke kauerte, übelriechend und von allen geächtet. Zwei Kamele sahen mich an, als würden sie mich wiedererkennen, als hätten wir gemeinsame Erinnerungen an Karawansereien in der Wüste; und zwei Jaks mit pechschwarzen Augen hingen ihren Visionen von den tibetanischen Weiten nach.
Es gab die Robben, die ordinär geworden waren, weil sie sich beim Publikum lieb Kind gemacht hatten, und die Eisbären, die ihre Wildheit hinter einer kuscheligen Unbeholfenheit verbargen; und die Kakadus im Vogelhaus, die eine prunkhafte Intellektualität zur Schau stellten.
Aber am aufregendsten fand ich die Tiger. Nie wurde ich es müde, die Tiger zu betrachten. Die Streifen auf ihrem Fell glichen den Schatten der Bambusstauden. Mit der Exaktheit eines Metronoms trotteten sie hin und her, als glitten sie lautlos durch imaginäres wogendes Gras. Es gab ein Tier, das Tiglon hieß, halb Löwe, halb Tiger, und diese ungewöhnliche Kreatur war mein Lieblingstier, ein Riesenvieh, das seine Einmaligkeit zu genießen schien. Keineswegs durch die Suche nach seiner wahren Identität in dieser Welt der Entwurzelten belastet, tat es kund, daß es ganz allein die einzig wahre Identität besitze.

Monroe Wheeler, der Direktor des Museum of Modern Art, gab eines Abends zu Ehren der Sitwells eine Einladung. Edith und Osbert waren zu einem Abschiedsbesuch nach New York gekommen. Der arme Osbert litt schwer an der Parkinsonschen Krankheit und die arme Edith an Verfolgungswahn. Sacheverell war ich bereits begegnet und fühlte mich ihm sehr verbunden, aber Osbert hatte ich noch nie gesehen, und ich freute mich darauf. Von Edith hatte ich oft gehört und war nun neugierig, sie kennenzulernen.

Sacheverells *All Summer in a Day* war mir das liebste von allen Büchern der Sitwells. Was mir bei Sacheverell gefiel, war seine Freude am kulturellen Beiwerk. Er schoß wie ein Schwalbenschwanz umher und hielt hie und da inne, um einen Tropfen Honig aus einem gotischen Mittelschiff, einem Rokokopalast, einer Barockkapelle oder aus einem kambodschanischen Tempel zu saugen. Man bezichtigte Sacheverell des Dilettantismus, aber gerade der verlieh ihm besondere Glaubwürdigkeit, so wie zu einem Schmetterling die graziöse Leichtigkeit gehört.

Aber ich war auch von Osberts *Triple Fugue* entzückt und von Ediths *Façade.* Alle drei Sitwells wurden, wie die Kakadus im Zoo, niemals müde, ihre prächtige Identität zu demonstrieren. Darum wartete ich voller Spannung, um auf Osbert und Edith einen Blick werfen zu können und damit meine Skepsis wie auch meine Begeisterung bestätigt zu sehen.

Die Gäste hatten sich versammelt, und es herrschte eine zynische, erwartungsvolle Atmosphäre. Die Sitwells waren eine Legende, aber eine mottenzerfressene Legende. Vor kurzem hatte es einige ziemlich unverhüllte Attacken auf die Sitwells gegeben. Aber alle waren neugierig darauf, sie zu sehen, waren bereit, sogar zu ihrer Verteidigung anzutreten, vorausgesetzt, daß die Sitwells entsprechend liebenswürdig sein würden.

Marianne Moore saß in einer Ecke und sah bleich und verzagt aus. Edmund Wilson saß auf einem Sofa und blätterte in *The Unquiet Grave.* Drei junge Maler standen in einer Ecke und diskutierten über die Musik Hindemiths. Ein junger Komponist stand vor dem Bücherschrank und betrachtete die Erstausgaben. In der Nähe des Tisches, neben einem Gummibaum, saß Katherine Anne Porter.

Sie sah so traurig und einsam aus, daß ich sie trösten wollte. Sie war eine schöne Frau mit wundervollen Augen und schlohweißem Haar. Mich verwirrte diese märtyrerhafte Intensität ihres Blicks. Ich setzte mich dicht neben sie, um ihr in ihrem Kummer Trost zu spenden.

Sie hob ihr Glas und sah mich vorwurfsvoll an. »Sie haben etwas Schreckliches getan!«

»Wer? Die Sitwells?«
»Nein! Die Schweden!«
»Was haben sie denn getan?«
»Den Preis einem zweitklassigen Schreiberling wie Steinbeck zu geben!« Ihre Stimme überschlug sich vor Wut. Fieberhaft umklammerte sie ihr Glas. »Es war ja alles schön und gut, daß man William Faulkner den Preis gegeben hat. Faulkner besitzt eine Integrität, die ich voll und ganz respektiere. Ich hatte auch nicht das geringste einzuwenden, als Hemingway den Preis bekam. In Hemingway steckt etwas, das Beachtung verdient. Aber die Schweden müssen verrückt sein. Pearl Buck war schon schlimm genug. Aber den Preis einem sentimentalen Schreiberling wie Steinbeck zu geben!«
Edmund Wilson kam und stellte sich abweisend neben den Tisch. Er hatte ein verdrießliches fettes Gesicht mit einer steilen, hohen Stirn und den babyhaften Ausdruck milder Unversöhnlichkeit.
»Ich habe in diesem merkwürdigen kleinen Band von Connolly geblättert. Palinurus nennt er sich. Aber es ist offensichtlich Cyril Connolly. Er führt uns in seinem Nachen durch die Stromschnellen des Styx. Ein sehr kluger Gedanke, und er greift ihn sehr geschickt auf. Cyril Connolly geht auf eine bestimmte Art mit den Worten um, die sehr gelungen ist. Für gewöhnlich mißtraue ich einer solchen verbalen Kunstfertigkeit, aber in seinem Fall ist es mehr als Virtuosität. Es ist offensichtlich, daß er gelitten hat. Er ist von der Unlust gepeinigt worden.«
»Kommen sie nun oder nicht?« fragte Miß Porter ziemlich böse.
»Wer?« sagte Wilson.
»Die Sitwells!«
Wilson war verblüfft. »Warten wir auf die Sitwells?«
»Es sieht so aus. Sehen Sie sich um. Es zerreißt sie alle schier vor Spannung. Sie sehen wie ein Schwarm Fliegen aus, der nur darauf wartet, sich auf einen Camembert zu stürzen.«
Edmund Wilson reckte seinen Kopf. »Eine äußerst merkwürdige Vorstellung. Ich habe nie daran gedacht, daß die Sitwells einem Camembert ähneln könnten, doch jetzt, da Sie es er-

wähnt haben, weiß ich, was Sie damit meinen. Ich bin nicht sachverständig, wenn es um die Sitwells geht. Mir gefiel *Before the Bombardement*, und *Rustic Elegies* hat mich amüsiert. In *The Gothick North* habe ich ein bißchen geblättert und fand es nur bedingt anregend.«

Erwartungsvolle Stille trat ein. Alle Gesichter wandten sich gleichzeitig um. In der Halle raschelte es, und die Vorhänge bauschten sich erwartungsvoll.

Edith trat als erste ein. Sie war nicht so eckig, wie ich erwartet hatte, sondern eher wuchtig und dazu kurzsichtig. Sie trug ein austerngraues Taftkleid und bewegte sich mit der Begehrlichkeit einer Elster durch den Saal, wobei sie Kandelaber, Schalen und Aschenbecher mit einem Blick streifte. Sie hatte sehr hohe Backenknochen, und ihre Augenbrauen waren unsichtbar. Sie streckte ihren Arm nach dem Sofa aus.

Ihr folgte Osbert, der ziemlich überrascht aussah. Er bewegte sich ruckartig, als würde er sich seinen Weg durch ein Dickicht bahnen. Er ging in Richtung Fenster, faßte sich dann aber unversehens wieder. Dann eilte er zum Bücherschrank und starrte ihn verwirrt an. Monroe Wheeler faßte ihn sanft und taktvoll am Ellbogen, und Osbert begann wie auf Rollen durch den Saal zu gleiten.

»Ich möchte Sie gerne mit Miß Moore bekannt machen«, sagte Monroe Wheeler geduldig.

Osbert steuerte taumelnd auf Miß Porter zu.

»Ah, Miß Moore! Ich freue mich außerordentlich. Ich finde Ihre Gedichte unwiderstehlich. Sie erinnern mich an Meeresmuscheln. Oder an Vogelnester. Oder an Briefbeschwerer. Sie wissen, welche ich meine, die, in denen er wirbelt und schwappt...«

»Dies ist Miß Porter, nicht Miß Moore«, sagte Monroe Wheeler nervös. »Miß Moore ist Lyrikerin, und Miß Porter ist Erzählerin. Ich bin sicher, daß Sie *Blühender Judasbaum* gelesen haben, nicht wahr, Osbert?«

Ich drängelte mich verstohlen zum Sofa und setzte mich zu Edith Sitwell.

»Ich habe Sie mir immer elisabethanisch vorgestellt«, murmelte ich.

»Und ich sehe auch elisabethanisch aus, wage ich zu behaupten«, gab sie kühl zurück.
»Und in gewisser Weise auch viktorianisch«, fügte ich hinzu.
Sie entblößte ein wenig ihre Zähne. »Ich hege verwandtschaftliche Gefühle für die Viktorianer.«
»Und mittelalterlich auch«, sagte ich und neigte leicht meinen Kopf.
Mißtrauisch kniff sie die Augen zu. »Welchen mittelalterlichen Typ meinen Sie?«
»Diese wunderbaren Heiligen in Chartres. Und diese herrlichen gotischen Grabmale ...«
Ich sah, daß ich zu weit gegangen war. »Gotischer Humbug«, sagte Miß Sitwell giftig. »Meine Erscheinung mag an ein Chamäleon erinnern, aber meine Verse sind durchaus zeitgenössisch. Ich überlasse Sacheverell die Gotik und dem lieben Osbert die Viktorianer.«
Es war köstlich, Miß Sitwell zu beobachten. Ihr Gesicht erinnerte an ein Lama, aber sie hatte eine Gabe, die geradezu an Genialität grenzte, es einer bestimmten Periode anzupassen. Sprach sie von den Elisabethanern, nahm es ein juwelenumrahmtes Ebenmaß an. Sie berührte eine imaginäre Rüsche und nestelte an einem unsichtbaren Halsband. Erwähnte ich das Mittelalter, sah sie augenblicklich wie eine gotische Statue aus. Ihre Stimme verfiel in einen liturgischen Rhythmus, ihre Hände waren zum Gebet erhoben, selbst der Faltenwurf ihres Gewandes erstarrte.
Ich lenkte das Gespräch auf die Poesie.
»Sie haben eine gewisse Ähnlichkeit mit Pope«, sagte ich.
»Mit dem Papst?« sagte sie entrüstet. »Auf welchen Papst beziehen Sie sich?«
»Ich meinte Alexander Pope.«
Für eine Weile schien sie besänftigt. »Ich könnte Ihnen etliche seltsame Histörchen über Pope erzählen. Im Leben von Alexander Pope war gar manches anders, als es den Anschein hatte. Er war ein gewandter Lyriker, aber zugleich ein schrecklicher kleiner Mann. Er ließ in Twickenham eine Grotte errichten und war dort als die Wespe von Twickenham bekannt. Er war geschickt in Verhandlungen, wenn es darum ging, seine Werke an

den Mann zu bringen. Ich wollte, *ich* wäre so schlau, wenn es sich darum handelt, *meine* Bücher anzubieten. John Milton verkaufte sein *Verlorenes Paradies* für fünf Pfund. Mag sein, daß ich etwas von Alexander Pope habe, aber in Geldfragen ähnele ich Milton.«

Der Diener huschte mit einem Tablett mit gekochten Garnelen vorbei. Edmund Wilson näherte sich mit einem Glas in der Hand dem Sofa. Er piekste sich eine Garnele vom Tablett, tunkte sie in Mayonnaise und hielt sie in der Luft, während er einen Schluck Whisky trank. Mit eisigem Schrecken beobachtete ich, wie die Garnele vom Zahnstocher glitt und anmutig auf Miß Sitwells Frisur landete. Aber Edith nahm sie nicht zur Kenntnis und fuhr gelassen fort.

»Stets ist es das magische Element, das mich letztlich anzieht. Im *Verlorenen Paradies* dominiert es. ›The Ancient Mariner‹ ist eine einzige Zauberformel. Und was Eliot betrifft ...«

»›The Hollow Men‹ ist die reine Magie«, sagte Edmund Wilson. Dabei schielte er ängstlich und neugierig zu der Garnele hin. »Ich habe einmal erlebt, wie Eliot das Gedicht vorlas: ein rhythmisches Wunder.«

»Selbst bei Dryden«, sagte Miß Sitwell, »spürt man ein gewisses Abrakadabra. Wenn ich Dryden lese, höre ich das Tam-Tam im Dschungel. Bei Pope ist es anders. Eine Spur von Magie ist noch vorhanden, aber in veränderter Form, sie hat sich zu einem fragilen, nahezu kristallenen Wortgeklingel gesteigert ...«

Aufgeregt und gebannt starrte ich ununterbrochen auf die Garnele. Sie thronte wie ein Elfenbeinamulett auf Miß Sitwells Frisur. Ich sah sie im Geiste viktorianisch, elisabethanisch und gotisch vor mir. Unversehens wurde mir Edith Sitwell sympathisch.

»Ich weigere mich«, sagte sie, »an der Dichtung Shelleys etwas Magisches zu finden. Der durchgehende Rhythmus ist vorhanden, aber es ist nicht der Rhythmus des Rituals. Shelley kommt mir wie eine Art amateurhafter Jongleur vor. Denken Sie an ›Adonais‹. Es schwingt etwas mit, doch vom Magischen ist es weit entfernt ...«

Sie beobachtete mich verstohlen aus den Augenwinkeln, dann

bedachte sie mich mit einem triumphierenden Blick. Sie spürte, Hexe, die sie war, daß sie mich zum Schluß bekehrt hatte. Ich war schließlich in das Lager der Sitwells gelockt worden.

Ich hörte den Verkehrslärm unter dem Fenster vorbeirauschen, und Ediths Zauber war so stark, daß daraus eine ländliche Elegie wurde: Ich hörte das Blöken der Schafe, das Muhen der Kühe und das Zischen einer erbosten Gänseschar.

Das Monster

Apfelduft und verstreute Blätter verliehen New York einen besonderen Schmelz. Ich begann diese Stadt wegen ihrer dumpfen herbstlichen Gerüche zu lieben. Die Wehen des Sommers waren abgeklungen, die Schauder des Winters standen noch bevor, und die Straßen waren ein Wirrwarr aus Braun, Gold und Purpur, als hätten die fallenden Blätter den Mauern eine Patina verliehen.

Ich traf Hannah Arendt eines Abends bei Josephine Crane, wo sie einen Vortrag über das neunzehnte Jahrhundert hielt. Sie erklärte, das achtzehnte Jahrhundert sei entgegen dem Anschein ein generöses, aufgeschlossenes Zeitalter gewesen; es gab Voltaire und Rousseau, Gibbon und Fielding, die Vorstellungswelt wandte sich dem Orient zu, und die Häuser waren mit Chinoiserien vollgestopft. Hingegen war das neunzehnte Jahrhundert trotz der industriellen Revolution und seiner Begeisterung für die Romantik eine muffige, in sich abgekapselte Epoche. Die Männer schwelgten in Nostalgie, die Damen griffen nach ihren Riechfläschchen, und die Bourgeoisie badete in einer Tränenflut.

»So wie Sie das sagen, klingt es ganz schrecklich«, sagte Marianne Moore schüchtern. »Denken Sie doch bitte an Delacroix. An die *Ode on Immortality*. Und dann denken Sie an die Klaustrophobie, die im *Lockenraub* steckt!«

Hannah Arendt nickte strahlend und munter, da sie fand, daß es immer erfrischend sei, die Kehrseite der Dinge zu betrachten. Sie glaubte an die innere Harmonie äußerer Widersprüche und auch an die illusorische Natur der Gegensätze. Auf der Stelle und mit Freuden gab sie Marianne Moore recht, obgleich der Kern ihres Vortrags genau in die Gegenrichtung gezielt hatte.

Nach dem Vortrag aßen wir gebratenen Schinken, der von Ananasscheiben umgeben war, und dann ein »baba au rhum« mit Kirschen und Pfirsichen.
Ich saß neben Hannah und fühlte mich wunderbar erfrischt. Ein berauschendes, fast unerlaubtes Gefühl der Zugehörigkeit erfüllte mich. Mein Herz hüpfte, wenn ich sie ansah. Sie war hager und schlicht, aber ich hatte den Eindruck, daß ich noch niemals eine Frau gesehen hatte, von der ein so starkes inneres Leuchten ausging. Ihr Gesicht wurde, während ich sie beobachtete, immer strahlender.
Ich sagte: »Und Hölderlin – Hölderlin hat etwas so Umfassendes. Man spürt den Himmel, die Götter und den Olymp.«
Der Gedanke an ein neues Paradoxon schien sie zu begeistern. Ihre lächelnden Augen glänzten, man spürte, daß sie nicht einfach nur tolerant war, sondern gewillt, alles Fremdartige zu lieben und das, was häßlich, schrecklich und brutal schien, zu entschuldigen.
Die drei intelligentesten Frauen, denen ich je begegnet bin, waren Gertrude Stein, Hannah Arendt und Marguerite Yourcenar, und allen dreien war dieser erstaunliche Hang zum Ambivalenten gemeinsam, während sie gleichzeitig überaus scharfsinnig waren. Bei allen dreien war die Gabe, den ungewöhnlichen Aspekt der Dinge zu erkennen, verknüpft mit einem Urvertrauen in die schwelenden Kräfte der Weissagung.
»So ist es«, sagte Hannah. »Bei Hölderlin finden wir diese Weitläufigkeit, doch ich nehme an, daß sie in Wirklichkeit nur eine Tarnung seiner Klaustrophobie war. Er wanderte über die Berge der Auvergne nach Bordeaux, doch danach saß er in dem Haus eines Tischlers in Tübingen in der Falle. Er wurde wahnsinnig, vergessen Sie das nicht. Er glaubte, er heiße Scardanelli, und es gab Zeiten, in denen er sich für einen Mann namens Scaliger Rosa hielt. Seine Sehnsucht nach dem Olymp schlug um in eine Angst vor Waldkobolden.«
»Ja, Kobolde«, sagte ich eifrig. »Kobolde interessieren mich immer.«
»Genau«, sagte Hannah, »Sie haben die Wälder durchstreift. Ich erkenne an Ihren Augenbrauen, daß Sie eine enge Beziehung zu Gnomen haben. Ich nehme nicht an, daß Sie sich

jemals den Namen Scardanelli zulegen werden, aber ich kann Sie mir recht gut bei der Überquerung der Berge der Auvergne oder der Pyrenäen vorstellen.«

Nach dem Abendessen ging ich noch mit Hannah Arendt in den Russischen Teesalon. Ich war von ihrer klugen Stimme und ihren honigbraunen Augen entzückt, und der Gedanke an den Abschied jagte mir Angst ein.

Ich sagte: »Und wie denken Sie über das zwanzigste Jahrhundert? Welchen Eindruck macht es heute auf Sie? Haben Sie bestimmte Vorahnungen?«

Sie lachte und sagte fröhlich: »Ich habe ständig Vorahnungen. Ich werde dick und fett von dem, was ich da in mich hineinlöffele. Wie kann man sich denn mit der Zukunft beschäftigen, ohne die gräßlichsten Vorahnungen zu haben?« Sie lächelte entzückt beim Gedanken an eine bevorstehende Katastrophe. »Es gibt Zeiten, in denen ich überzeugt bin, daß das Ende der Kunst und Literatur gekommen ist. Mit Picasso war Schluß. Ich weiß, daß es Menschen gibt, denen dieser Gedanke unangenehm ist, die meinen, sie müßten noch beim letzten Scharlatan einen Hauch von Genialität entdecken. Selbst die gewissenhaften Kritiker, und ich bin etlichen begegnet, müssen ihr Brot verdienen, und natürlich würden sich die Zeitungen weigern, unaufhörlich Todesanzeigen zu bringen. So landet man dann bei dem schrecklichen Märchen vom Kaiser und seinen neuen Kleidern.«

Hexenhaft-heiter und spitzbübisch grinste sie mir zu. Sie hatte in ihrer Genauigkeit, ihrem Eifer, ihrer spielerischen Bestimmtheit und auch mit ihrem schiefsitzenden kirschengeschmückten Hut und ihrem abgetragenen alten Mantel etwas von einer wilhelminischen Gouvernante. Ich war äußerst gespannt. Hannah brütete ein neues Paradoxon aus. Ich konnte zuerst in ihren glänzenden Augen, dann an ihrem erhobenen Zeigefinger und zuletzt an ihrer Stimme beobachten, wie es nach und nach Gestalt gewann.

Sie sagte impulsiv: »Ich habe gerade über diese doppeldeutigen Jahrhunderte nachgedacht. Man muß sich nach neuen Perspektiven umsehen. Man muß neue Dimensionen finden. Im siebzehnten Jahrhundert gab es Seuchen und Raubritter. Es war besessen vom Grausamen, vom Mißgestalteten und Dämonischen. Das achtzehnte Jahrhundert war eine Epoche der Kabalen und der Liebe. Das neunzehnte Jahrhundert brachte uns das, was wir so gerne als die Romantik bezeichnen, verwunschene Schlösser, lasterhafte Orgien, finstere Gestalten, die quälend realistisch dargestellt waren. Du meine Güte, sind wir beide Überbleibsel des neunzehnten Jahrhunderts, mit einem Fuß noch im achtzehnten und einem Finger im siebzehnten Jahrhundert?«

Sie lachte frohlockend, und ihr Gesicht entschwand wieder in die Vergangenheit, in die unscharfe, begierige Unschuld einer alten sepiafarbenen Photographie.

Ich sagte: »Und was ist mit Auden?« Ich spürte, daß sie an Auden dachte.

»Ich liebe Wystan«, sagte sie, »aber langsam wird es mir ungemütlich, wenn ich mit ihm zusammen bin. Ich kann mir nicht helfen, aber was ihn angeht, so bin ich pessimistisch. Wystan hat sich abscheulich verstrickt, dabei sehnt er sich nach Gewißheit und Klarheit. Er schwelgt in allen nur möglichen Variationen unerwiderter Liebe, oder nennen Sie es unerwiderbare Liebe. Dabei wird er nur noch liederlicher und gerät in ständig wachsende Abhängigkeit vom Alkohol und wird gleichzeitig noch schulmeisterlicher und onkelhafter. Er versucht diese Gegensätze mit einer Art geistigem Masochismus zu vereinen, was natürlich schiefgeht. Es ist gar nicht anders möglich. Ein Hirngespinst.«

Der Teesalon war fast leer, und man wartete darauf, daß wir gingen, aber mir war der Gedanke, Hannah Arendt gute Nacht sagen zu müssen, schrecklich. Mit ihrer sprühenden Vitalität erfüllte sie den ganzen Raum. Sie saß sehr gerade, als wollte sie damit Widersprüchen begegnen, und ihre Hände auf dem dunklen Tisch waren von Tapferkeit und Geduld gezeichnet.

»Aber er sehnt sich auch nach einer Liebe, die Erwiderung findet, glauben Sie nicht?«

»Er hat es aber doch fertiggebracht, daß das unmöglich ist, deshalb ist mir auch nicht wohl bei einem Zusammensein mit ihm. Er hat es so weit gebracht, daß lediglich die unerwiderte Liebe ihre Reize für ihn hat. Das Leiden wird wie das Heroin zur Sucht. Der Reiz des Natürlichen schwindet, die Fähigkeit sich zu freuen verfliegt, und am Ende landet man in der Wüste, und die Aussichten sind ziemlich scheußlich. Er ist in seiner ›nostalgie de la boue‹ versackt, und er ist nicht der einzige, in dieser verheerenden Stadt gibt es Tausende, die am selben Leiden kranken, aber was kann man machen, die Sucht ist nicht heilbar. Nur so sind vermutlich die lavaartigen Furchen und vielleicht auch diese selbstbetrügerischen Gedichte zu verstehen. Man erreicht die Fünfzig. Diese ekelhaften Fünfzig, in denen man sich in Pose wirft. Seine Gedichte haben ihren Wahrheitsgehalt gerade deshalb verloren, weil er sich so sehr bemühte, die Wahrheit zu verkünden. Die frühen, unzugänglichen Verse besaßen die Glut der inneren Wahrheit, und ich frage mich, ob die Wahrheit nur in denen lebt, die sich ihrer nicht bewußt sind.«

»Geoffrey Grigson bezeichnete ihn als Monster. Haben Sie das Gefühl, daß er ein Monster ist?«

»Unser Wystan ist oft monströs, aber niemals ganz und gar ein Monster.«

Wir standen auf, und als wir uns auf der Fünfundsiebzigsten Straße voneinander verabschiedet hatten, wandte sie sich plötzlich noch einmal um und packte mich am Ellbogen.

»Hitler hatte, als es dem Ende zuging, das Gefühl, daß ihn sein eigenes Land betrogen hatte! Er wollte sein eigenes undankbares Land mit der totalen Vernichtung strafen, selbst wenn das zugleich seinen eigenen Untergang mit sich brachte. So groß waren seine Dummheit und seine Eitelkeit. Unser Wystan ist eitel, aber dumm ist er nicht. Er hat uns so viel gegeben, daß es vielleicht verzeihlich ist.«

Ich verabschiedete mich ein zweites Mal von Hannah, und plötzlich erfaßte mich ein Gefühl von Freude, doch gleichzeitig ein unendlicher Schmerz. Ich sah ihr nach, während sie flink die Fünfundsiebzigste Straße hinunter ging, und selbst von hinten strahlte sie eine wundersame Atmosphäre der Integrität, Fröhlichkeit und Kraft aus. An der Ecke blieb sie stehen, blickte zu mir zurück und winkte. Dann gipfelte der Verkehrslärm in einem einzigen Schrei, und sie ging rasch um die Ecke und verschwand.

Geister

Es wurde April, und die Stadt vibrierte vor Erwartung. Ich nahm mir in der Fünfundsiebzigsten Straße eine Wohnung; dort saß ich oft am Fenster, starrte zu den Wolken empor und fragte mich, wo sie überhaupt herkamen. Dann blickte ich mit großen Augen auf die Prozession der Menschen in der Tiefe. Sie sahen sogar noch vergänglicher und unwirklicher aus als die Wolken. Ich spürte, so wie ich es mein ganzes Leben lang gespürt hatte, eine zunehmende Spannung, eine erhöhte Wachsamkeit, als seien sowohl die Wolken wie die Menschen im Begriff, aufzubrechen und, wie eine zerbrochene Eierschale, das Geheimnis ihrer tieferen Wahrheit preiszugeben.

Doch in mir hatte sich etwas verändert. Ich trat in eine neue Phase ein. Meine gesellschaftliche Neugier war allmählich verschwunden. Meine quälende Promiskuität hatte sich in physischer und psychischer Hinsicht verflüchtigt. Ich sehnte mich danach, die verschiedenartigen Dinge, die ich gesehen und gehört hatte, in einer einzigen festgefügten Form, in einem einzigen Frieden und in einer einzigen Kraft zusammenzufassen.

Immer mehr zog ich die Verschwiegenheit der Nacht dem grellen Sonnenlicht vor. Ich begann alle Einladungen, Feiern und Festlichkeiten zu meiden. Ich wollte die Menschen nur noch allein und nicht mehr im großen Kreis sehen. Ich hatte die Wälder lieber als die Städte. Triviales Gerede widerte mich an. Ich spürte, wie die Dämmerung allmählich anbrach, forschte nach dem endgültigen Sinn, und in meine Beziehungen zu anderen Menschen schlich sich Scheu, ja sogar Furcht ein.

Ich fing an zu begreifen, daß ich in die Welt meiner Kindheit zurückkehrte. Die Sehnsucht nach dem Sinn war die grundlegende Sehnsucht meiner Kindheit gewesen. Wie ein Kind nahm

ich in der Luft in unaufhörlichem Staunen die Bläue des Himmels und die wilde Aufregung der Vögel wahr. Nach und nach wurde ich zum Eremiten, ich wurde vorsichtiger bei meinen Begegnungen mit Menschen, die nur noch eine Art Fühlungnahme waren. Jedes Zusammentreffen mit einem Unbekannten war ein winziges Drama, das in einer funkensprühenden, jedoch unsichtbaren Klimax gipfelte. Ich war so spannungsgeladen wie vor dem Aufgehen des Theatervorhangs, und die Spannung wuchs, je genauer ich die kleinen Einzelheiten beobachtete, die sich nach und nach zu einer endgültigen Lösung zusammenfügten. Selbst nach der Begegnung, während ich allein meiner Wege ging, rief ich mir die Einzelheiten wieder ins Gedächtnis zurück, und sie verschmolzen zu einem andersartigen, noch seltsameren Muster, so daß die Lösung des Rätsels sich oft erst nach dem Geschehen offenbarte und ich dem Geheimnis erst lange nach dem Zusammentreffen auf die Spur kam.
Manchmal hatte ich das Gefühl, daß ich über ein unendliches schwarzes Meer segelte und diese Begegnungen wie Markierungen auf einer Seekarte eingetragen waren. Doch dann gewahrte ich, daß diese Menschen selbst das unendliche Meer und daß die Seekarte mein Verlangen, meine Sehnsucht und meine Neugier waren.
Auf diese Weise begann ich endlich, das verborgene Muster in meiner Existenz zu entdecken. Ich sah eine Laterne in der Ferne schimmern, am Ende einer Kolonnade von Bäumen. Das Leben hatte einen ewig dreifachen Aspekt, so wie auch alles andere dreifach auftrat. Es gab das Leben der Sinne, der Augen, des Begehrens, das Leben der Erkenntnis, der Erfahrung, der Erschaffung. Und das allerbeste war das natürliche, dem Instinkt folgende Leben.

Isak Dinesen, Baronin Blixen, kam eines Tages nach New York. Sie war außerordentlich gebrechlich und alt und wollte zum letztenmal die Bilder sehen. »Die Fragonards«, sagte sie, »und besonders die Goyas. Impressionisten habe ich genügend gesehen. Ich sehne mich nach dem Legendären.«
Sie besuchte mich zum Abendessen und stocherte lustlos im

Salat herum. Ich hatte ein Tatar gemacht, aber sie weigerte sich, es auch nur anzurühren. Drei konische gelbe Kerzen standen auf dem Mahagonitisch, und die Baronin berichtete von ihrem Besuch im Frick-Museum, wo sie eine Stunde lang in einem Saal mit lauter Fragonards gesessen hatte.
Dann erzählte sie mir Geschichten von ihrem Leben in Kenia. Sie sprach von Finch-Hatton, den sie geliebt hatte, von den schönen Tieren und den schönen schwarzen Menschen.
Eine tiefe Erregung bemächtigte sich meiner, während ich ihr zuhörte. Ich hatte das Gefühl, als berichtete sie von bestimmten Episoden aus meinem eigenen Leben und daß sie in die Höhle meiner vergessenen Vergangenheit vorgedrungen war – nicht in meine wahre, irdische Vergangenheit, sondern in meine verlorene, ozeanische. Ich hatte das Gefühl, daß sie diese gewaltige, uranfängliche Vergangenheit mit mir teilte und daß ihre Geschichten Berichte über eine frühere Inkarnation meines Ichs waren.
»Ich wurde ein Teil Afrikas. Die Luft war von Schrecken geschwängert. Man konnte nicht umhin, die Ängste und den Aberglauben zu übernehmen. Sich in der christlichen Welt mit dem Tod abzufinden ist etwas völlig anderes, als in der Wildnis daran teilzuhaben. Man erblickt in den afrikanischen Geistern die Gesichter des Todes, und man spürt ihre große Würde und Schönheit. Was ich verabscheute, war das Töten der wilden Tiere, aber die Afrikaner sehen das natürlich völlig anders. Millionen Jahre wurden dort die wilden Tiere getötet, und wären sie nicht erlegt worden, hätten die Menschen nicht überlebt. Und schließlich werden auch hier Tiere getötet, was sehr viel grausamer ist als das Töten in Afrika.«
Sie war eine bis auf die Knochen abgemagerte kleine Dame mit blutroten Lippen, einem bläulichweißen Gesicht und phosphoreszierenden Augen, die tief in ihren Höhlen lagen.
Sie erzählte mir von einem Elefanten, den Finch-Hatton erlegt hatte, und wie danach sieben endlose Nächte lang die Wälder vom Trompeten der Elefanten dröhnten. In einer Nacht sah sie im Wald einen gewaltigen Elefanten aus Kristall und Mondlicht, der seinen Rüssel im Takt der Todesklage schwang.
Ich hatte ihre *Seven Gothic Tales*, deren Charme vom Maka-

bren überschattet ist, vor mehr als zwanzig Jahren gelesen. Aber ihre Memoiren, *Afrika, dunkel lockende Welt*, in der die Reinheit des Stils den uralten Schrecken milderte, liebte ich fast noch mehr.

»Man sollte eine einfache Geschichte so einfach wie möglich erzählen«, sagte sie ernst. »Auch eine einfache Geschichte ist schon komplex genug, auch da gibt es genug Düsternis, Verwirrung, Grausamkeit und Verzweiflung.«

»Aber in Ihrer Erzählung ›Der Affe‹, ist der Affe darin nicht das Symbol für das Böse?«

»Oh, an das Böse glaube ich nicht, ich glaube lediglich an den Schrecken. In der Natur gibt es das Böse nicht, nur eine Unzahl von Schrecken: die Plagen, die Seuchen, die Ameisen und die Maden.«

»Dann ist die Kobra also nicht böse?«

»Mein Lieber, eine Kobra ist beileibe nicht böse.«

»Aber Sie sagten, daß das Töten böse ist.«

»Nein, ich habe nicht gesagt, daß es böse ist. Gemein, ja, und auch vermessen, wenn man tötet, um an Elfenbein oder Schildpatt zu kommen. Doch ich führe keinen Kreuzzug, und die Welt ist nun einmal so beschaffen, und getötet wurde, seit Abel erschlagen wurde.«

Ich sagte: »Glauben Sie wirklich an Geister, Baronin Blixen?«

»Aber gewiß glaube ich an Geister. Das ist eine ›faiblesse‹, aus der ich nie einen Hehl gemacht habe. Aber meine Geister sind ›jeux d'esprit‹, sie sind schillernde Paradoxe. Dänemark hat seine eigenen Gespenster, und sie riechen nach Krinolinen und Perücken, aber auch Afrika hat seine Geister und nicht nur die ermordeter Elefanten. Es gab einen Geist, der in einer kleinen Grotte in der Nähe meines Hauses lebte. Er hatte ein schönes Gesicht und ein Loch in der Schläfe. Dieser Mann war zwar ein Geist, aber immer noch außerordentlich schön, und vielleicht sollte ich dazusagen, daß mir ein schöner Mann weniger bedeutet als eine schöne Frau. Ich teile mit den Männern ihre Wertschätzung für die guten Eigenschaften einer Frau, obgleich ich mich immer zu Männern hingezogen fühlte, die nur andere Männer liebten, und ebenso zu Frauen, die nur andere Frauen liebten. Doch um auf den Geist zurückzukommen, den man in die Schläfe geschossen hatte: Er sah ganz distanziert an mir vorbei, wie ein vollendeter Gentleman. Wußten Sie, daß ein Löwe Sie niemals direkt ansieht? Er blickt an Ihnen vorbei, um Sie nicht in Verlegenheit zu bringen. Er prallt vor dem unheilvollen Schein menschlicher Intelligenz zurück.«

»Glauben Sie, daß er unheilvoll ist?«

»Er ist immer sehr unheilvoll, obgleich die Masken, die ihn verbergen, seltsam und sehr verschiedenartig sind. Mir gefiel Ihr Buch über Afrika, das Sie *Sturm und Echo* genannt haben, ich war entzückt und verwirrt, da in dem Buch Dinge standen, die eine unheimliche Ähnlichkeit mit dem hatten, was ich selber gesehen hatte. Es gibt Zeiten, in denen ich an die Seelenwanderung glaube, oder vielleicht sollte ich es eher eine Art kapriziöser Wanderschaft nennen. Manche nennen es das kollektive Gedächtnis, aber so einfach ist die Sache nicht. Es hat etwas mit den Träumen zu tun. Doch was sind Träume? Rätsel, Paradoxe?«

Sie hielt einen Moment inne und fingerte an ihrem Likörglas herum. Dann seufzte sie ein wenig ungeduldig und strich sich über die linke Backe. »Und was ist schließlich die Wirklichkeit, wenn wir das Wort auf Menschen anwenden wollen? Ist sie lediglich eine Beobachtung verschiedener Äußerlichkeiten oder das, was man von der großen, authentischen inneren Realität wahrnimmt, dem Kantschen Ding an sich, wenn Sie mir diesen Ausdruck verzeihen wollen?« Sie sah an mir vorbei zur Tür, als warte sie darauf, daß sie sich öffnete. »Einige große Männer sind ihren einfachen, schrecklichen Tod gestorben, wie Tiere auf ihrer eigenen anspruchslosen Scholle, verzweifelt darum bemüht, ihre Authentizität zu wahren.«

Rasch und ruckartig näherte sie ihr Gesicht dem meinen und starrte mich wild an, als wollte sie einen geheimen Dämon entdecken. Ein nüchternes, listiges, halb teuflisches Lächeln huschte über ihre Lippen.

Ein eisiger Schauder durchfuhr mich, als ihre Augen plötzlich wie ein bleicher, auf dem Grunde eines Teiches gefangener Mondstrahl aufleuchteten.

Sie sagte ruhig: »Ich habe eine bestimmte Gabe, falls Sie das interessiert. Ich sehe die Seelen der Verstorbenen, die mich umgeben. Es sind Tiere und Menschen, die wie Fische im Netz der Geschichte hängengeblieben sind. Ich sehe diese einsamen Seelen lautlos durch das Wohnzimmer streichen. Ich sehe Luchse und Sittiche, Biber und Grillen. Was für ein Tier sind Sie? Ein Panther? Oder eine Eidechse?«

Ihr Kopf kreiste leicht, wie der Kopf eines Falken, und sie sah mich eindringlich mit ihren rubinroten Augen an. Ich hatte das Gefühl, sie habe sich in eine afrikanische Prophetin verwandelt.

Sie sagte sanft: »Sie müssen zu Ihren reizenden kleinen Schmetterlingen zurückkehren. Gehen Sie, mein Lieber, und verbringen Sie den Rest Ihres einsamen Lebens damit, Schmetterlinge aufzuspüren!«

Stimmen der Stille

Täglich wanderte ich viele Stunden die Straßen entlang, im Morgenglanz, in der Stille des Nachmittags und in der rauschenden Unruhe der immer länger werdenden Nächte. Ich fing einen neuen Roman an, den ich *The Seven Sisters* nannte. Ich sah diese sieben Schwestern als Gestalten in einem schicksalhaften Tanz, in dem jede Schwester eine andere Facette einer einzelnen Person war und sich jede in den Bewegungen der anderen sechs Facetten widerspiegelte; das Buch sollte wie ein kristallenes, aber auch geheimnisvolles, wie ein harmonisches, aber auch chaotisches Prisma glänzen.

Tag für Tag wurde dieser Tanz der Schwestern lebhafter und bedeutungsvoller. Die Zahl sieben fand ein immer stärker werdendes Echo, implizierte zunehmend mehr Assoziationen. Sie erreichte die Welt der Märchen, der Musik, des Aberglaubens und gipfelte in der Vision von den Sieben Todsünden. Die Begriffe Gier, Lust und Trägheit ließen meine Freunde in hellerem Licht erscheinen, Neid und Zorn wirkten als soziale Faktoren, Völlerei und Stolz spiegelten sich in der Welt der Madison Avenue, so daß jedes Gesicht, dem ich begegnete, in eine der sieben Kategorien paßte und von den vorüberziehenden Schatten eine mittelalterliche Bedrohung auszugehen schien.

Doch während jede der Schwestern zunehmend an Farbigkeit gewann, drohte die Arbeit in eine komplizierte Allegorie auszuarten. Die sieben wunderschönen Gesichter ähnelten den Gesichtern in einem Ballett. Die Bewegungen wurden hieratisch wie die auf einem Fries. Daher bemühte ich mich, dieses berechnete Gleichmaß zu zerstören, den Symbolismus zu untergraben und Widersprüche einzubauen, in der Hoffnung, daß

die Schwestern aus der künstlichen Welt auftauchen und in eine bewegtere, menschlichere gelangen würden.
Halb wahnsinnig vor Enttäuschung legte ich das Manuskript beiseite und nahm es erst nach vier Jahren wieder auf, vereinfachte und stutzte es dann so zurecht, daß der Roman *The Seven Sisters* entstand.

Eines Abends war ich eingeladen, um einen sehr berühmten Franzosen kennenzulernen. Nachher nahmen wir im Village zusammen ein Taxi und fuhren bei strömendem Regen die Fifth Avenue hinauf.
Die Straßen wirkten endlos und gefahrvoll wie unendlich lange Verbindungsgänge in der Eisenbahn, und die Lampen glänzten im Regen wie aneinandergereihte Hauer. Regenmäntel und Regenschirme schlichen wie Raubtiere durch die Dunkelheit.
»Ich bin noch nie in Harlem gewesen«, sagte Malraux ziemlich geistesabwesend. »Würden Sie mich nach Harlem mitnehmen? Ich möchte Harlem zu gern sehen. Übrigens, um auf Gide zu kommen – stets war da etwas Störendes, ein unausgesprochener Vorwurf, der der Schärfe nicht entbehrte, so als könnte er einem nicht verzeihen, daß man heterosexuell ist.«
»Und Cocteau?« sagte ich.
»Er war immer ein wenig ironisch, so als würde er einen insgeheim verdächtigen, doch nicht heterosexuell zu sein.«
Wir kamen in den Ballsaal des Savoy. Es war laut und voll, aber nachdem sich Malraux einmal umgesehen hatte, machte er es sich in seinem Stuhl gemütlich. Die schönen, jungen schwarzen Frauen und Männer schwebten an ihm vorbei und strömten einen Geruch nach Nelken, Sexualität, Kaugummi und Schweiß aus.
»Selbstverständlich«, sagte er ruhig, »spüren wir hier noch den Dschungel, aber doch schon sehr amerikanisiert, völlig skrupellos und mechanisch. Ich sah Cocteau einmal im Louvre im Gespräch mit Claudel und beobachtete dabei diesen ironischen Schimmer eines Verdachts. Für den armen alten Claudel war das ziemlich demütigend. Gide konnte einen mit seinem scharfen Blick auch demütigen, aber er machte es anders, weniger sarkastisch und weniger kränkend.«

Malraux war nach New York gekommen, um dem Verlag Doubleday einen Besuch abzustatten, der *Stimmen der Stille* veröffentlichen wollte. Dies Buch sollte als bedeutendstes Werk Malraux' vorgestellt werden, da darin sein umfangreiches Wissen, seine profunde Einsicht, seine ansteckende Vitalität und seine quicklebendige Intelligenz miteinander vereint waren.

Die drei gescheitesten Männer, die mir in meinem Leben je begegnet sind, waren George Santayana, Thomas Mann und André Malraux. Es gibt sehr verschiedene Arten von Intelligenz. Es gibt die intuitive Intelligenz, die Auden besaß, die sich aber verflüchtigte, als er seiner Intuition zu mißtrauen begann. Dann gibt es die symbolbeladene Intelligenz, wie die von Edgar Wind, die allein in der symbolträchtigen Welt der Renaissance zu Hause war. Dann gab es die hexenhafte Weisheit der Baronin Blixen und das sibyllinische Gemurmel von Gertrude Stein und von Marguerite Yourcenar. Es gab die verallgemeinerte Brillanz eines Isaiah Berlin und die spielerische, pädagogische Brillanz von Maurice Bowra. Mir war literarischer Rang in Verbindung mit Anspruch und Schwulst begegnet, aber bei Mann, Santayana und Malraux war nichts dergleichen vorhanden. Bei Santayanas Schwermut, Malraux' Unruhe und der meditativen Lehrhaftigkeit Thomas Manns spürte man stets die Suche nach einer kühlen, unpersönlichen Wahrheit, die eng verbunden war mit der Einsicht, daß die Wahrheitsfindung unmöglich ist. Gides und Eliots literarische Größe hat mich tief beeindruckt, was mich aber noch mehr bewegte, war diese aussichtslose Suche nach der Wahrheit, die ich in den unsicheren kleinen Pausen Thomas Manns, in der überstürzten Hast von André Malraux' Wortschwall und dem ehrfürchtigen Schweigen George Santayanas wahrnahm.

Ich leide an einer Krankheit, die man als das »totale Gedächtnis« bezeichnet. Ich erinnere mich an alle visuellen Einzelheiten und an alle Gerüche einer Begegnung, und der Tonfall einer Stimme klingt mir ewig in den Ohren. Aber was noch ärger ist, ich höre die Stille, den unhörbaren Widerhall. Auch heute noch höre ich das gramerfüllte Schweigen von George Santayana und die unsicheren kleinen Pausen Thomas Manns und das fieberhafte Luftholen bei André Malraux' Wortschwall.

»Ja, Gide«, sagte Malraux. »Was soll man zu Gide sagen? De mortius und so weiter. Trotzdem kann man wohl behaupten, daß er einen fatalen Einfluß ausübte. Derart freudlos, aseptisch, kurz gesagt korrumpierend. Eine ganze Generation wurde durch Gides Vorbild verdorben. Ich denke nicht an die Päderastie, das hat keine Bedeutung. Ich denke an den Purismus, diese schändliche, todbringende Askese.«
Die rosa Satinkleider standen in fröhlich-wildem Kontrast zu den schwarzen, gekräuselten Haaren und der samtigen braunen Haut. Die Musik wurde leiser, hämmernder, erzeugte Halluzinationen, und Malraux faltete mit geschmerzter Miene die Hände unter dem Kinn.
»Musik sollte versuchen, nichts auszusagen, oder vielmehr, sie sollte nicht versuchen, irgend etwas auszudrücken, in anderen Worten, sie sollte ganz auf eine Aussage verzichten. Sie fängt da an, wo Worte aufhören, aber auf gewisse Weise ist das auch bei der Lyrik so, die sich zitternd über den Wortgerüsten wiegt. Sie formt die Worte um, gerade dadurch, daß sie sie benutzt, so wie ein Bildhauer den Marmor verwandelt, während er ihn bearbeitet. Nach einer gewissen Zeit verlieren die Worte ihre Bedeutung, werden Strandgut, und übrig bleibt nur die Dichtung selbst, die aus Worten entstand und vom Wort befreit wurde.« (Während er sprach, begriff ich plötzlich Eliots wahre Leistung. Mir wurde unversehens die Bedeutung der großartigen *Vier Quartette* klar.)
»Denken Sie an Botticelli«, sagte er. »Botticelli hat lauter Träume gemalt, aber Träume, die mehr als Träume und gleichzeitig weniger als Träume sind. Sie schweben in den Hohlräumen zwischen Mythen und Legenden und Minotauren. Botticellis Gesichter sind in tranceartigem Schrecken erstarrt, der exquisit, aber auch niederschmetternd ist. Der Wald wird eine Mischung aus Paradies und Inferno. Botticelli hat seine Kunst aus einer Überhöhung von Träumen gesponnen und hat gleichzeitig – nennen Sie es das Schußgarn für das goldene Gespinst – die Träume unterworfen, ja sie sogar erniedrigt, da das Auftragen der Farbe auf die Leinwand, genau wie das Aufsetzen der Feder auf das Papier, unweigerlich eine Unterwerfung und Erniedrigung mit sich bringt. Was nicht heißen soll, daß Botticelli

nicht ein erhabener Künstler ist. Es soll damit nur gesagt werden, daß die größten Meisterwerke die sind, die nie Gestalt angenommen haben, die lediglich in ihrer ursprünglichen Traumwelt vorhanden waren und sich niemals unterwerfen oder erniedrigen mußten, um verwirklicht zu werden.«

Mich erfüllte der leidenschaftliche Wunsch, den Geheimnissen Malraux' auf die Spur zu kommen. Selbst jetzt noch, Jahre nachdem ich sie gelesen hatte, verfolgte mich seine *Conditio humana*, die so klar und geheimnisvoll wie die Inschrift auf einem Grabstein war. Ich murmelte gedankenverloren: »Und was ist mit Goya?« (Ich hatte vor kurzem seinen wunderbaren Essay über Goya gelesen.)

»Ja, Goya«, sagte er rasch. »Aber bitte vergessen Sie nicht, daß die *Caprichos* Karikaturen sind, die er gemalt hat, als er aus Krankheitsgründen von der Welt ausgeschlossen war. Er hat sich in diesen makabren kleinen Visionen selbst analysiert. Sie waren seine eigene innere Hölle voller Katzen, Hyänen, leichenhafter Reiter und vermodernder Herzoginnen. Goya wurde vom Chaotischen und keinesfalls vom Architektonischen angezogen. Er liebte das bedrohliche Chiaroscuro mehr als die Klarheit der Farbe. Er war damals von der verrückten Idee besessen, protestieren zu müssen, und man kann ihn wohl als den großen abendländischen Interpreten der menschlichen Seelenqualen bezeichnen. Er zerstörte die majestätische Symmetrie der Renaissance und öffnete der Flut der modernen Kunst Tür und Tor.«

Er beobachtete die in gleißendes Licht getauchten tanzenden Paare und neigte seinen Kopf in die Richtung der Musikkapelle.

»Denken Sie andererseits an Dante. Bei Dante bedeuten die Worte nichts, und die Vision ist alles. Und dennoch, durch dieses wundersame Paradox, das die Kunst galvanisiert, verschwindet die Vision in der Ferne, während die Worte in Herrlichkeit erstrahlen und am Ende die Worte alles bedeuten und die Vision selber nichts.«

Grimmig lehnte er sich über den Tisch.

»Verstehen Sie?«

»Ja, ich verstehe!«

Malraux' Wangen zeigten tiefe Furchen, und seine dunklen Augen waren blutunterlaufen, als verberge sich hinter dieser Intelligenz ein gewaltiges Leid, ein Kummer, der tiefer ging als Gedanken und Erkenntnisse. Wenn er sprach, schwang in seinen Worten ein bestimmter verzweifelter Ton mit, und seine Lippen waren ständig gespannt. Ich wurde von dieser Spannung und dieser Verzweiflung angesteckt, die durch ihre Unpersönlichkeit eine magnetische Anziehungskraft ausübten.
Er sah mich mit seinem messerscharfen Blick von der Seite an, und seine Stimme wurde weicher, nachsichtiger und beschwichtigender.
»Musik ist selbstverständlich etwas ganz Besonderes. Sie verändert sich mit der Zeit, ganz anders als ein Gemälde. Ein Gedicht kann sich ebenso verändern, doch kann es auch feste Formen annehmen. Der Leser kann es in ein Gemälde oder in eine Kathedrale verwandeln. Insofern ist die Musik sehr verletzlich, gleichzeitig aber auch unverletzbar. Jede Kunst ist natürlich verletzlich und leidet unter dem Ansturm der Zeit, der aber macht sie am Ende doch unverletzbar. Die Kunst geht weit mehr, als wir begreifen können, mit der Zeit und erlangt schließlich ein merkwürdiges neues Geheimnis. Das Lied verstummt, und doch hört man sein Echo, das Fresko ist abgeblättert und verblichen, der Marmor hat Narben, und doch erlangen sie eine neue Würde. Die Verse des Archilochus sind nur winzige Fragmente, leuchten aber in seltsamer und erschrekkender Frische.«
Während wir dasaßen, entfernte sich Malraux innerlich immer mehr von mir, als trügen unbezwingbare Gezeiten seine Stimme hinweg in die Schatten. Er war ein umdüsterter, bizarrer, eindrucksvoller Mann, aber sein Geist war fremdartig und undurchschaubar.
In dem fahlen gelben Licht, das den Ballsaal erfüllte, waren André Malraux' Hände gut sichtbar. Sie lagen wie Austernschalen zusammengepreßt auf dem Tisch. Sie verloren sich wie sein Gesicht in quälender Meditation. Sie lagen reglos und verloren da, schimmernd wie an einem wellengepeitschten Strand, und seine Stimme hing wie der Ruf eines Seevogels in der Luft.

Die Welt der Natur

Gold und Silber

Zehn Tage nach meinem Abend mit André Malraux fuhr ich nach Europa zurück und landete in Le Havre. Hier wartete mein alter Continental immer noch getreulich auf mich. Ich bestellte einen Satz Zündkerzen, zwei neue Reifen und einen nagelneuen Vergaser. Mein Wagen war fünfzehn Jahre alt, fuhr aber immer noch wie ein Traum. Ich verbrachte die Nacht in Rouen, fuhr eilends nach Reims weiter, schlief die zweite Nacht in Metz und überquerte bei Saarbrücken die deutsche Grenze.

Ein Jahr lang blieb ich in Schwaben. Ich fuhr gerne durch die schwäbischen Städte, deren Namen wie die Glockentöne von einem Dorfkirchturm klangen: Tübingen, Göppingen, Geislingen, Schwenningen, Reutlingen, Tuttlingen. Ich hielt an einem Dorfgasthof und bestellte ein Glas Rheinwein. Im nächsten Dorfgasthaus verspeiste ich Würstchen und Kartoffelsalat zum Mittagessen. Dann fuhr ich zum nächsten Wirtshaus, um dort ein Stück Käsekuchen zu essen, und im letzten trank ich dann eine Tasse Kaffee.

Oder ich fuhr in den Schwarzwald und sah mich dort nach Bergschmetterlingen um. Ich fing einige blaue Lycaeninae und etliche seltene schwarze Satyrinae. Es war herrlich, unter den Schwarzwaldtannen herumzuwandern und das tropfende Harz und die knisternden Nadeln zu riechen.

Zu der Zeit schrieb ich an einem Roman über Beatrice Cenci. Ich stellte mir dieses Buch als eine Reihe von alptraumhaften Begegnungen vor, wobei die präzisen Details der historischen Dokumente das Grauen des Mordes und der Hinrichtungen nur noch steigerten. Ich versuchte, aus diesen Dokumenten mit ihrem eisigen juristischen Ton wenigstens eine gewisse mensch-

liche Liebe und Treue herauszulesen. Aber die Geschichte von Beatrice Cenci und ihrem schrecklichem Vater und ungeheuerlichen Liebhaber war eine ununterbrochene Kette menschlicher Wollust und menschlichen Verrats. Ich versuchte, eine Spur Güte oder Mitleid zu entdecken, aber die Geschichte der Cenci war eine bodenlose Zisterne, wo sich nur Abscheu und Vertiertheit rührten.
Und wenn ich versuchte, diese mörderischen Gestalten zu mildern und ihnen menschlichere Züge zu verleihen, wurde ihre Unmenschlichkeit nur noch eklatanter und grotesker. Erst nachdem ich gründliche Vereinfachungen vorgenommen hatte, erzielte ich eine gewisse erzählerische Nüchternheit, die Personen reduzierte ich bis zum Skelett, worauf die Charaktere eine unerwartete Schärfe gewannen. Plötzlich offenbarten ihre Züge eine erbärmliche Wahrscheinlichkeit, wie Marionetten, die man nach dem Puppenspiel wieder in ihren Schrank gesperrt hat.

In Stuttgart besuchte ich eines Abends ein Konzert von Walter Gieseking. Es war ein kalter Winterabend, schmutziger Schnee lag auf der Königstraße, und das Schloß glänzte unter dem Halbmond wie Lava.
Er begann mit Bach. Er wirkte zurückhaltend, ja beinahe indolent. Dann kam Mozart, sein geliebter Mozart: zwei Sonaten, nüchtern und oberflächlich. Dann spielte er Beethoven, und das war am traurigsten. Er brachte die großartige *Appassionata* überhaupt nicht zum Klingen.
Dann kam die zweite Hälfte des Programms. Es gab die beiden *Arabesken* von Debussy, und das Publikum war verzaubert, als wäre eine Sonnenflut hereingebrochen. In den *Cloches à travers les feuilles* hörte ich die Glocken durch den goldenen Nebel tönen. Ein goldener Dunst hing in der *Isle joyeuse* über dem See, und in den *Poissons d'or* glänzte der Teich vor Fischschuppen. In den *Jardins sous la pluie* sah ich das goldene Licht des sonnenbeschienenen Regens, und in den *Pagodes* verzauberte verschwenderischer Glanz die Spinnweben in Gold.
Und schließlich kam Ravel. Jetzt wurde das Gold zu Silber. Ich nahm in den *Noctuelles* das ferne Mondlicht auf den flattern-

den Flügeln und in den verklingenden Rufen der *Oiseaux tristes* das wehmütige Rauschen der Blätter wahr. *Une Barque sur l'océan* war ein einsames Segelboot in der Nacht, dessen phosphoreszierende Spur in die Unendlichkeit führte. In *La Vallée des cloches* vernahm ich die Glocken von neuem, doch jetzt funkelten sie nicht wie bei Debussy im Sonnenlicht, sondern tönten zart und fern in einem mondbeschienenen Tal.

Ich war nicht mehr von dem zwanghaften Wunsch getrieben, große Künstler kennenzulernen, vielmehr erweckte ein instinktives Gefühl der Zugehörigkeit zu Gieseking in mir das Bedürfnis, mit ihm zu sprechen. Daher eilte ich ins Künstlerzimmer und traf ihn an, am Fenster sitzend.

Er sah, wie er da am Fenster saß, verloren und rührend aus, sein Gesicht war leicht gedunsen, und seine Augen waren ziemlich trüb. Seine schneeweißen Haarbüschel schimmerten niedergeschlagen, und ich begriff, weshalb er der *Appassionata* nicht ganz gewachsen war.

»Das Gold«, sagte ich, »und das Silber! Es war wundervoll, Herr Gieseking!«

Er sah mich mit seinen alten, müden Augen beschwörend an, doch dann wurde sein Blick jäh, als tauche aus den Wolken eine Erinnerung auf, durchdringend, und es sah aus, als sei er insgeheim belustigt. Er sagte mit dankbarem, fast liebevollem Ausdruck in der Stimme: »Sie sind sehr naiv, mein Freund, wenn Sie die Musik mit Edelmetallen vergleichen!«

»Vielleicht bin ich naiv, aber trotzdem, ich habe sie gehört – die edlen Metalle!«

Er blickte ein wenig verloren und verstohlen auf seine Hände, als seien sie Erbstücke, die nun dem Blick fremder Augen preisgegeben waren.

»Strawinsky«, sagte er, »bestand darauf, daß Musik nichts aussagen soll. Er meinte damit, daß Musik keine Aussage machen soll, die sich in Worte fassen läßt. Worte sind sehr ungefüg. Sie sind lediglich ein Gestotter und Gestammel! Musik jedoch ähnelt der Natur, sie ist der Natur sehr nahe, und sie kann vieles ausdrücken, was zu geheimnisvoll ist, als daß man Worte dafür gebrauchen könnte.«

Seine Wangen hingen wie bei einem Basset herab, und seine

Augen waren gedankenverloren gesenkt. Er hatte sich weit von der Welt der Goldfische und der Pagoden entfernt und kroch mit seiner Lampe in Aladins Höhle zurück.
»Bitte erlauben Sie mir, Ihnen eine Anekdote zu erzählen. Ich bin zufällig ein Schmetterlingsliebhaber. Das ist ein geringes Vergehen, und ich versuche es geheimzuhalten. Als Kind habe ich die deutschen und die österreichischen Schmetterlinge bewundert. Doch als ich älter wurde, brauchte ich stärkere Reize. Ich wollte zu gerne tropische Exemplare haben. Ich interessierte mich für die exotischen Arten. Ich hatte Sehnsucht nach Indonesien, Venezuela und Moçambique. Aber natürlich, Sie werden das verstehen, muß ich auf meine Hände aufpassen. Ich muß mich vor Dornen und Insekten hüten. Ich muß einen großen Bogen um die Disteln machen. Daher ist meine Passion für Schmetterlinge auf mein Studio beschränkt. Eines Tages besuchte ich einen gewissen Monsieur Le Moult. Man hat mir erzählt, daß er die größte Exotikasammlung besitze. Ich erklomm die Treppen, und es waren mühsame Treppen, es war irgendwo in Paris, in der Nähe des Jardin des Plantes, ich klopfte an die Tür, und da stand Le Moult, unglaublich fett, geradezu ein Monstrum an Korpulenz. Ich sagte: ›Jagen Sie immer noch im Dschungel herum?‹, und er grinste mich an und sagte: ›Hélas! Ich bin für den Dschungel zu fett! Ich bin vor Jahren auf dem unteren Maroni von einem Insekt gestochen worden, und plötzlich wurde ich rosig und rundlich, wie ein großer Ballon!‹
Dann zog er eine Schachtel hervor, in der er zwei kleine Exemplare aufgespießt hatte, und seine gierigen alten Augen wurden zärtlich wie bei einem Liebhaber. ›Schauen Sie‹, sagte er. ›Sehen Sie sie genau an! Das ist der goldene und der silberne! Auf der ganzen Welt gibt es nur einen einzigen silbernen Schmetterling und einen einzigen kleinen Schmetterling aus Gold!‹ Er zeigte auf die Beschriftung. ›Sie stammen beide aus den chilenischen Anden, die fern, voller Gefahren und so gut wie unzugänglich sind!‹ Der Silberne wurde *Argyrophorus argenteus* genannt, und der Goldene hieß *Argopteron aureipennis*. Der Glanz dieser Spezies wiederholt sich immer wieder bei dieser Art. ›Très précieux!‹ rief Le Moult. ›Tous les deux! Rarissimes!‹ Und seine

boshaften alten Augen waren erfüllt von einer monströsen Zärtlichkeit.«
Der Pianist betrachtete verwundert seine Hände, als hätten sie sich in Gold und Silber verwandelt.
Dann lächelte er mich traurig, resigniert und liebenswürdig an und sagte: »Gold und Silber üben einen besonderen Zauber aus, nicht wahr?«
Ich verabschiedete mich von Gieseking und spazierte eine Stunde lang durch die winterlichen Straßen Stuttgarts. Der Mond hatte die schmutzigen Schneespuren und die zerbrochenen Eiszapfen in bizarre lunare Splitter verwandelt, die wieder zum Leben ewachen wollten.
Die schmutzigen Eisplatten und die goldenen und silbernen Flügel verschmolzen in meinen Gedanken mit den Akkorden der Musik und mit dem traurigen alten Gesicht des einsamen Pianisten, und die Königstraße wurde zu einem einzigen Schwarm tanzender Schmetterlinge.

Einen Tag, nachdem ich mit Gieseking gesprochen hatte, stieß mir etwas Merkwürdiges zu. Ich fühlte mich nach einem Leberleiden ziemlich krank. Meine Leber hatte mir seit meiner Reise nach Sizilien ständig zu schaffen gemacht. Außerdem beunruhigte mich ein Herzklopfen, das mir das Treppensteigen beschwerlich machte.
Daher ging ich zu einem Arzt, der in der Ameisenbergstraße wohnte. Sein Name war Fischer, und er war mir von meinem Hotel empfohlen worden. Dr. Fischer fühlte meinen Puls, besah sich meine Zunge und horchte mich ab. Dann sagte er: »Darf ich ein kleines Experiment mit Ihnen anstellen?«
»Was für eine Art Experiment?«
»Ein Experiment mit chinesischen Nadeln. Ich habe eben einen medizinischen Kongreß in München besucht und war sehr beeindruckt und würde zu gern einen Versuch machen.«
»Ist es gefährlich?«
»Kein bißchen.«
»Ist es schmerzhaft?«
»Nicht der Rede wert. Sie sehen ganz mutig aus, lassen Sie uns also das kleine Experiment versuchen.«

Er sondierte die Nerven meines linken Handgelenks und stieß eine silberne Nadel hinein. Dann sondierte er die Nerven meines rechten Handgelenks und stieß eine goldene Nadel hinein.

»Diese ist für Ihr Herz«, sagte er, »und die andere ist für Ihre Leber. Ihr Herz muß wieder angeregt, und Ihre Leber muß beruhigt werden. Die goldene Nadel stimuliert, und die silberne besänftigt. Kommen Sie in einer Woche wieder, und wir werden sehen, ob eine Besserung eingetreten ist.«

Dann zog er die Nadeln heraus, zuerst die goldene und dann die silberne, er lächelte mir spöttisch zu, und ich zahlte ihm zwanzig Mark.

Ich hatte einen Schwindelanfall, als ich die Ameisenbergstraße hinunterging, lehnte mich an einen Laternenpfahl und wartete, bis der Anfall vorüber war. Nach einer Weile erholte ich mich und ging zu meinem Hotel zurück, wo ich mich auf mein Bett legte und in einen tiefen Schlaf verfiel.

Plötzlich erwachte ich durch einen unerklärbaren Alptraum. Ich hatte geträumt, daß ich, verfolgt von einem Schwarm Goldfische mit silbernen Fühlern, im Chinesischen Meer herumzappelte. Von Fieberschauern geschüttelt, lag ich auf meinem Bett. Das dauerte eine Stunde, und schließlich schlief ich wieder ein.

Ich bin gewiß nicht abergläubisch, und meine Liebe zu den Geistern ist für mich nur eine Spielerei; aber ich gebe zu, daß meine Begeisterung für Gold und Silber fast etwas Primitives hat. Das hat nicht im entferntesten etwas mit Geiz oder pekuniären Dingen zu tun; wenn es sich um finanzielle Angelegenheiten handelt, bin ich noch immer ein Tor gewesen. Aber ich gestehe ganz im geheimen und ohne jedes Abrakadabra, daß mein Herz wieder normal schlägt und meine Leber sich wieder korrekt verhält, seit ich bei Dr. Fischer (ich habe mir nie die Mühe gemacht, noch einmal hinzugehen) gewesen bin. Und ich habe meiner Sammlung als Gruß an Chile und auch an China zwei allerseltenste Arten hinzugefügt: den *Argyrophorus argenteus* vom Llonquimai in den Kordilleren und den *Argopteron aureipennis* vom Río Gol Gol in der Gegend von Osorno.

Dunkel

Ich streifte in der Provence umher, um seltene dort beheimatete Schmetterlinge zu finden. In der Nähe von Mandelieu stieß ich auf einen verlassenen Hain alter Pfirsichbäume, wohin die eindrucksvollen *Charaxes jasius* kamen, um an den herabgefallenen Früchten zu saugen. Von allen mediterranen Arten ist dies die schönste. Der Schmetterling fliegt in eiligem Zickzack wie ein Blatt in einem Wirbelsturm.
In der Nähe von Saint-Martin-Vésubie wanderte ich einen Hügel hinauf, und es kam eine weiße Blütenwolke über die Wiese geschwebt. Das war die wunderschöne alpine Art des *Parnassius apollo*; er ist weiß bestaubt und hat leuchtendrote Tupfen. Dieser Schwarm war eben ausgeschlüpft, und die Welt war ihm noch fremd, er ließ es sich zwischen den Disteln und im neu entdeckten Sonnenschein wohl sein.
Und einmal, in höheren Regionen, in der Nähe von Boréon, stand ich überwältigt inmitten eines Waldes. Das Gras war von Flügeln bedeckt, die das Licht wie ein Teppich aus Saphiren einfingen. Das war ein Schwarm des außerordentlich schönen *Lycaena essheri*, deren Flügel das durch das Laub sickernde Sonnenlicht aufnahmen.

Eines Abends fuhr ich am Ufer des Genfer Sees entlang. Die Luft schimmerte im zarten Dunst eines alpinen Herbstes. Die Eichen kauerten am Ende des Sees wie Mammuts, und das Ufer verwandelte sich in ein prähistorisches Niemandsland.
Am Stadtrand von Montreux fing der Motor zu jaulen an. Das steigerte sich nach und nach bis zu einem apoplektischen Gebrüll. Als ich ins Stadtzentrum kam, brach ein Schrei aus dem Motor hervor. Ich ließ den unglückseligen Wagen in einer

Werkstatt hinter der Kirche und ging an den dämmerigen Cafés vorbei die Straße hinunter.
Vom Eingang zum Palast-Hotel her blitzten bereits die Lichter. Ich setzte mich in die düstere Halle und bestellte einen Gin-Tonic. Ich holte mir die *Gazette de Lausanne* und studierte die Schlagzeilen. Es schlug sieben. Dann war alles still. Nichts rührte sich.
In einem Sessel neben mir nahm ein Umriß Gestalt an. Das Licht fiel auf den grauen Nadelstreifenanzug, auf die kühlen, verschleierten Augen und auf die dick geäderten Hände. Ich war von dumpfen Ahnungen erfüllt, als stünde ich einem Orakel gegenüber.
»Ich frage mich«, sagte ich, »welcher der schönste von allen ist. Rajahs Schwalbenschwanz ist der majestätischste, *Thecla coronata* ist der poetischste.«
»Diese literarischen Attribute sind ganz überflüssig«, sagte er. »Ein pathetischer Irrtum, um es gelinde auszudrücken. Die Insekten läßt sowohl die Poesie wie auch die Majestät ganz kalt. Ein Schmetterling sieht für einen anderen Schmetterling weder poetisch noch majestätisch aus. Lediglich artverwandt, manchmal auch verführerisch.«
»Dann hat die Natur kein Empfinden für die Schönheit?«
»Sie bringt das hervor, was wir mit Schönheit bezeichnen, aber sie hat kein besonderes Empfinden für die sogenannte Schönheit. Die schönsten Schmetterlinge sind unweigerlich auch die seltensten, während die gewöhnlichen, wie die Kohlweißlinge, meist die häßlichsten sind.«
»Und diese ganze Pracht ist lediglich ein Zufall?«
»Ich würde es nicht als Zufall bezeichnen. Es gibt eine gewisse verborgene Bestimmung. Nehmen Sie die Familie der Agrias aus dem Amazonasgebiet. Sie sind die seltensten Schmetterlinge, die es gibt, und zugleich auch die eindrucksvollsten. Sie erfreuen sich, wie sehr seltene Briefmarken, einer großen Beliebtheit unter den Sammlern. Von einigen Arten hat man höchstens ein bis zwei Exemplare gefangen. Sie halten sich in undurchdringlichen Wäldern, Fiebertälern oder todbringenden Sümpfen auf und sind gewissermaßen immer noch ›en pleine évolution‹, wechseln von einem Tal zum anderen Farben und

Muster. Ihre Bestimmung, könnte man sagen, ist noch nicht erfüllt. Sie sind faszinierend, weil sie im Freiraum einer unbekannten Bestimmung schweben.«
Zwei weißhaarige alte Damen gingen langsam durch die Halle und verschwanden im Dunkel des langen, stillen Korridors.
»Und was Zweck und Bedeutung anbelangt: das sind menschliche Wörter und menschliche Begriffe, die auf dem Meer der Unergründlichkeit dahinschmelzen.«
Seine Stimme klang sehr müde, desillusioniert und melancholisch. Schließlich wandte er den Kopf und sah mich mißmutig an. Er verzog ein wenig die Lippen, vielleicht aus Spottlust, vielleicht aber auch vor Schmerz. Sein kahler, teilnahmsloser Kopf wies graue Stellen auf, deren Grau grauer als die Jahre war. Eine quälende Anonymität schien ihn besudelt zu haben.
Ich sagte: »Aber es muß doch einen Grund für all diese Schönheit geben! Ein Schmetterling an sich ist ein Beweis dafür, daß die Natur das Schöne bewundert. Das kann nicht allein Zufall sein! Mit Sicherheit ist das mehr als nur ein menschlicher Begriff! Selbst wenn alle Menschen ausgerottet wären, gäbe es immer noch die Wunder der Erhabenheit in der Natur!«
»Sie haben vom reinen Zufall gesprochen. Jetzt sprechen Sie von der wahren Schönheit. Ich habe mir auch oft Gedanken darüber gemacht. Einmal habe ich mit Le Moult darüber gesprochen, und er wandte ein, daß die Pracht des Morpho vom Amazonas einfach durch die Farbe des brasilianischen Himmels zu erklären sei, der blauer und auch strahlender als andere Himmel ist. Aber Le Moult ist ein Geizkragen, ein Halunke und ein Gefühlsmensch. Diese ganze Schönheit, davon bin ich überzeugt, ist nur ein ›jeu d'esprit‹ der Natur. Einige sogenannte Wissenschaftler wollen in all dem ein funktionales Element erkennen. Manche Schmetterlinge ähneln Blättern, folglich, so argumentieren sie, wird eine Mimikry erzielt. Andere Arten werden zu Orchideen, Eidechsen oder Eulen. Das überzeugt mich in gar keiner Weise. Es klingt völlig unsinnig. Ich habe mich mit Roger Caillaux darüber unterhalten, und er ist ganz meiner Meinung. Der einzige Grund für diese Pracht ist reiner Jubel, ein Ausbruch, könnte man sagen, überströmender Ener-

gie. Diese schillernden Blaus, das Silber der Anden, die plutonischen Indigos – sie alle sind nur die Entladung einer unbändigen Joie de vivre. Wie die Streifen des Tigers oder die Schwingen des Fischadlers. Sie als funktionsbedingt zu betrachten ist dilettantischer Unsinn.«

Er hob sein Glas zum Mund und stellte es, ohne zu trinken, wieder ab.

»Ich habe versucht, die Welt durch die imaginären Augen eines Schmetterlings zu sehen – Blätter und Licht mit den Augen eines Schwalbenschwanzes. Die atomistische Nuova Scienza lehrt uns etwas sehr Einfaches: Die moderne Physik hat das Raumsystem, das wir als Universum betrachteten, zerstört. Die Welt ist in Millionen seltsamer Begriffsvorstellungen gespalten worden, die sich von der eines Menschen durchaus unterscheiden, aber gleichermaßen wahrhaftig und einflußreich sind. Die Welt eines Oktopus ist eine andere als die eines Menschen, so wie sich die eines Schmetterlings von der eines Regenwurms oder der eines Seesterns unterscheidet. Es existieren Millionen verschiedener Arten, die die verschiedenen Anregungen auf sehr unterschiedliche Weise aufnehmen, sei es durch den Tastsinn, die Augen, das Gehör, den Geruchssinn, die Wärmeempfindung, das Sexualverhalten oder das Warnsystem – was registriert wird, ist jeweils etwas anderes, und es variiert auch die Vorstellung von Raum. Wenn ich mich nicht irre, nennt man das Engramme. Das sind Eindrücke, die sich aufgrund der Umwelteinflüsse auf dem Nervensystem abzeichnen und nach und nach vom Organismus übernommen werden.«

Seine Augen senkten sich ein wenig und traten noch tiefer in ihre Höhlen zurück.

»Aber man muß seiner Einbildungskraft ganz schön auf die Sprünge helfen, das müssen Sie doch zugeben. Ich habe mir vorzustellen versucht, wie es ist, wenn die Luft unter meinen ausgebreiteten Schwingen dahinstreicht, wenn die Blätter meine Schuppen liebkosen, wenn die Blütenblätter unter meinem Rüssel rascheln, wenn mein Körper den nahenden Herbst spürt und die Knöpfchen meiner Fühler einen noch fernen Sturm vorausahnen. Ich wollte auch die Wonne der Raupe, die an den Nesseln nagt, und das unerhörte Wachstum der Flügel im In-

nern eines Kokons erleben. Das bedeutet es, ein Schmetterling zu sein – ein unerschöpfliches Labyrinth der Ekstasen!«
Er warf einen flüchtigen Blick auf eine Säule, die Ähnlichkeit mit dem Stamm einer Eiche hatte.
»Als ich in Cambridge war, fuhr ich mit meinem Netz auf dem Rad nach Wickham Fen. Ich war auf der Suche nach dem *Papilio machaon*, der Unterart *britannicus*, die eine blassere und weniger auffallende Färbung als der *machaon* aufweist. Ich fing ein herrliches junges, ganz samtiges Weibchen, und es war schöner als alles auf der Welt. Aber dann beschäftigte ich mich mit Worten, mit Büchern, mit Verhaltensweisen, und nie wieder habe ich dieses unendliche Glücksgefühl verspürt.«
»Waren Sie in Amerika glücklich?«
»Amerika lebt in einem ständigen Trancezustand. Selbst die Berge und die Wälder haben etwas Halluzinatorisches. Sogar das Exil erscheint einem illusorisch, wenn man in den Rockies herumwandert. Alle Künstler leben jedenfalls ständig im Exil, sei es nun ein äußeres oder ein inneres, ein schweres oder ein lehrreiches. Selbst Melville, Whitman und Emily Dickinson waren Emigranten, nur hat ihr Exil eine einsamere und quälendere Form angenommen.«
Er starrte die Decke an und schloß für einen Augenblick die Augen. Er berührte das Glas auf dem Tisch und spreizte dann die Finger über seiner Stirn.
»Und am Ende verachten die Emigranten das Land, das ihnen Asyl gewährt hat. Denken Sie an Nietzsche und an Lenin – sie haben die Schweiz am Schluß verabscheut. Von heftigem Heimweh geplagt, sehnten sie sich nach dem Land ihrer Kindheit. Aber die Dinge werden komplizierter, je älter man wird. Mit dem Vorübergehen der Jahre nimmt die Ungewißheit zu.«
Die Nacht war hereingebrochen, und die Ober bewegten sich lautlos zwischen den Säulen. Auch sie waren geistergleich: bleich, geräuschlos, zwielichtig.
Ich sagte: »Lassen Sie mich Ihnen eine Geschichte erzählen. Im letzten Sommer fuhr ich nach Korsika. Ich wohnte in Vizzavona, da Sie es in einem Buch erwähnt hatten. Sie berichteten, daß es den dunklen korsischen Schwalbenschwanz noch immer

in Vizzavona gibt. Er ist der seltenste Schmetterling in ganz Europa und vom Aussterben bedroht. Ich wohnte in einem kleinen Gasthaus inmitten eines Waldes. Jeden Morgen machte ich mich auf und hielt nach dem dunklen korsischen Schwalbenschwanz Ausschau. Ich durchstreifte die Wälder, ich stapfte in die Wiesen hinein, ich folgte den verlassenen alten Eisenbahngeleisen. Ich ging unermüdlich, bis mir schwindelig vor Durst war. Ich fand ganz einfach keine Spur von dem geheimnisvollen korsischen Schwalbenschwanz. Er heißt *Papilio hospiton*. Wie eine Beschwörung murmelte ich immer wieder *Papilio hospiton* vor mich hin, aber auch das half nichts. Eines Abends traf ich im Café einen beleibten freundlichen Herrn. Er war eben aus London gekommen, um nach dem dunklen korsischen Schwalbenschwanz Ausschau zu halten. Er arbeitete für das Britische Museum und hieß Baron de Worms. Er sagte: ›Der *Papilio hospiton* ist, wie Sie wissen, beinahe ausgestorben. Die Raupe ernährt sich von einer bestimmten Fenchelsorte, und diesen Fenchel hat man ausgerottet. Es gibt nur noch einen einzigen Ort auf ganz Korsika, wo er zu finden ist, und das ist der höchste Gipfel des Col de Sorba. Morgen werde ich mit meinem Netz auf den Col de Sorba klettern. Das ist die allerletzte Chance. Haben Sie Lust mitzukommen?‹
Also sind wir am nächsten Morgen auf den Col de Sorba gestiegen. Es war ein heißer Sommertag, und die Luft war feucht und stickig. Wir gingen durch die Pinienwälder und folgten einem Pfad durch die Macchia und gelangten schließlich zum Gipfel des Col de Sorba, wo wir eine herrliche Aussicht auf die Täler Korsikas hatten. Die Luft wimmelte von blauen und schwarzen Schmetterlingen, und ich kletterte halb hysterisch über die Felsen und Schluchten und suchte wie ein Irrer nach dem *Papilio hospiton*, dem dunklen korsischen Schwalbenschwanz.«
»Haben Sie ihn entdeckt?« fragte Nabokov.
»Ich werde es Ihnen erzählen«, sagte ich. »Das ist eine lange und schreckliche Geschichte, und ich hoffe, ich langweile Sie nicht damit, aber wir bewundern ja beide die Schmetterlinge. Ich fiel von einem Felsen und verstauchte mir meinen linken Ellbogen. Es war zum Ersticken heiß. Ich war nahe daran zu verzweifeln. Und in eben diesem Augenblick flog ein herrlicher

Schmetterling ganz langsam vorbei, und es schien, als wollte er mich trösten. Ich sprang auf und schwang mit einem Stoßgebet wie wild mein Netz. Sie kennen das. Man murmelt ein Stoßgebet. Der Schmetterling war *da*, er war in meinem Netz gefangen, und in diesem Augenblick schwor ich mir, nie wieder einen Schmetterling zu töten. Doch hier war der *Papilio hospiton*, einer der letzten einer aussterbenden Spezies, und so zwang ich mich, meinen bewunderungswürdigen Schwalbenschwanz zu töten.«

»Ja.« Er nickte. »Gewiß doch.«

»Aber ich habe natürlich meinen Schwur gebrochen.«

»Selbstverständlich, natürlich«, murmelte Nabokov.

Und dann fügte er hinzu: »Und dieser charmante kleine Baron, wie war ihm dabei zumute?«

»Ich bin nicht ganz sicher, aber ich fürchte das Schlimmste. Unter den Schmetterlingskundlern ist der Neid eine Krankheit. Ich glaube, wenn der Baron ein Stilett bei sich getragen hätte, hätte er in der bewährten korsischen Weise davon Gebrauch gemacht.«

»Nun, es ist spät. Es ist Zeit für mein Abendessen, oder doch beinahe«, sagte Nabokov.

»Noch ein letztes, Mr. Nabokov.«

»Ja? Was denn?« sagte Nabokov.

»Sie schrieben in Ihrem Buch, daß der *Papilio hospiton*, der korsische Schwalbenschwanz, dunkel ist. Er ist keineswegs dunkel. Er ist strahlend hell.«

»Ich muß eine andere Art Dunkel gemeint haben – vielleicht«, sagte Nabokov.

»Das glaube ich auch. Es gibt sehr viele Varianten des Dunkels.«

Die Uhr schlug acht, und ich erhob mich und sagte dem einsamen, traurigen und desillusionierten Schmetterlingskundler gute Nacht.

Draußen auf der Straße schien der Mond, und in der Ferne schimmerten die Alpen und spiegelten sich kalt und weiß in den Wassern des Genfer Sees.

Die Kobra

Ich wurde zum Einsiedler. Ich kehrte in die geheime Welt meiner Kindheit zurück. Ich entfernte mich von der Literatur und den Literaten und näherte mich immer mehr den Wäldern und Insekten. Ich wanderte tief hinein in Steppen und Marschen und erforschte die verborgenen Schlupfwinkel in asiatischen Dschungeln. Unaufhörlich war ich auf der Jagd nach aufregenden neuen Arten, nach goldbestaubten Schwalbenschwänzen oder silbergefleckten Perlmuttfaltern. Ich kletterte auf verbotene Hügel und watete durch heimtückische Sümpfe. Ich kämpfte mich durch die Ranken des von Ameisen heimgesuchten Dschungels. Ich hatte das Gefühl, daß ich auf diese Weise einer natürlicheren Art der Schönheit und einer subtileren und dauerhafteren Variante der Wahrheit näher kam.

Ich kam in Beirut an und drang weiter nach Asien vor. Ich verfolgte die Spuren meines Helden, den ich vor dreißig Jahren kreiert hatte. Aber dieses Mal wurde ich mit der Wirklichkeit der Flugzeuge, Eisenbahnen und Autobusse konfrontiert, und der Traum von Karawanen und kleinen Hausbooten verflüchtigte sich.

Ich fuhr nach Damaskus, doch die Aprikosenbäume blühten nicht. Ich flog nach Osten, nach Bagdad, Teheran und Isfahan, aber ich fand auf den heißen grauen Plateaus keine Perlmuttfalter. Ich flog nach Delhi, fuhr nach Agra und ging zum Tadsch Mahal, wo ich einen Schmetterling fing, der so sehr einem Juwel glich, daß er den Mosaiken entflogen zu sein schien. Ich flog in den Süden nach Lucknow, Kanpur und Haiderabad, und eines Tages wanderte ich die Koromandelküste in der Nähe von Madras entlang. Ein herrlicher *Papilio buddha*, eine indische Rarität und eine Zierde Asiens, ließ sich an einem

Baumstamm neben der Straße nieder. Ich schwang mein Netz und holte ihn mit zitternden Fingern heraus. An jenem Abend, als ich durch die Straßen von Madras ging und die dunkelhäutigen Schläfer auf dem Pflaster sah, hatte ich das Gefühl, daß ich in ein imaginäres Selbst zurückschlüpfte und die einsamen dunklen Straßen von vor dreißig Jahren wieder durchstreifte.

Ich flog nach Süden, nach Sri Lanka, und blieb einen Monat in Kandy. Täglich wanderte ich in die Berge und forschte nach seltenen ceylonesischen Arten, nach dem erregenden Scharlachrot des *Papilio hector*, dem türkisgesäumten *Papilio parinda*, dem flimmernden Orange des *Catopsilias* und den wirren Spitzenornamenten des *Cethosias*. Ich fand sie alle, einen nach dem anderen, nur nicht den herrlichsten von allen, bis ich eines Tages an einem dunklen, verschilften Teich entlangschlenderte, wo ein paar Mädchen in den von Palmen beschatteten Gumpen badeten. Ich stand und lauschte ihrem verhaltenen, klagenden, melodischen Lachen, als etwas Großes, Goldenes, Herrliches pfeilschnell meinen Weg kreuzte. Ich holte wie wild aus, und mein Herz blutete, weil ich ihn verfehlte. Doch plötzlich war er wieder da, saß gelassen auf einem Klumpen Mauleselmist. Ich beugte mich nieder und nahm ihn voll Wonne und Glückseligkeit auf. Es war der *Troides darsius*, der ceylonesische Schwalbenschwanz, und ich trug ihn wie ein Zepter auf meinem Heimweg ins Hotel.

Es gab auch andere aufregende Erlebnisse, die aber eher unangenehm und widerwärtig waren. Einmal wanderte ich in Anuradhapura zwischen den Ruinen herum, und vor mir stand plötzlich eine schieferblaue Pflanze, die wie eine gigantische Iris aussah. Sie wiegte sich im leichten Wind und ließ ihre unheilbringende schwarze Zunge hervorschnellen. Ich war von der Pracht und der Anmut der Schlange wie hypnotisiert. Plötzlich stieß sie zu, und ich warf mein Netz über sie, als sie hochschnellte. Sie zerriß die Gaze und zischte an meinem Oberschenkel vorbei. Noch immer spüre ich auf meiner Haut die Berührung der Schuppen und höre das sich langsam verlierende Rascheln in den hohen, trockenen Gräsern. Dieser elektrisierende Augenblick, in dem die Kobra meinen Schenkel berührte,

war eine Offenbarung. Es war der Kuß einer ungeahnten, majestätischen und unergründlichen Leidenschaft.
Ich flog nach Malaya und fuhr in das Cameron-Hochland hinauf. Ich suchte nach dem unvergleichlichen *Trogoneptera brookiana*, einem schwarzen, wie Satin glänzenden Giganten, der mit grünlich-goldenen Blätterzeichnungen gesäumt war. Ich stand neben einem Strom und sah, wie der schöne Falter neben mir aufstieg; fast hätte er, als er über die Farne flog, meinen Ellbogen berührt. In demselben Augenblick gab der Boden unter meinen Füßen nach, und langsam versank ich im schlammigen Morast – zuerst bis an die Knöchel, dann bis zu den Knien, den Hüften und bis hinauf zu den Achselhöhlen. Ich sah, wie der Schlamm munter gegen meinen Magen und meine Schultern schwappte, und griff nach einer Kletterpflanze, die über meinem Kopf hing. Zentimeter für Zentimeter, wie in einem Alptraum, zog ich mich heraus und lag dann keuchend in den Binsen neben dem Wasser. Und da, in meinem Netz, lag schlammverschmiert und zerfetzt mein wunderbarer *brookiana*, wie ein bluttriefendes Banner.
Von Malaya flog ich nach Bangkok. Ich wanderte durch die dampfenden Straßen und hörte die Rufe der Verkäufer und der Fischerfrauen mit den schwarzen Zähnen. Ich erreichte den Tempel der Morgendämmerung, in dem die Priester safrangelbe Gewänder trugen. In den Tempelgärten schwirrte die Luft von Schmetterlingen, rote, blaue und gelbe Flocken glitten wie eine Blütenwolke durch den Äther. Ein *Papilio agamemnon* flog an mir vorüber, grün wie ein Smaragd, und ein kleiner, einarmiger Knabe mit traurigen Augen setzte sich neben mich. Staunend betrachtete er den Inhalt meiner Botanisiertrommel, in der es wie in einem staubigen alten Kaleidoskop glänzte und wimmelte. Er hatte offenbar nicht geahnt, daß es auf der Welt solche Geschöpfe geben könnte, die erst nach ihrem Tod ihre ganze Lieblichkeit entfalten. Ich gab ihm einen Dollar, er küßte mich auf das Handgelenk und wanderte die Stufen hinunter in die große hungrige Stadt.
Ich flog von Bangkok in einem knatternden alten Flugzeug nach Siem Reap und landete auf einem von Korkeichen gesäumten Flugfeld. Ein verbeulter Citroën brachte mich vor die

Halle des Grand-Hotels, wo ein Skorpion den Versuch machte, aus meiner Badewanne herauszuklettern. Vierzehn Tage blieb ich in Siem Reap, las Thackeray am Abend und fuhr morgens auf einem Fahrrad nach Angkor Wat, wo ich den ganzen Tag damit verbrachte, die Wälder in der Umgebung der Tempel zu durchstreifen. Der Schweiß lief mir von der Brust, und ich wurde von einem feurigen Juckreiz befallen, als mich ein Schwarm kleiner Stechmücken in einem Wirbelsturm umschwirrte. Ich hockte mich in einen Fluß und bespritzte meinen Körper mit Wasser. Ein Vogel schnatterte ärgerlich, eine Glokke läutete in der Ferne, und ein großer kambodschanischer Schwalbenschwanz, eine Explosion von Gold auf kohlschwarzem Samt, thronte auf einer verschlungenen Liane, die wie eine *Boa constrictor* aussah. Verzweifelt holte ich mit meinem Netz aus, aber der Falter schwang sich hoch über die Palmen und Tempel hinauf.
»Sie haben Glück«, sagte ein alter französischer General abends bei einem Glas Dubonnet. »Der kambodschanische Schwalbenschwanz bedeutet für alle, die ihn berühren, den Tod. Tod durch Gift, Tod durch die Pest, Tod durch Verdursten, Tod durch Wahnsinn...«

Ich flog nach Hongkong, wo ich in einer weitläufigen Villa in der Nähe der Repulse Bay wohnte. Täglich wanderte ich mit meinem Netz im Dickicht herum. Ich spürte immer deutlicher, daß ich den Rückweg in meine Kindheit angetreten hatte, in die Tage einer geheimen Scheu, die vom Glanz der Bewunderung überstrahlt war. Die Leidenschaft für eine verborgene Schönheit war der Leidenschaft für eine verborgene Wahrheit gewichen. Stets habe ich nach dieser Mischung aus Wahrheit und Schönheit gesucht, zuerst in den Märchen und Legenden, dann in den Menschen, dann an bestimmten Orten, dann in Begriffen und Vorstellungen und schließlich in der Welt der Ströme und Wälder.
Auf einem dieser Streifzüge traf ich Colonel Burkhart. Er war ein fischäugiger kleiner Mann, der in Tai Tam mit einem Heer von Nachtfaltern und einem Bassin voller Goldfische lebte. Die Goldfische waren kupfer- und silbergefleckte Schleierschwanz-

goldfische, die zwischen den Farnen am Ende des Eßzimmers herumschwammen. Die Nachtfalter waren eine Schar von *Atticus atlas*, die er aus Kokons gezüchtet hatte und die am Kronleuchter hingen. Hin und wieder fiel ein riesenhafter Falter über den Tisch her, ließ sich neugierig auf dem Obstkuchen nieder und flog dann zum Kronleuchter zurück.

Ich trank mit Colonel Burkhart Tee, und wir unterhielten uns über Schmetterlinge. Er berichtete mir von seinen Reisen nach Java und Borneo. Jetzt war er sehr alt und sehr einsam, und seine einzige Freude waren die Schmetterlinge; er tötete und sammelte sie nicht mehr, sondern er beobachtete sie im Sonnenschein.

»Wir dürfen nie vergessen, daß ein Schmetterling ein wundervolles Kunstwerk ist«, sagte er. »Ich habe mir über Musik und Malerei sehr viele Gedanken gemacht, und hinter jedem Pinselstrich und jedem Satz einer Sonate sehe ich einen Menschen, der von dem, was ihn umgibt, durchdrungen ist, genau wie ein Schmetterling von der Herrlichkeit seiner Umwelt durchdrungen ist.«

»Aber der Mensch empfindet, daß es so etwas wie Schicksal gibt. Hat ein Schmetterling diese Empfindung?«

»Nicht bewußt«, sagte der Colonel, »aber in seinen Flügeln spürt er, daß er sein Schicksal kennt. In seinen Fühlern spürt er die Vergänglichkeit der Wonnen und den unausweichlichen Schatten des Todes und des Verfalls.«

»Aber wie ist das bei einer Kobra? Ist eine Kobra glücklich? Ist ein Regenwurm glücklich?«

»Das Wort Glück müssen wir mit Verstand und Ehrerbietung verwenden. Sogar die Kaulquappen sind glücklich. Sehen Sie sich um! Selbst die Bäume schäumen über vor Glückseligkeit. Wo Leben ist, gibt es Überraschungen, Freude, Erwartung. Und sogar Liebe, wenn Sie mir den Ausdruck verzeihen wollen. Auch die Kobra ist ein Geschöpf der Liebe.«

Die Flammen

Fünf Jahre lang lebte ich in Paris, zuerst am Boulevard des Invalides, wo ich *Und kalt glänzte der Marmor* beendete, ein Buch über die Moguln. Ich sah Indien darin wie ein riesenhaftes, schreckliches Mosaik, in dem die Schönheit einzelner Augenblicke, die in dem Grabmal von Tadsch Mahal symbolisiert waren, lediglich, wie ein Schmetterling im indischen Dschungel, einen Akzent innerhalb einer unendlichen Monotonie setzten.

Dann zog ich in eine Wohnung am Quai de New York, die über die Seine und auf den Eiffelturm blickte. Hier vertiefte ich mich in das Leben und die Briefe Lord Byrons. Ich hatte mich derart mit seinem facettenreichen und brillanten Charakter identifiziert, daß ich unbewußt in meinen Gesprächen, ja sogar in meinen Träumen, Sätze aus seinen Briefen, aus *Junker Harolds Pilgerfahrt* und aus *Don Juan* zitierte. Er kam mir immer mehr vor wie eine der reichverzierten Arten des Papilio, zinnoberrot, goldgesprenkelt und vom Aussterben bedroht. Ich selber ähnelte einer Unterart, die nicht mehr rot und golden, sondern blaßblau und silbrig war, nicht so sehr eine Imitation, sondern eher eine exzentrische Abart mit ähnlichen Wünschen, doch anderen Farben und einem anderen Habitat.

Dieses Eintauchen in Lord Byrons geistige Welt nahm nach vier leidenschaftlichen Jahren schließlich Gestalt im *Missolonghi Manuscript* an. In diesem Buch versuchte ich die umgangssprachlichen Rhythmen in Lord Byrons Briefen dem besinnlichen Tonfall eines imaginären Tagebuchs unterzuordnen. Dieses Tagebuch wurde in meiner Vorstellung schließlich derart lebendig, daß ich die Risse im Papier, die Tintenkleckse, die Schimmelflecken, eine kleine zwischen den Seiten zerquetschte

Fliege, einen Blutstropfen und Spuren von Fingerabdrücken vor mir sah. Ich versuchte das Buch davor zu bewahren, ein unwürdiger Abklatsch zu werden, und bemühte mich, es in eine unauffällige Abart zu verwandeln, die ein grüblerisches Blau, gefleckt mit ältlichem Silber, und nicht das farbenprächtige Rotgold aufwies, das Lord Byron selbst zu eigen war.

Ich pflegte den ganzen Tag an dem *Missolonghi Manuscript* zu arbeiten, und an den Abenden saß ich da und betrachtete meine Schmetterlinge. Ich hatte Tausende kleiner weißer Umschläge zusammengetragen, und in jedem Umschlag lag ein Schmetterling. Flügel und Fühler waren vorsichtig zurückgeklappt, so daß lediglich die gefleckte Unterseite zu sehen war. Die Hälfte der Exemplare hatte ich auf meinen eigenen Forschungsreisen gefangen. Die andere Hälfte hatte ich in Afrika, Indien und Nord-, Mittel- und Südamerika von Händlern erworben. Auf jedem Umschlag waren der Gattungsname und der Ort, wo das Tier gefangen worden war, angegeben. Ich legte diese Exemplare eines nach dem anderen auf den feuchten Sand in einen Schonkasten, und nach zwei Tagen waren sie so weit, daß ich sie auf ein Brett spannen konnte. Dies tat ich mit unendlicher Sorgfalt: Ich durchbohrte den Leib mit einer Nadel und breitete die Flügel zu makelloser Symmetrie aus. Das Öffnen der Flügel war für mich jedesmal ein Moment, in dem ich meine Erwartung kaum zügeln konnte. Ich starrte wie gebannt auf die strahlenden Farben der geöffneten Flügel. Es gab eine unendliche Vielfalt der Zeichnungen, manche waren auffallend, manche dezent, und die Farbskala war endlos, angefangen vom Perlweiß bis zum satten Onyx.

Ich ließ hundert Kästen aus Kork und Mahagoni anfertigen, die mit rotem, blauem, goldenem und silbernem Papier ausgeschlagen waren, und spießte die Schmetterlinge in genauer hierarchischer Reihenfolge in den Kästen auf. Dabei richtete ich mich gewissenhaft nach den Grundsätzen von Professor Seitz, fing mit den großen *Papilionidae* an und hörte mit den saphirfarbenen *Lycaenidae* auf, so daß jeder der hundert Kästen wissenschaftlich und übersichtlich angelegt war und zugleich, wie die Fragmente eines großen Mosaiks, einen schwer zu definierenden Zauber ausstrahlte.

Mit vehementer Entschlossenheit wurde ich zum Eremiten. Ich vermied Cliquen und irgendwelche Zirkel, gab keine Interviews und besuchte keine Tagungen, ich huldigte keiner Doktrin, ich beteiligte mich an keinem Manifest, ich entzog mich allem, was auch nur im entferntesten gegen meinen Idealismus verstieß. Diese Haltung verstärkte sich im Laufe der Jahre noch mehr, so daß es mir immer rätselhafter wurde, wie sich die Wertvorstellungen so sehr verschieben konnten, daß der bare Unsinn zu einer bedeutsamen Leistung hochstilisiert wurde. Ich wurde so verschroben wie Norman Douglas, so launenhaft wie Dr. Gogarty, dem Okkulten so zugetan wie Mario Praz, so unnahbar wie Granville-Barker und so traurig und nostalgisch wie Alice B. Toklas.

Dem Herdentrieb folgte ich nur noch, wenn die großen Pariser Bridgeturniere abgehalten wurden, was auch Ausflüge zu den Festivals in Deauville und Juan-les-Pins mit einschloß. Ich fand Trost in diesen riesenhaften Hallen, in denen lauter mit Fries bezogene Tische standen, auf denen die Karten in ständig wechselnden Mustern ausgebreitet lagen, die den Zeichnungen der Flügel des himalajischen *Nymphalidae* ähnelten. Gelegentlich gewann ich einen Preis, eine Flasche Champagner, ein Vivaldi-Album, ein Hemd von Pucci, einen Schlips von Cucci oder ein Portemonnaie von Gucci. Und dann pflegte ich wieder nach Hause zu gehen, las in meinem Cervantes und starrte meine Kästen mit den schillernden Schmetterlingen an.

Aber etwas fehlte mir. Ich litt an klaustrophobischen Anfällen, und die Straßen der Stadt erfüllten mich zunehmend mit Schrecken. Ich sehnte mich nach dem Grün der Wälder und den Gerüchen der Berge. In einem Sommer fuhr ich nach Spanien. Ich fuhr durch die Dordogne hinunter und schlief in einem kleinen Gasthaus in Pau. Am nächsten Morgen kletterte ich in die Pyrenäen. Ich war auf der Suche nach dem seltenen schwarzen *Erebia* der Pyrenäen, einer kleinen Bergart mit leuchtendroten Augenflecken.

Ich überquerte die Grenze nach Spanien bei Roncesvalles und hielt neben einer blühenden Wiese. Die Luft vibrierte von Schmetterlingen, und es roch nach Kiefern. Ein Heer von Bläulingen hing an den Farnen und bewegte aufgeregt die Fühler, als sprächen sie eine Geheimsprache. Sie tanzten wie kleine Flammen in einer Kupferpfanne über das Gras. Ich hatte das Gefühl, daß ich eine Welt der reinen Wonnen betreten hatte. An diesem Tag beschloß ich, niemals wieder einen Schmetterling zu töten. Drei Stunden lang wanderte ich durch die Kiefernwälder von Roncesvalles, und dann fuhr ich hinunter in die Ebene in Richtung Pamplona.

Ich kam, dem Lauf des Ebro folgend, durch Alfaro und Tudela und wandte mich bei Alagón nach Süden in Richtung Neukastilien. Dies war ein unglaublich trostloser Landstrich voller Felsen, die wie Ungeheuer geformt waren. Die Männer auf ihren Eseln sahen verdöst und leicht schwachsinnig aus. Mühsam kroch mein Wagen vorwärts, als durchdringe er einen Nebel aus Licht. Schwerfällig bewegte ich mich durch die Mancha und folgte dem Geist Don Quijotes, und am Manzanares trank ich blutroten Wein aus einem Beutel aus Ziegenleder.

Ich erreichte die großen Sierras. Mein Wagen stotterte und dampfte. Ich hielt unter einer Eiche, ging quer über eine Wiese und kam an ein Bauernhaus, das am Rande eines Wildbachs stand. Ich blickte durch ein Fenster und sah einen Mann mit weißem Bart vor einem Feuer sitzen, den Blick auf die Kohlen gerichtet.

Ich füllte meinen Kanister mit Wasser und entdeckte eine grauhaarige Frau, die mich böse anstarrte.

»Leben Sie hier?« fragte ich.

»Ich habe immer hier gelebt«, murmelte sie. »Ich bin neunundsiebzig Jahre alt und bin noch nicht einmal in Antequera gewesen!« Triumphierend schüttelte sie ihre Faust. Dann schlug sie sich stolz auf die Brust. »Das ist mein Vater, den Sie da sehen. Den ganzen Tag über und Jahr für Jahr sitzt er da und starrt in die Flammen. Sein Blut ist zu Eis erstarrt, und er braucht die Wärme des Feuers. Er ist hundert Jahre alt und wird ein Heiliger!«

In diesem Augenblick begriff ich, daß mir noch immer etwas Wunderbares entging und daß ich lediglich mit einem Partikel der menschlichen Existenz in Berührung gekommen war.

Ich lebe in einem Tal unterhalb von Grasse in einem von Zypressen umgebenen Landhaus. Hinter mir steigen die Hügel auf, deren Hänge in Sonnenlicht gebadet sind. Unter mir fließt der kalte, grüne Kanal der Siagne. Jeden Morgen blicke ich auf den Tau, der an den Olivenbäumen hängt, und frage mich, was für neue Abenteuer mir der Tag wohl bringen mag, und jeden Abend sehe ich zu den Sternen auf und überlege mir, ob es ein Gewitter geben wird.

Ich rieche an einer Blüte des Rosenbusches. Ich entferne eine Schnecke vom Quittenbaum. Ich beoachte meinen Hund, Sambo, der ein Teufel ist, wie er mit einem Tennisball spielt, und ich denke an meinen Freund Jack, der ein Heiliger ist und weit weg in England lebt. Ich gehe den Pfad zum Wassertank hinunter, der wieder einmal mit schleimigen grünen Ranken verstopft ist. Dann steige ich den Hügel hinauf und pflücke eine wilde Kirsche. Meine Reise ist beendet. Ich denke mir, wie großartig es ist, alt zu werden! Ich lege mich in die Hängematte und höre das entfernte Surren eines Rasenmähers, während ich langsam die Seiten von *In achtzig Tagen um die Welt* umblättere. Ich höre das Zirpen der Grillen und das Bellen der Hunde. Dann sitze ich am Fenster, trinke eine Tasse Kaffee und mühe mich wieder einmal damit ab, ein Meisterwerk zu verfassen. Ich lege meinen Stift nieder und höre mir Mozart auf dem Grammophon an. Schließlich gehe ich zu Bett und lausche den Zikaden und den Nachtigallen. Ich fürchte Einsamkeit, Krankheit und Tod nicht mehr. Ich sehe, wie sich die phantastischen Gesichter der Vergangenheit um mich versammeln, und wieder höre ich das Murmeln von Stimmen in der Nacht.

Anmerkungen

16 *Mahabharata:* indisches Heldenepos.
Anna Pawlowa: russische Tänzerin (1882–1931).

17 *Dornröschen:* Ballett von Pjotr Iljitsch Tschaikowski (1840–1893).

18 *Wladimir von Pachmann:* russischer Pianist (1848–1933).

20 *Goldene Schale:* »Die goldene Schale«, Roman von Henry James (1843–1916).

21 *This Side of Paradise:* Roman von Francis Scott Fitzgerald (1896–1940).
Meine Frau, die Füchsin: Roman von David Garnett (geb. 1892), britischer Schriftsteller, Kritiker und Verleger, Mann von Vanessa Bell.

22 *Emile Verhaeren:* französisch-belgischer Lyriker (1855–1916).
Dorothy Richardson: britische Schriftstellerin (1873–1957).

27 *Etheredge, Wycherley, Congreve, Vanbrugh ... Farquhar:* George E. (1634–1691), William W. (1640–1716), William C. (1670–1729), John V. (1664–1726), George F. (1678–1707), britische Komödiendichter.

28 *Edith Sitwell:* britische Schriftstellerin (1887–1964).
The Dial: amerikanisches Literaturmagazin (1880–1929), das sich hauptsächlich der Avantgarde widmete.
G. K. Chesterton: Gilbert Keith Ch. (1874–1936), britischer Schriftsteller.
Alfred Noyes: britischer Schriftsteller (1880–1958).

30 *Sylvias Buchhandlung:* »Shakespeare and Company« von Sylvia Beach, Paris, Rue de l'Odéon 12.
Edith Wharton: amerikanische Schriftstellerin (1862–1937).

33 *Sacre du printemps:* »Le Sacre du printemps«, Ballett von Waslaw Fomitsch Nijinski (1890–1950), Musik von Igor Fjodorowitsch Strawinsky (1882–1971).

35 *Entflohenen:* »Die Entflohene«, Band 6 des Romans »Auf der Suche nach der verlorenen Zeit« von Marcel Proust (1871–1922).
A Lume Spento: Gedichtband von Ezra Pound (1885–1972).

36 *Dr. Gogarty:* Oliver St. John G. (1878–1957), irischer Dichter und Chirurg.

37 *Mr. Micawber:* Figur aus dem Roman »David Copperfield« von Charles Dickens (1812–1870).
Baron de Charlus: Figur aus Prousts »Auf der Suche nach der verlorenen Zeit«.

ihren wölfischen Mann: Leonard Woolf (1880–1969), britischer Schriftsteller.

38 *Colley Cibber:* britischer Schauspieler und Dramatiker (1671–1757).

Molly Bloom: Figur aus dem Roman »Ulysses« von James Joyce (1882–1941).

Tristram Shandy: »Das Leben und die Meinungen des Tristram Shandy«, Roman von Laurence Sterne (1713–1768).

40 *Aubrey Beardsley:* britischer Zeichner (1872–1898).

Walter de La Mare: britischer Schriftsteller (1873–1956).

44 *Adelina Patti:* italienische Sängerin (1843–1919).

Sarah Bernhardt: französische Schauspielerin (1844–1923).

49 *Albert Rutherston:* amerikanischer Maler (1881–1953).

50 *Wallace Stevens:* amerikanischer Lyriker (1879–1955).

51 *Humbert Wolfe:* britischer Schriftsteller (1885–1940).

der über den Dschungel schreibt: der Roman »Das Dorf im Dschungel«.

52 *Max Perkins:* amerikanischer Publizist (1884–1947), in den zwanziger Jahren bei der »New York Times« tätig.

Elinor Wylie: amerikanische Schriftstellerin (1885–1928).

54 *»O watcher ...«:* »O Beobachter im Dunkel, du wachst / Unsere Wachträume, wir fühlen / Deinen Finger auf dem Fleisch, das gehäutet wurde ...« (aus einem Gedicht von Auden).

55 *Auden:* Wystan Hugh A. (1907–1973), britischer Schriftsteller.

The Orators: Gedichtband von Auden.

Als ich im Sterben lag: Roman von William Faulkner (1897–1962).

Autobiographie von Alice B. Toklas: Roman von Gertrude Stein (1874–1946).

Die Wellen: Roman von Virginia Woolf (1882–1941).

Blühender Judasbaum: Erzählungsband der amerikanischen Schriftstellerin Katherine Anne Porter (geb. 1894).

57 *Saint-John Perse:* eigtl. Marie René Alexis Saint-Léger (1887–1975), französischer Lyriker.

Robert Frost: amerikanischer Lyriker (1875–1963).

»The woods ...«: »Wie wär der Wald so weiche Truh'! / Doch sag ich Nein und schwör mir's zu / Und fahr noch weit, bevor ich ruh, / Und fahr noch weit, bevor ich ruh.« (aus dem Gedicht »Bei Wäldern an einem Schneeabend«, aus: Robert Frost, Gedichte, Mannheim o.J., S. 273, übertragen von Georg von der Vring).

58 *Thomas Gray:* britischer Dichter (1716–1771).

64 *Pater:* Walter P. (1839–1894), britischer Kunstkritiker.

65 *»The pungent oranges ...«:* »Das beißend Gelbe der Orangen, die hellen grünen Flügel / Scheinen Teile in einer Prozession von Toten, / Die schweigend über weites Wasser zieht, / Der Tag ist wie ein weites Wasser ohne Laut ...« (aus dem Gedicht »Sonntagmorgen«, aus: Wallace Stevens, Der Planet auf dem Tisch. Gedichte und Adagia, Düsseldorf 1961, S. 57, übertragen von Kurt Heinrich Hansen).

67 *Ich blickte mich um:* Zitat aus Prokoschs Roman »Die Asiaten« (»The Asiatics«, New York/London 1935, deutsch: Wien 1936).

71 *Housman:* Alfred Edward H. (1859–1936), britischer Schriftsteller und Gelehrter.
Millay: Edna St. Vincent M. (1892–1950), amerikanische Lyrikerin.
Phiz: Pseudonym des britischen Zeichners Hablôt Knight Browne (1815–1882), der etliche Romane von Dickens illustrierte.

72 *Emily Dickinson:* amerikanische Lyrikerin (1830–1886).
George Dillon: amerikanischer Lyriker (1906–1968).

75 *Penseroso:* »Il Penseroso«, Gedicht von John Milton (1608–1674).
Harolds Pilgerfahrt: episches Gedicht von George Gordon Noël Lord Byron (1788–1824).

76 *»Astraddle on the ...«:* »Rittlings auf der Delphine Schlamm und Blut, / Geist hinter Geist! Vor Schmieden bricht die Flut, / Des großen Kaisers goldne Schmied! / Marmorflies, wo Tanz verzieht, / Zerschellt Verflochtenheiten wütend Weh, / Bild, das auf Bild gebeugt, / Noch neue Bilder zeugt, / Delphinzerrißne, gonggequälte See.« (aus dem Gedicht »Byzanz«, aus: William Butler Yeats, Werke I. Ausgewählte Gedichte, herausgegeben von Werner Vortriede, Neuwied/Berlin 1970, S. 215, übertragen von Richard Exner).

77 *Manilius:* Marcus M., römischer Dichter (1. Jahrhundert n. Chr.).

78 *»Hollow Men«:* »The Hollow Men«, Gedicht von T. S. Eliot.

81 *E. M. Forster:* Edward Morgan F. (1879–1970), britischer Schriftsteller.
Ihr Buch: »Die Asiaten«.

83 *Kavafis:* Konstantin K. (1863–1933), griechischer Lyriker.

88 *»Ay, they heard ...«:* »Sie hörten seinen Fuß auf dem Steigbügel / Und das Klingen von Eisen auf Stein / Und die sanft zurückkehrende Stille, / Als die schlagenden Hufe verstummt.«

89 *Rupert Brooke:* britischer Lyriker (1887–1915).

93 *Tito Arias:* panamesischer Diplomat, Mann der Tänzerin Margot Fonteyn (geb. 1919).
John Berryman: amerikanischer Schriftsteller (1914–1972).

94 *Guy Burgess:* britischer Diplomat und Spion für die Sowjets.

95 *The Assassins:* New York/London 1936.
F. R. Leavis: Frank Raymond L. (1895–1978), britischer Kritiker, Herausgeber der Zeitschrift »Scrutiny«.
F. L. Lucas: Frank Laurence L. (1894–1967), britischer Schriftsteller und Gelehrter.
I. A. Richards: Ivor Armstrong R. (1893–1979), britischer Sprach- und Literaturwissenschaftler, Koautor des Standardwerks »Basic English«.

96 *L. C. Knights:* Lionel Ch. K. (geb. 1906), britischer Sprach- und Literaturwissenschaftler.
Bottrall: Ronald B. (geb. 1906), britischer Lyriker, Gelehrter und Diplomat.

97 *Wells:* Herbert George W. (1866–1946), britischer Schriftsteller.

Bennett: Arnold B. (1867–1931), britischer Schriftsteller.
T. F. Powys: Theodore Francis P. (1875–1953), britischer Romancier.
L. H. Myers: Leopold Hamilton M. (1881–1944), britischer Romancier.

98 *Quiller-Couch:* Arthur Thomas Q.-C. (1883–1944), britischer Romancier und Gelehrter.
Desmond MacCarthy: britischer Schriftsteller und Journalist (1877–1952).
Raymond Mortimer: britischer Kunst- und Literaturkritiker (1895–1980).

100 *Hogarth Press:* 1917 von Virginia und Leonard Woolf gegründeter Verlag.
Maynard Keynes: John M. K. (1883–1946), britischer Nationalökonom.
Lytton Strachey: britischer Schriftsteller (1880–1932), Mittelpunkt der Bloomsbury Group.
Roger Fry: britischer Kunsthistoriker (1866–1934).
Vanessa Bell: britische Schriftstellerin (1879–1961), Schwester von Virginia Wolf.
William Plomer: südafrikanischer Schriftsteller (1903–1973).
Christopher Isherwood: britischer Schriftsteller (geb. 1904).

102 *Criterion:* »The Criterion«, von T. S. Eliot gegründete und herausgegebene Zeitschrift (1922–39).

106 *Sieben auf der Flucht:* »The Seven Who Fled«, New York/London 1937, deutsch: Stuttgart 1940.
Raymond Queneau: französischer Schriftsteller (1903–1976).

111 *Die ganze sichtbare Welt:* aus Homers »Ilias« (18. Gesang), übersetzt von Roland Hampel, Stuttgart 1979.

112 *Roman vom Prinzen Genji:* von Shikibu Murasaki (978–1016).
Andreis Tod: Szene aus dem Roman »Krieg und Frieden« von Lew Nikolajewitsch Tolstoi (1828–1910).
Aljoschas Unschuld und Dimitris Zorn: in dem Roman »Die Brüder Karamasow« von Fjodor Michailowitsch Dostojewski (1821–1881).

115 *»The swimmer's arms ...«:* »Der Schwimmerin Arme zu Ästen geworden, / Wer weiß noch, in welchem Jahr, / flüchtig vor welcher Horde Tritonen? / Die sanfte Stirn, gesehn, und halb-gesehn, / nun elfenbeinstille.« (aus »Gesang II«, aus: Ezra Pound, Cantos 1916–1962, München 1964, übertragen von Eva Hesse).

117 *Dunsany:* Edward John D. (1878–1957), irischer Dramatiker.
Gotham: berühmte literarische Buchhandlung in New York.
Louis Bromfield: amerikanischer Romancier (1896–1956).

119 *Undset:* Sigrid U. (1882–1949), norwegische Schriftstellerin.
Bergson: Henri B. (1859–1941), französischer Philosoph.

121 *Anne Hathaway:* William Shakespeares Frau (geb. 1556).

122 *Nacht der Armen:* »Night of the Poor«, New York/London 1939, deutsch: Wien 1949.

Diego Rivera: mexikanischer Maler (1886–1957).

124 *Casals:* Pablo C. (1876–1973), spanischer Cellist.

Gropius: Walter G. (1883–1969), deutscher Architekt.

Mies van der Rohe: Ludwig M. v. d. R. (1886–1969), deutscher Architekt.

Gerald Heard: britischer Journalist (1889–1971).

Thomas Mann ... einen Roman: »Doktor Faustus«.

Delmore Schwartz: amerikanischer Lyriker (1913–1966), Herausgeber der Zeitschrift »Partisan Review«.

Dylan Thomas: britischer Lyriker (1914–1953).

125 *The Carnival:* New York/London 1938.

Maurice Bowra: Literaturkritiker (1898–1970).

134 *The Skies of Europe:* New York/London 1941.

140 *Soler:* Antonio (Padre) S. (1729–1783), spanischer Komponist.

Scarlatti: Domenico S. (1685–1757), italienischer Komponist.

147 *Spender:* Stephen S. (geb. 1909), britischer Schriftsteller.

Day Lewis: Cecil D. L. (1904–1972), britischer Schriftsteller und Kritiker.

149 *die »falschen Wrights«:* unübersetzbares Wortspiel (wright, phonetisch = right, soviel wie richtig).

150 *Scheherazade:* Ballett von Michail Michailowitsch Fokin (1880–1942), Musik von Nikolai Andrejewitsch Rimski-Korsakow (1844–1908).

Dreispitz: »Der Dreispitz«, Ballett von Léonide Massine (1896–1976), Musik von Manuel de Falla (1876–1946).

Pillar of Fire: Ballett von Antony Tudor (geb. 1909) nach »Verklärte Nacht« von Arnold Schönberg (1874–1951).

Blaubart: Ballett von Fokin, Musik von Jacques Offenbach (1819–1880).

151 *Cyril Connolly:* C. Vernon C. (1903–1974, Pseudonym Palinurus), britischer Essayist und Romanschriftsteller.

152 *Virgil Thomson:* amerikanischer Komponist und Musikkritiker (geb. 1896).

153 *George Moore:* britischer Philosoph (1873–1959).

›Komm in den Garten, Maud‹: berühmte Zeile aus dem Gedicht »Maud« von Alfred Lord Tennyson (1809–1892).

Smaragde ... meinen Namen in Emerald: engl. emerald = Smaragd.

154 *Osbert ... Edith ... Sacheverell:* die britischen Schriftstellergeschwister O. Sitwell (1892–1969), E. Sitwell und S. Sitwell (geb. 1897).

Dorothy Wordsworth: britische Schriftstellerin (1771–1855), Schwester von William Wordsworth (1770–1850).

Burne-Jones: Edward B.-J. (1833–1898), britischer Maler, Präraffaelit.

155 *Granville-Barker:* Harley G.-B. (1877–1946), britischer Schauspieler und Dramatiker.

158 *Mulligan:* Figur aus Joyce' »Ulysses«.

159 *Romneys:* George Romney (1734–1802), britischer Maler.

Raeburns: Henry Raeburn (1756–1823), schottischer Maler.

160 *Samuel Barber:* amerikanischer Komponist (1910–1981).

161 *Heifetz:* Jascha H. (geb. 1901), amerikanischer Geiger russischer Herkunft.

Horowitz: Vladimir H. (geb. 1904), amerikanischer Pianist russischer Herkunft.

Reiner: Fritz R. (1888–1963), amerikanischer Dirigent ungarischer Herkunft.

Mitropoulos: Dimitri M. (1896–1960), amerikanischer Dirigent griechischer Herkunft.

Manon: Oper von Jules Massenet (1842–1912).

Stokowski: Leopold S. (1882–1977), amerikanischer Dirigent.

Carmen: Oper von Georges Bizet (1838–1875).

Louise: Oper von Gustave Charpentier (1860–1956).

Goldenen Hahn: »Der goldene Hahn«, Oper von Rimski-Korsakow.

162 *Delius:* Frederick D. (1863–1934), britischer Komponist deutscher Herkunft.

163 *Die Flügel der Taube:* Roman von Henry James.

171 *Le Spectre de la rose:* Ballett von Fokin nach »Aufforderung zum Tanz« von Carl Maria von Weber (1786–1826).

172 *O'Neill:* Eugene O'N. (1888–1953), amerikanischer Dramatiker.

Buck: Pearl S. B. (1892–1973), amerikanische Romanschriftstellerin.

179 *Eine amerikanische Tragödie:* Roman von Theodore Dreiser (1871–1945).

Licht im August: Roman von Faulkner.

Wem die Stunde schlägt: Roman von Ernest Hemingway (1899–1961).

186 *Age of Thunder:* »The Age of Thunder«, New York/London 1945.

191 *Marianne Moore:* amerikanische Lyrikerin (1887–1972).

192 *Edgar Wind:* deutscher Kunsthistoriker (geb. 1900).

193 *»Though rubies ...«:* »Obgleich Rubine, tennisballgroß / zu Strömen verschmolzen, / daß der Berg zu bluten schien, / erhob sich unbesiegbar der Salamander / mit priesterlicher Gebärde. Sein Schild / war seine Demut.«

198 *Robert Lowells:* R. Lowell (1917–1977), amerikanischer Schriftsteller.

George Santayana: eigtl. Jorge Agustín Nicolás Ruiz de Santayana y Borrás (1863–1952), amerikanischer Philosoph und Schriftsteller spanischer Herkunft.

205 *Vesalius:* Andreas Vesal(ius) (1514/15–1564), flämischer Mediziner; die Holzschnitte in »De humani corporis fabrica libri septem« stammen von Jan Steven van Kalkar (um 1499–um 1545).

212 *Grigsons:* Geoffrey Grigson (geb. 1905), britischer Schriftsteller und Literaturwissenschaftler.

Empsons: William Empson (geb. 1906), britischer Lyriker und Kritiker.

217 *Norman Douglas:* George N. Douglas(s) (1868–1952), britischer Schriftsteller und Mineraloge.

218 *›frosci‹:* Homosexuelle.
220 *Renan:* Ernest Renan (1823–1892), französischer Schriftsteller.
223 *Pierrot lunaire:* Melodramenzyklus für Sprechstimme und acht Instrumente von Schönberg.
Petruschka: Ballett von Strawinsky.
Die spanische Stunde: Operneinakter von Maurice Ravel (1875–1937).
224 *Akt, eine Treppe herabsteigend:* Gemälde von Marcel Duchamp (1887–1968).
Das wüste Land: Gedichtband von T. S. Eliot.
Madame Butterfly: Oper von Giacomo Puccini (1858–1924).
226 *Agatha Christie:* britische Kriminalschriftstellerin (1890–1976).
Compton Mackenzie: britischer Schriftsteller (1883–1972).
227 *Alma-Tadema:* Lawrence A.-T. (1836–1912), niederländisch-britischer Genremaler.
230 *Kallman:* Chester K. (1921–1975), amerikanischer Schriftsteller und Librettist.
238 *Ford Madox Ford:* britischer Schriftsteller (1873–1939), Gründer der Zeitschrift »Transatlantic Review«.
Edmund Wilson: amerikanischer Romancier und Essayist (1895–1972).
239 *Brancusi:* Constantin Brancusi (1876–1957), französischer Bildhauer rumänischer Herkunft.
240 *Rothko, Pollock ... Motherwell:* Mark R. (1903–1970), Jackson P. (1912–1956) und Robert M. (geb. 1915), amerikanische Maler.
247 *Sully-Prudhomme:* René S.-P. (1839–1907), französischer Lyriker.
Gobineau: Joseph Arthur Graf von G. (1816–1882), französischer Diplomat und Schriftsteller.
Candide: Roman von Voltaire (eigtl. François-Marie Arouet, 1694–1778).
249 *Epstein:* Jacob E. (1880–1959), britischer Bildhauer.
251 *Vernet:* Joseph V. (1714–1789), französischer Maler.
252 *Marguerite Yourcenar:* französische Schriftstellerin (geb. 1903).
255 *Segonzac:* André Dunoyer de S. (1884–1974), französischer Maler.
256 *Adolphe:* Roman von Benjamin Constant (1767–1830).
Die Prinzessin von Clèves: Roman von Marie-Madeleine de La Fayette (1634–1693).
Radiguet: Raymond R. (1903–1923), französischer Schriftsteller.
261 *in Erwartung des ›ganz Besonderen‹:* im Original »the real distinguished thing«, Anspielung auf Henry James' Kurzgeschichtensammlung »The Real Thing«.
264 *Emilio Cecchi:* italienischer Schriftsteller und Literaturkritiker (1884–1966).
266 *Goldenen Zweig:* »Der goldene Zweig«, anthropologisches Werk von James George Frazer (1854–1941).
»Where the hermit-thrush ... / Here is no water ...«: »Wo die Einsied-

lerdrossel in Fichten singt / Drip drop drip drop drop drop drop / Aber kein Wasser ist / . . . / Hier ist nicht Wasser sondern nur Fels / Fels und kein Wasser und sandige Straße / Straße sich windend hoch auf in die Berge . . .« (aus dem Gedicht »Was der Donner sprach«, aus: T. S. Eliot, Das wüste Land, Frankfurt a. M. 1951, S. 71 und 69, übertragen von Ernst Robert Curtius).

267 *»Wer ist der Dritte . . .«:* aus dem oben zitierten Gedicht von Eliot.

268 *» . . . in einen braunen Mantel gehüllt«:* wie 267.

270 *Gore Vidal:* amerikanischer Schriftsteller (geb. 1925).
Jacques Ibert: französischer Komponist (1890–1962).
Ben Shahn: amerikanischer Maler und Photograph (geb. 1896).
Koussevitzky: Serge K. (1874–1951), amerikanischer Dirigent russischer Herkunft.
Jimmy Merrill: James M. (geb. 1926), amerikanischer Schriftsteller.
Ingrid Bergman: schwedische Filmschauspielerin (1917–1983).

271 *Roberto Rossellini:* italienischer Filmregisseur (1906–1977).

274 *Sadie Thompson:* Figur aus der gleichnamigen Kurzgeschichte von William Somerset Maugham (1874–1965).

283 *Chatterton:* Thomas Ch. (1752–1770), britischer Dichter, beging Selbstmord.
Cowper: William C. (1731–1800), britischer Dichter, starb in geistiger Umnachtung.
Bellini: Vincenzo B. (1801–1835), italienischer Opernkomponist.

285 *»Et quid amabo . . .?«:* »Und was soll ich lieben, wenn nicht die Metaphysik der Dinge?«

294 *»In freta dum . . .«:* »Solange die Flüsse ins Meer eilen, solange die Schatten das den Bergen gegenüberliegende Land durchwandern, solange der Himmel die Sterne weidet, werden stets deine Ehre und dein Name und dein Ruhm dauern.« (aus: Vergil, Äneis I, Vers 607–610).

295 *Francis Rose:* amerikanischer Maler und Schriftsteller (1909–1979).

302 *Steinbeck:* John S. (1902–1968), amerikanischer Schriftsteller.

303 *Before the Bombardement:* von Osbert Sitwell.
Rustic Elegies: von Edith Sitwell.
The Gothick North: von Sacheverell Sitwell.

307 *Ode on Immortality:* von William Wordsworth.
Lockenraub: »Der Lockenraub«, Epos von Alexander Pope (1688–1744).

316 *Sturm und Echo:* »Storm and Echo«, Garden City 1948, deutsch: Hamburg 1952.

318 *The Seven Sisters:* New York 1962.

320 *Isaiah Berlin:* britischer Philosoph (geb. 1909).

345 *Und kalt glänzte der Marmor:* »The Dark Dancer«, New York 1964, deutsch: Reinbek 1966.
Missolonghi Manuscript: »The Missolonghi Manuscript«, London 1968.

349 *In achtzig Tagen um die Welt:* Roman von Jules Verne (1828–1905).

Register